한국의 **기업 경영** 20년

한국의 **기업 경영** 20년

2008년 2월 11일 초판 1쇄 발행
2009년 10월 15일 초판 3쇄 발행

지 은 이 | 정구현 외
펴 낸 곳 | 삼성경제연구소
펴 낸 이 | 정기영
출판등록 | 제302-1991-000066호
등록일자 | 1991년 10월 12일
주　　소 | 서울시 서초구 서초2동 1321-15 삼성생명 서초타워 30층
　　　　　 전화 3780-8153, 8372(기획), 3780-8084(마케팅)
　　　　　 팩스 3780-8152
　　　　　 http://www.seri.org　　seribook@seri.org

ISBN | 978-89-7633-372-8　　03320

삼성경제연구소 도서정보는 이렇게도 보실 수 있습니다.
인터넷 홈페이지에서 → SERI 북 → SERI가 만든 책

한국의 기업경영 20년

정구현 외 지음

삼성경제연구소

한국의 기업경영 20년
시작하는 말

대한민국은 지난 20년 동안 민주화, 정보화, 전통 산업의 고도화, 경제의 개방이라는 네 가지 과제를 동시에 성공적으로 수행하였다. 1987~2007년 시기 대한민국의 성적표는 세계 어느 나라에 견주어도 크게 손색이 없는 우수한 내용이었다. 삼성경제연구소는 이 기간 동안 한국경제가 달성한 성과에 대해 이미 《한국경제 20년의 재조명》이라는 연구서를 2006년에 발간하여 조명한 바 있으며, 이번에는 지난 20년간의 한국 기업의 성장과 변화에 대한 연구 결과를 발표하게 되었다.

흔히 '1987체제'로 불리는 민주화 20년의 정치·사회적 변화와, '1997체제'로 불리는 외환위기 이후 10년 동안 일어난 경제체질의 근본적인 변화는 필연적으로 한국의 기업 경영 패러다임에 크나큰 변혁을 가져왔다. 그러나 변화의 속도가 워낙 빠르고 모든 경제 주체가 그 변화에 적응하는 데만 온 정신을 쏟다 보니, 아직도 이 격동의 20년간 한국 기업이 어떻게 변했는지를 제대로 점검해보지 못하고 있는 듯하다. 이번 연구의 목적은 새로운 시대가 시작되는 2008년의 시점에서 한국 기업의 지난 20년을 정리해보는 것이다. 그리고 그렇게 함으로써 좀더 긴 호흡으로 새로운 10년을 준비하자는 것이다.

지난 20년의 환경 변화에 대응하는 과정에서 한국 기업은 선도 기업을 중심으로 비약적으로 성장하였다. 1990년대의 집중 투자와 외환위기 이후의 혹독한 구조조정을 거치며 반도체, LCD, 휴대폰, 자동차, 철강재, 선박 등의 여러 부문에서 세계적인 경쟁력을 확보한 것이다. 그 결과 2007년에는 삼성전자, LG전자, 현대자동차, 포스코 등 14개 기업이 《포천》 선정 글로벌 500대 기업에 포함되었고, 인터브랜드 발표 세계 브랜드 가치 순위 100대 기업에도 3개사가 이름을 올렸다. 또한 2003년 이후 5년 연속 수출이 두 자릿수의 증가세를 기록하는 등 수출경쟁력도 크게 향상되었다. 고유가와 원화 강세라는 불리한 여건에서도 이처럼 수출이 큰 폭으로 증가한 것은 기술, 품질, 디자인 등에서 그만큼 우리 기업의 질적 경쟁력이 강화되었음을 여실히 보여준다.

그러나 20년간의 노력과 성장에 박수를 보내되 자화자찬에 빠지거나 우리의 강점이 도전정신에 있었음을 망각한 채 현실에 안주해서는 안 될 것이다. 지금 우리 기업은 그 어느 때보다 미래를 위한 준비에 역량을 결집해야 할 시점에 서 있다. 그간 기업 경쟁력이 강화된 것은 사실이나 일부 제조업 중심의 경쟁우위, 지배구조와 관련된 갈등, 글로벌 역량 부족 등은 여전히 우리의 아킬레스건이 되고 있다. 글로벌 스타로 부상한 대기업군이 있는 반면, 한계기업 역시 다수 존재하는 양극화 현상도 해결해야 할 과제이다. 무엇보다 글로벌 스탠더드를 수용하는 과정에서 경영의 보수화가 심화되고 있는 점 역시 그대로 두고 보아서는 안 된다. 경영의 보수화는 단기수익과 주주가치 극대화에 치중하여 불확실성에 도전하는 진취성이 크게 저하된 탓인데, 머지않아 우리 경제의 발목을 잡는 걸림돌이 될 우려가 있기 때문이다.

따라서 지난 20년의 성공과 실패를 냉철하게 평가하고, 이를 바탕으로 다시 한번 새로운 경영 패러다임을 모색해야 할 필요가 있다. 이를 위해 이 책에서는 경영 환경 변화가 한국 기업에 미친 영향과 기업의 대응 결과를 경영전략과 경영 시스템 측면에서 살펴보고, 향후 한국 기업이 지속적으로 성장할 수 있는 방안을 모색하고자 하였다.

이 책은 기업을 보는 EGSOP(환경·지배구조·전략·조직·성과) 모델을 기반으로, 총 4부로 구성하였다. 먼저, 1부에서는 한국 기업의 20년사를 외환위기를 전후한 두 시기, 즉 민주화와 개방의 시대인 전반 10년과 혁신과 전환의 시대라 할 수 있는 후반 10년으로 구분하여 살펴보았다. 2부에서는 통사적으로 살펴본 한국 기업의 20년사를 기업생태계의 변화라는 관점에서 구체적으로 접근하고, 기업 실적으로 평가한 경영성적표를 분석·정리하였다. 다음으로 이 책의 하이라이트라 할 수 있는 3부에서는 한국 기업 경영 패러다임의 변화를 지배구조, 전략, 운영 시스템의 관점에서 조명하였다. 여기서는 극심한 환경 변화의 도전에 직면하여 한국 기업이 어떻게 응전(應戰)해왔는지를 밝히고자 하였다. 끝으로 4부에서는 더욱 큰 변화가 예상되는 향후 10년간 한국 기업이 어떻게 대응해야 할지를 제언하였다.

거의 1년 반의 시간을 가지고 이 연구를 수행하였으나, 주제 자체가 광범위한 데다 어떤 시각에서 접근하느냐에 따라 담을 수 있는 내용도 각기 다양해서, 이 한 권의 책에 지난 20년간 한국 기업이 보여준 모든 변화를 담았다고 자신하기는 어렵다. 다만, 작게나마 바라는 것은 이 시점에서 한국 기업의 현주소를 한번 되짚어보고, 이를 계기로 좀더 다양한 관점에서 우리나라 기업에 대한 더 많은 연구 성과가 나왔으면 하는 것이다. 한국 기업의 역사는 짧게 잡아도 이미 50년이 넘는다. 더욱이 다른 개발도상국이나 신흥시장의 정부나 기업들이 한국 기업의 성장사에 대해 갖고 있는 관심도 남다르다. 이제는 한국에서도 기업사에 대한 연구가 좀더 많이 이루어져야 할 시점이 도래한 것이다.

마지막으로 이 연구를 추진하는 데 간사 역할을 충실히 수행한 김종년 수석연구원을 포함해서 아홉 분의 집필진에게 그동안의 노고에 대해서 깊이 감사드린다. 아울러 이 책의 출판 과정에 심혈을 기울여준 임진택 출판팀장과 스태프 여러분에게도 감사를 표한다.

2008년 2월
정구현

차례 한국의 기업 경영 20년

시작하는 말 5

1부 한국 기업 20년사

01 시대 구분과 거대 변화 17

02 민주화와 외형 성장 : 1987~1997년 24

민주와 개방 25

노동운동 활성화 25 | 민주화와 세계화에 직면한 노동 정책 29 | 공산권 붕괴와 새로운 시장 등장 31 | 자유화 행진 31

기회와 투자 41

투자의 르네상스 41 | 대기업 정책 강화와 구조조정 압력 46 | 세계로, 세계로 52 | 신흥재벌의 등장과 쇠퇴 53

03 외환위기와 체질 개선 : 1997~2007년 58

위기와 해체 59

외환위기와 대마불사 신화의 붕괴 59 | 사업 구조조정 : 빅딜, 워크아웃, 기업분할 63 | 재벌 시스템에 대한 규제 강화 69 | 금융 구조조정 : 퇴출, 공적자금 투입, M&A 73 | 갈등과 대립의 노사관계(1997~2006년) 76 | 노동 유연성 제고와 취약계층 보호에 주력하는 노동 정책 79

내실과 혁신 81

수익성 위주의 경영 81 | 질(質) 중심 경영 : R&D 투자 증가, 소프트 경쟁력 강조 84 | 보수적 경영 확산 : 부채비율·투자 증가율 감소, 내부자금 중심 89

2부 기업생태계의 변화와 경영성적표

01 한국 기업생태계의 변화　95

글로벌 대기업의 출현　97
한국 대표 기업의 약진 97 ｜ 디지털 신경제의 개화와 IT 기업의 성장 104 ｜ IT 제조업과 전통 제조업의 연이은 약진 107 ｜ 자산 1조 원 이상의 중견 그룹 증가 ｜ 110

벤처 버블과 붕괴　111
폭탄 돌리기식 벤처 광풍 111 ｜ 벤처 버블은 대내외 요인이 복합적으로 작용하여 발생 115 ｜ 벤처 토양까지 훼손시킨 버블의 붕괴 118 ｜ 벤처 버블 붕괴 이후: 옥석 가리기 진행 119

소기업의 경영 악화　123
소기업의 급격한 증가 123 ｜ 소기업의 실적 추락 124 ｜ 소기업 실적 악순환 지속 128

02 한국 기업 20년의 경영성적표　133

재무구조는 견실해졌으나 성장성이 문제　135
수익성 패러독스: 수익성을 중시했으나 전혀 나아지지 않았다　137
한국 100대 기업의 경영 성과　140
한국 경제를 이끄는 10대 기업　143
글로벌 기업 후보군이 부족한 한국 기업　144

3부 한국 기업 경영 패러다임의 변화

01 지배구조·전략·시스템의 3중주   153

02 기업 소유·지배구조   156

지배구조의 급속한 변화 159

영미식 지배구조 도입 압력 159 | 대기업집단별 투명성 제고를 위한 노력 160 | 전문경영인에게 권한위양 163 | 시장의 감시 기능 정상화 165 | 소유경영자 혁신 169 | 대기업집단의 지배구조 변화 : 삼자구도 172

소유구조 변화 압력과 유지 노력 176

소유구조 변화 압력 176 | 분할 승계 180 | 계열사 지분 확대와 지주회사 설립 184 | 지배권의 삼자구도 : 지속 vs. 과도기 187

03 경영전략   190

사업 전략 : 선택과 집중 191

비관련 다각화에서 업종 전문화로 193 | 외형 확장에서 내실 강화로 198 | 공격에서 수비로 202

글로벌 전략 : 국내에서 해외로 207

공격적 해외 진출이 남긴 교훈 : 글로벌 경영 경험 축적 210 | 양보다 질 위주의 글로벌화 : 글로벌 사업의 구조조정 213 | 진출 지역 확대 216 | 글로벌 활동의 고도화 220 | 글로벌 경영 시스템 구축 필요성 222

고부가 전략 : 양에서 질로 225

'기술 추종자'에서 '기술 리더'로 227 | 프리미엄 브랜드 창출 232 | 디자인 경영의 개막 238 | 서비스, 차별화의 핵심무기로 부상 242

04 운영 시스템 248

능력·성과주의의 급진전 252

성과주의 보상제도 확산 253 | 새로운 평가제도 모색 257 | 역량과 성과 중시의 승진제도 확산 258

인력 관리의 다양화 259

사람 중심에서 일 중심으로 패러다임 전환 262 | 핵심인재 등 채용의 다양화 263 | 인력의 역량 강화에 초점 264 | 인사 관리 대상과 범위의 확대 265

고용유연화의 진전 266

인력 구조조정과 전략적 퇴직 관리 267 | 고용 형태의 다양화 270 | 해외 이전과 외주화 273 | 능력 계발을 통한 기능적 유연성 확대 276

프로세스 혁신 278

정신무장 위주에서 방법론적 접근으로 278 | 품질혁신에서 경영 전반의 혁신으로 280 | 로컬 최적화에서 글로벌 최적화로 283 | 사무자동화에서 IT를 활용한 혁신으로 285

4부 새로운 10년, 한국 기업의 과제

01 한국 기업이 맞이할 환경과 과제 293

세계 경제 환경의 변화 293

한국 기업 경영의 변화 301

새로운 10년을 위한 제언 305

02 전략 고도화　310

지식 기반 소프트 역량 강화　310

창의력을 북돋우는 풍토 조성　310 ｜ 미래 신상품·신사업 개발 역량 강화　313 ｜ 고부가 지식 축적 및 활용력 강화　316

글로벌 전략의 고도화　319

현지화와 글로벌 통합　319 ｜ 현지인 중간관리층 육성　319 ｜ 현지지향형 틈새시장 발굴　321 ｜ 글로벌 통합 및 네트워크 전략　323

기업 네트워크 강화　325

새로운 '게임의 룰'에 눈뜰 때　325 ｜ 기업 커뮤니티 업그레이드　327 ｜ ROI에 근거한 전략적 접근　332

03 혁신자형 운영 시스템　335

글로벌 운영 시스템 구축　335

글로벌 매트릭스 조직 활용　336 ｜ 글로벌 IT 인프라 구축　338 ｜ 글로벌 인재 육성 시스템　340

지식 창조를 위한 조직 재설계　345

혁신 깊이 심화 : 과거 연장선상에서 벗어난 단절적 혁신　346 ｜ 혁신 주기 단축 : 혁신의 일상화　347 ｜ 혁신 범위 확대 : 혁신의 전면화　348 ｜ 지식 창조형 성장동력 구축 미흡　349 ｜ 압축 성장 시대의 패러다임　352 ｜ 창의적 조직 시스템 모델의 방향　355 ｜ 수준별·부문별로 차별적 접근　362 ｜ 국가 전체 혁신 시스템과의 연계　364

04 시장의 선택과 기업의 사회적 책임 367

역동적 기업생태계 구축 367

원활한 퇴출 시스템 마련 : M&A 활성화, 회계 투명성 강화 367 | 시장의 선별 기능 강화 : 자본시장의 역할 재정립 370 | 중소·중견기업의 성장 경로 마련 371

한국형 지배구조 모색 374

전문경영체제에 대한 경제·사회적인 안전망 구축 374 | 영미식 지배구조의 급속한 도입을 피하고 시장 선택 존중 377 | 소유경영자는 경영 참여 줄이고 경영 감시자의 역할에 초점 382 | M&A 시장을 조속히 정비 384

사회적 책임 강화 386

윤리경영을 통한 기업가치 제고 387 | 환경경영을 통한 지속 성장 390 | 자발적 사회공헌활동 392

부록 1 | 기업 경영 연표(1987~2006) 399
부록 2 | 한국 100대 기업의 경영 성과 추이 413
부록 3 | 한국의 100대 기업 414

참고문헌 422

1 한국 기업 20년사

01 시대 구분과 거대 변화

02 민주화와 외형 성장 : 1987~1997년

03 외환위기와 체질 개선 : 1997~2007년

01 | 1부 ● 한국 기업 20년사

시대 구분과 거대 변화

1945년 해방 이후 60여 년간 한국 기업은 격변하는 안보, 정치, 경제 환경에 적응하면서 생존하고 성장해왔다. 근대 한국 기업의 뿌리는 1920년경으로 거슬러 올라갈 수 있으나, 일제하의 한국 기업의 물적 유산은 해방 후의 혼란기와 6·25전쟁을 겪으면서 대부분 파괴되었다. 따라서 근대 한국 기업은 1950년대에 태동하였다고 보는 것이 타당하다. 실제로 상당수의 한국 기업은 1955년 전후에 창업되었다. 한 연구에 의하면 1984년 한국의 10대 재벌 중 9개는 1955년경에 갓 창업되었거나 상당한 사업 기반을 갖고 있었다.[1]

이 무렵 방직, 제당, 제분 등의 대규모 공장이 건설되기 시작하였으나, 경제 전체로 보면 여전히 1차산업의 비중이 제일 컸으며, 상업과 서비스업이 중요하였고, 제조업의 비중은 미미하였다.

---

1 정구현(1987), 《한국 기업의 성장전략과 경영구조》, 대한상공회의소, p. 42.

1955년 이후 50여 년의 시대 구분을 어떻게 하느냐에 대해서는 여러 견해가 있을 수 있다. 전통적인 방식은 정치 지도자에 따라서 박정희 시대(1961~1979)를 하나의 기간으로 보는 것이었으나, 산업의 특징으로 보면 중화학공업이 본격적으로 전개된 1970년을 하나의 분기점으로 볼 수 있다. 국민총생산에서 제조업이 차지하는 비중은 1965년까지도 10% 수준이었으며, 1970년에 17.9%에 달한 것으로 기록되고 있다.[2] 제조업 내에서의 부가가치 기준으로 본 경공업과 중공업의 비중은 1965년에는 65대 35였으나, 1970년에는 57대 43, 그리고 1975년부터는 50대 50으로 그 후 중공업의 비중이 더 커지게 되었다.[3] 또한 오늘날 한국 경제의 견인차 역할을 하는 기업들도 1970년 이후에 본격적으로 기업 활동을 시작하였다.[4] 정치적으로도 1972년 유신체제의 출범은 본격적인 권위주의 정부의 시작을 의미한다.

그 이후의 시대 구분은 상대적으로 분명하다. 두 번의 역사적인 분기점이 있었기 때문이다. 1987년 6월은 새로운 민주화의 시기를 상징한다. 경제성장 덕택에 어느 정도 자산과 시민의식을 가진 중산층이 등장하면서 민주화는 필연적인 국민의 요구가 되었다. 민주화 이후 노동운동이 자유화되었고, 시민단체(NGO)의 목소리가 커졌다. 1986~1988년의 3저 호황과 1988년 서울올림픽의 성공적인 개최에 힘입어 정부는 본격적인 개방 정책을 시작하였다. 무리하게 추진된 자본시장 개방은 1997년 외환위기를 불러왔으며, 한국 경제는 결정적인 구조 변화를 강요당하게 되었다. 따라서 1987년

---

[2] 정구현(1987), p. 47.
[3] 정구현(1987), p. 49.
[4] 삼성전자, 현대자동차, 포항제철은 각각 1969년, 1967년, 1968년에 창립하였으나, 본격적인 생산활동은 1970년대에 시작하였다.

이후의 20년은 1987~1997년의 10년과 1997~2007년이라는 또 하나의 10년으로 명확하게 나눌 수 있다. 이 책에서는 바로 이 20년을 중점적으로 다루고자 하는데, 한국 기업의 발전 과정을 다음과 같이 3기로 나누어서 살펴보고자 한다(중첩되는 연도는 일종의 과도기로 본 것이다).

① 한국 기업의 태동기·경공업 성장기(1955~1970) : 전쟁의 파괴에서 벗어나 경공업을 중심으로 산업이 발전하기 시작하였으며, 원조와 차입을 통해서 수입 대체 성격을 가진 내수 지향적인 산업이 성장하였다. 수출은 의류, 합판, 가발과 같은 노동집약적인 가공산업이 주류를 이루었으나 그 규모는 미미하였다. 1962년부터 경제개발계획이 시작되면서, 정부에 의한 경제 운용 방식이 자리 잡기 시작한 시기이기도 하다.

② 한국 기업의 고도성장·중화학산업기(1970~1987) : 정부 주도하에 중화학산업의 발전이 두드러지던 시기다. 철강, 자동차, 조선, 화학과 같은 산업이 이 시기에 집중적으로 발전하여 현재 한국 경제의 두 기둥(전통 산업과 IT 산업) 중 하나를 이루게 되었다. 이 시기 후반에는 반도체를 포함한 전자산업도 발전하기 시작한다. 폐쇄 경제 성격을 띠었으며 강력한 관료 중심의 경제 운용 방식이 자리 잡았다. 다각화된 사업구조와 소유와 경영이 집중된 가족 중심적인 지배구조의 특징을 가진 재벌이 이 시기에 형성되었다.

③ 한국 기업의 성숙·글로벌 성장기(1987~2007) : 민주화와 개방이라는 두 큰 흐름이 기업의 환경을 근본적으로 바꾸어놓았다. 또한 정보기술이 본격적으로 보급되면서 기업 경영과 경제 운용 방식이 근본적으로 바뀐 시기이다. 세계적으로도 새로운 산업(무선통신과 소프트웨어 등)과 기업(마이크로소프트, 구글 등)이 대거 등장하였다. 특히 외환위기 이후에 주주자본주의

가 본격적으로 도입되었고, 기업 경영이 수익성과 질적 경쟁력 확보 방향으로 전환되었다. 일부 대기업이 글로벌 기업의 반열에 올랐으나, 글로벌 경쟁의 압력은 점점 더 거세지고 있다.

세계 질서도 지난 20년 동안 근본적으로 바뀌었다. 앞에서 본 한국 기업의 성장 1기와 2기에 해당하는 1955년부터 1987년에 이르는 기간은 세계적으로 보면 냉전 시기다. 제2차 세계대전이 끝나고 서유럽과 일본의 전쟁 피해 복구가 어느 정도 마무리된 1950년대 후반 이후 미국이 주도하는 자본주의 진영은 호황 국면에 접어들었다. 공산권도 종주국인 소련의 주도하에 중앙계획경제 운영 방식을 통해서 경제성장을 성공적으로 추진하였다. 1957년의 스푸트니크 발사가 상징하듯이, 공산권은 상당한 과학 기술의 발전과 대량생산을 통해서 1970년대까지는 자본주의 진영과 경쟁관계에 있었다. 그러나 1980년대 들어 중앙계획경제 운영 방식의 비효율성이 심각하게 나타나면서 급기야 1990년을 전후해서 공산권은 몰락하였다.

공산권의 몰락은 세계가 하나의 경제 및 정치 시스템으로 수렴되기 시작했음을 의미한다. 경제에 있어서는 자본주의 시장경제가 거의 유일한 대안임이 입증되었다. 전 세계의 거의 모든 국가가 시장경제를 받아들이게 되었고, 또한 자본주의 안에서의 대안적 체제 중에서도 영미식 자본주의가 득세하는 모습을 보이고 있다. 그것은 정부보다는 시장, 특히 자본시장을 통해서 분배와 효율을 달성하는 모델이다. '작은 정부와 개방 경제'가 세계적인 추세가 되고 있다.

정치적으로는 아직 다양한 체제가 공존하고 있다. 중국과 베트남은 공산당 독재체제를 유지하고 있으며, 많은 개발도상국에서는 여전히 민주적인 정치체제, 생명과 인권의 존중이나 언론의 자유가 요원하다.

그러나 1990년 냉전이 종식된 이후, 세계는 전에 보지 못했던 속도로 국경이 낮아지고 있다. 또한 경제 통합이 이루어지고 있으며, 국가와 개인과 조직 간의 상호 영향력과 의존도가 커지고 있다. 우리가 이 책에서 분석하고자 하는 지난 20년이란 바로 이러한 시기다. 1987년부터 민주화가 촉발되었으며, 1990년부터는 그전의 45년과는 비교가 되지 않을 정도로 빠르게 글로벌화가 진행되었다.

지난 20년은 그야말로 거대한 변화의 시기다. 글로벌화가 1990년부터 시작된 것은 아니다. 제2차 세계대전이 끝나면서 구축된 세계 경제 질서는 개방 기조를 가지고 있었다. 당시의 GATT체제는 다자간협상을 통한 무역 자유화를 추구하였으며, 1993년에 타결된 우루과이라운드에 이르기까지 여덟 차례의 협상을 통해서 이미 1990년대 초에 상당한 수준의 세계적인 자유무역체제를 구축하고 있었다. 금융 부문에서도 국제통화기금(IMF)을 중심으로 자본 이동 자유화와 시스템 안정을 위한 장치들이 마련되었으며, 외국인 직접투자(FDI)도 1960년경부터 매우 활발하게 전개되었다. 1990년대는 1945년 이후의 이러한 자유화 기조를 바탕으로 추가적인 규제완화와 정보통신 및 컴퓨터 기술의 비약적인 발전을 통해서 글로벌화가 급진전된 시기였다.

한 세기 전에 철도와 해상운송의 발달이 거리의 축소를 가져와서 제1차 글로벌화 시기를 재촉했던 것처럼, 1990년대의 제2차 글로벌화 시기에는 컴퓨터와 정보통신의 발달 덕택에 정보와 지식이 전파되는 시간과 비용이 거의 영(0)에 가까워졌다. 또한 19세기 말의 글로벌화가 서유럽과 북미를 중심으로 한 자유화의 시기였다면, 1990년 이후의 글로벌화는 전 세계의 거의 모든 국가가 참여하는 글로벌화이다. 특히 21세기에 들어와서는 세계 경제성장의 축이 중국과 인도 등 신흥시장(Emerging Market 또는 BRICs)으로 이동할 만큼 개발도상국의 참여가 두드러지고 있다.

다시 정리해본다면 1990년 이후의 세계는 냉전의 종식, 정보통신기술(ICT)의 획기적인 발달과 지속적인 규제완화와 자유화로 인해서 글로벌화가 급진전된 시기였으며, 이 책에서 집중적으로 다루고 있는 1987년 이후 한국 기업의 변화도 바로 이러한 세계적인 변화의 물결을 잘 타면서 발전해온 결과라고 하겠다.

한국은 1989년경부터 본격적인 개방 정책을 추진하여 세계적인 자유화 물결에 동참하였다. 특히 자유시장경제의 확산에 따라 체제가 전환되고 새로 개방된 구사회주의권 경제에 적극적으로 진출하여 새로운 시장을 확보하였다. 이 시기에 일본이 '잃어버린 10년'이라는 침체기를 맞이하여 일본 기업의 세계시장 전략이 소극적이었던 것도 한국 기업에게는 도움이 되었다. 한국은 특히 1990년대에 새롭게 등장한 정보통신 기술을 선도적으로 도입하여, 아날로그 기술에서 압도적인 우위를 점했던 선진국 기업을 부분적으로 앞설 수 있었다.

이렇게 보면 한국과 한국 기업은 1990년 이후의 글로벌화라는 거대한 변화의 선두 대열에 끼어 개방과 자유화를 해온 셈이다. 또한 민주화 노력도 어느 정도 진전을 보이게 되었다. 따라서 한국은 지난 20년 동안 민주화, 산업화, 개방(글로벌화)과 전통 산업의 업그레이드를 통한 산업고도화 등 모든 분야에서 괄목할 만한 성과를 보여주었다. 물론 1997년의 외환위기는 개방 정책의 시행착오라고 규정할 수 있다. 특히 1996년 경제협력개발기구(OECD) 가입을 무리하게 추진하면서 자본시장 개방 부문에 적절한 건전성

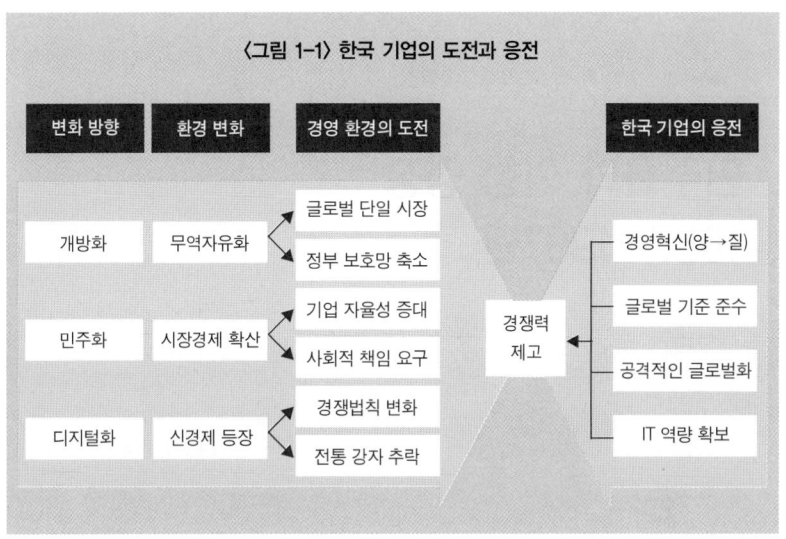

〈그림 1-1〉 한국 기업의 도전과 응전

규제가 따르지 못한 것이 외환위기의 요인이 되었다. 그러나 결과적으로 볼 때 이를 구조조정의 기회로 활용하여 생존한 기업의 경쟁력은 오히려 강화되었다고 할 수 있다. 이러한 한국 기업의 도전과 응전 내용을 요약하면 〈그림 1-1〉과 같다. 그러면 지난 20년의 시대 변화와 기업 경영에 대해서 좀더 자세하게 살펴보도록 하자.

02 | 1부 ● 한국 기업 20년사

민주화와 외형 성장 : 1987~1997년

　1987년 6·29선언으로 촉발된 '민주화'는 기업 경영에도 커다란 영향을 끼쳤다. 이때부터 1997년 외환위기 전까지 10년간의 한국 기업의 특징을 살펴보면 크게 세 가지로 요약할 수 있다.

　첫째, 노동운동이 자유화되면서 노사분규가 급증하고 임금이 크게 올랐다. 이는 원화의 급격한 평가절상과 함께 경제성장을 크게 둔화시키는 요인이 되었다. 둘째, 정부의 재벌 정책이 강화되어 상호출자 금지와 업종 전문화 정책이 추진되었지만 소기의 목적을 달성하는 데 실패했다. 셋째, 국내시장의 개방이 금융과 유통을 중심으로 급속히 이루어졌다. 유통업 개방은 국내 업체의 사업영역 확대와 생산성 향상, 구조 개혁 등 긍정적인 영향을 주었으나, 금융시장 개방은 무리하게 추진된 결과 외환위기의 주요 원인이 되었다.

　이 시기의 키워드는 무엇보다도 '자유화'와 '개방'이었다. 금융산업 개편, 금리자유화, 규제완화, 시장 개방, 국제화 등이 급속히 진행되면서 한

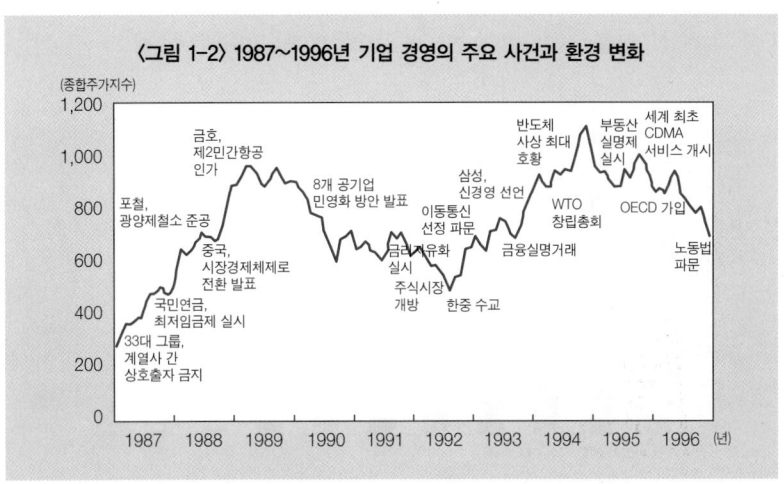

국 기업은 그 기회를 잡기 위해 부심했다. 재벌 그룹을 중심으로 막대한 투자가 역동적으로 이루어졌다. 일부 기업은 이를 통해 세계적인 기업으로 성장하는 전기를 마련하였으나, 한편으로는 외형 성장 위주의 모방 투자에 주력한 많은 기업이 파국을 향해 치달았다. 그러나 당시에는 선진 기업으로 가는 진통쯤으로 받아들였다.

민주와 개방

노동운동 활성화 1987년 6·29선언 이후 우리 사회는 전반적인 대변혁을 경험하였다. 사회 민주화라는 대외적인 환경 변화의 급물살에 휩싸여 그동안 억눌렸던 불만들이 노도와 같이 분출되었다. 노사관계에서도 사정은 다르지 않았다. 제3공화국 이후 군사정권은 국가 안보와 경제의 고도성

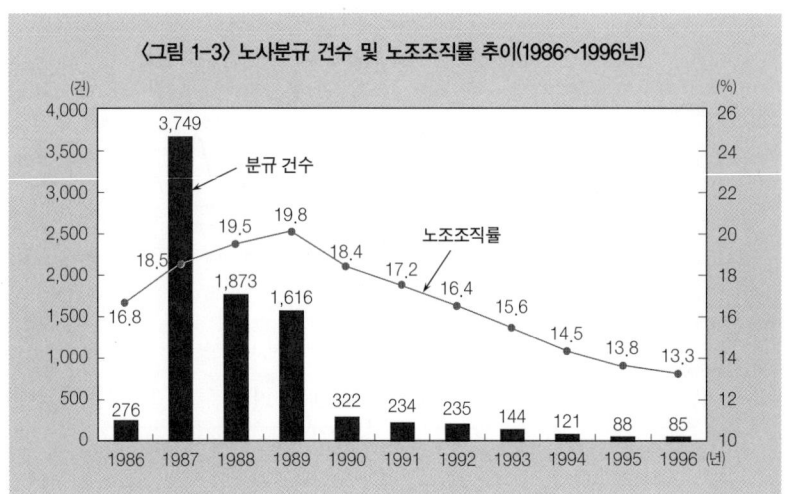

〈그림 1-3〉 노사분규 건수 및 노조조직률 추이(1986~1996년)

자료 : 한국노동연구원, 노사분규 DB.

장이라는 명분 아래 상당 기간 근로자의 권리를 유보시켰다. 그러나 그동안 잠복해 있던 노동문제가 민주화운동으로 일거에 쏟아져 나왔다.

신규 노동조합 설립이 대기업과 중소기업을 가리지 않고 유행병처럼 확산되었고 노사분규가 산업 현장 전반을 뒤흔들었다. 특히 1987년 7월에서 9월에 이르는 3개월간은 '노동자대투쟁'이라 불리며 3,400여 건의 쟁의가 폭발했다. 울산 현대엔진의 대기업 생산직에서 시작된 분규가 부산, 창원, 마산, 대전, 서울로 전국적으로 퍼져나갔다. 그 대상도 중소 규모와 사무직으로 확산되었다. 노조조직률도 급증하여 1986년 16.8%에서 1989년에는 19.8%로 상승하였다(〈그림 1-3〉 참조).

1987년 당시 노동쟁의는 사상 최대 규모였으나, 대부분 정치 지향성이 없는 경제 투쟁에 그쳤다. 요컨대 자연 발생적 성격의 쟁의로 기업 내 임금 인상, 근로조건 개선, 차별 대우 철폐 등이 주된 요구였다. 이는 노동쟁의를 이끌 조직적 지도 역량이 취약하고 연대투쟁에 대한 의식이 부족한 데 따른 것이었다. 따라서 이 시기의 노사관계는 기본적으로 개별 기업 중심으로, 해당 기업의 특성에 따라 그 양상이 다양하게 나타났다.[5]

이 시기 경영계는 노동자대투쟁과 이후 크게 활성화된 노동운동을 진정시키고 더 이상의 혼란을 방지하기 위해 과학적인 노사관리, 협조적인 노사관계, 임금에 대한 일정 부분 양보 등을 통해 작업장의 안정을 유지하고자 노력하였다. 한국경영자총협회(경총)는 법질서 회복을 위한 노사 협력 여건 조성과 정책 차원의 대응방안 수립의 중요성과 긴박성을 절감하고 1988년 노동운동에 보다 적극적으로 대응하기 위해 전국 지방경협회장단 회의, 경제5단체장 간담회 등 고위 대책회의를 잇따라 개최하며 범경영계적인 대책 마련에 나섰다. 이런 맥락에서 범경영계의 연합단체인 경제단체협의회(경단협)가 발족되었다. 경총은 또한 《속보 노사동향》을 총 13회 발간하여 노사 안정을 위한 종합적인 정보와 자료를 제공하고자 노력하였다.[6]

한편, 각 기업들은 협조적 노사관계 풍토 조성을 위해 '보람의 일터' 운동을 펼쳤다. 특히 당시 기업들은 '3저 호황', 즉 낮은 국제금리, 낮은 유가, 낮은 달러 가치로 호황을 누리고 있었기 때문에 대폭적인 임금 인상을 통해 노사관계 안정을 추구했다. 제조업체의 실질임금상승률은 〈그림 1-4〉와 같이 1987년 8.3%에서 1989년 18.3%로 급등했으며, 1987~1996년 10년간 평균 9.1%를 기록했다.

이와 같이 1987년에 활화산처럼 일어났던 노동운동은 1990년대 초반

---

5 1988년 이후 노동쟁의는 대우조선(1988. 4), 서울지하철(1988. 6), 풍산금속(1989. 1), 현대중공업(1988. 12~1989. 9) 등 주로 개별 사업장 위주로 전개되었다.
6 한국경영자총협회(1989. 8), "사업보고서".

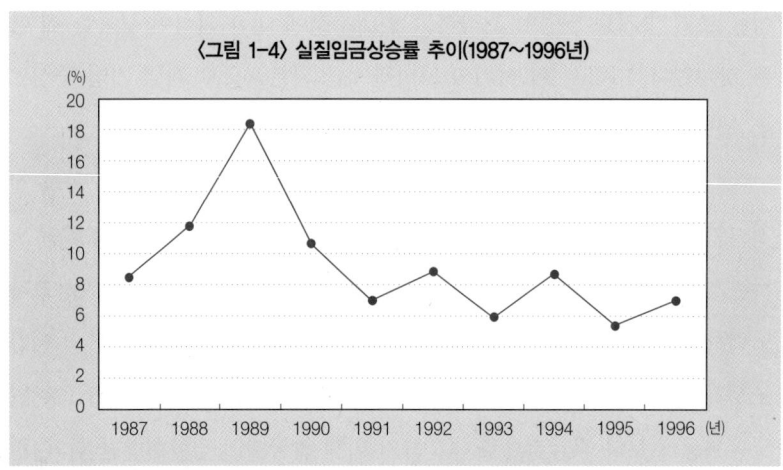

자료 : 한국노동연구원(1997), 《KLI 노동통계》.

이후 경기호황과 기업들의 노력에 의해 점차 안정되었으며 대립적인 노사관계 역시 빠르게 개선되었다. 기업들이 경기호황을 바탕으로 임금 인상과 근로조건 개선, 노동시간 단축 등을 통해 발 빠르게 대응했기 때문이다. 그러나 급속한 임금 인상은 경제성장을 둔화시켰다.[7] 원화의 급격한 평가절상 및 임금 인상의 영향이 1989년부터 나타나면서 1988년 12%였던 경제성장률이 1989년 6.5% 수준으로 반감한 것이다. 이 시기 원화절상에 의한 수출단가의 상승은 7.9%(1986년 2/4분기~1989년 4/4분기), 임금 인상에 따른 수출단가의 상승은 6.61%(1987년 6월 29일~1989년 4/4분기)로 1980년대 후반의 수출 감소에는 환율절상 못지않게 임금 인상이 주된 요인으로 작용하였다는 분석이다.

---

[7] 한국노동연구원(1991), "노사분규연구", p. 23, p. 111.

민주화와 세계화에 직면한 노동 정책 1987년 6·29선언이 있기 전까지만 하더라도, 노동법제 및 정책은 경제적 효율성 및 기업 경쟁력을 극대화하기 위한 성격이 강했다. 정부는 노동조합의 과도한 활동을 제한한다는 기조 아래, 기업별 노동조합을 강제하였고 산업별 노동조합을 금지하였다. 또한 근로자 30인 또는 전체 근로자의 5분의 1 이상의 찬성이 있는 경우에만 노동조합을 설립하도록 하여 소수 노동조합의 활동이 제한을 받았다. 그로 인해 노동조합의 조직률은 1979년 16.8%에서 1986년에는 12.3%까지 하락하기도 하였다.

그러나 지속적인 경제성장에도 불구하고 분배의 불균형과 열악한 근로조건이 개선되지 않자 이를 둘러싼 노사분규가 급증하여 사회적으로 이슈화되었고, 노동법 개정을 위한 학계·노동계·사회단체 등 각계의 요구도 상승하기 시작하였다. 결국 6·29선언을 계기로 노동운동에 대한 규제완화와 분배제도의 개선이라는 차원에서 노동법 개정이 이루어졌다. 기업별 노조 강제 조항을 삭제하여 노동조합의 조직 유형과 설립 형태를 자유화하면서 노동운동 활동과 관련한 행정관청의 개입을 최소화하였고, 기존의 노동조합 설립 인원수 요건도 폐지하여 2인 이상이면 누구나 노동조합을 설립할 수 있게 되었다. 또한 근로기준법의 적용 범위를 상시 5인 이상의 근로자를 사용하는 사업 또는 사업장으로 확대함으로써, 보다 많은 근로자들이 근로기준법상의 근로조건을 보장받게 되었다.

이와 같은 노동운동 민주화에 대한 의식 제고와 더불어 노동조합에 관한 법률 개정에 따라 1986년 2,658개에 불과했던 노동조합이 1989년에는 7,861개로 늘어났다. 이는 3년간 무려 5,203개의 신생 노동조합이 등장하였음을 보여준다.

1980년대 후반에 노동법·노동정책의 민주화 요구에 직면하였다면, 1990년대에 들어서는 세계화 요구에 직면하게 되었다. 세계무역기구(WTO) 체제로 세계 경제 질서가 재편되고 1991년 12월에 한국이 국제노동기구(ILO) 회원국으로 가입함에 따라 국제화·세계화의 시각에서 노동법 및 노동정책을 재검토할 필요성이 제기되었던 것이다. 결국 1996년부터 국제노동기준에 부합하는 차원에서 노동법 개정이 대대적으로 추진되었다.

문민정부는 '세계화 시대에 걸맞은 노사관계 구축'이라는 명분하에 노동법 개정을 공론화하였고, 같은 해 5월 '노사관계개혁위원회' 발족을 기점으로 본격적인 개정 작업에 돌입했다. 그러나 이후 합의 도출에 실패함에 따라 정부 및 여당 단독 입법으로 개정이 추진되었으며, 이에 노동계는 총파업 등을 통해 대응하였고 야당과 종교계 및 학계도 강력하게 비판하고 나섰다. 급기야 OECD, ILO 등 외국 기관도 정부의 태도를 비난하기 시작하였다.

이러한 과정을 거쳐, 1996년 12월 정부가 단독으로 강행 처리한 법률은 1997년 3월에 폐지되었고 새로운 법률로 대체되었다. 새로운 법률은 주로 노동조합 활동을 제약하는 조항들을 개정 대상에 포함함으로써 상급 노동단체의 복수노조 즉시 허용, 제삼자 개입 금지 조항 삭제, 노조의 정치활동 허용 등을 주요 내용으로 하였다. 이로써 민주노총이 합법화됨에 따라 과거 한국노총 단일 노조체제에서 변모하여 한국노총과 민주노총 양대 노총 구도가 형성되었고, 노동운동가들이 정치활동까지 활발히 전개하는 계기가 되었다.

그 외에 근로시간의 신축적인 운영 및 유연성을 제고하는 내용도 입법화되었다. 탄력적 노동시간제(변형노동제)·선택적 노동시간제·재량 노동시간제 등의 도입, 단시간 근로자(파트타이머) 규정 신설, 노동시간 특례조항 개정 등이 주요 내용이었다. 이는 기존의 '9 to 6'이라는 획일적이고 규칙적인 근로시간 운영 방식을 사무직이나 전문직 종사자에게 그대로 반영하기에는 어려운 점이 있었기 때문이기도 하거니와, 근로자 개개인의 다양한 욕구에 대응하여 집중적으로 근로하고 집중적으로 쉴 수 있는 유연한 근로시간 운영에 대한 입법 추세를 반영한 것이었다.

공산권 붕괴와 새로운 시장 등장   대외적으로는 88서울올림픽과 냉전 종식으로 공산권과의 교류가 확대되었다. 6공정부의 북방 정책으로 중국, 소련과의 관계가 가까워지면서 이들 국가에 대한 기업의 진출 기회도 증가하였다. 더욱이 제3세계 신시장이 떠오르면서 기업은 확장 정책을 강화하게 되었다(〈표 1-1〉 참조). 미국과 소련의 2극 체제가 무너지고 미국을 중심으로 하는 자유시장경제가 전 세계적으로 확산되면서 '세계화(Globalization)'가 우리 기업의 당면과제로 대두한 것이다.

정부가 1990년에 소련과, 1992년에 중국과 수교함으로써 한국 기업은 공산권 진출에 박차를 가하게 되었으며, 1991년 소련이 해체되고 동구권이 개방되자 이들 신흥시장에 대한 진출을 더욱 서두르게 되었다. 적어도 경제적으로는 자유시장주의가 전 세계를 지배하는 공통 코드로 자리 매김했으며, 기업은 시장 확대를 위해 기한 없는 전장에 뛰어들게 되었다.

자유화 행진   외환 및 자본자유화는 1981년에 자본자유화 4단계 계획이 발표되면서 구체적으로 추진되었는데, 1980년대 후반에는 외국인의 간접 주식투자 허용, 국내 증권 및 보험사와 국내 기업의 해외증권투자와 해외

〈표 1-1〉 주요 공산권 국가의 개방 시기

국가명	연도	내용
헝가리	1989	• 시장경제 도입을 포함한 신강령 채택 • 한국-헝가리 대사급 외교 관계 수립
	1990	• 자유총선거 실시
폴란드	1989	• 한국-폴란드 대사급 외교 관계 수립 합의
	1990	• 바웬사 대통령 당선(전후 첫 민선 대통령)
체코/슬로바키아	1990	• 자유총선거를 실시하여 새로운 민주정부 구성 • 한국-체코 대사급 외교 관계 수립
루마니아	1990	• 국민해방전선이 시장경제체제로의 점진적 전환을 주장하며 승리 • 가격자유화 조치 실시 • 한국-루마니아 대사급 외교 관계 수립
구소련	1985	• 고르바초프의 등장과 함께 이른바 페레스트로이카 및 그라스트노스트를 기초로 한 일련의 개혁 정책 여파로 자유화 물결
	1990	• 한국-소련 정식 수교
	1991	• 옐친의 급진적 개혁 단행, 공산주의 포기와 공산당 해체
중국	1988	• 시장경제체제로 전환하는 경제계획 발표
	1992	• 한국-중국 정식 수교
	2001	• WTO 가입

증권 발행이 허용되었다. 1988년 12월에는 자본시장의 단계적 확대 추진계획이 발표됨으로써 1991년부터 외국 증권사의 국내 지점 설치가 허용되었으며, 1992년부터는 국내 상장주식에 대한 외국인 주식투자가 이루어졌다. 당시 종목당 외국인 투자 한도는 10%, 1인당 3%로 제한되었는데, 허용 첫 해인 1992년에 유입된 외국인 자금은 20.7억 달러에 달했다(〈표 1-2〉 참조).

정부는 1993년 6월의 신경제 5개년 계획에서 1997년까지 5년간 금융시장 개방 관련 조치 내용과 일정을 담은 제3단계 금융자율화 및 시장 개방 계획을 발표하였다. 그리고 1994년 12월에는 3단계 외환자유화 계획으로 1995~1999년 3단계에 걸쳐 외환 및 자본 거래를 자유화할 것을 발표하였다.

⟨표 1-2⟩ 한국의 자본자유화 조치(1985~1996년)

연도	내용
1985	• 한국 기업의 해외증권(BW, DR)투자 허용(시가총액의 15%, 개인지분 상한 3%)
1987	• 첨단기술 확보 또는 수출 애로 타개를 위한 주식 및 채권투자 허용
1988	• 증권회사(상한 3,000만 달러), 보험 및 투자신탁회사(상한 1,000만 달러)의 해외주식시장 투자 허용 • 이민 경비 20만 달러, 투자 30만 달러 허용
1989	• 외국환은행의 역외금융시장에서의 차입 허용(외화표시채권 발행) • 외국증권회사의 주식투자 지분 상한 40%로 상향 조정
1990	• 국제증권 업무 인가 회사의 경우 5,000만 달러까지 해외투자 허용 • 한국은행의 외화대출 폐지
1991	• 생산시설 및 장비 수입을 위한 외화표시채권 발행 허용 • 국내 기관투자자들에게 신용도가 높은 외국 공공채 투자 허용 • 해외지점의 현지 금융 제한 완화
1992	• 국내 주식시장 개방(개인투자 한도 3%, 총외국투자 한도 10%) • CP 및 Negotiable CD 해외발행 추가 허용(기존 : 채권, CB, BW, DR) • 증권회사, 투자신탁회사, 보험회사의 해외 포트폴리오 투자 한도 5,000만 달러로 확대 • 외국 자회사의 현지금융 제한의 완전자유화(투자 적격범위도 확대)
1993	• 투융자회사, 연기금 및 1조 달러 이상 대외 거래회사의 해외 투자 허용 • 1조 달러 이상 대외 거래회사의 해외 외환 보유 허용 • 해외투자 한도 확대 • 외화표시증권 발행을 신고제로 전환 • 국내은행 해외지점의 국내 거주자에 대하여 선물거래 관련 대출 허용
1994	• 외국인 투자총액 한도 시가의 12%로 확대 • 해외투자기업의 현지 금융 한도 철폐 • 기관투자자의 해외주식투자 자유화 • 국내 거주자의 해외주식(1조 원 한도 내) 및 우량 국공채 투자 허용
1995	• 외국인 투자총액 한도 시가의 15%로 확대 • 해외전환사채 발행 허용(주식 시가의 15% 내) • 투융자회사 및 연기금의 해외투자 한도 폐지 • 해외예금 제한 완화 : 기관투자자 1조 달러, 기업 100만 달러, 개인 3만 달러
1996	• 비거주자에 대한 국내외 통화 간 파생거래 허용 • 상장회사 및 공기업 주식투자 한도 각각 20% 및 15%로 확대 • 개인투자 한도 5%로 상향 조정 • 코리아채권펀드 런던주식시장에 상장 • 비거주자의 신주인수권부사채(BW) 투자 허용 • 개인 및 기업의 해외증권투자 한도 철폐 • 기관투자자의 비거주자에 대한 외화대출 한도 철폐 • 기관투자자 및 외국환은행의 비거주자에 대한 원화대출 허용(1억 원 이내)

자료 : B. Johnston(1998), "Sequencing Capital Account Liberalization and Financial Sector Reform", PPAA/98/8, IMF.

급속한 금융시장 개방이 외환위기를 초래했다는 견해들

1. **"한국 금융위기는 자본시장의 조기 개방 때문", 아델만(버클리 대학 교수)[8]**
   - 한국의 결정적·기본적인 정책 오류는 정부와는 별도로 기업의 외국 자본 차입을 가능하게 한 자본시장의 조기 자유화였음(조기 자유화는 정당성과 대중의 지지를 높이기 위해, 임기 중에 OECD에 가입하려는 김영삼 대통령의 의도에 따른 것임. OECD는 가입 조건으로 자본시장의 자유화와 거시경제의 안정을 요구했음).
   - 한국이 단기자본 시장을 개방하지 않았더라면 금융위기는 초래되지 않았을 것임(OECD 가입을 5~7년 정도 늦추고, 그 준비 기간 동안 은행과 기업의 재무제표 강화, 은행에 대한 여신 자율성 부여, 은행의 프로젝트 재무 건전성 및 기업 지급 능력 점검 능력 배양, 기업회계 관행의 투명성 제고 등에 주력했더라면 위기를 피할 수 있었을 것임).

2. **"경제위기의 주요 원인은 YS 금융개혁의 실패", 임성학[9]**
   - 금융개혁 추진 과정에서 국내 금융 시스템의 건전성 확립, 금융산업의 자율화보다는 금융시장 개방과 자본이동 자유화가 우선시되는 불균형한 개혁을 추진함. 금융시장과 산업의 개혁보다 대외 개방에 초점을 맞춘 것이 문제.

3. **"자본자유화 → 대량의 자본유입 → 급격한 자본유출 또는 위기 발생", 신인석[10]**
   - 은행의 영업가치가 하락하는 가운데 감독상의 허점으로 경영주주 및 감독 당국의 감시가 소홀하고 정부의 보험이 존재하는 경우, 자본자유화가 금융위기를 초래하는 것은 일반적인 현상임.

4. **"금융위기의 근본적 원인 중 하나는 자본자유화 정책상의 실패", 김재칠[11]**
   - 1994~1995년의 경기 정점기에 이루어진 자본자유화와 그에 따른 대규모 외자 유입으로 인해 기업의 설비투자가 억제되지 못함으로써 기업 재무구조 악화의 요인으로 작용하였고, 원화의 고평가로 경쟁력이 약화됨.
   - 미비한 여건에서의 자본자유화에 따라 단기성 포트폴리오 투자로 외자가 집중되었고, 향후 대외 신뢰도가 하락할 경우 자본 유출의 여지를 제공함.

금리자유화는 금리의 가격 기능을 활성화해 자금 배분의 효율성을 제고한다는 점에서 금융자율화의 기초가 되었는데, 1991년 11월의 1단계 조치 이후 1996년까지 3단계에 걸쳐 대부분의 금리가 자유화되었다.

1993년 6월의 신경제 5개년 계획에 포함된 금융개혁 부문에서는 금융산업 개편이 핵심사항이었는데, 그 주요 내용은 크게 세 가지로 정리할 수 있다. 첫째, 금융기관의 신규 진입을 신중하게 허용하고 대형화·전문화를 추구한다. 둘째, 금융기관의 업무영역 조정은 단기적으로 주변 업무를 허용하고, 중장기적으로는 유사한 금융기관 간 업무영역을 조정한 후, 금리자유화가 정착되면 업무영역 조정을 본격화한다. 셋째, 금융기관의 소유구조와 관련해서는 경제력 집중의 폐해를 방지하고 금융기관이 대주주의 사금고화되는 현상을 방지하기 위해 대주주에 의한 금융기관 지배를 제한한다.

이 개편안에 나타난 정부의 의도는 금융기관 간 경쟁을 촉진하고 M&A를 유도하여 대형화함으로써 경쟁력을 높이며, 그 과정에서 산업자본의 금융 지배를 막겠다는 것이었다. 그러나 이 안은 서구에 비해 금융산업이 크게 낙후된 일본을 모델로 하여 작성된 것이고 경제력 집중의 완화에 중점을 둠으로써 경쟁력 강화라는 목표와 상충되는 문제를 처음부터 내포하고 있었다.

---

8 Iman Adelman(1999. 12), "Reforms Aimed at Reducing the Probability and Amplitude of Financial Crisis", 'IMF 2년 한국의 경제위기와 구조개혁 평가를 위한 국제포럼', 한국개발연구원.
9 임성학(2004), "IMF위기 전후 한국 금융개혁의 정치경제", 《한국정치외교사논총》, 제25권, 제2호, 한국정치외교사학회, p. 287.
10 신인석(1999), "위기예측기의 자본이동 : 한국의 경우", 국제학술회의 '한국의 경제위기 : 前과 後', 한국개발연구원, p. 5
11 김재칠 외(1998), "경제위기의 원인분석과 향후 정책방향", 한국금융연구원 세미나 자료, pp. 159~161.

금융시장과 자본시장이 본격적으로 개방됨으로써 국내 금융산업의 경쟁력 강화와 금융시장의 효율성 제고가 시급한 과제로 대두되었다. 먼저 1990년에는 단자사의 은행 및 증권사로의 전환과 증권사 신설, 외국 증권사의 국내 진출 등이 허용되었다. 이러한 금융자율화 추세에 따라 금융정책이 직접규제에서 간접규제 위주로 전환되어 그 영향력이 감소하게 되었으며, 금융기관의 대형화와 업무영역 조정이 이루어져 기관 간 경쟁이 심화되고 금융자산 운영의 위험이 크게 증가하였다. 또한 단기자금 시장의 비중이 심화되었고 증권시장 발전으로 직접금융의 비중이 확대되었으며, 금융 신상품의 개발 경쟁이 심화되고 선물, 옵션 등 새로운 금융시장이 출현하였다.

한편, 정부는 시장 개방에 대비해 산업경쟁력을 제고한다는 차원에서 대기업의 금융·유통산업 신규 진출을 독려하였다. 또한 금융시장 개방으로 자본의 해외 이동과 외자의 도입이 기업 자율에 맡겨짐으로써 신규 투자를 위한 대기업들의 외화 차입이 늘어났다. 그리고 1996년 OECD에 가입함에 따라 그 가입요건으로 은행들에 국제결제은행(BIS) 자기자본비율 준수 의무가 부과되자, 이를 맞추기 위해 은행들이 상당한 규모의 대출금을 회수하기 시작했다. 이에 대기업들은 새로운 대출원으로서 종금사를 이용하게 되었고, 종금사는 급증한 대출금 수요를 해외 단기자금으로 조달하여 대처하였다. 그러나 이는 장차 외환위기의 불씨가 되었다.

국내 유통시장의 개방은 1980년대 초부터 단계적으로 추진되었다. 1981년 7월에 한국표준산업분류상 세세분류에 해당하는 단일품목만을 취급하는 100평 이하의 전문점에 대해 외국인 투자를 허용한 것이 그 출발점이었다. 그 후 개방은 점포 수 및 매장 면적에 대한 규제완화와 외국인 투자

〈표 1-3〉 유통시장 개방 추이

시기	조치명	주요 내용
1981. 7.	외국인 투자 허용 제한 실시	소매업종 단일품목에 한해 점포규모 100평 이하 허용
1982. 10.	제한범위 확대	점포규모를 200평 이하까지 확대
1984. 7.	취급품목 제한 철폐 및 점포 수 제한 실시	단일점포, 매장면적 700㎡ 미만 허용
1991. 7.	유통시장 2단계 개방	10개 점포 이하, 점포당 매장면적 1,000㎡ 미만 허용
1993. 7.	유통시장 3단계 개방	20개 점포 이하, 점포당 매장면적 3,000㎡ 미만 허용
1996. 1.	유통시장 전면 개방	점포 수 및 점포당 매장면적 제한 완전 철폐

금지 및 규제 업종 해제의 두 가지 형태로 이루어졌다. 이후 1988년 10월 정부는 '도소매업진흥 5개년 계획'을 수립하면서 3단계 유통시장 개방 계획을 발표하였다(〈표 1-3〉 참조). 이는 1980년대 후반 들어 국제수지가 흑자로 전환되고 우루과이라운드 서비스 협상이 진전되는 등 대외 개방 압력이 높아진 것은 물론, 경제규모의 확대에 걸맞은 생산·유통·소비의 균형 있는 발전을 유도할 필요성이 커졌기 때문이었다. 1991년 7월의 2단계 개방으로 유통시장의 개방이 본격화되었으며 1996년부터는 전면 개방되었다.

유통시장에 대한 개방이 진행되면서 당시 국내에서는 세계 굴지의 유통회사들이 밀려들어 오는 것에 대한 우려와 위기감이 팽배하였다(〈표 1-4〉 참조). 막대한 자금력과 경영 노하우로 무장한 외국 업체들에 국내시장을 빼앗길 것을 우려했기 때문이다. 그러나 이러한 우려와는 달리 이후 전개된 유통시장의 경쟁 상황을 살펴보면, 신세계를 비롯한 국내 유통업체들이 한국적인 마케팅 기법으로 월마트 등 세계 최고의 유통업체에 맞서 놀라운 성과를 보여주었다. 치열한 경쟁 상황에서 한국 기업의 저력이 빛을 발한 것이다.

한편, 유통시장 개방은 〈표 1-5〉와 같이 외국인 투자 금지 및 제한업종을 단계적으로 해제하는 형식으로 이루어졌다. 가전업계의 경우는 〈표

<표 1-4> 1995년 말 현재 외국 유통업체 진출 현황

구분	업체명	업태	국적	진출 내용
기진출	프라이스 코스트코	MWC	미국	• 신세계와 기술제휴 • 서울 양평동 1호점(1994년 10월) • 대구 산격동, 용인 수지(1997년 말 예정)
	마크로	MWC	네덜란드	• 전(前) 극동정유계와 합작 • 인천시 동구점(1996년 1월) 오픈 • 7개 지역에 다점포화 추진
	까르푸	하이퍼마켓	프랑스	• 중동(1996년), 분당(1997년), 일산(1997년), 대전 둔산, 대구, 평촌, 부산 서면, 해운대 등에 다점포화 추진
진출예정	막스앤스펜서	할인점	영국	
	제트로	식품소매점	미국	• 대우그룹과 합작 추진
	K마트	할인점	미국	• 미도파백화점과 합작 추진
	월마트	할인점	미국	• 독자 진출
	시어즈	GMS	미국	• 대우와 합작 추진
	웨테루	식품도매점	미국	• 코오롱상사와 합작 추진
	샘스클럽	창고형할인점	미국	• 뉴코아와 기술제휴 추진
	플레밍	종합도매점	미국	• 선경유통과 합작 추진
	태이트	생활용품도매점	대만	• 영유통과 합작
	프로모데스	하이퍼마켓	프랑스	• 한화유통과 합작
	다이에이	대형수퍼	일본	• 지사 설립, 매장 확보 중
	세이유	대형슈퍼	일본	• 지사 설립, 매장 확보 중
	미쓰코시	백화점	일본	
	요소쿠	할인점	일본	• 제일제당과 협의 중
	라파예트	패션전문점	프랑스	• 성우패션과 제휴
	토이저러스	완구소매점	미국	• 독자 진출 움직임

자료 : 삼성경제연구소(1996. 2. 21), "유통시장 전면개방의 평가", 《CEO 인포메이션》, 제26호, 삼성경제연구소.

1-6)과 같이 일본 업체를 중심으로 한국 시장 진출이 본격화되었다.

이러한 유통시장 개방에 대한 평가를 보면 다음과 같다.[12]

첫째, 유통시장 개방은 국내 업체들에게 대형할인점 시장으로 사업영

〈표 1-5〉 외국인 투자 금지 또는 제한업종 해제

시기	금지업종 → 제한업종	제한업종 → 자유업종	제한업종 → 인가기준 마련
1989 ~ 1991. 6.	-	의약품도매업(1989. 7) 화장품도매업(1990. 6)	알코올성음료도매업(1991. 1) 일반무역업(1991. 1)
1991. 7.	-		연쇄화 사업
1992. 11.	-	알코올성음료도매업, 무역중개업, 사료도매업, 연탄소매업	화장품소매업
1993. 3.	예술품소매업	설탕 및 과자류소매업, 담배소매업, 기타 음식료소매업, 노점 및 이동판매점, 제약 배달업, 기타 특수판매업	의료용품소매업
1996. 1.	다음을 제외한 모든 업종 개방 • 도매업 : 곡물·고기·과실·서적 등 9개 업종 • 소매업 : 곡물·채소·고기·과실·의약품·예술품(골동품 포함)·액체연료 등 13개 업종		

〈표 1-6〉 1995년 말 현재 외국 가전업체의 국내 진출 현황

구분	업체명	국적	진출 시기	진출 내용
기진출	일렉트로룩스	스웨덴	1993년	국내 380만 달러 투자
진출 예정	라옥스	일본	1996년	상표등록 완료
	조신	일본	1996년	상표등록 신청
	베스트전기	일본	1996년	상표등록 신청
	마쓰시타	일본	1996년	아남 유통망 이용
	필립스	네덜란드	1996년	직영점 개설 추진
	소니	일본	1996년	A/S망 구축
	블랙앤데커	프랑스	1996년	진출 준비

자료 : 삼성경제연구소(1996. 2. 21), "유통시장 전면개방의 평가", 《CEO 인포메이션》, 제26호, 삼성경제연구소.

12 대외경제정책연구원(2004), "국내 유통서비스 시장 개방의 경제적 효과와 적응 지원정책", pp. 155~157.

역을 확대할 수 있는 새로운 기회를 제공하였다. 국내 유통시장은 우루과이라운드 협상 결과, 1996년 외국 대형할인점의 진출이 허용되면서 본격적으로 개방되었다. 그러나 그 이전인 1993년 국내 소매업체들의 대형 매장 설립을 제한하던 규제가 완화되면서 실질적인 시장 개방이 시작되었다고 볼 수 있다. 이는 대외 개방을 앞두고 국내 업체들에 대한 규제를 완화함으로써 국내 업계가 개방에 대해 충분히 대응할 수 있도록 준비시키기 위한 것이었다. 그 결과 실제로도 외국의 대형 소매업체가 본격적으로 진출한 현재 시점에서 국내 업체들이 국내 할인점 시장의 상위권을 차지하고 있다.

둘째, 다른 업종에 비해 개방의 직접적인 영향을 받는 종합소매업 분야에서 생산성 향상이 두드러지게 나타났다. 개방 이후 특히 종합소매업 분야에서 유통 마진율이 낮아진 것으로 나타났는데, 이는 가격경쟁이 심화되어 유통 서비스의 생산효율성이 향상되었음을 말해주고 있다.

셋째, 그동안 제조업체가 장악하였던 폐쇄적인 시장 구조에서 유통업체가 가격결정력을 갖는 시장 구조로 전환됨으로써 구조 개혁의 계기가 되었다. 그에 따라 제조업체마다 중복적으로 유통망을 거느리던 비효율이 완화되고 끼워 팔기 등의 불공정거래 행위가 발생할 여지도 줄어들게 되었다.

한편, 유통시장 개방의 부정적인 영향으로는 대형할인점의 설립이 늘어남에 따라 가격경쟁에서 뒤처진 중소 규모 소매업체의 퇴출이 증가한 점을 들 수 있다.

자유화의 물결은 공기업에게도 밀어닥쳤다. 정부는 경영 효율성 증대와 경영혁신 등을 위해 1998년까지 여섯 차례에 걸쳐 공기업을 민영화하였다(〈표 1-7〉 참조). 포항제철, 한국전력, 한국통신의 민영화 과정에서는 국민

〈표 1-7〉 한국 공기업 민영화의 역사

구분	계획과 대상	방식	결과
제1차 (1968)	한국기계, 조선공사, 인천중공업, 대한항공 등	민간업체에 매각	특혜 시비와 국민 부담이 있었지만, 최초의 성공적인 민영화로 평가
제2차 (1980)	한일은행, 신탁은행, 제일은행, 조흥은행 등	지분 매각	지분은 일부 매각되었으나 관치금융 지속으로 민영화 실패
제3차 (1987)	한국전력, 포항제철	국민주 방식으로 일부 지분 매각	국민주제도의 미흡과 증시 침체로 실패하고 역효과 야기
제4차 (1993)	은행을 포함한 58개 공기업의 매각과 통폐합	지분 매각	정부의 의지와 준비 부족으로 실적이 미흡하여 실패로 평가
제5차 (1996)	담배인삼공사, 한국통신, 가스공사, 한국중공업 등	소유권 변동 없는 경영혁신	민영화 개념이 후퇴한 것으로 문민정부 임기 만료로 거의 중단
제6차 (1998)	포항제철 등 11개 공기업과 이들의 출자사 21개	매각, 상장 등으로 완전 민영화	급속한 경제 회복, 기득권 세력의 저항으로 계획에 미달

자료 : 류상영(2000), "해외 공기업의 민영화 사례와 교훈", 《CEO 인포메이션》, 제276호, 삼성경제연구소.

주 열풍이 불어 주식 대중화에 큰 역할을 하기도 했다. 그러나 정부의 공기업 민영화 정책은 리더십 문제와 이해관계자의 반발로 지연과 실패를 거듭한 것으로 지적되고 있다.

기회와 투자

투자의 르네상스 이 시기에 한국 기업은 특히 대표 기업을 중심으로 역동적인 투자 행진을 연출하였다. 반도체, LCD, 철강 등 대규모 투자가 필요한 장치산업에서 한국의 선두 기업들은 과감한 투자로 일거에 대량생산 능력을 확보하여 선발 기업과의 격차를 단기간에 없앨 수 있었다. 즉 불황기에 과감히 투자함으로써 미리 차세대 설비능력을 확보했다가 호황기에 대

1992년 제2이동통신 사업자 선정 파문

　1992년의 제2이동통신사업자 선정은 세인의 지대한 관심을 불러일으켰다. 1992년 8월 20일, 정부는 통신사업을 구조조정하고 이동통신사업의 경쟁체제를 도입한다는 원칙에 따라 제2이동통신 사업자를 선경(현 SK)그룹이 이끈 컨소시엄인 대한텔레콤으로 선정했다. 그러나 최종현 선경그룹 회장이 노태우 당시 대통령과 사돈인 관계로 특혜 시비를 불러일으켜 정치문제로까지 비화하여 온 나라가 이 문제로 들끓었다. 결국 선경그룹은 이 같은 국민 여론에 밀려 사업자 선정 일주일 만에 사업권을 자진 포기했고, 이는 차기 정부에서 재선정하기로 일단락되었다. 그러나 제2이동통신 파장은 정부의 대내외적 권위 및 공신력 실추라는 흠집 외에도 갖가지 문제점을 드러냈다. 국가의 정책 수행이 여론재판에 밀려 백지화되었고 국내에서는 처음 시도된 컨소시엄 구성에 의한 공개경쟁 방식이 외국에서도 전례가 없는 사업권 포기로 무산되는 불명예를 초래했다. 또 이 사업을 놓고 정부와 민간이 들인 막대한 자금과 노력이 헛수고가 됐다는 점에서도 큰 상처를 남겼다.

　그 후 통신사업 구조조정으로 1994년에 제2이동통신 사업자로 신세기통신

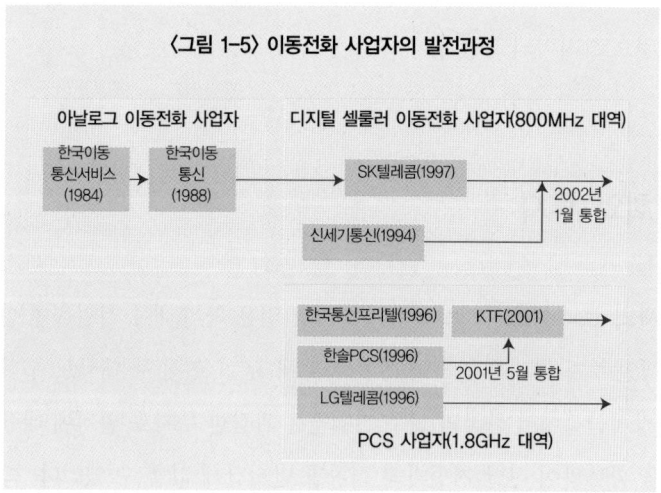

〈그림 1-5〉 이동전화 사업자의 발전과정

자료: 송위진(2005), 《한국의 이동통신, 추격에서 선도의 시대로》, SERI 연구에세이 033, 삼성경제연구소, p. 31.

(2002년 SK텔레콤에 흡수)이 선정되고 한국이동통신이 SK그룹으로 민영화되면서 이동전화사업은 독점에서 복점체제로 전환되었다. 1996년에 정부는 통신시장의 경쟁체제 구축을 위해 PCS 사업자 3개사를 선정하여 총 5개사가 이동통신 서비스 경쟁을 벌이게 되었다.

규모 이익을 실현할 수 있었던 것이다. 여기에는 국가적인 자본 동원과 더불어 막대한 투자 결정을 신속히 할 수 있는 한국 특유의 재벌 시스템도 한몫했다. 한편, 대규모 설비에서 쏟아져나오는 제품을 소화하기 위해 선두 기업들은 협소한 국내시장보다는 처음부터 선진 시장에서의 경쟁을 지향했다.

1990년대 한국 기업의 투자와 관련해서는 무엇보다도 반도체 신화를 빼고는 이야기할 수 없다. 신화의 주인공인 삼성전자는 1980년대 후반부터 D램 반도체에 공격적으로 투자하여 북미와 아시아 시장을 적극 공략함으로써 대성공을 거두었다. 1986년의 '미·일반도체협정'[13]으로 1988년에 미국 시장의 D램 가격이 급등하자 삼성전자의 반도체 매출은 급증했고 수익성도 크게 높아졌다. 반면 일본 반도체 업체들은 반도체협정과 경기 침체로 D램에 대한 설비투자를 주저했고, 삼성전자가 반도체 신화를 쓸 수 있도록 기회를 내주었다.

이러한 대성공을 바탕으로 삼성전자는 1990년대에도 공격적인 투자를 멈추지 않았다. 특히 반도체 경기 회복 초기에 월등히 많은 투자를 단행했

---

13 일본의 반도체 업체가 미국 시장에서 덤핑을 하고 일본 시장에서 미국 제품이 차별대우를 받는다는 이유로 통상마찰이 일자 이를 포괄적으로 해결하려는 협상이 진행되었고 결국 1986년 7월에 반도체협정이 체결되었다. 이 협정에 의해 256K 이상의 D램과 EP롬에 대해 FMV(공정시장가격 혹은 해외시장가격)을 설정해, 미국 시장에 있어 FMV 밑으로 판매할 수 없게 되었다. 또한 일본 시장에서 미국 제품의 시장점유율을 5년 후에 20%까지 높이도록 요구하였다.

는데, 이것이 제품 사이클과 맞아떨어지면서 1994~1995년의 대호황을 누릴 수 있었다. 반도체는 시설투자 후 생산능력에 영향을 미치는 기간(9개월~2년)과 사이클(4~4년 6개월)을 고려하면 경기의 바닥 또는 정점을 지났을 때 공격적으로 투자하는 것이 수익 기회를 극대화할 수 있다는 판단이 주효했기 때문이다(〈그림 1-6〉 참조).

2000년대 들어 디스플레이 장치의 총아로 떠오른 LCD 분야의 성공도 1990년대 초부터 미래에 대비한 투자가 있었기에 가능했다. 삼성전자는 1991년부터 LCD 분야의 R&D에 착수하여 1995년 생산라인을 가동하기에 이른다. LG 역시 일찌감치 관련 연구를 시작하여 1995년에 양산을 개시하였다. 이러한 적극적인 선행투자가 있었기에 삼성과 LG는 세계시장에서 선도 기업으로 도약할 수 있었다.

포스코 또한 압축·지속 투자의 성공사례다. 포스코는 20년간의 집중적인 투자로 포항과 광양에 세계적 수준의 복수 일관제철소를 건설하면서 규모의 경제를 실현하고 원가 경쟁력을 강화할 수 있었다. 1973년 포항제철소를 처음 가동한 이후 1983년에 제4 고로를 준공하여 연간 910만 톤의 생산체제를 갖추었고, 곧이어 1985년에 광양에 설비투자를 시작하여 1992년 완공 당시 연간 총 1,140만 톤의 생산 규모를 달성하였다. 포스코는 초기에 예상을 훨씬 뛰어넘는 빠른 성공으로 신뢰를 확보하여 자본비용을 최소화하고 설비 수주 및 원자재 구매에서도 가격협상력을 확보할 수 있었다.

한국 기업이 이처럼 미래 성장엔진으로 선정한 분야에 공격적인 투자를 감행할 수 있었던 데는 재벌 시스템하의 기업가정신이 크게 작용했다고 할 수 있다. 즉 자금 확보와 리스크 분산을 가능케 한 재벌 시스템과 오너경영, CEO의 기업가정신 등이 복합적으로 작용한 것이다. 다각화된 기업

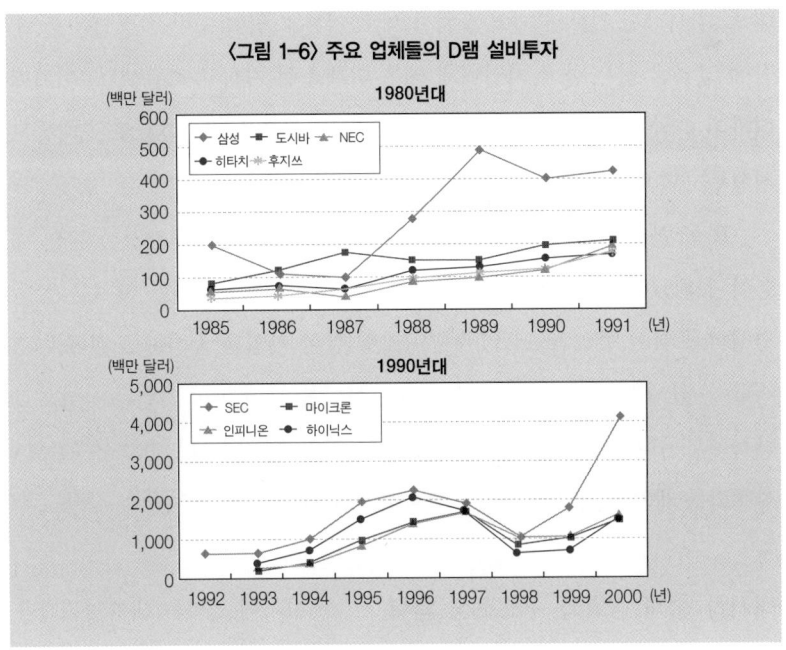

<그림 1-6> 주요 업체들의 D램 설비투자

자료: 각 연도 업체 재무제표 자료를 재구성(1980년대는 각 업체의 반도체 총투자금액 대비 D램 제품 투자 비중(2년 후)을 고려해서 추정).
Dataquest(2001. 1), "Worldwide Semiconductor Capital Spending : Top 20 Spenders, Comparisons of 1999 and 2000".

(그룹) 구조는 벤처기업보다 기업의 타 부문에서 내부자금 조달 및 위험 분산, 은행 차입금 조달 등에서 유리할 수 있다. 미국의 반도체 전문기업의 경우에는 주로 내부유보 자금과 주식 발행에 의존해 자본을 조달하기 때문에 불황기에는 설비투자가 급격히 감소하는 문제를 안고 있다.

반면, 소유경영은 대규모 투자에 대해 과감하고 신속한 의사결정으로 기회 활용을 극대화할 수 있다. 일본의 반도체 업체 역시 다각화된 기업그룹이지만 전사적 합의를 통해 투자를 결정하는 시스템을 갖고 있어 투자의 스피드 및 적절성에서 한국 기업에 비해 뒤처졌던 것이다. 더욱이 1990년대 들어 시작된 일본 경제의 장기 침체로 일본 기업이 수비적 경영을 할 수 밖에 없었던 점은 한국 기업에게 매우 다행스런 기회로 작용했다. 여기에 더하여 한국 기업의 CEO는 처음부터 글로벌 시장을 지향함으로써 대규모 시설투자에 대한 수요를 확보할 수 있었다.

IT 관련 산업에 대한 투자는 외환위기 후 디지털 신경제가 꽃피는 데 초석이 되었다. 신경제가 대두되면서 기존의 룰과는 상이한 새로운 산업 경쟁의 규칙이 형성됨으로써 후발주자인 한국 기업은 공평한 조건에서 경쟁할 수 있게 되었다. 예를 들어 휴대폰 분야를 보면 한국 기업은 아날로그 방식에서 구미 기업에 비해 크게 열세의 위치에 있었으나, 1996년 CDMA 상용화를 계기로 시장 주도권을 확보하게 되었다.

대기업 정책 강화와 구조조정 압력 이 시기에 정부는 대기업집단을 대상으로 자본의 공동화(空洞化)와 경영권 왜곡을 막기 위해 상호출자금지와 출자총액제한제도를 도입하였으며, 기업 경쟁력을 강화하자는 취지에서 업종 전문화 정책을 추진하였다. 이른바 재벌 정책이 강도 높게 펼쳐지기 시작한 것이다.

상호출자란 둘 이상의 회사 간에 상대 회사의 주식을 서로 보유하는 것을 말한다. 공정거래법은 "일정 규모 이상의 자산총액 등 대통령령이 정하는 기준에 해당되어 공정거래법 제14조(상호출자제한 기업집단의 지정) 제1항의 규정에 따라 지정된 상호출자제한 기업집단에 속하는 회사는 자기의 주식을 취득 또는 소유하고 있는 계열 회사의 주식을 취득 또는 소유하여서는 아니 된다(제9조 제1항)"라고 규정하여 직접 상호출자를 금지하고 있다.

상호출자를 금지하는 취지를 살펴보면[14] 다음과 같다. 먼저, 자본의 공동화를 방지하자는 것이다. 상호출자를 하면 실제 그 금액만큼 기업 외부에서 자금이 유입되지 않는데도 회계상의 자본 액수만 증가하게 된다. 다음으로, 기업 경영권의 왜곡을 방지하자는 것이다. 피라미드와 같은 구조의 출자를 통해 지배 가문은 실제 출자한 자본보다 더 많은 의결권을 갖게 되며, 이를 통해 전체 기업집단에 속하는 기업들을 지배하게 된다. 한편, 직접 상호출자가 금지되자 여러 계열사가 A사 → B사 → C사 → A사와 같은 환상형(環狀形)으로 출자하는 간접 상호출자가 늘어나는 현상이 확산되었다. 이러한 부작용을 해소하기 위해 정부는 1986년 공정거래법을 개정하면서 출자총액제한제도를 처음으로 도입하였다. 출자총액제한제도는 출자총액제한 기업집단에 속하는 회사의 경우 순자산액 중 25%(출자한도액)를 초과해 다른 국내 회사의 주식을 소유할 수 없도록 하는 제도이다.

그러나 이러한 상호출자금지제도는 환상형 순환출자를 허용하면서 가공 자본 형성 방지 차원에서 실효성을 잃었다[15]고 비판받고 있다. 또한 재벌들이 주식 매각, 상호출자회사 간 합병 등의 전략적 대응을 통해 직접 상호출자 금액을 완전히 해소함으로써 실질적 효과가 낮다[16]는 비판도 제기되고 있다.

한편, 1990년대 들어서도 한국 기업의 실적 호조세는 멈추지 않았다. 그러나 노사분규가 심화되면서 임금이 가파르게 오르는 등 기업 환경이 날

---

[14] 김두진(2006), "공정거래법상 상호출자금지제도 및 출자총액제한제도에 관한 고찰", 《경쟁법연구》, 제14권, 한국경쟁법학회, pp. 122~124.
[15] 정세열(2005), "상호출자금지 및 출자총액제한제의 실효성 검토", 《산업조직연구》, 제13권, 제2호, 한국산업조직학회, p. 56.
[16] 신희권(1993. 12), "相互出資規制와 財閥의 戰略的 對應", 《한국 사회와 행정연구 韓와 行》, 제4호, 서울행정학회, p. 88.

로 악화되어 세계시장에서 경쟁력 상실을 우려하는 목소리 역시 높아졌다. 정부는 재벌의 비관련 다각화가 산업의 효율성을 저하시킨다는 문제의식을 가지고 있었다. 즉 국제화, 개방화 시대에 독자적인 기술력을 갖춘 전문화된 거대 규모의 세계 초일류 기업과의 경쟁에서 살아남기 위해서는 한국의 재벌로 하여금 비관련 업종으로의 진출을 통해 위험 분산을 꾀하게 할 것이 아니라 비교우위가 있는 주력 부문에 기업집단의 자원을 집중하도록 유도함으로써 세계적 경쟁력을 갖춘 전문 대기업을 형성해야 한다는 주장이 설득력을 얻은 것이다.

많은 논란에도 불구하고 정부는 1991년 6월에 주력업체제도를 시행하였으며, 1993년에는 신경제 5개년 계획을 수립하는 과정에서 이를 확대하여 업종 전문화 정책을 발표하였다. 정부는 여신관리제도를 개편하여 선진 기업과 효과적으로 경쟁할 수 있도록 기업의 주력 업종 및 주력 기업을 육성하자는 업종전문화제도를 공정거래위원회가 지정한 30대 기업집단을 대상으로 도입하였다. 그리고 주력 업종에 속하는 계열 기업 중 전후방 관련 효과 및 기술융합화 효과가 있는 소수 기업을 주력 기업으로 선정했다. 다만, 주력 업종의 선정이 특정 업종에 지나치게 집중되어 과잉·중복 투자의 우려가 있을 경우 원칙적으로 산업발전민간협의회 등을 통해 업계가 자율적으로 조정하도록 유도했으며, 이마저 어려울 때에는 공업발전심의회 등을 통해 해결 방안을 모색하도록 했다.

이에 따라 기업집단은 주식공개와 유상증자를 확대하고 설비투자와 기술개발 노력을 강화하여 주력 업종으로의 전문화 및 세계 일류화를 향해 전력을 다해 뛰지 않을 수 없었다. 정부는 주력 기업에 대해 여신관리, 기술개발자금 및 공장입지 등에서 우대조치를 시행하는 한편, 비주력 업종 기

〈표 1-8〉 1994년 선정·발표된 주력 업종과 주력 기업의 수

구분	선정 그룹(그룹 순위, 주력 기업 수)	선정 그룹 수(주력 기업)
1. 식료품	롯데(10, 3), 두산(13, 3), 진로(22, 3), 해태(27, 2), 미원(29, 1), 삼양(30, 1)	6(13)
2. 섬유의복	한일(15, 2), 동국무역(32, 3)	2(5)
3. 목재가구	-	0(0)
4. 에너지	현대(1, 2), LG(4, 2), 선경(5, 2), 쌍용(7, 2), 한화(9, 1)	
5. 화학	삼성(2, 2), LG(4, 2), 선경(5, 2), 한화(9, 2), 롯데(10, 1), 금호(11, 2), 효성(16, 3), 코오롱(21, 2), 고합(24, 3), 미원(29, 1), 삼양(30, 2)	11(22)
6. 비금속	쌍용(7, 1), 대림(12,2), 극동(25, 1), 벽산(28, 1)	4(5)
7. 철강	기아(8, 2), 동국제강(17, 3), 삼미(18, 1), 동부(23, 1), 한보(31, 1)	5(7)
8. 기계	삼성(2, 2), 대우(3, 1), 한진(6, 1), 한라(19, 1)	4(5)
9. 전기전자	현대(1, 2), 삼성(2, 1), LG(4, 2), 효성(16, 1), 동양(20, 2)	5(7)
10. 자동차	현대(1, 2), 대우(3, 1), 쌍용(7, 1), 기아(8, 2), 한라(19, 2)	5(9)
11. 건설	한진(6, 2), 대림(12, 1), 두산(13, 2), 동아(14, 1), 한일(15, 1), 극동(25, 2), 우성(26, 1), 벽산(28, 2), 한보(31, 1)	9(13)
12. 유통운수	대우(3,1), 선경(5, 2), 한진(6, 2), 한화(9, 2), 롯데(10, 2), 금호(11, 1), 동아(14, 1), 국제강(17, 2), 삼미(18, 2), 동양(20, 1), 코오롱(21, 1), 진로(22, 2), 동북(23, 2), 고합(24, 1), 우성(26, 1), 해태(27, 2)	16(23)
계		(118)

자료 : 통상산업부(1995), 《통상산업백서》.

업에 출자나 채무 보증을 하는 경우에 대해서는 공정거래법상 출자총액을 제한하고 채무보증제도를 강화했다. 1993년 11월의 업종 전문화 정책 고시 이후 1994년 1월에 상공자원부는 32개 기업집단의 118개 주력 기업을 확정하여 발표하였다(〈표 1-8〉, 〈표 1-9〉 참조).

정부의 업종 전문화 정책에 따라 기업들은 계열 기업의 분리, 통합을 통해 사업 구조를 재구축하게 되었다. 변화된 모습을 요구하는 정부의 대기업 정책에 호응하는 동시에 그룹 분할을 재산상속과 연계함으로써 사업 재

〈표 1-9〉 32대 기업집단의 주력 업종과 주력 기업

순위	그룹명	주력 업종	주력 기업
1	현대	전기전자, 자동차, 에너지	현대전자*, 현대자동차*, 현대차써비스, 현대정유*, 세일석유
2	삼성	전기전자, 기계, 화학	삼성전자*, 삼성중공업*, 삼성항공, 삼성종합화학*, 삼성석유화학
3	대우	기계, 자동차, 유통운수	대우중공업*, 대우자동차*, 대우호남정유, 세방석유
4	LG	전기전자, 화학, 에너지	LG전자*, LG반도체*, LG화학*, LG석유화학
5	선경	에너지, 화학, 유통운수	유공*, 흥국상사, SKI*, SKC*, 선경, 유공해운
6	한진	기계, 유통운수, 건설	한진중공업*, 대한항공*, 한진해운, 한진건설*, 한진종합건설
7	쌍용	에너지, 비금속, 자동차	쌍용정유*, 범아석유, 쌍용양회, 쌍용자동차*
8	기아	자동차, 철강	기아자동차, 아세아자동차*, 기아기공*, 기아특수강*
9	한화	에너지, 화학, 유통운수	한화에너지*, 한화종합화학*, 한화, 한양유통
10	롯데	식료품, 화학, 유통운수	롯데제과*, 롯데칠성음료, 롯데햄우유, 호남석유화학*, 롯데쇼핑*, 롯데역사
11	금호	화학, 유통운수	금호*, 금호석유화학*, 아시아나항공*
12	대림	건설, 비금속	대림산업, 대림요업*, 대림콘크리트*
13	두산	식료품, 건설	동양맥주*, 두산음료*, 두산종합식품, 두산건설*, 두산개발
14	동아	건설, 유통운수	동아건설*, 대한통운*
15	한일	섬유의복, 건설	한일합섬*, 경남모직*, 한효건설*
16	효성	화학, 전기전자	동양나일론*, 동양폴리에스테르*, 효성바스프, 효성중공업*
17	동국제강	철강, 유통운수	동국제강*, 한국철강*, 연합철강*, 국제통운, 천양항운
18	삼미	유통운수, 철강	삼미*, 삼미종합특수강*
19	한라	자동차, 기계	만도기계*, 한라공조*, 한라중공업
20	동양	전기전자, 유통운수	동양SHL, 동양매직, 동양마트
21	코오롱	화학, 유통운수	코오롱*, 코오롱유화*, 코오롱상사*
22	진로	식료품, 유통운수	진로*, 진로종합식품*, 진로쿠어스맥주*, 진로종합유통*, 청주진로백화점
23	동부	철강, 유통운수	동부제강*, 동부산업*, 동부고속*
24	고합	화학, 유통운수	고려합섬*, 고려종합화학, 고려석유화학*, 고합물산*
25	극동	건설, 비금속	극동건설*, 국제종합건설*, 극동요업*
26	우성	건설, 유통운수	우성건설*, 우성유통*
27	해태	식료품, 유통운수	해태음료, 해태산업, 해태상사*, 해태유통*
28	벽산	비금속, 건설	벽산*, 벽산건설*, 벽산개발*
29	미원	식료품, 화학	미원, 미원유화
30	삼양	식료품, 화학	선일포도당*, 삼양사*, 삼남석유화학*
31	한보	철강, 건설	한보철강*, 한보
32	동국무역	섬유의복	동국무역, 동국방직, 동국합섬

주 : * 표시는 여신한도관리에서 제외되는 주력 기업(78개).
자료 : 통상산업부(1995).

조정의 필요성을 충족하자는 것이었다. 이에 따라 중복 사업에 대한 통합, 저부가가치 사업 및 사양 산업에 속한 사업의 철수 등 경영 효율을 높이기 위한 기업의 자구 노력이 진행되었다. 또한 이와 병행하여 LCD, CDMA 등 하이테크 사업, 유통, 금융과 같은 서비스 사업 등에 대한 공격적인 투자가 이루어졌다. 그러나 이러한 정부의 산업 및 기업 정책은 시장원리에 의한 자율적인 구조조정을 유도하지 못해 결과적으로 소기의 목적을 달성했다고 보기는 어렵다.[17] 임혁백(1998)[18]에 따르면, 업종 전문화 정책은 대자본에 대한 규제력을 회복하려는 정부의 의도에서 시행되었으나, ① 정부는 기업의 비관련 다각화 여부에 대해 판단할 수 없고, ② 산업의 융합화가 가속화되고 있는 마당에 전통적인 산업분류 개념에 기초하여 업종을 특화하는 것은 신축적 적응을 방해하며, ③ 불필요한 법률적 진입장벽으로 인해 대상 산업이 과잉보호되고 잠재적 경쟁자가 배제됨으로써 국제 경쟁력이 오히려 하락한다는 점에서 실패한 정책으로 비판받을 수 있다.

결국 중복 투자로 인해 국가 자원이 비효율적으로 배분되었다는 것이다. 주력 업체의 선정이 재벌들의 자율에 맡겨짐으로써 재벌은 자동차, 전자, 석유화학, 정보통신 등 성장잠재력이 크고 부가가치가 높은 업종을 집중적으로 선정하여 과잉, 중복투자를 부추겼다. 또한 재벌의 차입 의존도가 높아졌는데, 이는 주력 업체에 대한 여신규제 해제를 노려 채무 구조가

---

17 "업종 전문화 시책은 편중여신 및 소유·지배권 집중의 완화라는 목표를 가지고 시행되는 기존 제도의 실효성을 크게 저해하고 있을 뿐만 아니라 오히려 재무구조의 악화를 초래하여 경쟁력을 악화시키는 측면이 존재한다." 이기영(1996), 《업종전문화 정책의 현황, 평가 및 향후 금융지원 정책의 방향》, 한국조세연구원, p.65.
18 임혁백(1998), "한국 자본주의의 개혁방향—재벌 정책을 중심으로", 《한국정치 특별학술회의2 논문집》, 한국정치학회, pp.10~12.

취약하고 대규모 투자가 필요한 기업을 의도적으로 주력 기업으로 선정한 결과였다. 이에 따라 1994년 당시 30대 재벌 주력 기업들의 평균 부채비율은 324.9%로 상장기업 평균 부채비율 298.3%를 크게 상회하였다.

정부의 재벌 정책이 강화되는 와중에 한국의 대표 기업들은 앞서 말한 대로 과감한 투자 드라이브를 펼쳐 일취월장의 성장세를 보였다. 더욱이 일본이 1990년대 초반 거품경제가 꺼지면서 장기 불황의 늪에 빠짐으로써 한국 기업에 날개를 달아준 셈이었다. 반도체 특수와 함께 특히 철강, 자동차, 전기전자 제품의 수출이 호조를 보였는데, 한편으로 이러한 눈부신 성과는 한국 경제가 바야흐로 선진국에 진입했다는 착각에 빠지게 했다. 결국 한국 경제는 구조조정의 적기를 놓치고 1996년 대기업의 연쇄도산 사태에 직면하게 되었다.

세계로, 세계로 한국 기업의 세계화 과정에서는 대우의 '세계경영'을 빼놓을 수 없다. 1994년 11월에 대우는 세계경영 2단계 방향을 발표하고 1996년 3월에는 세계경영전략을 확정하였다. 〈표 1-10〉에서 보듯이 2000년까지 1,000개의 해외 사업장을 구축하고 25만 명의 해외 인력으로 1,730억 달러의 매출을 달성한다는 야심찬 계획이었다. 이는 당시 국내외 학계의 관심을 집중시키며 21세기 경영의 모범사례, 한국형 다국적기업 이론의 모델로 주목받았다. 후에 대우그룹은 몰락하고 말았지만 당시만 해도 전 세계에 538개 사업장을 구축(1997년 6월 말 현재)할 정도로 거침없이 뻗어나갔다. 1990년대의 개방화 추세에 맞춰 한국의 대기업들은 글로벌화를 가속화하였다. 당시 세계경영을 표방했던 대우그룹뿐 아니라 〈표 1-11〉과 같이 다른 그룹도 글로벌 M&A를 적극적으로 시도하며 '세계로, 세계로'를 활발하게 추진하였다.

〈표 1-10〉 대우 세계경영 발전 계획

경과	발표 연도		주요 내용
세계경영 2단계 계획	1994	목표	• 2000년까지 650개 해외 사업기지 구축 • 57조 원의 해외 현지 매출, 총 138조 원 매출 달성
		세부 내용	• 전자·자동차 세계상표화 • 국가·지역권역별 연계 산업기지 확대 구축 • 아시아 경제권 내 협력사업 강화 • 세계경영 후방 지원을 위한 국제 금융 및 정보 지원 조직의 체계화 • 아시아·오세아니아, 유럽·동구, 아프리카·중동, 미주 지역 등에 각각 120~190여 개의 사업기지 구축 • 연구개발사업의 세계 네트워크 체제 구축, 자동차 연구 인력을 8,500명까지 늘리고 매출액 대비 연구개발투자 비중을 5%(2000년 기준 총 6.9조 원)까지 확대
세계경영 전략 확정	1996	목표	• 2000년까지 1,000개의 해외 현지사업장 구축 • 25만 명의 해외 인력 고용 • 1,730억 달러의 매출액 달성
		세부 내용	• 권역별 지역 본사 신설 • 30개 글로벌 R&D 네트워크 구축 • 해외 현지인력 25만 명의 '세계경영인' 육성 • 글로벌 종합금융망 구축 • 2000년까지 해외 1,000개 사업장에 임원 2,500명 파견 • 국내 및 현지 채용자 1만 명을 '세계경영인'으로 육성하기 위한 교육비로 향후 5년간 5,000억 원 투자

신흥재벌의 등장과 쇠퇴 올림픽으로 촉발된 호경기가 1990년대 전반까지 지속되자 외형 확대를 기반으로 급속히 성장한 신흥재벌이 등장하게 된다. 신호, 나산, 거평 등이 그 대표적 사례인데, 이들은 기존 재벌의 차입에 의한 외형 확장을 답습하여 단기간 내에 급성장하였으나 한순간에 몰락의 길을 걸었다.

먼저 신호그룹은 부실기업을 인수하여 한때 제지왕국을 이루었던 '이순국' 신화의 주인공이다. 이순국 회장은 1977년 부실기업인 동양펄프를

〈표 1-11〉 한국 대기업의 글로벌 M&A 사례

그룹명	연도	내용
삼성	1992	삼성전관 : 구동독 최대의 전자회사인 WF사 인수계약, 법인 설립(SEB)
	1993	삼성전자 : 화합물 반도체업체인 미국 HMS사 인수
		삼성전자 : 도시바와 반도체 합작사 설립계약
	1994	삼성전자 : 일본 오디오 전문업체 LUX사 인수
	1995	삼성전자 : 미국 IGT사 인수
		삼성테크윈 : 일본 반도체 장비업체 유니온 광학 인수
		삼성시계 : 스위스 피케레(Piquerz)사 인수
		삼성항공 : 독일 롤라이사 인수
		삼성전자 : AST사 지분 인수 완료(40.25%)
		삼성전관 : 중국 선전 MAC사 인수
	1996	제일모직 : 미국 의류업계 파멜라 데니스사 인수
LG	1995	LG전자 : 미국 최대 규모 가전회사인 제니스사 인수
	1996	폴란드 페트로(Petro) 은행 인수
		LG화학 : 인도 최대의 폴리스티렌수지 제조업체인 힌두스탄 폴리머사 인수 계약
SK	1992	유공 : 미국 테네시 RSA사 지분 20% 획득
	1993	SKC : 미국 아나콤사의 마이크로 필름사업 인수
	1995	유공해운 : 중국 대통 탱크터미널(Tank Terminal) 조인트 벤처 설립
	1996	선경 : 팍타이사 지분 12% 취득
	1997	선경 : 인도네시아 타마라 은행과 종금사 설립 합작계약
		유공옥시케미칼 : 인도네시아 PU 폼(Foam) 합작회사 설립
		유공 : 홍콩 페트로케미컬사 경영권 인수
삼미	1989	북미 지역 특수강업계 최고 기술의 캐나다 아틀라스(연산 42만 톤) 인수
		미국의 알텍(연산 10만 톤) 특수강 공장 인수
해태	1996	중국 불산가화식품과 합작 설립, 불산해태식품유한공사 현지 공장 준공
		미국 의료기기 제조업체인 UMSI사 인수, 1,000만 달러 규모
		미국 PC 주변기기 유통업체인 아이거랩스(Eiger Labs) 인수, 250만 달러 규모

인수하여 온양펄프로 사명을 바꾸고 1년 만에 경영을 정상화하였으며, 1982년에는 부도업체인 삼성특수제지를 인수하여 신호제지로 사명을 바꾸

고 기존의 백상지에, 아트지 등 다품종 생산체제를 갖춘 후 5년 만에 정상화하였다. 그 후 동신, 대화, 신강, 일성 등 부도 제지업체를 연이어 인수하며 1995년 말 모든 종이를 생산하는 제지왕국을 건설하였다. 이로써 신호그룹은 1997년 창립 20년 만에 계열사 25개를 거느린 30대 기업으로 진입하는 데 성공하였다. 그러나 제지업계의 불황과 자금난을 버티지 못하고 결국 워크아웃되고 말았다.

나산그룹은 1980년에 의류도매센터로 출발하여 국내 최대의 여성 패션의류 업체로 성장한 '조이너스' 신화의 주인공이다. 1989년에 기업을 공개하고 신흥그룹으로 성장하기 위해 공격적인 사업 확장을 거듭했다. 나산을 그룹의 모기업으로 건설, 유통, 금융, 스포츠, 레저 등으로 사업다각화를 모색하여 한때 17개 계열사를 거느린 신흥그룹의 면모를 과시했다. 그러나 과도한 차입을 통한 사업 확장으로 금융비용 부담이 가중된 데다 의욕적으로 진출한 건설, 유통 부문의 적자가 누적돼 결국 1998년에 좌초하고 말았다.

거평그룹은 1979년에 모기업인 금성주택으로 시작해 대규모 기업군으로 성장하였다. 1991년에는 거평식품과 거평(대동화학)을 인수했고, 거평개발을 설립했다. 거평이 사람들 입에 오르내리기 시작한 건 1994년에 자신보다 덩치가 훨씬 큰 대한중석과 대한중석건설 등 공기업을 인수하면서부터다. 이후 1995년에는 한국시그네틱을 인수하여 거평시그네틱스로 사명을 바꾸고 반도체 조립사업에 참여하였다. 이와 같은 외형 확장에 주력한 결과 1996년에는 재계 29위에 오르는 등 신흥재벌로 부상했으나 1998년에 무리한 사업 확장에 따른 자금난을 견디지 못해 결국 그룹이 해체되고 말았다.

건설업체 부도 사태(1996년)

1996년 건설업체의 부도율이 사상 최고를 기록했다. 건설교통부의 발표에 따르면 2,958개의 일반 건설업체 가운데 부도를 낸 건설업체는 196개로 1995년의 145개보다 무려 51개나 많았다. 즉 1996년 한 해 동안 건설업계는 한 달 평균 15~16개의 업체가 쓰러져, 이틀에 1개 업체꼴로 파산을 겪는 어려움에 직면하여 부도율이 사상 최고치인 6.6%를 기록했다. 일반 건설업계의 부도업체 수는 1990년 3개 사에서, 1991년 9개사, 1992년 23개사, 1993년 47개사, 1994년 50개사로 서서히 늘어나다 1995년에는 145개사로 급증하였다. 이에 따라 부도율도 1990년 0.3%에서 1995년 4.9%로 크게 높아져 심각한 상황으로 치달았다.

이러한 건설업체의 부도 사태는 1974년의 '건설업 정상화 10대 방안' 이후 15년간 동결되었던 일반 건설업 면허의 신규 발급이 허용되어 건설업체 수가 급격히 증가한 반면, 주택 200만 호 건설 정책이 종료된 1992년 이후 주택 및 부동산 경기가 침체된 것에 기인했다.[19]

당시 부도 사태의 특징은 중소 건설업체에 국한되지 않고 중견·대규모 건설업체까지 확산되었다는 점이다. 무리한 차입경영으로 자금난이 심화되고 이를 규제 위주의 관치 금융 시스템이 자생적으로 해결하지 못하자 내로라하는 건설업체마저 무더기로 쓰러진 것이다. 곧이어 닥친 외환위기가 대외 자본거래의 불일치에서 발생했고 건설업체는 전형적인 내수기업으로 이와는 직접적인 관계가 적다는 점에서 볼 때, 주택 건설업체가 줄도산 사태를 맞은 것은 당시 국내 금융 시스템이 얼마나 취약한 것인지를 드러내는 증거라 하겠다. 결국 시스템이 문제였던 것이다.

민주화·개방화 시대인 1990년대에 한국 기업은 외형 성장에 치우친 결과 수익성이 저하되고 국제 경쟁력이 약화되었다. 1996년 30대 그룹의 평균 부채비율은 388%였으며 전체의 3분의 2가 자본비용 이하의 수익률을

---

19 왕세종(1997), 《건설업 부도 실패 연구》, 한국건설산업연구원.

기록하였다. 이러한 상황에서 경영 환경 변화에 선제적으로 대응하였는지의 여부에 따라 기업 간 명암이 교차하였다. 위기를 감지한 일부 기업은 자율적 구조조정에 착수하여 대대적인 기업혁신을 통해 기업문화를 쇄신하고 조직 구조를 재정비하였다. 일례로 삼성은 1993년에 신경영을 선언하고 자율적으로 계열사 구조조정을 실시하는 동시에 부실자산 신고 및 정리를 단행하였다. 하지만 상당수 기업은 성공 경험을 과신하여 자율 구조조정의 호기를 놓치고 말았다. 내실을 기하지 못하고 외형 성장에만 치중하다가 경기침체로 실적이 악화된 상당수 대기업들은 결국 1970, 1980년대 한국의 '대기업 신화'를 이어가지 못하고 무릎을 꿇게 되었다.

03

1부 • 한국 기업 20년사

외환위기와 체질 개선 : 1997~2007년

1997년 12월 3일, 정부는 IMF에 금융지원을 요청했다고 발표하였다. 1961년 1인당 국민소득 82달러에서 1997년 1만 315달러로 증가하기까지 아시아의 기적으로 세계의 격찬을 받았던 한국이었기에 한국 국민들은 물론 전 세계가 놀라움을 금치 못했다. 당시 30대 그룹 중 절반 이상이 부도 또는 법정관리에 들어갔고 수많은 금융기관이 파산 또는 준파산 상태에 직면했다.

정부는 주요 산업에서 빅딜과 워크아웃을 추진하며 사업 구조조정을 주도하는 한편, 1999년 12월까지 64조 원에 이르는 공적자금을 투입해 금융 구조조정을 시도하였다. 또 외환위기의 주범으로 지목된 재벌의 확장경영을 제한하기 위해 계열사 간 지급보증 금지, 부채비율 200% 초과 금지 등 강력한 정책을 추진하였다.

한편, 외환위기에서 살아남은 기업들은 무엇보다 체질 개선에 총력을 기울였다. 가장 큰 변화는 1990년대 중반까지 대규모 투자와 다각화를 통해 외형 확장을 추구하던 기업들이 재무 건전성을 중시하며 수익성 위주로 경

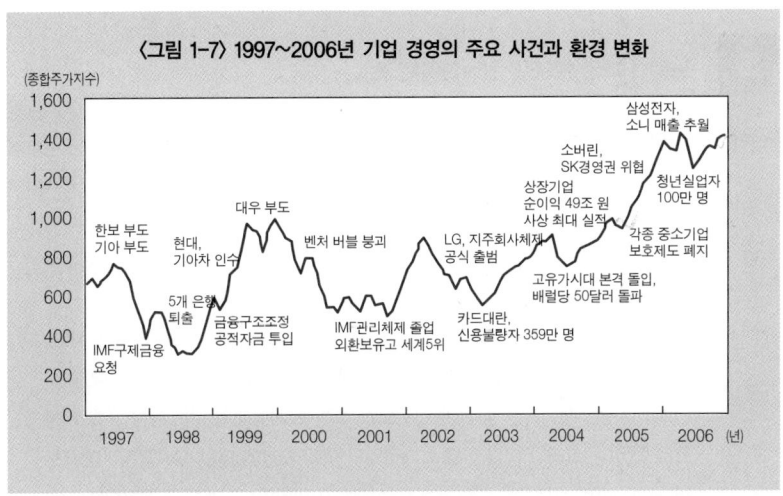

영 패러다임을 전환한 점이다. 경영전략 측면에서 보면 사업 분할과 매각 등을 통해 선택과 집중을 실행하였고, 핵심 사업에서는 질적 고도화와 글로벌 경쟁력 제고에 주력하였다. 운영 시스템 측면에서도 전략 변화에 맞추어 인력 절감형 운영, 성과 중심주의, IT 기반 운영체계 등을 갖추어갔다. 그러나 외환위기 이후 대기업의 확장을 제한하는 각종 법제와 반기업 정서는 기업의 재무 안정성 추구 경향과 더해져 경영의 보수화를 심화시켰다.

위기와 해체

외환위기와 대마불사 신화의 붕괴   외환위기 전까지는 거대 재벌이 도산할 경우 대량 실업과 하청업체의 연쇄부도 충격을 한국 경제가 흡수하기

◼ **노동법 파문(1996년 말~1997년 초)**

　1996년 12월 26일, 국회는 변형근로시간제, 정리해고제, 파견근로제 등 노동시장의 유연성을 강화하기 위한 내용을 골자로 하는 노동법 개정안을 당시 여당인 신한국당 단독으로 통과시켰다(날치기 통과 파문). 그러나 노동계의 거센 반발에 부딪히게 되었고, 결국 김영삼 정부는 1997년 1월 말 대국민 사과성명을 발표하고 2월에 임시국회를 열어 3월 10일에 재개정하였다.

　당시 재개정된 노동법은 정리해고제, 변형근로시간제 도입(1999년부터 시행), 복수노조 금지조항 개정, 정치활동 금지조항 삭제, 전임자 임금지급 금지(2002년부터 시행), 쟁의기간 중 대체 근로요건 개정, 노사협의회 강화 등을 주요 내용으로 하였다. 그러나 이렇게 당초 개정안의 핵심 사항에 대한 실시를 연기함으로써 노동시장의 유연성을 확보하는 데 실패하고 말았다. 그에 따라 절박했던 기업 구조조정이 지연되고 외국 투자자들이 한국을 떠나게 되는 등 외환위기의 원인이 되었다는 지적도 있다.

　노동법은 1998년 외환위기 이후 기업이 구조조정, 정리해고를 용이하게 추진할 수 있도록 또다시 개정되어 인수합병 시 정리해고제·근로자파견제 도입이 가능해졌다.

어려울 것이라는 인식이 정부와 기업뿐만 아니라 일반 개인에게까지 퍼져 있었다. 이는 중화학공업 육성 정책 이후 재벌들이 한국 경제 규모에 비해 지나치게 크다는 판단에 근간을 둔 것이었다. 이에 따라 재벌의 규모가 클수록 부도의 위험이 낮을 것이라는 인식, 즉 거대 재벌은 어려운 상황에서도 여러 가지로 살길을 찾을 수 있으며 망하도록 내버려둘 리도 없다는, 이른바 '대마불사'에 대한 믿음이 보편화되었다.

　이러한 인식의 연장선상에서 기업들은 계열사 간 대출 보증 또는 금융계열사를 통한 자금 조달 등을 통해 외형적 확장을 추구하였다. 기업들이 외형 성장에 비중을 둔 결과, 외환위기 전년도인 1996년 말 30대 그룹 중 부채비율이 400%를 넘는 그룹이 무려 16개에 달했다. 그러나 차입경영을 통한 외형 확장은 자금 조달 상황이 악화되자 치명적인 약점으로 작용하였다. 〈표 1-12〉에 나타난 바와 같이 1997년 당시 30대 그룹 중 쓰러진 그룹의 경우 부채비율이 매우 높음을 알 수 있다.

1997년 1월 한보를 시작으로 대기업 부도 사태가 본격화되었다. 한보는 차입경영을 통한 비관련 다각화에 몰두하여 1993년부터 4년여 동안 상아제약, 삼화상호신용금고, 유원건설, 대동조선 등 다양한 업종의 기업을 인수했다. 그 과정에서 재무구조가 급속히 악화되어 부도 당시 한보철강의 차입금은 은행권 3조 2,648억 원에 제2금융권 대출과 사채 발행을 합해 무려 5조 원에 달했다.

한보그룹에 이어 삼미, 진로, 대농, 한신공영 등의 대기업들이 연이어 쓰러져갔다. 특히 당시 재계 8위였던 기아자동차의 부도는 경제적으로뿐 아니라 국민 정서적으로도 커다란 타격을 주었다. 기아자동차는 1997년 7월 부도유예 협약을 체결하여 회생의 발판을 마련했으나 9월 법원에 화의 신청, 10월 채권단의 법정관리 신청으로 결국 부도 처리되었다. 당시 기아자동차의 차입금 규모는 9조 7,000억 원에 달했다. 기아자동차의 부도 이후에도 1997년 한 해에만 쌍방울, 해태, 뉴코아, 한라, 청구 등의 거대 재벌들이 잇따라 파산선고를 받았다.

1999년 8월에는 대우 계열 12개사가 워크아웃에 들어가며 그룹이 해체되었다. 대우는 1993년 세계경영을 선언한 이후 공격적 확장을 계속하였다. 1994년 루마니아의 자동차 공장을 비롯하여 1995년과 1997년 잇따라 폴란드와 우크라이나 공장을 인수하였다. 이러한 지속적인 인수와 글로벌

<표 1-12> 1997년의 30대 기업집단

(단위 : 10억 원)

순위	기업집단	계열기업수	자산 규모	매출액	자본금	부채/자본금(%)	그룹내부거래(%)	부채지급보증/자본금(%)	계열사지분율(%)
1	현대	57	52,821	67,990	9,842	436.7	31.6	102.5	41.6
2	삼성	80	50,705	60,113	13,809	267.2	28.2	17.6	42.5
3	LG	49	37,068	46,674	8,302	346.5	23.7	28.1	34.0
4	대우*	32	34,197	38,243	7,817	337.5	35.6	129.4	31.2
5	선경	46	22,723	26,640	4,703	383.2	21.4	16.8	30.1
6	쌍용*	25	15,804	19,445	3,102	409.5	35.4	92.5	37.5
7	한진	24	13,907	8,708	2,118	556.6	8.3	385.9	20.3
8	기아*	28	14,121	12,001	2,289	516.9	33.8	110.8	9.6
9	한화	31	10,592	9,657	1,244	751.4	20.2	159.3	26.7
10	롯데	30	7,753	7,192	2,654	192.1	11.6	20.8	19.4
11	금호	25	7,399	4,443	1,281	477.6	7.1	121.4	37.8
12	한라*	18	6,627	5,293	306	2065.7	31.0	891.0	30.5
13	동아*	19	6,289	3,885	1,383	354.7	2.6	202.4	42.2
14	두산	25	6,369	4,042	808	688.2	15.8	88.1	25.9
15	대림	20	5,849	4,832	1,118	423.2	6.4	256.2	25.1
16	한솔	23	4,214	2,513	1,075	292.0	26.8	50.8	33.2
17	효성	18	2,131	5,477	879	142.4	14.5	42.1	30.7
18	동국제강	17	3,698	3,075	1,161	218.5	6.3	56.1	32.5
19	진로*	24	3,826	1,391	99	3764.6	8.6	473.3	28.3
20	코오롱*	24	3,840	4,134	919	317.8	7.7	84.8	36.5
21	고합*	13	3,653	2,521	529	590.5	50.5	80.3	30.8
22	동부	32	3,423	3,154	946	261.8	7.2	92.8	33.2
23	동양	24	2,631	1,847	646	307.3	16.4	91.9	44.0
24	해태*	15	3,398	2,715	448	658.5	8.9	57.0	24.9
25	뉴코아*	18	2,797	2,279	211	1225.6	28.3	172.5	62.3
26	아남	21	2,638	1,984	456	478.5	55.9	361.3	32.0
27	한일*	7	2,599	1,277	384	576.8	6.8	215.8	25.2
28	거평*	22	2,296	1,058	513	347.6	22.1	354.3	41.5
29	미원	25	2,233	2,114	432	416.9	26.5	150.4	36.2
30	신호	25	1,139	1,210	362	214.6	16.9	300.1	23.3

주 1 : *는 2007년 3월 현재 부도가 났거나 워크아웃 중인 기업.
　　 2 : 그룹 매출액, 자산, 자본금, 부채 대 자기자본비율, 내부거래, 부채 지급보증 등은 제조기업만을 대상으로 함.
자료 : 공정거래위원회, 한국신용평가정보 ; 장세진(2003), 《외환위기와 한국 기업집단의 변화 : 재벌의 흥망》, 빅영사에서 재인용.

화를 통해 대우는 부도가 나기 전인 1998년 말 396개의 해외법인을 거느린 세계적 수준의 초국적 기업이 되어 있었다.

그러나 이와 같은 급속한 세계경영의 이면에는 차입경영이 존재하고 있었다. 김우중 전 회장은 "자본과 자원이 없는 한국 경제는 차입경영으로 갈 수밖에 없다. 문어발식 경영을 비난하는데, 그 문어발 정책으로 이만큼 성장한 것이다"라며 외상 경영론을 펼쳤다. 이러한 상태에서 외환 사정이 급격히 악화되자 곧바로 유동성 위기가 닥쳤다. 대우는 1998년 한 해 동안 18조 원의 기업어음(CP)을 발행하며 자금 조달을 시도하였으나 정부의 재무 건전성 강화 방침에 근간한 CP와 회사채 발행 제한 조치에 따라 결국 자금 조달에 실패하였다. 몰락 당시 대우의 총부채 규모는 62조 원(1999년 6월 말)에 달했다.

부채비율이 수천 퍼센트가 되더라도 거대 재벌이 부도가 나는 상황은 발생하지 않을 것이라는 믿음이 팽배했던 한국의 기업 토양에서 한보, 기아, 대우 등의 몰락은 기업뿐만 아니라 국민 모두에게 큰 충격이 아닐 수 없었다. 대마불사의 신화가 깨진 충격은 당시 한시적으로 영향을 미친 것이 아니라 이후에도 지속적인 영향을 주었다. 국민 정서 측면에서는 재벌에 대한 거센 사회적 비판 여론이 형성되며 반기업 정서가 확산되었다. 기업 경영 측면에서는 차입경영에 대한 경각심이 높아져 부채비율을 정부가 제시한 기준보다 더 낮추는 한편, 기술력과 생산성 등 질적인 경쟁력 강화에 초점을 맞추게 되었다.

사업 구조조정 : 빅딜, 워크아웃, 기업분할 정부의 기업 구조조정 프로그램의 핵심은 재벌 개혁이었다. 정부는 재벌 개혁 5대 원칙으로 ① 경영

대우그룹 해체 과정

1998년 말 현재 34개 계열사를 보유한 대우는 총자산 77조 원으로 국내 2위 그룹이었으나 1999년 심각한 유동성 위기에 직면해 그룹 해체의 길을 걸으며 자동차 중심의 소규모 기업군으로 변모하였다. 대우그룹은 1999년 8월 26일 대우계열사 12개사가 워크아웃을 신청하면서 본격적인 해체가 시작되었다.

개선작업 대상에 포함된 기업들은 계열 분리 뒤 독자 생존이 가능하거나 당시 경영이 정상적인 기업을 뺀 나머지 계열사로, 이미 채권단이 인수한 대우증권을 제외한 주력 기업 대부분이었다. (주)대우, 대우통신, 다이너스클럽, 대우전자, 대우전자부품, 대우중공업, 쌍용자동차, 경남기업, 오리온전기, 대우자동차, 대우자동차판매, 대우캐피탈 등 12개사였다.

대우그룹이 해체된 것은 김우중 회장의 사업 확장 성향과 외환위기 및 정부의 재벌 압박 등이 작용한 결과라고 할 수 있다. 그러나 무엇보다도 대우가 정부의 재벌 개혁 의지를 제대로 읽지 못한 데 큰 원인이 있었다. 5대 재벌 중 대우를 제외한 나머지 기업들은 '5대 재벌의 경우 자율적인 구조조정을 유도한다'는 정부의 원칙에 대응하여 유동성 확보를 서둘렀다. 그러나 대우는 차입경영을 지속해 나갔다. 그룹의 총차입금은 1997년 말 28조 7,120억 원이었는데 불과 8개월 만인 1998년 8월 말 46조 2,430억 원으로, 다시 10개월 후에는 62조 원으로 눈덩이처럼 불어났다. 1999년 7월 대우는 채권금융기관에 'SOS'를 쳤지만 신규 지원액은 4조 원에 그쳤다. 그것으로 거대 그룹의 운명이 다하고 만 것이다.

| 대우그룹 해체 일지 |
- **1998년 11월** 1차 구조조정안 발표 : "10여 개 계열사만을 남기겠다."
- **1998년 12월 7일** 대기업 빅딜 발표 : 삼성차-대우전자 빅딜안으로 자금흐름에 경고 신호
- **1998년 12월** 정부 60조 원 규모의 채무 만기 연장 실시(1999년 3월을 시한으로), 대우그룹은 7,000억 원의 채무 변제 성공적으로 실시
- **1999년 1월 초** 대우의 1999년 상반기 자금 부족 규모가 3.5조 원으로 집계되자 정부는 '개혁 원칙을 훼손하지 않는 범위에서 표 나지 않게 자금을 지원하는 방안' 강구
- **1999년 2월** 대우의 우크라이나 현지 자동차공장 합작법인 파산 신청

- 1999년 3월 정부는 더 이상 채권 만기 연장 조치를 실시하지 않음
- 1999년 4월 19일 2차 구조조정안 발표 : "조선, 상용차, 힐튼 호텔 등 매각 포함"
- 1999년 6월 30일 삼성차와의 빅딜 무산, 자금난 심화
- 1999년 7월 16일 김우중 회장과 이헌재 금감위원장의 힐튼호텔 비밀 회동 / 청와대 대책회의 / 김우중 회장 2~3개의 계열사 빼고 조속히 처분, 사재 출연의 '최후의' 구조조정안 제시, '경영권 담보로 한시적 지원'으로 결론
- 1999년 8월 4일 제일은행 등 채권단은 대우그룹의 구조조정안 반려
- 1999년 8월 26일 대우 계열사 12개사 워크아웃 신청
- 1999년 11월 1일 김우중 회장 등 계열사 사장단 전원 사직서 제출

투명성 제고, ② 상호 지급보증 해소, ③ 재무구조 개선, ④ 업종 전문화, ⑤ 경영진 책임 강화를 선정하였다. 이에 추가로 ① 산업자본과 금융자본의 분리, ② 순환출자와 부당 내부거래 억제, ③ 변칙상속 차단의 3개 원칙을 보태어 5+3 과제를 확정하였으며, 이러한 원칙에 따라 대규모 기업집단 간의 빅딜, 워크아웃, 기업 매각 등이 추진되었다.

첫 번째로 정부는 재벌 간 중복투자 사업을 단일화하여 과잉투자를 해소하는 한편 규모의 경제를 실현하여 경쟁력을 끌어올릴 목적으로 빅딜을 유도하였다. 빅딜 정책은 주로 5대 그룹을 대상으로 하였다. 1998년 7월 정부와 재계는 정유, 반도체, 철도차량, 항공기, 발전설비, 선박용 엔진, 석유화학의 7개 업종에서 재벌 간 사업 교환 등과 같은 빅딜을 추진하였다(〈표 1-13〉 참조). 그러나 빅딜은 시행단계부터 시장의 선택과 필요가 아닌 정부 주도의 사업조정이라는 점에서 비판을 받았다. 추진된 빅딜 중 사업 맞교환 형태로 진행된 것은 없었으며 대부분 일방적인 인수나 합병으로 매듭지어졌다.

두 번째로 6대 이하의 30대 기업집단에 대해서는 워크아웃 프로그램을

〈표 1-13〉 7개 업종 빅딜 추진 결과

업종	주요 내용
정유	현대정유가 한화에너지 인수(1999. 6)
반도체	현대전자가 LG반도체 인수(1999. 7)
철도차량	현대정공·대우중공업·한진중공업 철도차량 통합법인 설립(1999. 7)
항공기	현대우주항공·대우중공업·삼성항공 항공기 통합법인 설립(1999. 10)
발전설비	현대중공업과 삼성중공업의 발전설비를 한국중공업에 이관(1999. 11)
선박용 엔진	삼성중공업의 선박용 엔진 부문을 한국중공업에 이관(1999. 11)
석유화학	현대석유화학·삼성종합화학 합병 계획이 외자 유치 결렬로 무산

자료 : 한국은행(2006. 2. 24), "외환위기 이후 기업 구조조정이 투자 및 고용에 미친 영향".

〈표 1-14〉 워크아웃 추진 실적

(단위 : 건수)

구분	1998년	1999년	2000년	2001년	2002년	2003년	2004년	2005년	합계
워크아웃 선정	55	22	6	-	-	-	-	-	83
졸업	-	1	14	4	2	1	3	-	25
자율 추진	-	-	20	7	7	1	1	-	36
(자율 추진 후 졸업)	(-)	(-)	(-)	(7)	(12)	(6)	(5)	(3)	(33)
워크아웃 중단	-	1	11	3	1	2	-	-	18
계속 추진	55	75	36	22	12	8	4	4	4

자료 : 한국은행(2006. 2. 24).

만들어 은행 지도와 자금 지원을 통해 구조조정을 추진하였다. 1998년 6월 이후 대우 계열 12개 기업 등 총 104개 기업이 워크아웃 대상 기업으로 선정되었다. 그중 21개 기업이 워크아웃 개시 전에 탈락하고, 모기업과의 합병 등으로 제외되어 83개 업체가 워크아웃 추진 대상이 되었다(〈표 1-14〉 참조).

정부가 개입했던 빅딜과 워크아웃 또는 외자 유치를 위해 급박하게 단행했던 사업 매각과는 다른, 민간 차원의 자발적 구조조정도 활발히 진행되었다. 외환위기 이후 한국 기업은 생존을 위해 선택과 집중을 하고 신사

2000년 제2차 기업 구조조정(52개 기업 퇴출)

1998년 6월 17일의 제1차 기업 구조조정이 미진하자 정부는 2000년 말 제2차 구조조정에 들어갔다. 2000년 11월 3일 은행권의 기업 판정에 따라 287개 중 52개 기업이 정리대상 기업으로 분류·발표됐다. 135개 기업은 은행의 도움 없이 독자 생존이 가능한 정상 기업(1등급)으로, 28개 기업은 일시적인 유동성 위기를 겪고 있지만 은행의 한 차례 지원만으로 회생이 가능한 기업(2등급)으로 판정되었으며, 구조적 유동성 위기를 겪고 있는 기업(3등급) 124개 중 72개 기업에 대해서는 자산 매각 등을 전제로 조건부 회생 판정이 내려졌다. 나머지 52개 기업은 회생 가능성이 불투명하다고 판단되어 정리 대상 기업으로 분류되었다. 이들 정리 대상 기업에 대해서는 퇴출(청산), 법정관리, 매각 등의 방법이 취해졌는데, 삼성상용차와 삼익건설을 비롯한 18개 기업은 청산(퇴출) 절차를 밟았으며 11개 기업은 법정관리에 들어갔다. 또한 20개 기업은 매각, 3개 기업은 합병되었다.

제2차 구조조정은 정부 주도가 아닌 은행권의 판단에 의한 기업 구조조정이라는 의미가 있었으나, 큰 기업들은 대부분 살려둔 채 퇴출 기업 상당수에 대우 계열사 10여 개와 이미 부도가 난 동아건설, 서한 등 한계기업 30개가 포함되어 정상 기업은 10여 개에 불과했다. 또 하나 특징적인 것은 퇴출 기업의 상당부분이 건설 업종이었다는 점이다.

〈표 1-15〉 52개 정리 대상 기업

청산(18개)	광은파이낸스, 기아인터트레이드, 삼성상용차, 양영제지, 한라자원, 해우, 대동주택, 대한중석, 미주실업, 삼성자동차, 신화건설, 우성건설, 일성건설, 피어리스, 삼익건설, 서광, 진로종합식품, 진로종합유통
법정관리(11개)	동양철관, 청구, 우방, 해태상사, 태화쇼핑, 세계물산 등 기존 법정관리 기업(신규자금 지원을 중단해 조기정리 추진)과 동아건설, 대한통운, 동보건설, 영남일보 등 새로운 법정관리 기업
합병(3개)	갑을, 갑을방적 등
매각(20개)	진도, 고합, 대우자동차, 세풍 등
조건부 회생(2개)	현대건설, 쌍용양회

업 발굴에 나서야만 했다. 이에 따라 기업은 수익률이 낮은 기존 사업을 매각하고 수익성이 높은 부문을 강화하는 상시 구조조정 체제로 신속히 전환하였다.

이 시기에 기업분할제도와 정리해고제가 도입된 것도 기업 구조조정이 촉진되는 요인으로 작용하였다. 기업분할제도는 대부분 출자 형식으로 이뤄지는 분사제도와 달리 회사의 특정사업 부문을 독립적으로 분리하면서 자본과 부채까지 나누는 것으로, 우리나라에는 1998년에 도입되었다. 이 제도는 주력 사업이 아닌 사업부를 독립시켜 성과를 지켜보며 새로운 주력 사업으로 육성할 수 있다는 장점 때문에 한국 기업의 새로운 경영전략으로 빠르게 자리 잡았다. 제도가 도입된 이후 분할을 통한 핵심 사업체제로의 전환이 지속되어 2000~2006년 동안 80건, 57.5조 원에 달하는 기업분할이 이루어졌다.

정리해고제 역시 기업들의 신속한 사업 철수, 비용 절감 경영 등을 지원함으로써 사업 구조조정을 촉진했다. 이 제도는 외국인 투자 유치를 목적으로 한 의도도 강했는데, 외국인의 눈에는 해고가 자유롭지 못한 한국의 기업 토양으로 인해 기업 구조조정의 성공 가능성이 매우 낮게 비춰졌기 때문이다.

외환위기로 수많은 대기업이 부도 처리되고 빅딜, 워크아웃, 사업 분할 등 사업 구조조정이 전개되면서 외환위기 이후 10년은 우리나라 재계지도를 완전히 새롭게 그려놓았다. 〈표 1-16〉에서 보듯이 1997년과 2007년의 30대 기업집단 순위를 비교해보면, 13개 기업집단의 이름이 지워졌으며 명맥을 그대로 유지한 기업집단은 13개에 불과하다. 새롭게 진입한 기업집단을 보면 계열분리 후 진입한 경우가 11개, 공기업이 민영화되면서 진입

〈표 1-16〉 외환위기 직전과 10년 후 30대 기업집단 순위

(단위: 조 원)

순위	1997년 4월 기업집단(자산규모)	2007년 4월 기업집단(자산규모)	순위	1997년 4월 기업집단(자산규모)	2007년 4월 기업집단(자산규모)
1	현대(53.6)	삼성(129.1)	16	한솔(4.4)	LS(9.9)
2	삼성(51.7)	현대자동차(66.2)	17	효성(4.1)	현대(8.8)
3	LG(38.4)	LG(52.4)	18	동국제강(4)	동부(8.7)
4	*대우(35.5)	SK(50.4)	19	*진로(4)	CJ(8.4)
5	선경(22.9)	롯데(40.2)	20	코오롱(3.9)	대림(7.5)
6	*쌍용(16.5)	포스코(32.7)	21	*고합(3.7)	GM대우(7.3)
7	한진(17.3)	KT(27.5)	22	동부(3.7)	대우조선해양(6.1)
8	*기아(14.3)	GS(25.1)	23	동양(3.4)	현대건설(6.1)
9	한화(11)	금호아시아나(22.9)	24	*해태(3.4)	STX(5.9)
10	롯데(7.8)	한진(20.7)	25	*뉴코아(2.8)	동국제강(5.8)
11	금호(7.5)	현대중공업(20.6)	26	*아남(2.7)	이랜드(5.4)
12	*한라(6.6)	한화(18.0)	27	*한일(2.6)	현대백화점(4.9)
13	*동아건설(6.5)	두산(14.4)	28	*거평(2.5)	코오롱(4.9)
14	두산(6.4)	하이닉스(13.7)	29	미원(2.2)	동양(4.8)
15	대림(6.2)	신세계(9.9)	30	*신호(2.2)	KCC(4.8)

주 : *는 몰락한 그룹임.
자료 : 공정거래위원회(공기업 제외).

한 경우가 3개, 순수하게 신규 진입한 경우가 3개이다.

재벌 시스템에 대한 규제 강화 외환위기 이전에 대기업들의 무리한 차입경영이 가능했던 것은 소위 재벌 시스템 때문이라는 비난이 높아지는 가운데 정부는 이를 개편하기 위해 다양한 제도를 도입하였다. 정부의 대기업 정책 개편은 크게 공정거래 규제 강화, 회계기준 강화, 내부 지배구조 변화 유도로 나눌 수 있다.

먼저, 공정거래 규제를 강화하여 계열사 간 지급보증을 금지하였다.

■ 외환위기를 전화위복의 기회로 : 삼성그룹

삼성그룹의 성장 역사를 보면, 제당-물산-가전-반도체로 주력 사업을 바꾸어 가면서 이전 주력 사업에서의 핵심역량, 자금, 인력 등 주요 자원을 신규 주력 사업에 투입하여 새로운 성장동력을 확보해갔다. 하지만 1990년대 초반 신경영 체제 이후에는 선택과 집중 원칙에 의거하여 계열분리와 사업통합을 진행하면서 이른바 '자립자생의 원칙'을 강조하였다.

구조조정의 속도는 외환위기 이후 급속히 빨라져 1997년 말 59개였던 계열사가 1년 만인 1998년 말 40개로 줄어들었다. 이때 삼성이 적용한 가장 중요한 원칙은 신규 사업을 제외하고 3년 연속 적자를 내는 사업은 즉각 정리한다는 것이었다. 실제로 삼성은 외환위기 이후 매년 사업별 경쟁력 평가를 통해 상시적인 사업 구조조정을 단행하였다.

결과적으로 외환위기 이전부터 구조조정을 선제적으로 해왔던 삼성은 외환위기 이후 더욱 강력한 사업·인력 구조조정, 해외 자산 매각 등을 실행하며 그동안 사회적 분위기 및 여건상 추진하지 못했던 구조조정을 단행하였다. 삼성에게 외환위기는 내실경영 체제로 더욱 빠르게 전환하는 촉매제로 작용하였던 것이다.

〈표 1-17〉 인력 및 재무 구조조정

구분		1997년 말	1999년 말
인력		16.3만 명	11.3만 명
재무구조 개선	총차입금	47.7조 원	25.7조 원
	부채비율	366%	166%
	계열사 상호 지급보증	2.3조 원	0원
	자산 매각 및 증자	14조 원 (자산 매각 5.4조 원, 증자 8.6조 원)	

계열사 간 지급보증을 통해 무리한 사업 확장을 한 일부 재벌들이 자금 상황이 악화되자 연쇄 부도를 초래하여 국가 경제에 타격을 주었다는 점에서 규제 대상이 된 것이다. 30대 재벌의 지급보증액은 1998년 4월 26.9조 원에

서 다음 해 4월에는 9.8조 원으로 줄어들었고 2000년 3월에는 완전히 사라졌다. 또한 정부는 재벌 계열사들 간에 거래할 때 시장 가격을 적용하지 않으면 부당 내부거래로 간주하고 이를 금지시켰다. 공정거래위원회가 재벌의 계열사 간 거래가 부당하다고 판단하는 경우 거래액의 최고 5%까지 벌금을 부과할 수 있도록 하였던 것이다. 이에 따라 공정거래위원회는 1998년부터 2000년까지 3년 동안 불공정 내부거래 행위를 네 차례 조사하여 30대 재벌에게 총 2,343억 원의 과징금을 부과했다.

다음으로 30대 기업집단의 결합재무제표 작성을 의무화했다. 재벌 계열사 간 상호거래를 상쇄시켜 재벌들의 재무 상황을 개별 계열사들 재무 상황의 단순 합이 아니라 그룹 전체가 한 기업인 것처럼 볼 수 있도록 한 것이다. 기업회계 기준이 강화되자 그룹 계열사가 자금 부족을 우회하거나 매출 규모를 부풀리는 것이 어렵게 되었다.

재벌의 경영 시스템과 직접적 관련이 있는 변화는 내부 지배구조의 개편인데, 그 기본 골격은 기업 대주주의 책임을 강화하고 투명성을 높이자는 것이었다. 먼저, 재벌 소유주들을 주요 계열사들의 이사로 등재할 것을 의무화하였다. 이는 부실경영 등으로 법적 문제가 발생할 경우 민형사상 소송의 대상이 되는 것을 의미한다. 또 전체 이사의 4분의 1 이상을 사외이사로 채우도록 하고 지배주주와 친인척 관계에 있는 사람은 사외이사에서 제외함으로써 기업 감시기능을 강화하였다. 이 밖에 기관투자자와 소액주주의 권한을 대폭 강화하였다. 특히 부실경영에 대한 소액주주의 소송 제기 가능 최소지분율을 1%에서 0.01%로 대폭 낮추었으며, 회계장부 열람권도 지분율 3%에서 1%로 완화하였다.

이로써 소액주주와 시민단체가 중요한 이해관계자로 부상하였다. 또

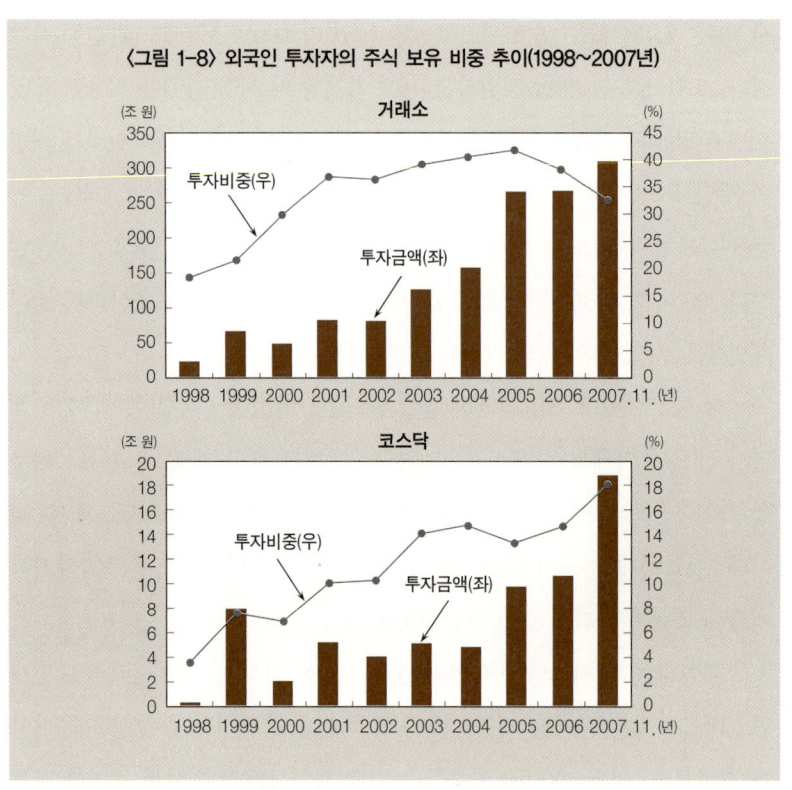

주 1 : 각 연도 말 기준.
 2 : 직접투자와 간접투자를 모두 포함.
자료 : 금융감독원, 《외국인 투자 동향》, 각 연호.

한 외국인의 영향력도 대단히 높아졌다. 외환위기 당시 위기 탈출을 위해 외국인 투자 규제를 대거 완화하면서 주식시장이 개방되었기 때문이다. 이후 외국인 투자는 급증세를 보여 거래소 시장에서 외국인의 주식 소유 비중이 1997년 말 14.6%에서 2002년 말 36.0%를 넘어 2006년 말에는 37.3%까지 증가하였다. 외국인 주식 보유 비중은 〈그림 1-8〉에서 보듯이 크게 높아졌는데 우량 대기업에 집중되어 있어서 이들 기업의 지배구조, 배당금

등에 미치는 영향력도 매우 커졌다.

금융 구조조정 : 퇴출, 공적자금 투입, M&A 정부의 금융 구조조정 조치는 크게 부실은행의 퇴출과 M&A, 공적자금 투입으로 나눌 수 있다. 금융감독위원회는 1998년 2월 BIS 기준 자기자본비율 8% 미만인 12개 은행, 즉 조흥은행, 상업은행, 한일은행, 외환은행, 평화은행, 충북은행, 강원은행, 동화은행, 동남은행, 대동은행, 경기은행, 충청은행에 대해 경영 개선 조치를 요구하였다. 이어 1998년 6월 이들 중 자력으로 경영 정상화가 불가능하다고 판단한 5개 은행, 즉 동화은행, 동남은행, 대동은행, 경기은행, 충청은행을 퇴출시키고 이들을 각각 신한은행, 국민은행, 주택은행, 한미은행, 하나은행에 자산부채이전 방식으로 인수시켰다. 또한 은행 간 합병을 유도하여 상업은행과 한일은행의 결합을 통해 한빛은행을 탄생시켰고, 보람은행을 하나은행에, 강원은행을 조흥은행에 합병시켰다.

한편, 당시 정부가 부실 은행 평가 기준으로 사용했던 BIS 자기자본비율 8% 규정은 한국의 경제 상황에 도입하기에는 너무 까다로운 기준이었다는 평가를 받고 있기도 하다.[20] 장기적으로 수익을 확보할 수 있는 은행이라 할지라도 BIS 기준을 맞추기 위해 대출을 중단하거나 축소하는 일이 발생했기 때문이다.

은행권의 M&A는 정부 주도 이후에도 민간 차원에서 자발적으로 진행되어 대형 은행 간의 합병이 이루어지고 금융지주회사가 설립되는 등 꾸준

---

20 장하준·신장섭·조성욱·조동철(2003), "한국 금융위기 이후 기업 구조조정에 대한 비판적 평가", 《한국 경제의 분석》, 제9권, 제3호, 한국금융연구원, pp. 255~304.

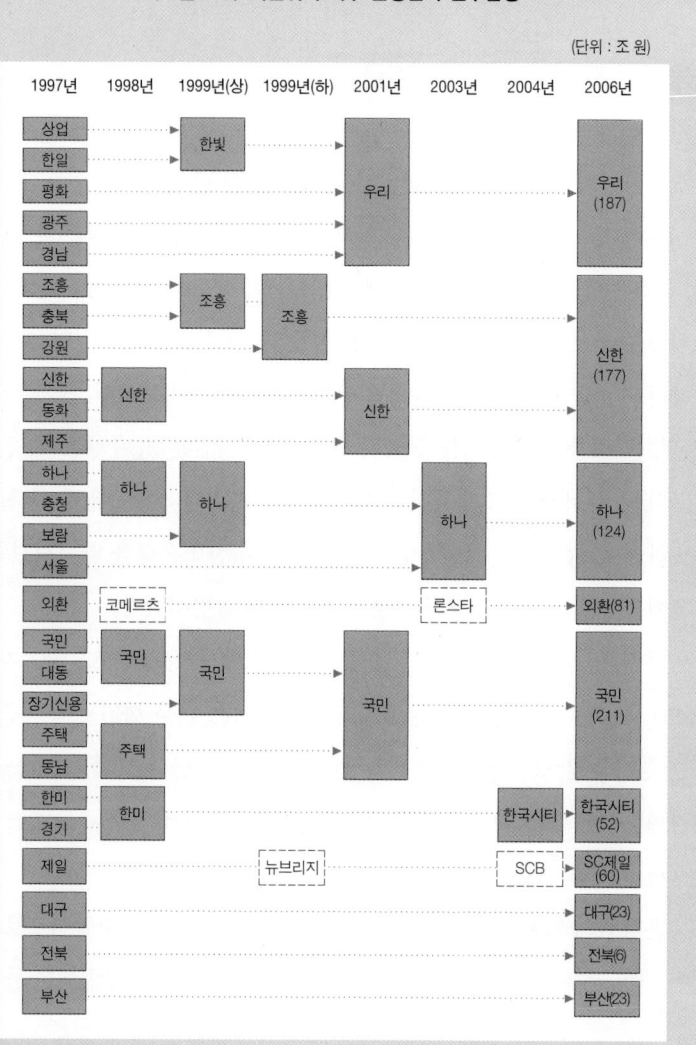

<그림 1-9> 외환위기 이후 은행권의 인수합병

주 : 괄호 안의 수치는 2006년 말 기준 총자산.
자료 : 금융감독원, 《은행경영통계》.

한 은행 구조조정으로 이어졌다. 1999년 6월 24개로 줄어들었던 은행의 수는 2007년 현재 10개(동일 지주회사 소속 은행은 1개로 계산)로 재차 감소된 상태이며, 외환은행이 기존 은행에 매각될 경우 그나마 9개로 줄어들 전망이다 (〈그림 1-9〉 참조).

정부는 부실 정도가 심한 은행을 M&A로 정리하는 한편, 은행의 재무구조 정상화를 위하여 대규모 공적자금을 투입하였다. 우선 16조 5,000억 원을 투입하여 은행의 지분을 확보하였으며, 부도난 기업을 대신하여 예금을 지급하는 데 추가적으로 9조 6,000억 원의 자금을 사용하였다. 또한 금융기관이 담당하던 악성채권 매입에 공적자금을 이용하였다. 자산관리공사(KAMCO)를 통해 정부는 은행들로부터 17조 3,000억 원의 악성채권을 할인된 가격으로 매입하였다. 결과적으로 정부는 은행의 구조조정을 위해 1999년에만 총 45조 2,000억 원의 자금을 투입한 셈이었다. 여기에 보험사 등 비은행권 금융기관들까지 합할 경우 정부가 투입한 공적자금은 총 64조 원에 달했다[21](〈표 1-18〉 참조).

1999년 정부예산과 GNP가 각각 80조 원과 483조 원이었다는 사실을 감안해볼 때 당시 투입한 공적자금은 막대한 규모였다. 더욱이 그러한 공적자금의 투입은 국민의 세금을 실패한 금융기관들을 지원하는 데 사용했다는 나쁜 선례를 남겼다. 그 후에도 금융기관 구조조정에 공적자금을 계속 투입해 1997년 외환위기 발생 이후 2006년까지 총 168조 3,000억 원이 투입되었다. 반면, 2006년까지 회수된 자금은 84조 5,000억 원에 불과해 50.2%의 회수율을 기록하고 있다.

....
21 장세진(2003).

〈표 1-18〉 금융 부문에 대한 공적자금 투입

(단위 : 조 원)

구분	1998년 조성되고 1999년 12월에 사용된 공적자금과 사용처		2000년 12월에 추가적으로 조성된 공적자금과 사용처	
	은행	비은행금융권	은행	비은행금융권
지분투자의 유입	16.5	4.0	10.7	9.8
부도난 기업 대신 예금 지급	9.6	11.4	-	16.9
자산의 매입	1.8	-	-	-
KAMCO에 의한 부실채권 매입	17.3	3.2	5.9	-
기타	-	0.2	-	6.7
중간 합계	45.2	18.8	16.6	33.4
전체 합계	64.0		50.0	

자료 : 재정경제부(2000. 9), 《공적자금백서》 ; 장세진(2003)에서 재인용.

이처럼 외환위기 이후 구조조정을 통해 부실은행의 퇴출과 은행 간 합병 등이 이루어져 은행 수가 크게 감소하였다. 이에 따라 2006년에는 국민은행, 우리은행, 신한은행, 농협 등 4개 금융기관이 세계 100대 은행에 진입하는 등 규모 면에서 국내 은행의 성장이 두드러졌다. 그러나 이와 같은 은행의 대형화는 주로 가계대출 중심의 외형 확대와 비은행 업무로의 수익 다변화를 초래하고 있을 뿐 아직까지는 금융 고도화를 통한 글로벌 경쟁력 향상으로 이어지지 못하고 있는 실정이다.

갈등과 대립의 노사관계(1997~2006년)   1997년 말 IMF 외환위기를 경험한 한국 사회는 그동안 실질적으로 지배해왔던 사회적 기준들에 대한 새로운 접근 방식을 요구받게 되었다. 노사관계 역시 이와 같은 분위기에서 예외가 될 수는 없었다. 특히 노동법 개정으로 정리해고가 공식화되자 고

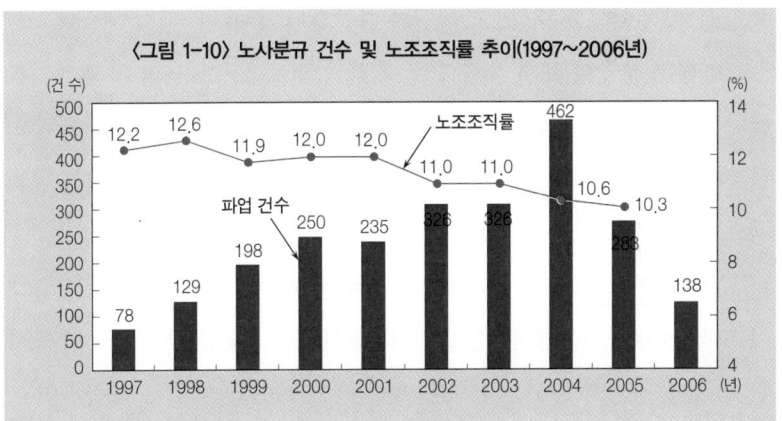

자료: 한국노동연구원, 노사분규 DB.

용 불안이 증대되고 고용 안정성 문제가 노동문제의 핵심으로 부각되었다. 더욱이 구조조정 과정에서 노사 간 불신이 심화되면서 1990년 이후 감소세를 보이던 노사분규가 증가세로 돌아서는 등 노사관계가 다시 악화되었다(〈그림 1-10〉 참조). 1990년 중반 4만 명 수준으로 감소했던 노사분규 참가자 수도 구조조정 과정을 거치면서 다시 10만 명 내외로 증가했다.[22] 여기에 노사분규 건당 분규 지속 일수도 1997년 22.7일에서 2003년 32.5일로 늘어나고 있어 노사 갈등이 지속적으로 심화되고 있음을 알 수 있다.

　노사분규의 발생 원인을 보면, 외환위기 이전까지는 주로 임금 인상 목적의 분규가 많았으나 이후에는 임금 인상보다는 단체협약 관련 분규가 많아졌다. 단순한 분배 교섭적 원인보다는 구조조정, 고용 안정, 근로시간,

---

22 한국노동연구원《매월노동동향》에 따르면 1994년 노사분규 참가자 수는 4만 명 수준으로 저하되었으나 1998년 14만 6,000명 수준으로 다시 증가하였다.

복지 등 질적 이슈를 중심으로 분규가 다양화된 것이다.

발생된 분규의 해결 유형도 노사 간 합의보다는 노조의 자체 종결로 끝나는 경우가 많은 것으로 나타났다. 이는 상당수의 파업이 노조의 무리한 판단과 목적에 의해 발생되었다가 노사 간 합의에 이르지 못하고 자체적으로 끝나고 말았음을 시사한다.[23]

대립적이고 전투적인 노사관계는 국제 경쟁력 수준 평가에서도 그대로 드러난다. 국제경영개발원(IMD)의 《세계경쟁력 연감》에서 한국의 노사관계 국제 경쟁력 순위는 1998년 43위에서 1999년 46위로 하락하였고, 2001년에는 46위, 2003년부터 2006년까지 4년간 사상 최저 수준인 61개국 중 61위[24]를 기록하였다.

이와 같이 대립적인 노사관계에 지친 기업들은 작업장에서 노동조합의 기능을 대체하기 위한 노력을 강화하였다. 이에 따라 노조화의 유인을 사전에 제거하기 위해 다양한 인적 자원 관리 기능이 도입되었다. 근로자 불만의 원인이 될 수 있는 평가와 보상의 공정성을 제고하고 표준 경력 모델 제시를 통해 성장 비전을 제시하는 한편, 적절한 의사소통 채널을 구축하여 노조 설립의 유인을 보다 적극적으로 제거하려는 노력이 나타났다. 특히 서구의 '고성과 모델(High Performance Workplace)'을 적극적으로 벤치마킹하여 근로자 참여, 성과 배분, 평등주의적 조직 문화, 관리조직의 간소화, 공식적인 불만해소제도 등을 적극적으로 도입하였다. 조합원의 불만을 해소하기 위한 이러한 기업의 선제적인 인사 관리는 노조의 전투적 교섭보다

---

[23] 이장원(2005), "한국의 파업구조와 특징", 한국노동연구원 노사관계 고위지도자 과정 자료.
[24] 2003~2005년 동안은 조사 대상국 60개국 중 60위로 최하위를 기록하였다.

훨씬 효과적이었다. 노조조직률은 1989년 19.8%를 정점으로 지속적인 하락 추세를 보여 2005년 말 기준으로는 10.3%까지 떨어졌다.[25]

노동 유연성 제고와 취약계층 보호에 주력하는 노동 정책   1997년 IMF 관리체제로의 변화는 노동법에도 새로운 변화를 요구하게 되었다. IMF 측은 구제금융의 대가로 노동시장에 대한 유연성 제고, 즉 기업의 구조조정을 활성화하고 고용보험제도를 강화할 것을 요구하였다. 이에 따라 1998년 2월 정리해고 규정의 수정과 근로자 파견을 허용하게 되었다. 정리해고 규정과 관련해서는 정리해고에 대한 2년의 유예기간을 삭제하고 아울러 '경영 악화 방지를 위한 사업의 양도·인수·합병을 경영상의 필요가 있는 것'으로 보아 M&A 시에도 정리해고가 가능하도록 하였다. 또한 '파견근로자 보호 등에 관한 법률' 제정으로 기업 인력 관리의 신축성을 제고하였으며, 구조조정 과정에서 수반되는 대량 실업에 대처하기 위해 고용보험 관련 법을 개정하고 '임금채권보장법'을 제정하기도 하였다.

한편, 노동문제에 진보적인 입장을 취하는 '국민의 정부'가 출범하자, 사회적 합의와 공론화 방식을 통한 법 개정을 시도하였다. 그에 따라 노사정위원회가 발족되어 1998년 2월에는 '경제위기 극복을 위한 사회협약'이 체결되기도 하였다. 이후 노사문제의 해결은 노사정 삼자 간의 합의를 중요시하는 방식으로 상당 부분 변모하게 되었다.

2000년 이후부터는 근로자들의 삶의 질 향상에 역점을 두는 한편, 특

---

[25] 노조조직률 하락은 이외에도 제조업 종사자들의 수적인 감소, 강성 노동운동에 대한 반감과 무관심, 정부의 입법과 노조의 청원 기능 약화 등의 복합적인 요인에 의해 설명된다. 남성일(2006), "경제학적 관점에서 본 노사관계의 선진화".

정 취약계층 보호를 강화하는 입법들이 등장하기 시작하였다. 2001년에는 여성에 대한 특별 보호를 지양하고 모성 관련 보호법을 강화하는 입법이 활발해졌다. 여성에 대한 과보호 규정은 오히려 여성의 사회 진출과 남녀 기회 균등에 장애가 됨을 이유로 삭제되었다. 예컨대 연장근로 제한을 모든 여성에서 산후 1년이 경과하지 않은 여성으로 제한하였다. 반면, 모성에 대한 보호를 강화하여 산전후 휴가 기간을 60일에서 90일로 확대하고 육아휴직 급여를 신설하기도 하였다.

2003년에는 일과 생활의 균형에 대한 요구에 발맞춰 주 40시간 근로시간제가 도입되었다. 금융·보험업, 공공기관 및 상시 1,000인 이상의 사업장을 우선 대상으로 2011년까지 단계적으로 시행되는 것이지만, 이로써 근로자들의 실제 근로시간이 줄어들고 휴일이 증가하는 등 삶의 질이 개선될 것으로 기대된다. 반면, 이러한 기준 근로시간 축소에 따라 월차휴가를 폐지하고 연차휴가를 조정하는 등 휴가제도도 국제 기준에 맞추어 변경하였다.

한편, 불법 체류 외국인을 둘러싸고 제기되어온 문제들을 해결하기 위해 외국인 고용허가제를 도입하여 외국인 근로자 고용 시 정부 허가를 받도록 하되 외국인 근로자의 근로조건을 보호하는 장치를 마련하기도 하였다.

2006년에는 비정규직 보호법과 노사관계 선진화 입법이 국회를 통과하였다. 비정규직 보호법은 외환위기 이후 급격히 증가한 비정규직 근로자들의 문제를 개선하기 위해 2001년 노사정위원회에서 논의가 개시된 지 5년 만에 거둔 결과물이었다. 구체적인 내용으로는 비정규직에 대한 차별 금지 규정 신설과 그에 따른 차별방지위원회 설치, 기간제와 파견직 근로자들에 대한 2년 사용기간 제한이 입법되었다.

노사관계 선진화 입법은 참여정부 국정 과제의 일환으로 우리나라 노

〈표 1-19〉 연도별 노동법 주요 개정 내용

민주화와 세계화에 직면한 노동입법(1987~1996년)		노동 유연성을 제고하면서 취약계층 보호에 주력하는 노동정책(1997년~현재)	
1987년 이후 입법	1997년 입법	1998년 입법	2000년 이후 입법
• 기업별 노조 강제 삭제 • 임금에 대한 우선변제 도입 • 근로기준법 적용 범위 5인 이상으로 확대 • 근로시간 44시간 단축	• 상급단체는 복수노조 즉시 허용 • 제3자 개입 금지 조항 삭제 • 노조의 정치활동 허용	• 정리해고 규정 실시 • 근로자파견법 제정 • 임금채권보장법 제정 • 교원의 단결권, 교섭권 허용	• 산전후 휴가 확대 • 주 40시간 단계 도입 • 외국인 고용허가제 • 복수노조, 노조 전임자 급여 2009년까지 유예 • 직권 중재 폐지

동법을 가능한 한 글로벌 스탠더드에 맞추어 개편하려는 것이었다. 이에 2003년부터 집중적인 논의를 거쳤지만 노사 모두 소극적인 태도를 보여 별다른 진전이 없었다. 그러나 기업 차원의 복수노조 허용 및 전임자 급여 지급 금지 시행 시기가 임박해오자, 2006년 9월 노사정 합의를 통해 선진화 방안의 일부 내용을 입법화하였다. 주요 내용으로는 복수노조 및 전임자 급여 지급 금지의 3년간 유예, 부당해고 구제 방식의 다양화, 쟁의 행위 시 직권 중재 조항 폐지 등이 포함되었다(〈표 1-19〉 참조).

내실과 혁신

수익성 위주의 경영   외환위기 이전까지 차입경영 등을 통해 자본의 대량 투하로 외형·성장을 추구하던 경영 방식은 외환위기 이후 크게 변화되었다. 1990년대 중반까지 외형 확장에 초점을 두며 대규모의 투자를 감행했던 기업들이 재무 건전성을 추구하는 수익성 위주의 경영으로 전환하였던 것

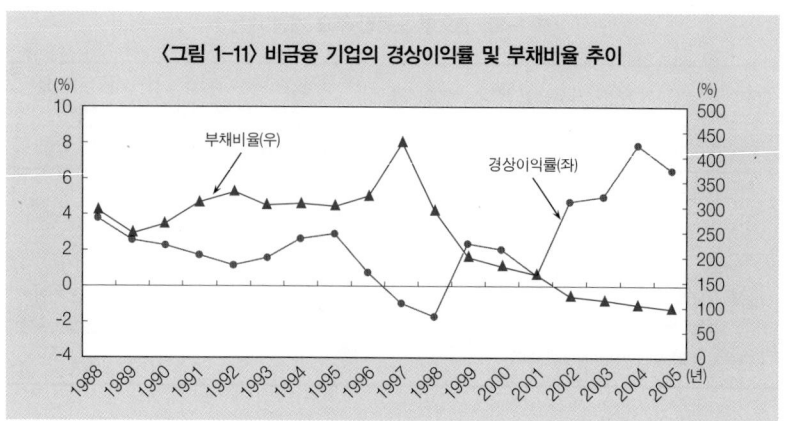

자료 : 한국은행, 《기업경영분석》, 경제통계시스템(ECOS).

이다. 그러나 이러한 수익성 위주의 경영을 할 수밖에 없는 금융 시스템이 형성된 것 또한 영향을 미쳤다. 즉 국내 은행도 신용도에 따라 대출금리를 차별화하고, 외국인 투자자의 증시 참여로 주가도 수익성에 따라 차별화되기 시작한 까닭이다. 또한 그룹 내 계열사 간 자금 이동이 사실상 불가능해지면서 계열사 차원에서도 시장 논리가 작용하기 시작하였다.

결과적으로 수익성이 확보된 내실 있는 성장을 추구하고 그룹의 성과보다는 개별 계열사의 성과가 우선시되는 구조로 선회하여 기업의 수익성과 재무 안정성이 괄목하게 향상되었다. 1991~1997년 비금융 기업들의 평균 경상이익률과 부채비율은 각각 1.5%와 331%였으나 1998~2005년에는 각각 3.5%와 162%를 기록하였다(〈그림 1-11〉 참조).

한편, 수익성 위주의 경영 기조는 자발적인 사업 구조조정 및 인력 구조조정을 촉진하였다. 우선 사업 구조조정 측면에서는 수익률이 낮은 기존 사업을 매각하고 수익성이 높은 부문을 강화하는 상시 구조조정 체제로 돌

<표 1-20> 매출 규모별 평균 종업원 수 추이(외감기업 대상)

(단위 : 원, 명)

매출 규모	1990년	1995년	2000년	2005년
1조 이상	10,145	8,795	5,450	4,632
5,000억~1조	3,863	1,931	1,403	1,236
1,000억~5,000억	1,261	802	493	414
500억~1,000억	530	316	228	189
100억~500억	202	139	101	91
100억 미만	79	51	36	37

주 1 : 외부감사대상법인(이하 외감법인) 기준.
　 2 : 매출액은 2005년을 기준으로 물가상승률을 보정한 값.
자료 : 한국신용평가정보, KISValue DB.

입하였다. 이는 정부가 개입했던 빅딜 및 워크아웃, 또는 외자 유치를 위해 급박하게 단행했던 사업 매각과는 다른 차원으로 민간의 자발적인 선택과 집중에 따라 진행된 것이다. 인력 구조조정 측면에서는 대량 해고, 비정규직, 아웃소싱이 증가하게 되었다. 이에 따라 전반적으로 인력 절감형 경영이 자리 잡게 되어 매출 규모에 관계없이 소기업에서 글로벌 대기업까지 종업원 수가 큰 폭으로 감소하였다. <표 1-20>에 나타난 바와 같이 매출 1조 원 이상의 기업은 종업원 수가 1995년 평균 8,795명에 달했으나 10년 만인 2005년에는 4,632명으로 거의 절반 수준으로 줄어들었다.

　수익성 위주의 경영은 저부가가치 공정이나 가격 경쟁력이 저하된 제품라인을 인건비가 낮은 지역으로 이전하고 고부가가치 부문에 집중하는 전략을 급격히 확산시키는 계기가 되기도 했다. 특히 2000년 이후 중국 등 아시아 지역 및 동유럽에 대한 투자가 급증했는데, 여기에는 저렴한 인건비를 활용하려는 측면과 동시에 신흥시장을 공략하려는 목적도 함께 작용하였다(<그림 1-12> 참조).

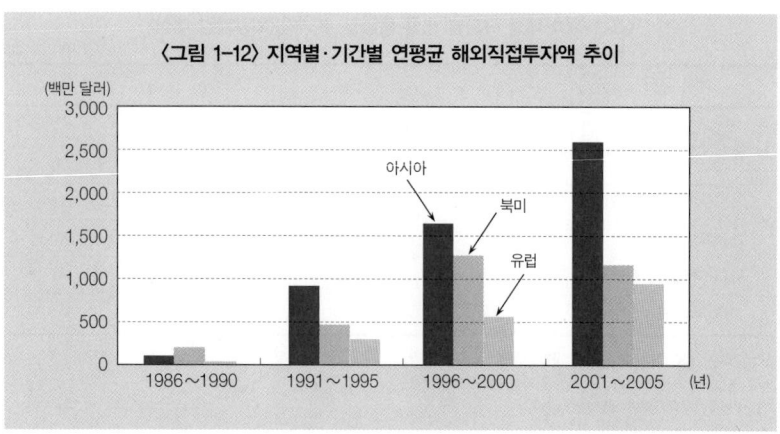

자료 : 통계청, KOSIS DB.

질(質) 중심 경영 : R&D 투자 증가, 소프트 경쟁력 강조 외환위기 이후 대다수 기업들은 외형 확대 전략에 한계를 가지게 되었다. 더군다나 저임금 노동력을 확보하고 있는 중국 기업의 고도성장으로 가격 경쟁력이 저하된 한국 기업은 기존의 상품, 운영 시스템으로는 도저히 경쟁할 수 없는 상황에 직면하게 되었다. 이러한 상황에서 2000년 이후 급성장한 IT의 발전과 새로운 시장은 한국 기업에게 새로운 기회를 제공해주었다. 새롭게 형성된 IT 시장에서는 새로운 경쟁의 룰이 적용됨으로써 과거 아날로그 시대를 주도한 기존 글로벌 기업의 기술과 기득권이 상당 부분 힘을 발휘하지 못하였던 것이다. 더욱이 2000년대에 들어서는 IT의 진화가 산업 및 제품 컨버전스로 이어져 새로운 시장을 창출하는 효과를 낳았고, 중국을 비롯한 브릭스(BRICs) 시장의 대두는 한국 기업이 새로이 도약할 수 있는 기회로 작용하였다. 한국의 대기업들은 이 기회를 놓치지 않고 질적 고도화를 위한 많은 투자와 노력을 기울였다.

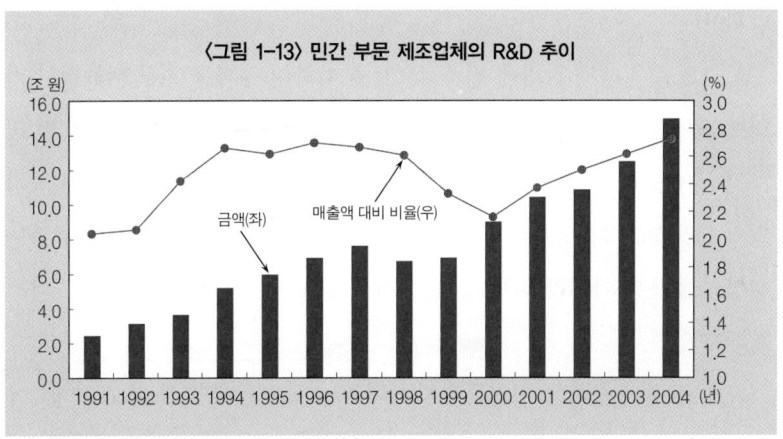

자료 : 통계청, KOSIS DB.

우선, 대규모 R&D 투자를 통해 신산업에서 제품 경쟁력을 확보하고자 했다. 민간 부문 제조업체의 연구개발비는 2001년 10조 원을 돌파한 이래 꾸준히 증가하여 2005년에는 14조 4,800억 원에 이르고 있다(〈그림 1-13〉 참조). 그러나 이러한 투자 증가의 이면을 살펴보면, 2005년을 기준으로 국내 상장사들의 R&D 투자의 73%가 10대 기업에 편중되어 있는 등 사실상 소수의 대기업을 제외한 대다수 기업들의 R&D 투자는 매우 빈약한 것으로 나타났다. 특히 전체 투자액의 37.4%를 삼성전자 1개사가 차지할 만큼 R&D 투자 규모의 격차가 심화되고 있다.

두 번째로 디자인, 브랜드 등 소프트 경쟁력 확보의 중요성에 대한 인식이 확산되고 이를 위한 과감한 투자가 전개되기 시작하였다. 소프트 경쟁력이란 눈에 보이지 않는 것에서 가치를 찾아내거나 그것을 기획·가공하여 부가가치를 높이는 능력으로, 그 자체만으로도 경쟁우위의 원천이 될 수 있다. 하지만 산업화 시대의 기존 경쟁력에 더해질 때 더욱 강력한 힘을 발휘한다.

　소프트 경쟁력 강화에 전폭적으로 투자하여 성과를 거둔 대표적인 기업으로는 삼성전자와 LG전자를 꼽을 수 있다. 이들 기업은 이미 글로벌 디자인 체제를 구축하고 디자인 리더십 확보, 아이덴티티 구축 등 디자인 경영의 고도화를 이루었다고 평가할 수 있다. 이러한 디자인 경영의 효과는 시장의 호응뿐 아니라 히트 상품, 디자인 공모전 수상 등의 형태로도 가시화되고 있다.

　최근 수년간 한국 기업들은 이데아(IDEA, 미국), 레드닷(Reddot, 독일), 아이에프(iF, 독일), 굿디자인(Good Design, 일본) 등 세계적인 권위를 자랑하는 국제 디자인 공모전에서 우수한 성적을 거두고 있다. 더욱이 이러한 추세는 대기업뿐 아니라 중소기업에까지 확산되어 VK(2006년, 레드닷), 레인콤(2005년, 레드닷), 엠피오(2006년, 아이에프), 아이레보·온타임텍·팬텍계열·웅진쿠첸(이상 2007년, 아이에프) 등 중소기업이 수상하는 사례도 점차 증가하고 있다.[26] 디자인 경영의 적용 범위 역시 나날이 확대되어 최근에는 건설, 산전(産電), 유통 등 비제조 분야에서도 높은 효과를 보이고 있다.

　한국의 기업들은 소프트 경쟁력의 다른 한 축으로 글로벌 브랜드력 강화에도 많은 투자를 하기 시작했다. 과거 오랫동안, OEM 수출을 해서라도 매출 증대를 이루는 것에 일차적 목표를 두었던 기업들이 놀랍게도 빠른 속도로 무형의 브랜드 가치 향상을 위한 투자를 신속히 단행하고 있다. 이는 가격 경쟁력을 바탕으로 하는 저가 시장에서 중국 기업과 경쟁해서는 더 이상 승산이 없으며, 결국 고가 시장에서 선진 기업과 경쟁해야만 하고,

---

26 이안재(2006), "디자인경영의 최근 동향과 시사점", SERI 경제포커스, 제125호, 삼성경제연구소.

◼ **삼성전자와 LG전자의 디자인경영**

　삼성전자는 "디자인과 같은 소프트한 창의력이야말로 21세기 최후의 승부처"라는 기조 아래 디자인경영을 본격화하였다. 2000년부터 디자인 교육기관을 운영하고 있으며, 2001년부터는 CEO 직속 디자인경영센터를 조직하여 삼성다운 디자인을 추구하고 있다. 또한 해외 5개국 6개 도시에 디자인연구소를 설치하였다. 특히 제품화까지 걸리는 속도 면에서 세계 최고 수준을 자랑하는데, 해외 주요 경쟁사가 새로운 디자인을 제품화하는 데 평균 1년을 소비하는 것에 비해 삼성에서는 6개월이 소요되고 있다.[27] 삼성전자는 이데아로부터 1997년 이후 2006년까지 10년간 35건을 수상하여 31건의 애플과 22건의 HP·IBM, 21건의 필립스를 제치고 기업 부문 세계 1위를 차지하였다. 또한 아이에프 디자인 어워드에서는 2006년 25개 제품이 수상하며 역대 최다 수상 신기록을 수립하기도 했다.

　LG전자는 디자인종합연구소를 중심으로 미국의 뉴저지, 중국의 베이징, 일본의 도쿄, 이탈리아의 밀라노, 인도의 뉴델리에 디자인센터를 설립해 글로벌 디자인 네트워크를 구축하고 있다. 특히 기술에 따라가는 디자인에서 탈피하여 처음부터 디자인을 주축으로 제품을 개발하는 한편, 설계·생산·마케팅 등의 관련 부서를 포괄하는 협업팀(Cross Functional Team)을 구성하는 등 디자인 주도 조직을 운영하고 있다. LG전자는 2007년 레드닷 디자인 공모전에서 29개 제품이 수상하며 가전업체로서 최다 수상, 한국 기업으로서도 역대 최다 수상을 기록했다.

이를 위해서는 무엇보다 자체 브랜드를 강화하는 것이 중요함을 잘 알고 있기 때문이다.

　글로벌 브랜드를 만들어가는 과정에서 전자업체들은 기업 브랜드와 함께 제품 브랜드를 강조하였다. LG전자는 휘센(Whisen)을 세계 에어컨 시

---

[27] 《조선일보》(2004. 10. 18), "삼성전자의 미래를 디자인한다".

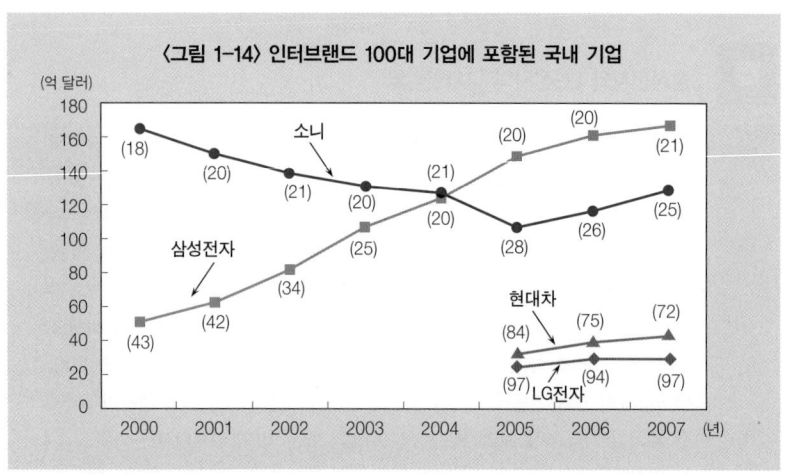

주 : ( ) 안은 순위.
자료 : 인터브랜드 각 연도 발표.

장 1위 자리에 올려놓으며 글로벌 제품 브랜드로 향상시켰다. 또한 삼성전자는 모니터와 휴대전화에 각각 싱크마스터(SyncMaster)와 애니콜(Anycall)이라는 브랜드를 부여했다. 한편, 현대자동차는 1999년에 엔진, 변속기 등 파워트레인 부품에 대해 세계 최초로 10년 10만 마일 품질보증(Warranty)을 실시하여 미국 소비자를 놀라게 하였다. 이를 통해 이전까지 가격에 비해 좋은 성능을 가진 정도로만 평가받던 현대자동차의 브랜드 이미지는 단숨에 두세 단계를 뛰어넘는 데 성공했다.

이와 같은 브랜드 가치 향상을 위한 기업들의 투자는 시장에 빠르게 반영되었다. 브랜드 컨설팅업체 인터브랜드의 '세계 100대 브랜드' 조사에서 삼성전자는 2000년 브랜드 가치 52억 달러로 평가받으며 처음으로 100위권에 진입한 이후 2005년 147억 달러로 20위에 올라 28위인 소니를 추월하기 시작했다(〈그림 1-14〉 참조). 현대자동차와 LG전자 역시 2005년에 처음으로 100대 브랜드에 이름을 올리며 상승세를 보이고 있다.

보수적 경영 확산 : 부채비율·투자 증가율 감소, 내부자금 중심   한국 기업의 부채비율은 1980년대와 외환위기 발생 이전 기간(1991~1997년) 동안 대부분 300%를 상회[28]하여 100%대의 미국과 200%대의 일본에 비해 매우 높은 수준을 보였다. 그러나 외환위기를 거친 뒤 2002~2005년에는 평균 116%로 미국(150%)과 일본(145.9%)보다 낮은 수준을 기록하고 있다.[29] 선진국 경제에 들어선 미국, 일본 기업보다도 재무 안정성에 더 많은 비중을 두고 있는 것이다.

    부채비율의 감소는 기업의 체질 개선 측면에서 분명히 긍정적이다. 그러나 부채비율의 급속한 감소는 외환위기를 경험한 기업들이 수많은 기업의 몰락을 지켜보면서 안전 지향적 경영을 체질화한 데 따른 것으로 해석하는 것이 더욱 정확할 것이다. 사실상 한국 기업의 부채비율은 수치로 나타난 것보다 더 낮다고 볼 수 있다. 외환위기 이후 기업들은 현금 또는 즉시 현금화할 수 있는 단기 금융상품, 유가증권의 비중을 높여왔고, 이러한 현금성 자산은 언제든지 부채 상환으로 사용될 수 있기 때문이다.

    이러한 성향이 단지 외환위기를 겪으며 기업의 심리가 위축된 데 기인한 것만은 아니다. 정부의 각종 제도 변화 역시 기업의 성향을 바꾸는 데 큰 영향을 미쳤다. 정부는 기업의 부채비율 축소를 사업 구조조정과 함께 기업 개혁의 최대 과제로 꼽으면서 '1999년 말까지 부채비율 200% 달성'이라는

---

28 공정거래위원회는 1997년 말 한국 대기업 집단의 부채비율을 512.8%라고 발표하였다.
29 한국은행(2006. 11), "한미일 기업 경영성과 분석".

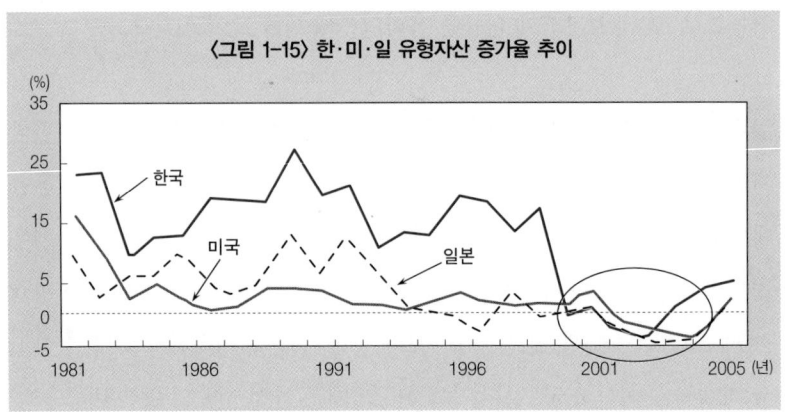

〈그림 1-15〉 한·미·일 유형자산 증가율 추이

자료 : 한국은행(2006. 11), "한미일 기업 경영성과 분석".

구체적 목표를 제시하기도 하였다. 계열사 간 상호 지급보증을 폐지하고 지배주주 및 경영진의 책임을 강화하는 제도들 또한 기업이 성장성보다는 안정성에 무게를 두도록 유도했다. 더불어 적대적 M&A 관련 제도로 '공개매수 기간 중 신주 발행 금지', '차등 의결권주 발행 불가능' 등이 입법화되어 주로 경영권 방어 수단을 해제시키는 방향으로 진행되었다. 이에 따라 기업은 적대적 M&A를 방어하는 무기로서 현금성 자산의 규모를 높였다.

보수적 경영이 확산된 것은 신규 투자를 보더라도 알 수 있다. 한국 제조기업의 유형자산 증가율은 1980년대에 연평균 18.1%, 1990년대 초부터 외환위기 전(1991~1997년)까지 연평균 15.6%로 높은 수준이었다. 그러나 외환위기 이후 1998~2001년에는 평균 4.5%로 낮아졌고, 2003년 이후 약간 회복되었으나 외환위기 전과 비교해보면 여전히 크게 낮은 수준을 보이고 있다(〈그림 1-15〉 참조).

외환위기 이후 내수경기가 침체한 가운데 기업 구조조정이 상시화되

<표 1-21> 기업의 자금 조달 규모 추이

(단위 : 조 원, %)

구분	1990~1997년 평균	1998년	2000년	2002년	2004년	2005년
기업자금 조달	115.9	59.6	128.7	167.2	176.6	224.0
내부자금 조달	33.9(29.3)	31.6(53.0)	62.9(48.9)	83.9(50.2)	110.8(62.7)	113.8(50.8)
외부자금 조달	82.0(70.7)	28.0(47.0)	65.8(51.1)	83.3(49.8)	65.8(37.3)	110.2(49.2)

주 : ( ) 안은 기업자금 조달에서 차지하는 비중.
자료 : 한국은행, 경제통계시스템 DB에 의거 재구성.

고 보수적 경영 기조가 확산되면서 기업의 신규 투자가 위축되자 기업의 자금 조달 규모의 증가세가 크게 둔화되었다. 1990~1997년 국내 기업의 자금 조달 규모는 연평균 12.9%의 증가율을 보였으나, 1999~2004년에는 단지 0.7% 증가에 그쳐 증가세가 큰 폭으로 둔화되었다.[30] 또한 자금 조달 형태에서도 큰 변화가 있었다. <표 1-21>에 나타난 바와 같이 외환위기 이전 국내 기업의 주요 자금 조달원은 외부자금이었으나 외환위기 이후부터는 내부자금이 더 높은 비중을 차지하였다. 내부자금과 외부자금의 비중은 1990~1997년 기간 30대 70에서 1998~2005년 기간에는 53대 47로 역전되었다.[31] 내부자금의 비중이 증가한 가장 큰 원인은 외환위기 이후 기업들이 대외 충격에 대한 대응 능력 강화책으로 재무 건전성 확보에 주력했기 때문인 것으로 보인다.

....
[30] 김희경(2004), "외환위기 이후 국내 기업의 자금 조달 변화에 관한 연구", 《산업과학연구》, 제1515호, pp. 1~14.
[31] 최호상(2006), "기업자금 조달의 구조 변화와 시사점", SERI 경제포커스, 제112호, 삼성경제연구소.

2 기업생태계의 변화와 경영성적표

01 한국 기업생태계의 변화

02 한국 기업 20년의 경영성적표

01 한국 기업생태계의 변화

2부 • 기업생태계의 변화와 경영성적표

　　1980년대 후반 노사분규의 진통, 1990년대 과감한 투자와 사업다각화, 2000년대 벤처 버블과 붕괴 등 과거 20년간 한국 기업생태계는 수많은 우여곡절을 겪었다. 그중에서도 1997년 외환위기는 한국 기업생태계의 내면과 외형을 모두 바꾸는 거대한 변화를 일으켰다. 외환위기 속에서 생존한 대기업들은 과감한 사업 구조조정과 경영혁신 등을 추진하면서 글로벌 경쟁력을 확보해갔다. 그 결과 대기업들 중 일부는 해외 선진 기업과 비교하여도 손색이 없을 정도로 성장하였다. 그러나 매출 규모 11~100위(매출액 약 1조~10조 원)에 해당하는 기업군의 경우 외환위기 전후 부침이 가장 심해 절반 이상 교체되었다. 더욱이 이들 기업은 외환위기 이후 성장성이 떨어지고 있어 새로운 글로벌 기업의 탄생을 기다리는 한국 기업생태계에 우려를 낳고 있다.

　　한편, 전 세계적으로 진행된 IT 벤처 버블의 생성과 붕괴가 한국에서도 전개되어 비록 일부 중견 벤처기업이 탄생하는 성과도 있었으나 벤처기업

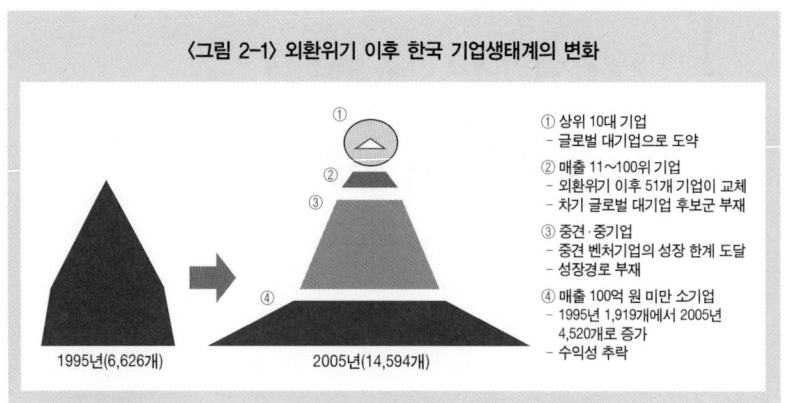

〈그림 2-1〉 외환위기 이후 한국 기업생태계의 변화

주 : 외감기업 기준임.
자료 : 한국신용평가정보, KISValue DB.

에 대한 부정적 인식이나 벤처캐피털 시장의 초토화 등 벤처생태계의 손상도 적지 않았다. 그러나 2000년대 중반부터 벤처기업의 성과에 따라 코스닥 시장에서의 기업가치도 차별화되기 시작하는 등 옥석 가리기가 진행된 것은 긍정적 신호로 해석할 수 있다. 반면, 외환위기 이후 대내외적 환경 변화에 따라 회복이 가장 지연되고 있는 기업군은 매출 100억 원 미만의 소기업들이다. 이들 기업은 IT 벤처 버블 등에 따른 창업 증가와 경쟁력 저하, 중국 기업의 저가 공세 등으로 인해 수익성이 급격히 악화되었다.

외환위기는 당시 한국 기업생태계에 많은 변화를 주었을 뿐만 아니라 〈그림 2-1〉에 정리된 바와 같이 10년이 지난 현재까지도 곳곳에 그 흔적이 남아 기업 경영 전반에 영향을 미치고 있다. 그 변화의 원인과 실체를 정확히 파악하여 현명하게 대처해야 할 때이다.

글로벌 대기업의 출현

한국 대표 기업의 약진 지난 20년 동안 한국 기업생태계에서 가장 주목할 만한 성과 중 하나는 해외 선진 기업과 당당히 경쟁하며 높은 성과를 거두고 있는 글로벌 대기업을 보유하게 되었다는 점이다. 특히 WTO 등을 통해 개방경제 시대가 본격화되고(IT 산업의 발전으로 산업과 지역의 경계가 와해되며) 소수 글로벌 기업의 과점 체제가 현실화되는 때에 이들 기업의 탄생은 매우 다행스러운 일이다.

한국 기업생태계를 선두에서 이끌고 있는 이들 국산 글로벌 대기업은 삼성전자, 현대자동차, LG전자, 포스코, 현대중공업, SK텔레콤 등이다. 이들 6개 기업의 시가총액은 거래소 시장에 등록된 735개 기업 전체의 24.5%에 이를 정도로 높은 비중을 차지하고 있다.[1] 특히 IT 제조, 전통제조, IT 서비스산업에서 각각 삼성전자, 포스코, SK텔레콤은 높은 성장성과 수익성을 보이며 '매출 10조 원, 영업이익률 10%'를 달성하는 이른바 '10-10클럽'에 가입하였다. 한국의 대표 기업인 이들 6개 기업의 면면을 살펴보면, 그러한 성과가 결코 일시적인 것이 아니며 오랜 기간 동안 경영혁신을 통해 핵심 역량을 쌓아온 결과임을 알 수 있다.

삼성전자는 오랫동안 벤치마킹 대상이었던 일본의 소니를 매출과 이익 모두에서 추월하였다. 이는 〈그림 2-2〉에 나타난 바와 같이 2000년대 이후 소니의 성장이 정체된 반면 삼성전자는 디지털 경제의 급물살을 타고 빠른 성장을 거듭하였기에 가능하였다. 2004년 영업이익 14조 원을 달성하

---
[1] 2007년 2월 기준.

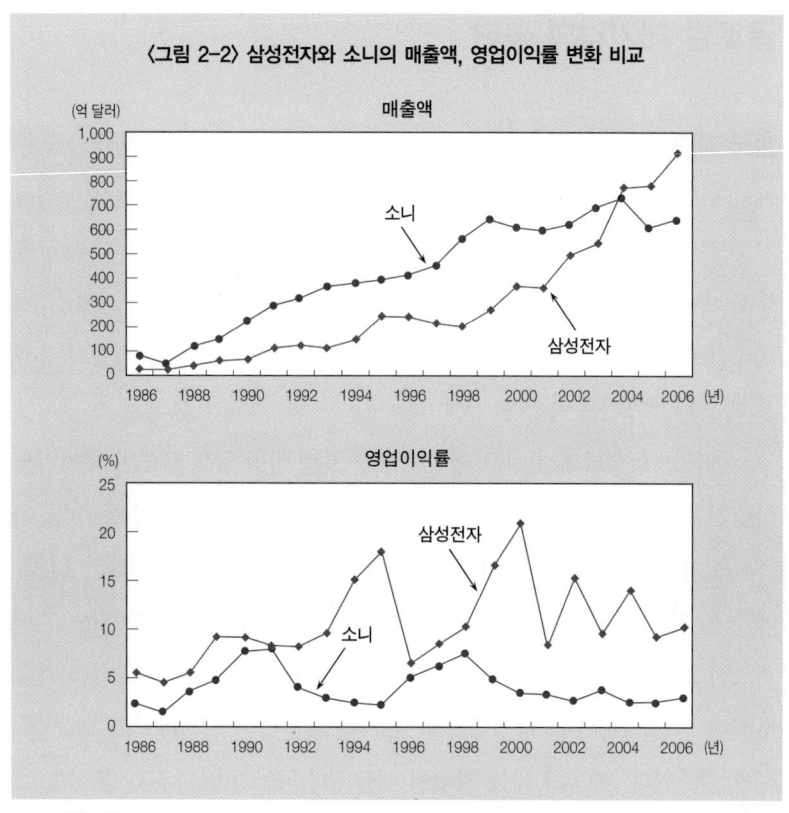

주 : 연결재무제표 기준.
자료 : Thomson, 《Datastream》, DB.

여 세계를 놀라게 한 삼성전자는 D램, 낸드 플래시 메모리, 휴대폰, 디스플레이 등 첨단 IT 시장에서 세계 최고 수준의 경쟁력을 확보하고 있다. 이와 같은 성공의 내면에는 1993년 신경영을 선언하고 질 중심의 경영체제로 전환한 것이 밑바탕을 이루고 있다. 또한 주요 IT 분야에 대한 선제적인 기술 및 설비 투자를 시의 적절하고 과감하게 단행함으로써 2000년 이후 급팽창한 IT 시장에서 과실을 차지할 수 있었다. 삼성전자의 글로벌 기업으로의 약진은 일류 기업은 선진국에서만 나올 수 있다는 통념을 깬 최초의 사례로 그 의미가 매우 크다고 할 수 있다.

현대자동차의 성장 배경으로는 글로벌화와 품질 향상을 들 수 있다. 현대자동차는 1998년 이후 터키, 인도, 중국, 미국, 유럽에 잇따라 생산시설을 구축하면서 글로벌 생산 및 판매체제를 갖추었다. 또한 2006년 현재 전체 생산량의 26.7%를 차지하는 해외 생산 비중을 계속해서 높여가고 있다. 강력한 글로벌화 추진과 더불어 품질 향상이 외환위기 이후 현대자동차의 경쟁력을 강화하는 데 가장 크게 기여하였다. 특히 품질 향상을 최우선 과제로 꼽은 CEO의 의지를 바탕으로 부품 모듈화를 강력히 추진한 것이 주효했다. 1999년부터 현대자동차에 부품을 모듈로 납품하고 있는 현대모비스는 현대자동차가 진출하는 곳이면 세계 어디든지 바로 옆에 공장을 짓고 있다. 그 결과 현대자동차는 자동차의 본고장인 미국에서도 호평을 받아 2006년 JD파워 발표 초기품질지수(IQS) 세계 3위에 오르기도 했다. 그러나 〈그림 2-3〉에 나타난 바와 같이 일본의 도요타와 비교했을 때 매출 격차를 아직 좁히지 못하고 있는 실정이다. 특히 최근 들어 영업이익률이 감소하는 추세를 보여 우려를 낳고 있다.

LG전자 역시 휴대폰, 디스플레이 등 IT 시장에서 세계적 경쟁력을 가지고 있다. 특히 에어컨, 냉장고 등 가전 부문에서도 세계 최고 수준의 시장점유율과 이익률을 보이고 있다. 이와 같은 성장 과정에는 부서의 벽을 뛰어넘어 기존의 관행을 허물고 혁신을 추진하는 TDR(Tear Down and Redesign) 조직의 힘이 크게 작용했다. 본사 인원의 60%, 창원공장 인원의 40% 이상이 각자의 TDR팀에 소속되어 활동하고 있으며[2], 수백 가지의 과제를 동시에 수행하기도 하였다. 이러한 LG전자만의 프로세스 혁신 방법은 생산성,

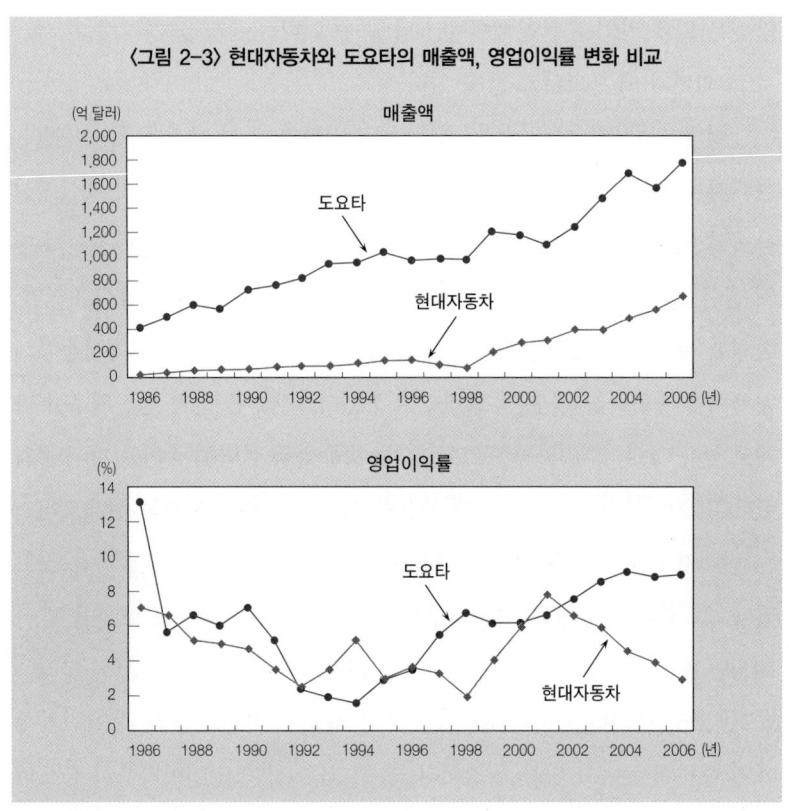

주 : 연결재무제표 기준.
자료 : Thomson, 《Datastream》, DB.

품질 면에서 놀라운 효과를 가져와 TDR을 최초로 도입한 가전사업부는 세계 가전업계 중 최고의 영업이익률을 지속적으로 달성하고 있다.

한국의 대표 전통 제조업체인 포스코는 외환위기 이후 생산성이 떨어지는 해외사업 및 지사를 정리하는 한편, 중국과 일본의 설비능력을 증강하

---

2 유호현(2004), "한국 기업, 모방을 버려라", 《LG주간경제》, 제809호, LG경제연구원.

면서 2006년 현재 세계 3위 규모로 성장하였다.[3] 또한 1990년대 뉴욕 증시와 런던 증시 상장에 이어 2005년에는 한국 기업 최초로 도쿄 증시에 상장되었다. 이로써 세계 3대 증시 모두에 상장된 포스코는 기술력과 생산성 등 모든 측면에서 세계 최고의 경쟁력을 가진 것으로 평가받고 있다. 이미 2004년에 개발을 완료한 파이넥스(FInex) 공법만 하더라도 기존 제조원가의 82% 수준으로 비용을 절감할 수 있어 전 세계 철강업계의 주목 대상이 되고 있다.

세계 1위의 조선업체인 현대중공업은 현대미포조선, 현대삼호중공업 등과 수직계열화하여 높은 시너지 효과를 내고 있다. 선박 엔진과 프로펠러, 발전기 등 주요 기자재를 그룹 내에서 자체 생산할 수 있는 세계 유일의 업체로 선주사들의 다양한 요구에 유연하게 대처할 수 있는 장점을 가지고 있다. 또한 선박 제조 원가의 30~40%를 차지하는 후판 등 원자재를 공동 구매하여 높은 협상력을 가지고 있기도 하다. 기술력 확보에도 많은 투자를 하여 엔진과 같은 핵심기술 개발이나 육상 건조기법 같은 공정 기술력에서 세계 최고 수준을 자랑하고 있다.

국내 이동통신 역사와 함께한 SK텔레콤은 1996년 세계 최초로 CDMA 휴대전화 서비스를 개시한 이래 고성장을 지속하여 2005년에는 '10-10클럽'에 가입하였다. 다른 글로벌 기업과는 달리 내수시장을 기반으로 성장한 SK텔레콤은 2006년 국내 가입자 수가 2,000만 명을 돌파하며 높은 성장세를 보여왔다. 최근에는 국내 이동통신 시장이 성숙기에 접어들자 차기 성장동력을 확보하기 위해 미국, 중국 등으로 진출하고자 시도하고 있다.

---

3 생산량 기준 세계 1위인 철강업체 미탈스틸과 2위인 아르셀로가 합병에 합의함으로써 신일본제철이 세계 2위, 포스코가 세계 3위에 올랐다.

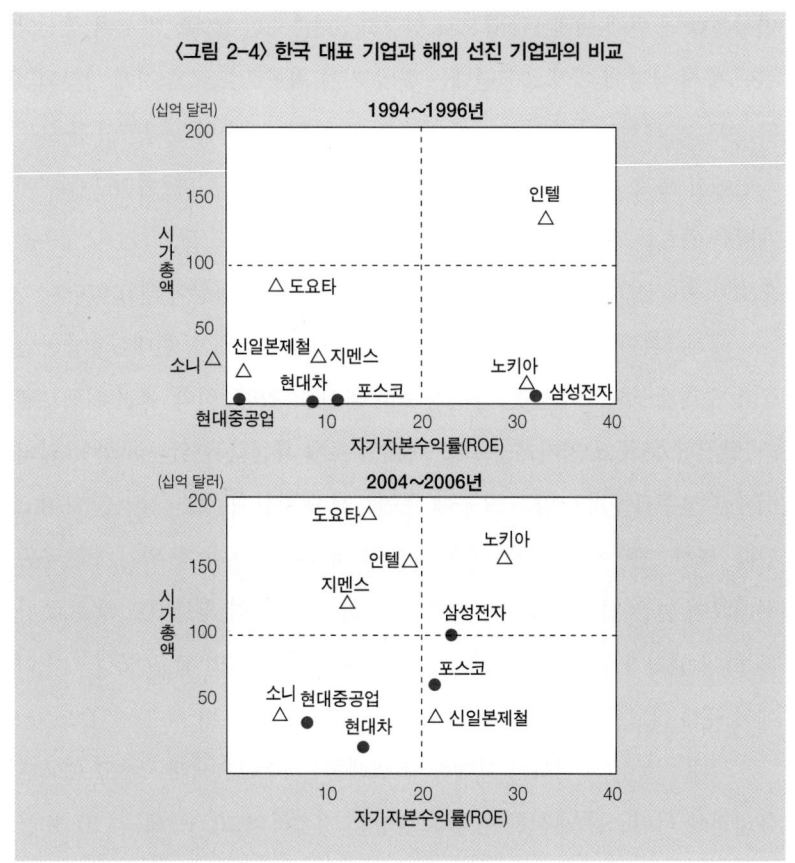

주 : 연결재무제표 기준, 3개년 평균.
자료 : 해외 기업은 《Datastream》, 국내 기업은 금융감독원 전자공시 시스템.

　　이와 같이 SK텔레콤을 제외한 한국의 5개 대표 기업들은 모두 처음부터 글로벌 시장을 상대로 했기 때문에 세계적인 기업으로 성장할 수 있었다. 〈그림 2-4〉와 같이 한국의 일부 대표 기업은 각 업종에서 글로벌 선두 자리를 차지하며 수익성에서 앞서가고 시가총액도 크게 증가하고 있다. 10년 전과 비교하였을 때 이들 기업의 변화는 놀라운 일이 아닐 수 없다. 이들 글로벌 대기업들은 한국 기업생태계의 대들보로서 큰 자산이 되고 있다.

외환위기의 태풍 속에서도 이들 기업이 이처럼 성장할 수 있었던 것은 사업 구조조정으로 선택과 집중을 한 후에 경영혁신과 원화절하로 얻어진 수익을 핵심사업의 경쟁력 강화에 재투자하면서 선순환 구조를 만들어갔기 때문이다. 이를 구체적으로 살펴보면, 외환위기 이전까지 주로 대규모 자본 투입을 통한 외형 확장 위주의 성장을 하던 대기업들이 외환위기를 기점으로 소수의 핵심 사업에 집중하며 내실을 강화하였다. 이들 기업은 부실자산과 사업을 과감히 정리하고 재무구조를 개선하기 위하여 힘썼다. 외환위기 이전 30대 기업집단의 투자자산, 설비 등의 자산매각 금액은 23.1조 원(1995~1997년 누계)이었으나 외환위기 이후 66.9조 원(1998~2000년 누계)으로 3배 가까이 증가하였다. 또한 인건비 비중이 높은 공정은 해외로 이전하거나 아웃소싱하였다.

이 기간 동안 비용절감과 역량 강화를 위한 기업 내부의 혁신 노력도 치열하게 전개되었다. 대폭적인 인력 감축이 감행되어 1995년 매출 1조 원 이상의 기업들은 평균 종업원 수가 8,795명이었으나 2005년에는 4,632명으로 줄었다. 또 핵심인재를 중시하는 경영과 함께 기존의 서열화된 호봉제는 연봉제와 인센티브제로 바뀌어갔다. 이러한 변화에 따라 조직 긴장감이 높아지면서 기업 내부의 경쟁도 한층 치열해졌고, 이는 글로벌 경쟁에서 우수한 경영실적을 달성하는 근간으로 이어지게 되었다.

이런 토대에서 글로벌화에 주력하여 세계시장에서 경쟁력을 확보한 것이 핵심적인 성공 요인이 되었다. 글로벌화에 힘쓰는 한국 기업은 이와 같이 비용절감과 수출 채산성 제고로 확보한 자금을 고부가 핵심기술 개발, 디자인과 브랜드력 강화 등에 재투자함으로써 글로벌 경쟁력을 강화하고 있다.

결국 한국의 글로벌 기업은 뼈를 깎는 구조조정과 경영혁신, 그리고 고부가화 전략이 조화를 이루며 외환위기 이후 오히려 내실을 강화하였다. 한편, 2000년대 들어 디지털 신경제 시장이 본격적으로 확대·창출되어 IT 기업의 내수와 수출이 증가한 것 역시 글로벌 한국 기업 탄생에 있어 빼놓을 수 없는 배경으로 지적할 수 있다.

디지털 신경제의 개화와 IT 기업의 성장 외환위기 이후 삼성전자, LG전자 등 IT 기업이 약진할 수 있었던 것은 전 세계적으로 디지털 경제가 빠르게 확산된 데 힘입은 바 크다. 디지털 경제란 IT 등 관련 기술의 진보로 생산성 향상과 가격 인하가 실현되면서 소비가 촉진되고, 새로운 디지털 제품 및 서비스가 제공되면서 신시장이 창출되는 한편, 이러한 시장 확대 또는 신시장 창출이 또다시 더욱 고도화된 디지털 제품의 개발로 이어지면서 이전에 없었던 수요와 공급이 발생하는 것을 의미한다.

1990년대 말부터 전 세계적으로 디지털TV, 디지털카메라, DVD플레이어 등 디지털 가전제품 시장이 성장하기 시작하였다. 삼성전자, LG전자 등 국내 가전업체들은 이에 대응하여 짧은 시장 형성 기간에도 불구하고 2002년 상반기에만 26만 대의 디지털TV를 수출하였는데, 이는 2001년 상반기 수출 물량의 6.7배에 달하는 실적이었다.[4]

이처럼 세계 디지털 가전제품 시장이 급성장하자 세계시장을 놓고 한국과 일본 간에 경쟁이 심화되었으며, 특히 PDP TV, LCD TV, 셋톱박스 등

---

[4] 김경원·권순우(2003),《외환위기 5년, 한국경제 어떻게 변했나》, 삼성경제연구소.

의 제품에서 시장점유율 경쟁이 치열하게 벌어졌다. 일본의 전자 기업이 아날로그 전자제품 시장에서 압도적 우위를 보였던 것과는 달리, 디지털 시장에서는 경쟁관계에 놓이거나 오히려 한국 기업이 앞서는 현상이 빚어졌다. 이는 과거 일본 기업이 보유한 아날로그 기술 및 생산설비가 새롭게 형성된 디지털 시장에서는 상당 부분 무용화되었고 결과적으로 원점에서 경쟁이 다시 시작되었기 때문이다. 또 한편으로는 일본 기업이 여전히 아날로그 시장에 집착함으로써 새롭게 형성되는 시장에 대응하여 전략 변화를 신속히 단행하지 못한 것도 우리 기업에 유리하게 작용하였다. 일본보다 20년 늦게 컬러TV를 생산하기 시작한 LG전자, 삼성전자가 디지털 시대에 LCD, PDP TV 시장을 선도할 수 있게 된 것도 이러한 연유에 기인한다.

디지털 가전제품뿐만 아니다. 디지털 정보기기 시장에서 삼성전자와 LG전자의 약진은 더욱 눈부시다. 특히 1996년 세계 최초로 CDMA 기술을 상용화하고 2000년에 이미 세계 CDMA 휴대폰 시장의 절반을 차지한 이들 기업은 이후 유럽 표준인 GSM 방식으로 영역을 확장함으로써 휴대폰 시장에서 〈그림 2-5〉와 같이 시장점유율을 높이며 각각 세계 3위와 4위의 기업이 될 수 있었다.

휴대전화의 성공은 디지털 시대에 한국 기업의 성공 모델로서 시사하는 바가 크다. 그동안 해외 선진 기업의 기술 따라잡기에만 열중하던 방식에서 벗어나 세상에 존재하지 않는 기술과 시장을 지향하며 1989년부터 7년간 996억 원의 연구개발비와 1,000여 명의 연구원을 투입하는 과감한 선행투자를 단행하여 이루어낸 값진 성과이기 때문이다.[5] 또 정부와 민간이 긴밀

---

5 김재윤·임영모(2001), "CDMA 성공신화의 시사점", 《CEO 인포메이션》, 제326호, 삼성경제연구소.

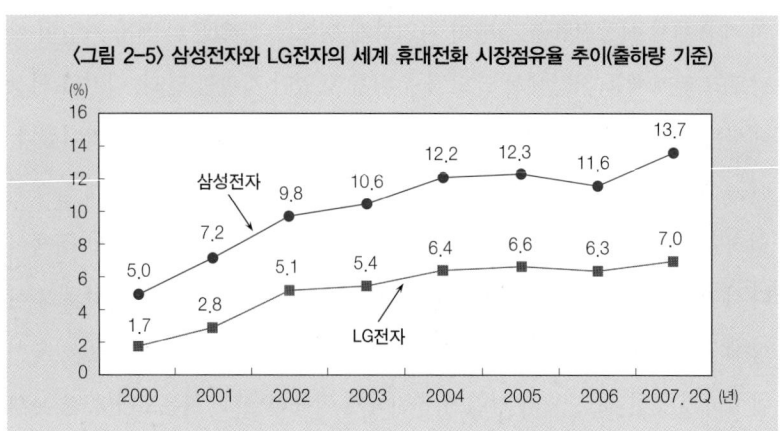

〈그림 2-5〉 삼성전자와 LG전자의 세계 휴대전화 시장점유율 추이(출하량 기준)

자료: IDC.

히 협력하는 체계를 갖추어 전자통신연구원(ETRI)의 주도하에 LG, 삼성, 현대, 맥슨 등 국내 업체들이 공동으로 기술을 개발함으로써 소모적인 경쟁을 줄이면서 시장을 선도하는 핵심기술 확보에 성공하였던 것이다. 이후 삼성전자와 LG전자 등은 휴대전화 내수시장의 폭발적 성장에 힘입어 기술 및 디자인, 소비자 기호 등과 같은 노하우를 축적하고 이를 바탕으로 세계시장에 성공적으로 진출하였다.

한국의 IT 기업이 보유한 시장 선도 기술로서 반도체도 빼놓을 수 없다. 삼성전자는 1990년대에 256메가 D램 개발에 성공하며 세계 메모리 반도체 시장에서 확고한 1위로 자리매김하였다. 2000년대 들어서 반도체 업계의 과당경쟁, 가격 하락 등 시장 상황이 열악해지면서 업계의 합병, 제휴, 매각이 연이은 가운데 삼성전자와 하이닉스는 오히려 기술 수준과 설비 규모 면에서 경쟁력을 강화하였다. 특히 삼성전자는 낸드 플래시 메모리로 새로운 돌파구를 마련하기도 하였다. 모든 산업의 기본이 되고 있는 반도체 산업에서 지속적으로 기술 및 설비 경쟁력을 강화하고 있는 것은 한국 기업생태계 전체 차원에서도 매우 다행스러운 일이다.

이와 같이 외환위기 이후 한국의 IT 기업들이 성장할 수 있었던 데는 전 세계적인 디지털 경제의 출현이 크게 작용하였다. 그러나 이러한 기회를 한국이 놓치지 않고 활용할 수 있었던 것은 1980년대와 1990년대에 미리 과감한 설비투자와 기술투자를 통해 경쟁력을 확보해두었으며, 일부 제품의 경우 없던 시장을 창출해 선발자 이익을 누릴 수 있었기 때문이다. 해외 선진 기업이 생산한 전자제품에 감탄하며 왜 우리는 이런 제품을 만들지 못하는지 의아해했던 시기를 떠올려보면, 2000년대 들어 한국의 IT 기업들이 선진 기업 대열에 진입한 것은 실로 자랑스러운 일이 아닐 수 없다.

IT 제조업과 전통 제조업의 연이은 약진 외환위기 이후 10년간 극심한 구조조정 몸살 속에서도 전반적으로 빠른 회복을 할 수 있었던 것은 IT 제조업과 자동차, 조선, 철강 등 전통 제조 부문이 교대로 높은 성장률을 보였기 때문이다.

외환위기 직후 IT 산업이 높은 성장률을 보여 대규모 구조조정과 산업재편으로 빈사상태에 있던 전통 제조업의 침체를 보완했다. '산업의 쌀'이라 불리는 반도체는 외환위기 직후인 1998년부터 2000년 사이에 40% 안팎의 고성장을 보였다. 또한 CDMA 등 통신기술의 확산, 초고속 통신망 등 인터넷 기술의 발전, 전자제품의 디지털화에 따라 국내외 IT 시장에서 수요가 폭발적으로 증가하였다. 한국의 IT 기업들은 새롭게 창출된 디지털 시장에 선제적 투자를 해둠으로써 높은 수익을 거둘 수 있었다.

그러나 경기에 따른 변동이 심한 IT 산업은 2000년 최대 호황을 맞이한 직후 2001년에 사상 최대 불황을 맞았다. 이 시기에 D램 가격이 1년 이상 계속 하락하였는데, 2001년 세계 D램 생산량이 63%나 늘어나 비트(Bit)당 가격이 76%나 하락하였기 때문이다. 당시 IT 제조업의 대표 격인 국내 반도체 수출은 전년 대비 45% 감소한 143억 달러에 그쳤으며, 반도체가 전체 수출에서 차지하는 비중도 전년의 15.1%에서 9.5%로 5.6%p나 감소하였다.[6] 반도체의 불황은 다음 해인 2002년에도 호전되지 않아 외환위기가 시작된 1997년 수준에도 미치지 못했다. 그러나 이 시기에 자동차, 철강, 조선 등과 같이 고용 창출 효과가 높고 산업 파급 효과가 높은 전통 제조업이 살아났다(〈그림 2-6〉 참조). 세계 경제 회복과 중국을 비롯한 신흥시장의 부상이 한국 경제에 돌파구를 열어준 것이다.

조선업계의 성과를 보면 2001년과 2002년 동안 수출 신장을 지속하였다. 1997년 수출이 67억 달러를 기록한 이후 2000년 84억 달러, 2001년 99억 달러, 2002년 109억 달러로 증가하였다. 2006년 현재 선박 수주량 기준 1~7위를 모두 한국 기업이 차지하고 있으며 이들 기업은 LNG선, 원유 시추선 등 고부가가치 선박에 초점을 맞추고 있을 뿐 아니라 최근 크루즈 선박 제조에까지 도전하기 위해 준비하고 있다.

자동차 시장에서도 1998년 내수 급감으로 생산량이 200만 대 이하로 줄어들었으나 2000년에 300만 대를 넘어선 이후 꾸준한 증가세를 보이고 있다. 더욱이 수출 차종을 중형세단, SUV 등으로 고급화하여 GM, 포드, 클라이슬러 등 미국의 3대 자동차 메이커뿐만 아니라 세계 1위 업체인 도요타의 시장을 위협하고 있다.

---
[6] 김경원·권순우(2003).

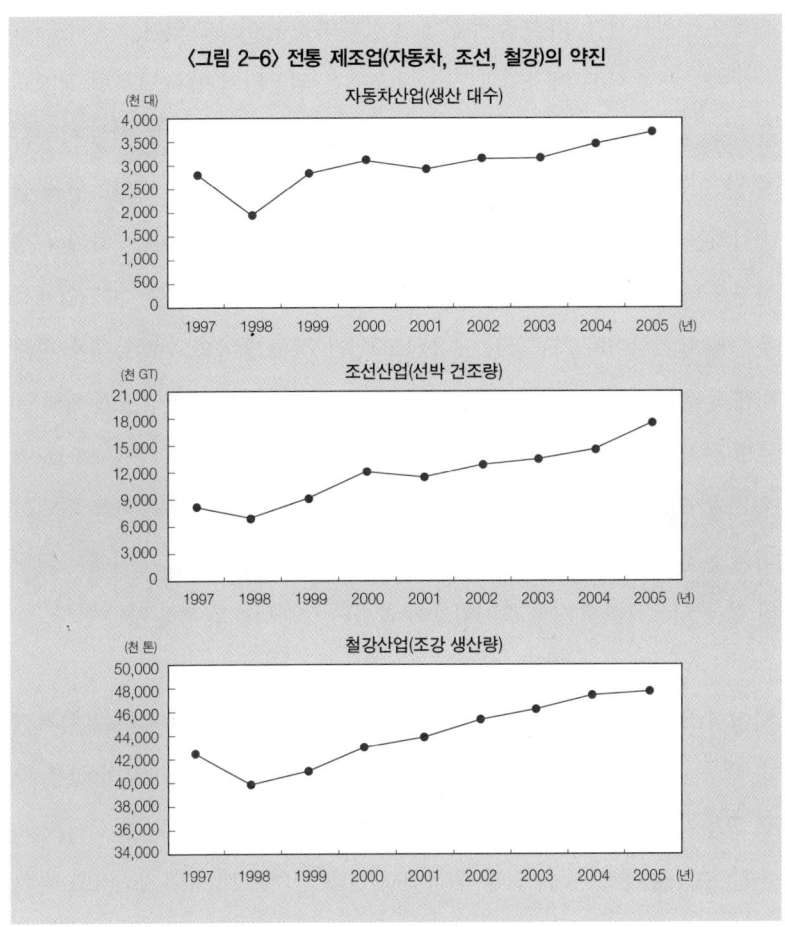

자료 : 한국자동차 공업협회, 한국조선공업협회, Lloyd's, 한국철강협회.

　　철강 부문은 중국을 중심으로 한 브릭스 국가들의 경제성장 등으로 세계 철강 수요가 증가하면서 성장세를 유지해왔다. 특히 대형 M&A로 철강업체가 대형화되는 세계적 추세 속에서 한국의 철강산업을 떠받치는 포스코가 부가가치가 높은 스테인리스 시장에서 메이저 업체로 부상했으며 지속적으로 원가절감, 기술 축적을 하며 경쟁력을 높여가고 있다.

이상과 같이 IT 제조업과 전통 제조업은 외환위기 이후 글로벌 경쟁력을 더욱 높이며 한국 경제의 든든한 버팀목 역할을 수행하였다. 이를 가능하게 한 요인은 주요 대기업들이 가치사슬의 고부가 부문으로 경영자원을 집중시키는 한편, 조립생산 등 저부가가치 부문은 빠르게 아웃소싱하거나 생산지를 해외로 이전하고 분사를 이루었기 때문이다. 특히 전통 제조업에서 우수한 엔지니어와 기능공을 보유하고 있는 것은 중국의 후발업체에 비해 절대적 우위를 가지고 있는 측면이다. IT 제조업과 전통 제조업 모두에서 글로벌 강자를 보유한 것은 한국의 GDP 규모를 고려하였을 때 세계적으로 매우 드문 일이다. 한국의 기업 경쟁력을 선두에서 이끌고 있는 이들 기업이 해외 선진 기업의 공세와 부상하고 있는 중국 기업들의 도전 사이에서 현재와 같은 성장세를 유지하고 이익을 창출하며 경쟁력을 잃지 말아야 한다.

자산 1조 원 이상의 중견 그룹 증가　중간허리가 부족했다고 여겨졌던 한국 기업생태계에, 짧은 시간에 급성장한 자산 1조 원 이상의 신흥 중견 그룹이 탄생하기 시작한 것 또한 의미 있는 현상이다. 프라임, C&, S&T, 유진, STX, 이랜드 등이 그들인데, 2000년대 들어와 빠르게 자산 1조 원대의 중견 그룹으로 성장하였다. 특히 프라임, C&, S&T, 유진은 이른바 '신흥 4용(龍)'이라 불리기도 한다.

프라임그룹은 프라임개발(시행사)을 중심으로 삼안(설계, 감리), 동아건설(시공)이 배치되어 있으며, 유진그룹은 시멘트(고려시멘트), 레미콘(유진기업), 건설(유진기업 건설사업본부)로 수직계열화를 꾀하고 있다. C&그룹은 해운과 물류를 중심으로 수직계열화되어 있으며, S&T 역시 자동차 부품을 중심으로 한 엔지니어링 수직계열화를 형성하고 있다.

이들은 모두 기존 재벌과 상관없이 독립적으로 성장하였다는 점에서 의의가 크다. 주목할 점은 이들이 모두 M&A를 핵심동력으로 급성장했다는 것이다. 우발채무 위험이 없는 대형 법정관리 기업을 인수해 키우는 것이 이들 기업의 M&A 전략이다. 또한 이들은 무분별한 확장을 지양하고 전문화와 시너지 효과를 낼 수 있도록 수직계열화를 단행하며 확장하는 공통점을 갖고 있다.

불과 몇 년 사이에 급성장하여 향후 성공을 단언하기는 어려우나 과거와 달리 한국 기업도 M&A를 통해 대기업으로 성장할 수 있음을 보여준다는 점에서 의미가 있다. 또한 이러한 기업들이 중간허리를 채워 기업생태계를 건강하게 만들어준다는 점에서 주목할 필요가 있다.

벤처 버블과 붕괴

폭탄 돌리기식 벤처 광풍　'벤처기업'이라는 용어는 1997년 벤처기업 육성에 관한 특별조치법이 제정되고 기존 중소기업이나 창업기업에 대한 벤처인증제도가 시행되면서 사용되기 시작하였다. '벤처'라는 용어가 널리 알려진 것은 벤처 버블과 함께였다. 벤처 버블은 1999년 초부터 시작되어 코스닥 시장에서의 기록적인 주가 상승, 벤처 창업의 증가, 벤처캐피털의 투자 폭증으로 나타났다. 따라서 이 세 가지 측면에서 당시 벤처 버블의 정도를 살펴보고자 한다.[7]

당시 벤처 버블의 정도가 어느 정도였는지는 우선 〈그림 2-7〉에 나타

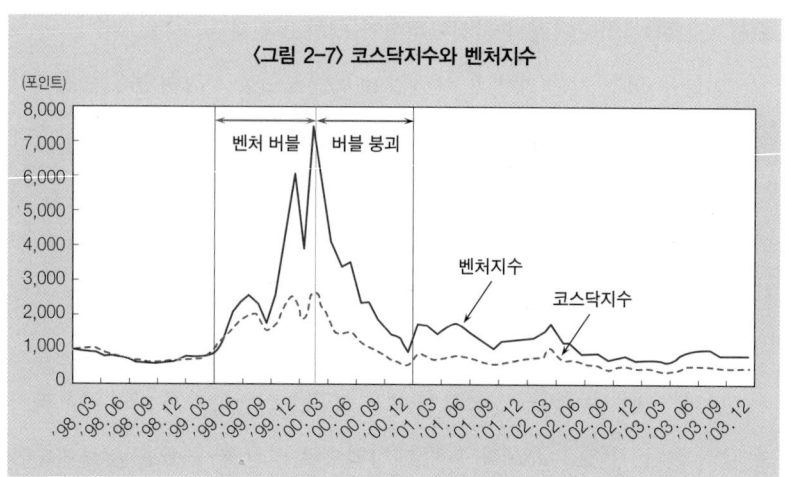

주 : 월말 기준.
자료 : 코스닥 시장본부.

난 코스닥지수와 코스닥에서 벤처기업만을 대상으로 한 벤처지수의 급등을 보면 알 수 있다. 코스닥지수는 1999년 3월부터 증가 추세를 보이기 시작하다가 2000년 2월 2663.7포인트를 기록하며 약 3.7배 상승했다. 코스닥 벤처지수는 이보다 더욱 크게 치솟아 2000년 2월 말 7490.9포인트까지 상승하며 전년 동기 대비 약 9.6배 급등하였다. 이러한 코스닥 시장 급등은 보유 주식을 매도하여 이익이 채 실현되기 전부터 많은 투자자를 들뜨게 만들었으며 이를 지켜보는 많은 사람들이 주식에 높은 관심을 가지는 계기가 되었다.

다음으로 벤처 버블은 벤처기업 수에서도 잘 나타난다. 벤처인증제도

----

7 벤처 버블과 붕괴의 과정은 조덕희(2002), "벤처산업의 성과와 과제", 연구보고서, 제464호, 산업연구원에 상세히 설명되어 있다. 이 책에서도 이를 많이 참조하였다.

<표 2-1> 등록 요건별 벤처기업 수

(단위 : 개)

연도	벤처캐피털 투자기업	연구개발기업	특허·신기술개발기업		보증·대출 기업	계
			신기술개발기업	기술평가기업		
1998	494	584	766	198	-	2,042
1999	845	917	1,708	1,464	-	4,934
2000	1,393	830	1,668	4,907	-	8,798
2001	1,545	1,292	2,402	6,153	-	11,392
2002	1,124	1,325	6,329		-	8,778
2003	718	1,483	5,501		-	7,702
2004	442	1,416	6,109		-	7,967
2005	330	1,425	7,977		-	9,732
2006	367	1,548	8,500		1,548	12,218
2007. 10.	519	1,887	5,011		6,314	13,916

주 1 : 각 연도 말 기준.
 2 : 2002년 이후 기술평가기업은 특허신기술기업에 포함.
 3 : 벤처캐피털 투자기업은 창투사·신기술금융사의 주식투자 비중이 10% 이상인 기업을 의미하며, 2006년부터 산업은행과 기업은행이 벤처 투자기관에 포함.
 4 : 2006년 9월부터 신기술기업이 기술평가보증대출기업, 기술평가보증기업, 예비벤처기업으로 나뉨.
자료 : 중소기업통계, 중소기업 조사통계 시스템.

가 시행된 1998년 당시 2,042개였던 벤처기업 수가 벤처 열기가 한창 뜨거웠던 2001년 1만 1,392개를 넘어서 5배 이상 증가하였던 것이다(<표 2-1> 참조). 벤처기업으로 인정되는 방식은 그동안 몇 차례의 변화가 있었으나 크게 두 가지 유형으로 나눌 수 있었다.

첫 번째 유형은, 벤처캐피털의 투자를 받은 기업으로 벤처캐피털의 주식 인수 총액이 자본금의 10%를 넘는 기업이다. 이 방식은 시장의 판단과 선택에 의하여 벤처기업으로 지정된 경우로 벤처 고유의 의미를 지닌 유형이다. 두 번째 유형은, 정부가 정하는 기준을 충족하는 기업으로서 다시 세 가지로 나뉜다. 먼저 직전 사업연도의 총매출액 대비 연구개발 비율이 5%

〈표 2-2〉 벤처캐피털 신규투자액 추이

(단위: 억 원, 개)

연도	1998	1999	2000	2001	2002	2003	2004	2005	2006	2007. 6.
신규 지원액	2,168	9,502	20,075	8,913	6,177	6,306	6,044	7,573	7,333	4,532
지원 업체수	420	1,457	1,903	1,119	768	630	544	635	617	295

자료: 중소기업청.

이상인 연구개발기업, 다음으로 특허·실용신안 기술로 생산한 제품의 매출이 총매출의 50% 이상인 특허·신기술기업, 마지막으로 중소기업진흥공단이나 기술신용보증기금 등으로부터 기술성 또는 사업화 능력이 우수하다고 평가받은 기업이다.

특정 요건을 만족하면 벤처기업으로 지정하는 두 번째 유형은 시장에 정부가 인위적으로 개입하여 오히려 벤처 버블을 조성한 측면이 강하다. 시장원리가 가장 효율적으로 작동해야 할 벤처 시장을 정부가 개입하여 '벤처기업'을 지정한다는 발상 자체부터 난센스가 아닐 수 없다. 벤처기업으로 지정받으면 각종 지원을 받기 때문에, 결국 지원을 받기 위해 사업을 한다는 본말전도의 양상에까지 이른 것이다. 당시 벤처기업 창업 열풍은 벤처기업으로 인증받은 기업 숫자만으로는 실감하기 어려울 정도로 폭발적이었다. 이 시기에 벤처기업을 창업한 사람들은 외환위기로 실직을 당한 이들뿐만 아니라 직장인, 대학생, 대학교수 등 배경을 불문하고 매우 다양하였다. 대기업 또한 사내 벤처 등과 같은 제도를 통하여 창업 지원에 나서는 등 전국이 창업 열기로 뜨거웠다.

마지막으로 벤처에 투자된 규모를 보아도 벤처 버블의 정도를 가늠할 수 있다. 〈표 2-2〉에 나타난 바와 같이 벤처캐피털 업체 수 증가와 신규투자 규모를 살펴보면 1998년 420개 업체가 2,168억 원을 신규로 투자했으나 2000년에 들어서는 1,903개 업체, 2조 원 수준으로 신규투자 규모가 10배 가까이 확대되었다.

이 시기에는 벤처캐피털뿐만 아니라 평범한 직장인과 주부까지도 고위험 벤처 주식 매수에 뛰어드는 경우가 많았다. 예상치 못한 외환위기와 IMF 관리체제, 재벌의 부도와 대량 실업 등으로 미래에 대한 불안이 가득했던 사람들에게 인터넷을 비롯한 IT가 새로운 세상을 여는 것처럼 보였다. 그러나 기술력과 시장성 없이 창업을 위한 창업이 빈번하고, 기업가치에 기반하지 않는 이른바 '묻지 마 투자'가 성행한 벤처 열기는 언젠가 터질 '폭탄 돌리기'를 하는 것이라는 지적이 업계와 학계에서 끊임없이 제기되었다.

벤처 버블은 대내외 요인이 복합적으로 작용하여 발생 한국의 벤처 버블은 다양한 요소가 복합적으로 상승작용을 일으킨 결과다. 우선, 전 세계적인 IT 벤처 버블은 한국의 벤처 버블에도 큰 영향을 주었다. 국내에서 벤처 버블이 발생한 1999~2000년 동안 한국뿐 아니라 미국, 유럽 등 전 세계 주요 국가에서도 벤처 버블 현상이 나타났다. 미국 나스닥의 경우 1999년 초 이후 주가의 급상승을 기록하였으며 2000년 3월을 전후하여 정점을 이루었다. 이는 한국의 주가 흐름과 거의 일치하는 것이다(〈그림 2-8〉 참조). 또한 1998년 5월부터 외국인의 종목별 투자 한도를 완전 자유화하는 등 외환위기 이후 해외 투자를 유치하기 위하여 주식시장을 개방한 것과 관련이 깊다. 외국인은 벤처 버블이 정점에 이르렀던 1999년 12월 코스닥 시장에서 투자 금액을 이전 달의 1조 4,000억 원에서 8조 원으로 늘렸으며 투자 비

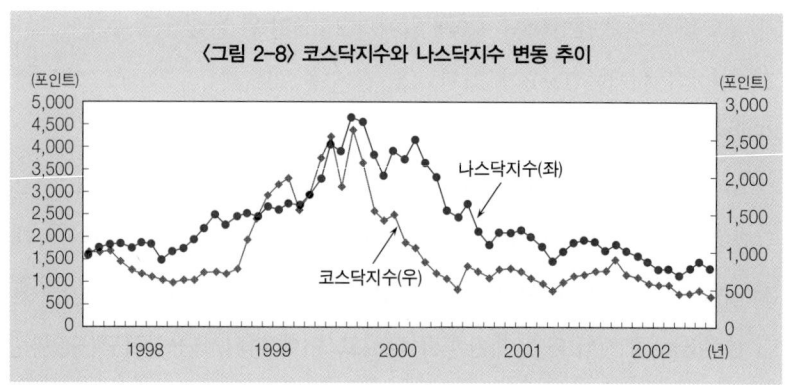

주: 월말 지수 기준.

중도 3.4%에서 8.1%로 늘렸다. 즉 기록적인 주가 상승에는 외국인의 투자 규모 확대가 상당한 영향을 미친 것으로 해석할 수 있다.

그러나 국내의 벤처 버블은 단지 미국 등 해외 벤처 버블에 기인한 것만은 아니었다. IT 벤처 버블의 두 번째 요인으로 당시 국내에서 유독 인터넷이 급속히 확산되었고 그에 따른 기대심리가 강했던 것을 들 수 있다. 초고속 인터넷 서비스는 1998년 첫해에 1만 3,000가구에 보급되었으나, 1999년에는 34만 가구로 확대되었다. 또한 1997년 163만 명이었던 인터넷 이용자는 1999년에 1,080만 명으로 폭발적으로 증가하였다.[8] 이처럼 초고속 인터넷의 보급과 인터넷 사용 인구의 급증은, 뚜렷한 수익 모델이 없는 업체라 할지라도, 인터넷을 활용한 비즈니스를 내세우면 투자자들 사이에서 높은 잠재력을 가진 기업으로 인식되는 효과를 낳았다.

IT 벤처 버블의 세 번째 요인은 정부의 벤처기업 육성 정책이다. 1997년

---

8 한국정보통신산업협회, 정보통신부.

8월 벤처기업육성에 관한 특별조치법이 제정되었을 당시까지, 우리 경제는 혁신적 기술이나 비즈니스 모델에 의한 성장보다는 설비 확장에 기반한 외형 성장에 주력해왔다. 그러나 급격한 임금 상승, 공장 용지와 물류 및 금융 비용 부담 증가, 중국 등 후발 국가의 추격은 하루빨리 우리 경제가 기술과 지식을 경쟁력으로 한 구조로 변화해야 할 필요성을 높였다.[9] 여기에 1997년 말 외환위기로 30대 재벌의 절반이 부도 또는 법정관리에 들어가면서 재벌 중심 경제성장 방식의 한계가 지적되었고, 이에 따라 고용 창출과 경제성장을 주도할 새로운 기업군을 찾게 되었다.

이러한 배경하에 시행된 벤처기업 육성 정책은 벤처기업에 세제 혜택은 물론 기술개발 및 인력 공급, 입지 공급까지 다양한 지원을 제공하면서 벤처기업의 폭증에 많은 영향을 주게 된다. 당시 벤처기업으로 인증받은 기업 중 벤처캐피털의 투자를 받아 벤처 인증을 받은 기업 수는 1998년 494개에서 2001년 1,545개로 약 3배 증가한 반면, 정부기관의 특정 조건을 만족하여 인증받은 기업은 1998년 1,548개에서 2001년 9,847개로 약 6배 이상 증가하였다. 이는 외환위기를 돌파하려는 정부의 정치·경제적 동기가 벤처 버블 형성에 중요한 작용을 했음을 나타내는 것이다.

이상과 같이 한국의 벤처 버블은 〈그림 2-9〉에 요약된 바와 같이 전 세계적 IT 벤처 붐과 외국인 주식시장 투자 제한 폐지, 국내 인터넷 보급의 급속한 확산, 그리고 외환위기 전후 새로운 경제 돌파구를 찾던 정부의 벤처기업 육성 정책이 맞물리면서 발생되었다고 말할 수 있다.

---

[9] 조덕희(2002).

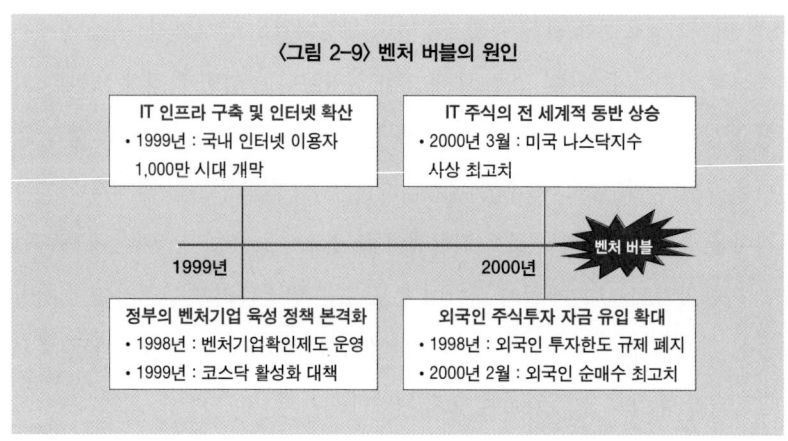

〈그림 2-9〉 벤처 버블의 원인

벤처 토양까지 훼손시킨 버블의 붕괴

갑작스러운 버블 형성 때와 마찬가지로 버블의 붕괴 역시 급속도로 진행되었다. 코스닥 벤처지수가 7490.9포인트로 정점에 이르렀던 2000년 2월 이후 불과 1년도 되기 전인 2000년 12월에 915.3포인트로 폭락하면서 최고치 대비 8분의 1 수준으로 폭락하였다. 이는 벤처 버블이 세계 IT 버블 등 해외 요인의 영향을 받은 것과 마찬가지로, 벤처 버블의 붕괴 역시 세계 IT 주가의 하락에 큰 영향을 받았다고 볼 수 있다. 〈그림 2-8〉에 나타난 바와 같이 한국의 코스닥 벤처지수는 나스닥 시장을 비롯한 세계 IT 증시와 동일한 패턴을 보이며 주저앉았다. 그동안 꾸준히 제기되어왔던 벤처 버블 붕괴론이 현실화된 것이다. 사실상 벤처기업의 성장성과 수익성을 따져보았을 때 일부를 제외하고는 투자 매력을 찾을 수 없었다. 변변한 수익 모델 없이 정부 주도하에 벤처기업 인증을 받고 투자를 받은 '무늬만 벤처'인 경우가 적지 않았다.

버블 붕괴는 기관투자자와 개인투자자에게 큰 손실을 입힌 것은 물론

■ **코스닥 황제주들의 흥망**

　인터넷 무료 전화 '다이얼 패드'로 코스닥의 최고 황제주로 꼽혔던 새롬기술은 최저가 대비 최고가 상승률이 6,669%에 이르렀고, 광고를 보면 돈을 준다는 발상으로 화제를 모았던 골드뱅크는 3,237%에 달해 단기간에 폭발적인 상승세를 보였다. 그러나 새롬기술의 CEO는 2001년 유상증자를 앞두고 회사가 흑자가 난 것처럼 허위공시를 했다가 구속됐다. 또한 골드뱅크 CEO도 주가조작으로 집행유예 형을 받았다.

이고 이후 오랜 기간 벤처캐피털 시장의 회복을 지연시키는 후유증을 남겼다. 단지 자금난에 이은 부도만이 문제가 아니었다. 몇몇 대주주나 최고경영자들은 회계장부 조작 등 불법과 탈법 수단을 동원하였다. 이러한 일은 주식을 담보로 금융기관에서 신용대출을 받은 벤처기업이 주가 하락으로 은행이 추가 담보나 상환을 요구하자, 분식회계나 허위공시로 주가 떠받치기를 시도하면서 나타나는 경우가 대부분이었다.

　선망의 대상이었던 벤처기업의 부도와 CEO 구속이 이어지면서 벤처를 한탕주의와 연관지어 인식하는 사람이 늘어난 것도 벤처 토양을 훼손한 심각한 문제로 남았다.

벤처 버블 붕괴 이후 : 옥석 가리기 진행　기록적인 벤처 버블과 이어지는 버블 붕괴의 과정을 거치면서 벤처기업에 대한 시장의 평가는 냉정해졌다. 〈그림 2-10〉에서 1999년 당시를 살펴보면, 벤처기업들의 장부가 대비 무형자산배수[10]가 크게 증가하여(가로축) 과대평가를 받는 기업이 많은

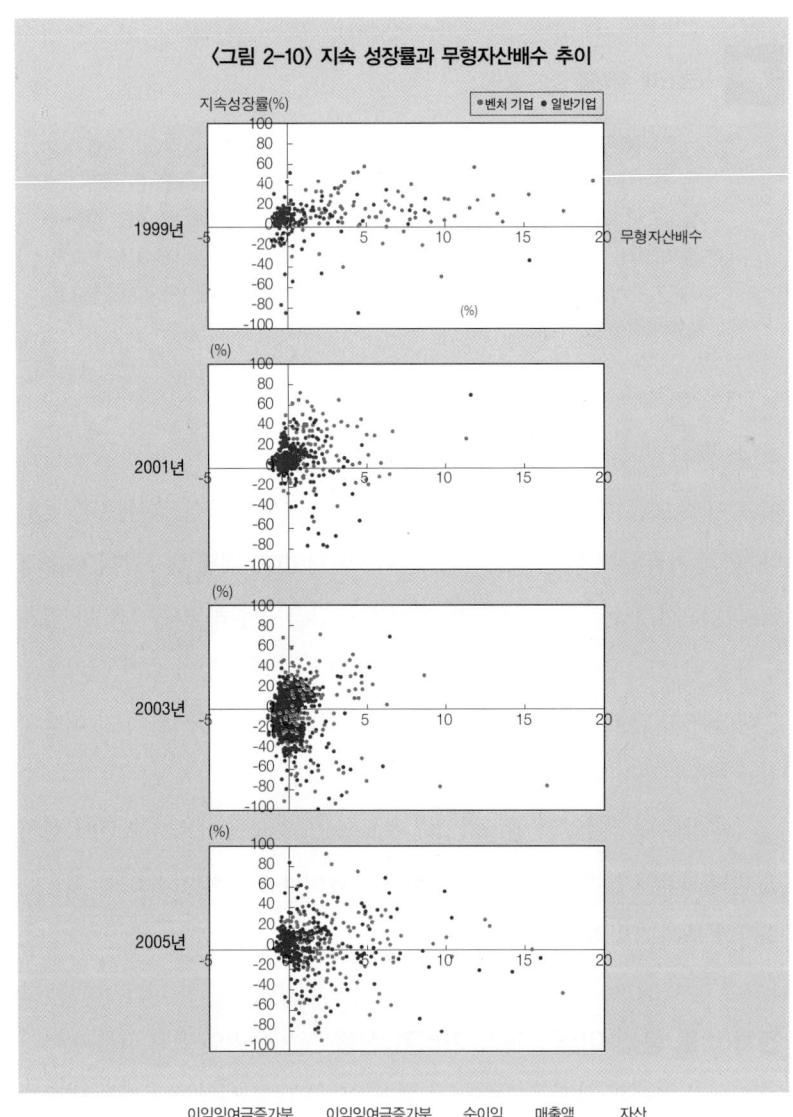

〈그림 2-10〉 지속 성장률과 무형자산배수 추이

주 1 : 지속성장률(SGR) = $\dfrac{\text{이익잉여금증가분}}{\text{자기자본}}$ = $\dfrac{\text{이익잉여금증가분}}{\text{순이익}} \times \dfrac{\text{순이익}}{\text{매출액}} \times \dfrac{\text{매출액}}{\text{자산}} \times \dfrac{\text{자산}}{\text{자기자본}}$

　2 : 무형자산배수 = $\dfrac{\text{시가총액} - \text{장부가액}}{\text{장부가액(자본총계)}}$ = $PBR(\text{주가순자산비율}) - 1$

것을 알 수 있다. 벤처에 대한 무분별한 투자가 이루어졌음을 보이는 것이다. 버블 붕괴된 후인 2001년에는 무형자산 비중이 급격히 줄어든 모습을 볼 수 있다. 벤처기업의 시련기를 지나고 난 2003년에는 벤처기업별로 성과에 차별화가 나타나기 시작하여 지속성장률[11]의 분포가 넓어지기 시작하였다(세로축). 비록 평균 지속성장률에서는 이전과 큰 차이가 없더라도 기업별 성과의 편차가 나오기 시작한 것이다. 2005년에는 성과의 편차가 더욱 벌어지는 동시에 무형자산배수 또한 커지고 있다. 이는 곧 벤처기업별로 성과에 따라 재평가가 이루어지고 있음을 의미한다. 벤처기업에 대한 옥석 가리기가 진행되고 있는 것이다.

벤처 버블과 붕괴는 한국 경제에 적지 않은 부작용을 남겼지만, 한편으로는 한국 경제에 남긴 성과도 간과할 수 없다. 우선, 수많은 벤처기업이 쓰러지는 와중에도 1997년 벤처 육성 정책을 도입한 지 10년 만인 2006년에는 매출 규모 1,000억 원 이상의 벤처기업이 82개 탄생하였다. 벤처기업 육성의 본래 취지가, 수많은 창업기업 중 극소수의 기업이라도 높은 성장성을 보여 중견기업 혹은 대기업으로 나아가는 것임을 감안할 때, 비록 창업기업 수 대비 성공기업 수 측면에서 효율성 논쟁의 여지는 있으나 소기의 성과를 달성했다고 말할 수 있다. 특히 일부 기업은 벤처기업 이상의 규모로 성장하여 탄탄하게 자리 잡았다.

인터넷 포털업체인 NHN의 경우는 우수한 검색기술과 지식검색 서비스, 게임업체를 흡수합병하며 2005년 기준 매출 3,574억 원, 순이익 91억 원

---

10 여기서 무형자산배수는 무형자산의 가치가 장부가치의 몇 배인가를 나타내는 지표로서 해당 기업에 대한 시장의 평가를 반영한다.
11 이익잉여증가분을 자기자본으로 나눈 비율.

■ 미완의 시도 '벤처연방제'

한국 벤처 1세대인 메디슨의 이민화 회장은 벤처기업들이 지주회사제, 상호 지분투자 등을 통해 연합체를 구성하여 인하우스(In-House) 효율성을 높여야 빠른 성장을 할 수 있다고 주장하며 이를 '벤처연방제'라고 명명했다. 이러한 방식은 당시 한글과컴퓨터, 다음커뮤니케이션, 비트컴퓨터 등 다수의 대형 벤처기업이 채택한 성장전략이었다. 한편에서는 재벌의 무분별한 사업 확장과 다를 바 없다는 비난도 있었으나 벤처기업의 취약한 유통 능력이나 자금 조달 능력, 영업력을 고려하면 유용한 전략이라는 평가도 있었다.

메디슨은 벤처 버블이 꺼지며 자금난으로 2002년 부도 처리될 당시 계열사만 23개에 이르렀다. 벤처연방제가 실제로 얼마나 경쟁력을 가지고 있었는지, 재벌의 과거 확장 방식과 어느 정도 차별성이 있었는지는 너무나 짧은 기간 동안 흥했다가 사라졌기에 정확히 평가할 수 없으나 벤처기업의 성장 모델 중 하나로서 여전히 가능성을 남겨두고 있다.

으로 성장하였다. 이 밖에도 MP3 플레이어 생산업체인 레인콤이 매출 4,500억 원 규모로 성장하였으며, 위성방송 장비 업체인 휴맥스나 휴대폰 금형 업체인 인탑스 역시 빠른 성장을 일구어냈다.

불과 2년도 채 안 되는 기간 동안 발생한 벤처 버블과 붕괴가 한국 기업생태계에 미친 영향은 매우 다양하고 지속적이다. 무엇보다 중요한 것은 벤처 버블이 남긴 반벤처 정서를 극복하고 역동적 벤처생태계를 조성하는 일이다. 이를 위해서는 벤처캐피털 시장이 활성화되어 시장 기능에 의한 선택과 투자가 이루어지도록 하는 것이 중요하다. 정부 또한 벤처지정제도 등으로 인해 '무늬만 벤처'를 양산했던 일을 거울삼아, 시장 기능에 의한 성장과 도태를 존중하고 시장 개입을 축소하는 일이 필요하다.

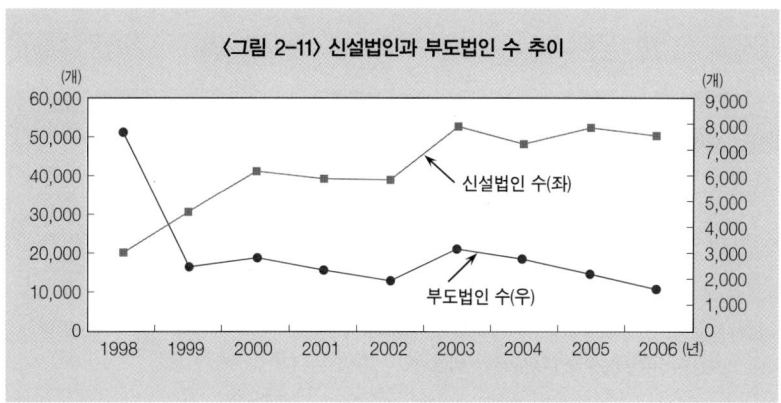

주 : 신설법인 및 부도법인 수는 2002년까지 8대 도시 기준, 2003년부터는 전국 기준.
자료 : 한국은행.

소기업의 경영 악화

소기업의 급격한 증가 외환위기 이후 중소기업생태계에 나타난 주요 현상 중 하나는 기업 수의 급격한 증가이다. 이는 창업이 꾸준히 증가한 반면 부도기업 수는 크게 변함이 없었기 때문이다. 중소기업청 통계에 따르면 지난 1997~1998년 신설법인 수는 6만 144개로 같은 기간 부도법인 수의 3배가 넘었다. 더욱이 지난 1999~2005년에는 신설법인 수가 급격히 늘어나 연평균 5만 개씩 증가한 반면, 부도법인 수는 같은 기간 연평균 3,000개에 머물면서 소기업이 누적 증가하였다(〈그림 2-11〉 참조).

이와 같이 창업이 증가한 배경에는, 외환위기 이후 기업들이 대대적인 감원을 하면서 직장을 잃은 개인들이 생계형 창업을 활발히 한 결과가 작용하였다. 또 사회적으로도 평생직장 개념이 사라지고 상시 인력 구조조정이 자리 잡게 되자 창업을 염두에 두는 개인이 증가하였다. 이러한 상황에

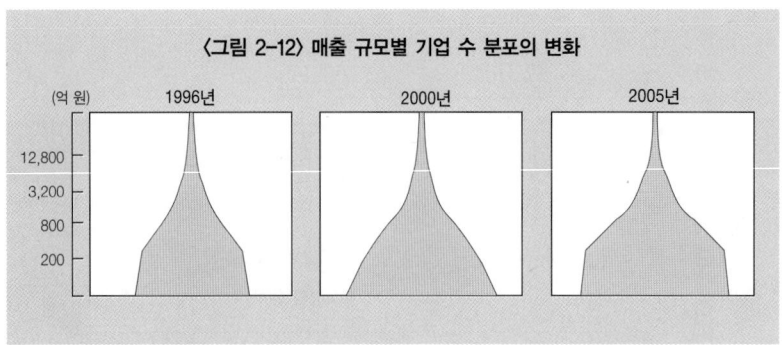

〈그림 2-12〉 매출 규모별 기업 수 분포의 변화

자료 : 한국신용평가정보 DB를 재가공한 삼성경제연구소 DB.

서 벤처 버블은 창업을 촉발하는 계기로 작용하였다.

창업의 증가는 기업 수 피라미드의 분포 모양을 바꾸어놓을 정도로 뚜렷이 나타났다. 〈그림 2-12〉와 같이 1996년, 2000년, 2005년 외감기업을 대상으로 매출액별 기업 수 분포를 살펴보면, 2000년에는 기업생태계의 하단부가 급격히 넓어져 매출 100억 원 미만 소기업 수가 급격히 증가했음을 알 수 있다. 한편 2000년과 2005년의 눈에 띄는 차이는 중·하단층이 두터워진 것을 확인할 수 있다. 두터워진 부분은 매출 200억~400억 원 규모의 기업인데, 2000년 대비 2005년에는 26.5%나 증가하였다. 이는 2000년 당시 200억 원 미만 기업이 성장하거나 2000년 이후 창업한 기업이 빠른 속도로 성장한 결과이다. 2005년 현재 매출 200억~400억 원에 속하는 기업들 중 2000년 당시 매출 400억 원 이상의 기업이 쇠락하여 앞의 구간에 포함된 경우는 오직 8%뿐이다.

소기업의 실적 추락   외환위기 이후 소기업 수는 증가하였지만 이들 기업의 수익성은 취약하다. 매출 규모별로 영업이익률의 평균[12]을 살펴보면,

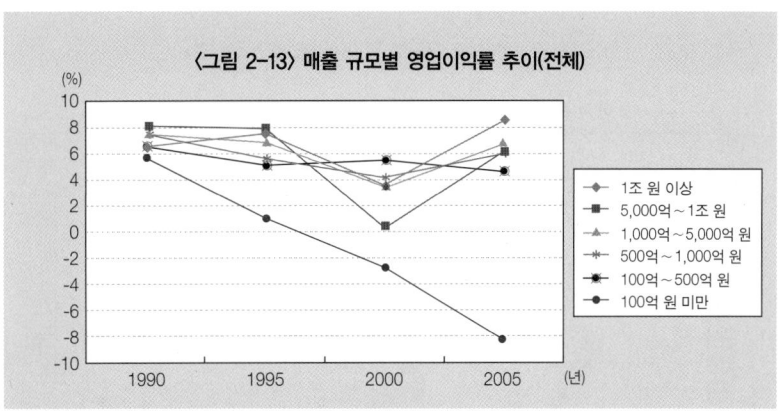

자료: 한국신용평가정보 DB를 재가공한 삼성경제연구소 DB.

〈그림 2-13〉과 같이 매출 100억 원 이상의 기업들은 대부분 외환위기 이전의 영업이익률 수준으로 회복한 반면, 100억 원 미만 기업의 영업이익률은 1995년 이후 급락을 지속하여 2005년에는 약 -8%에 이르고 있다.

이와 같은 수익성 급락을 구체적으로 살펴보기 위해 매출액 규모를 50억 원 미만, 50억~100억 원으로 나누고 상대적 비교를 위해 매출 100억~500억 원, 500억~1,000억 원과 비교하였다(〈그림 2-14〉 참고). 매출 50억 원 미만의 기업 중 하위 25퍼센타일(Percentile)의 기업은 2000년부터 무려 -60%의 영업이익률을 기록하고 있다. 하위 25퍼센타일 이하 기업의 업력은 평균 10년 4개월로 상위 25퍼센타일 이상 기업의 평균 업력 12년 5개월과 큰 차이를 보이고 있지는 않다. 하위 25퍼센타일 기업의 평균 업력이 10년을 넘는

---

12 매출 규모별 영업이익률의 평균은 영업이익률이 매우 높거나 낮은 기업에 의하여 왜곡이 생기지 않도록 해당 규모의 영업이익의 합을 매출액 합으로 나누어 계산한다.

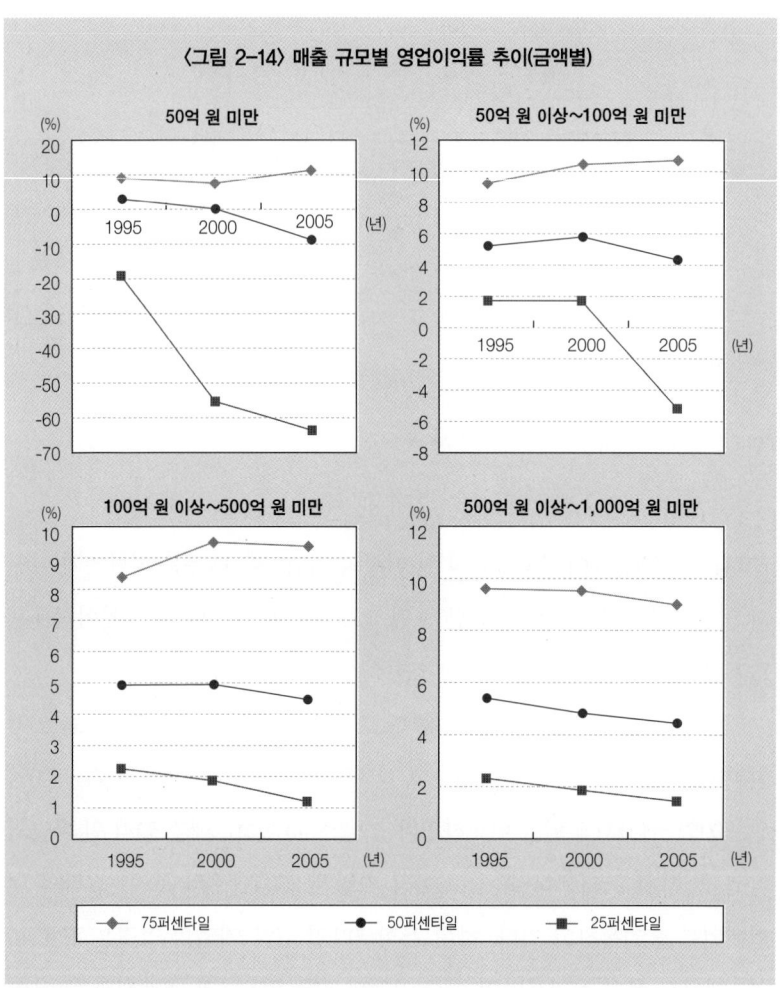

〈그림 2-14〉 매출 규모별 영업이익률 추이(금액별)

자료 : 한국신용평가정보 DB를 재가공한 삼성경제연구소 DB.

것은 이들 기업의 실적 급락이 단순히 창업 초기의 일시적 문제가 아님을 말하고 있다.

    그러나 규모가 작은 기업이, 외환위기 이후 수익성이 악화된 것을 규모에 의한 문제라고 생각할 수만은 없다. 동일한 수준의 매출 규모 내에서도 수익성의 편차가 확대되었기 때문이다. 매출액 100억 원 미만 기업들의 영업이익률 표준편차는 1996년 62.8에서 2006년에는 148.3으로 증가하였다.[13] 이는 기업 양극화 문제가 대기업과 중소기업 간의 문제라기보다는 경쟁력 차원의 문제임을 시사하는 것이다.

특이한 점은 이처럼 소기업의 실적이 급락하고 있음에도 부도를 맞는 소기업 수는 늘지 않았다는 점이다. 이는 두 가지 이유로 설명할 수 있다.

첫째, 수익성이 악화되고 신규 투자 여력이 없는 상당수 기업의 사업을 시장에서 적정하게 평가·정리할 수 있는 퇴출 시스템이 없어 별다른 대안 없이 사업을 유지하고 있는 것이다. 경영자가 자구적 노력만으로는 기업을 성장시킬 수 없다고 직감한 경우에도 일구어놓은 기업을 현재의 가치로 정리할 수 있는 M&A 시장 등이 없는 것이다. 한국의 중소기업 M&A 시장 규모는 IT 버블에 편승하여 2000년 당시 잠시 증가하였다가 2003년 이후 감소세가 뚜렷하다.[14] 삼성경제연구소에서 실시한 중소기업 CEO 대상 설문결과에 의하면, 이처럼 중소기업의 M&A가 본격화되지 않는 이유는 인수 대상 기업의 회계자료를 신뢰하지 못하기 때문이라고 지적하였다. 중소기업의 기업가치를 정확히 평가할 수 있는 사회적 시스템 부재로 인하여 적정 인수가격을 결정할 수 없고 이로 인하여 M&A 시장이 활성화되지 못한다는 것이다. 이는 중소기업의 회계 투명성 강화가 기업생태계 역동성 향상에 시발점이 될 수도 있다는 것을 의미한다.

....
13 황인성 외(2007), "외환위기 10년의 평가와 과제", 《CEO 인포메이션》, 제629호, 삼성경제연구소.
14 강원·이성섭·이갑수(2005), "중소기업의 성장과 M&A", 《CEO 인포메이션》, 제518호, 삼성경제연구소.

<표 2-3> 정부 정책자금 지원 추이

(단위 : 억 원)

구분	2000년	2001년	2002년	2003년
중소기업청	25,839	30,573	29,536	34,476
산업자원부	10,430	10,666	9,055	9,518
정보통신부	3,028	4,866	3,792	4,334
과학기술부	749	1,514	2,501	1,806
기타 부처	5,291	5,819	7,350	9,526
합계	45,337	53,438	52,234	59,660

자료 : 중소기업특별위원회, 김현욱(2004), "중소기업 정책금융 지원효과에 관한 연구", 한국개발연구원에서 재인용.

둘째, 정부의 자금 지원으로 부도가 날 기업이 생존해 있는 것도 원인 중 하나이다. 정부는 외환위기 이후 연쇄도산을 막기 위하여 수익성이 떨어지고 있는 기업에게도 대대적인 정책자금을 지원하였다. 1997년 신용보증기금과 기술신용보증기금의 보증 잔액이 각각 11.3조 원, 3.8조 원이었으나 2004년에는 각각 33.6조 원, 13.5조 원에 이르고 있다. 또한 2000년에서 2003년까지 지원된 정부 정책 자금의 총액은 21조 원에 이르고 있다(〈표 2-3〉 참조).

소기업 실적 악순환 지속 전반적으로 대기업들은 높은 성과를 보이고 있는 데 반해 중소기업의 경영 실적은 상대적으로 매우 부진하다. 이처럼 대기업과 중소기업 간 격차가 벌어지게 된 것은 다양한 문제가 복합적으로 작용한 결과다.

첫 번째 원인으로, 2000년대 들어 심화되고 있는 내수 침체가 중소기업의 경영 실적에 반영된 점을 들 수 있다. 제조 대기업의 총매출 중 내수매출의 비중은 16%인 반면 제조 중소기업의 총매출 중 내수매출은 46%에 이르고 있어, 중소기업은 내수 침체에 더 많은 타격을 입게 되어 있다.[15] 그러나 대기업과 중소기업 간 격차는 내수와 수출의 경기적 요인에 의한 일시적 현상에 기인하는 것만은 아니다. 수출 호황기인 2004년에도 중소기업의 수출 증가율이 오히려 둔화되었으며, 2005년에는 적자 수출이 늘고 있는 등 보다 근원적인 문제가 있음을 알 수 있다.

두 번째 원인으로, 중국의 부상이 중소기업의 경영 악화에 영향을 미쳤다는 점을 들 수 있다. 한국과 중국의 무역 규모는 1996년 199억 달러에서 2000년에는 312억 달러, 2005년에는 1,006억 달러로 증가하였으며, 2005년을 기준으로 중국은 한국의 1대 교역국으로 부상하였다. 중국과의 무역 거래 내용을 살펴보면 수출의 91%가 중화학 부문으로 거대한 중국 시장은 수출 능력을 보유한 중화학공업 중심의 대기업에 기회 요인으로 작용하고 있다. 그러나 세계의 공장으로 부상한 중국의 저임금 생산능력은 인건비 비중이 높고 노동 집약적 산업에 치명적으로 작용했다.

세 번째 원인은, 외환위기 이후에도 기술 투자 등을 통한 경쟁력 확보나 경영혁신에 대한 노력이 부족했기 때문이다. 이는 중소기업이 상대적으로 부진한 모습을 보이게 된 보다 근본적 원인이라 할 수 있다. 실제로 중소 제조업체 중 R&D에 투자하고 있는 기업은 2003년 기준으로 20%에도 미치지 못하고 있다. 나머지 80%는 아예 R&D 투자 엄두를 못 내고 있는 것이다. 대기업과 비교하면, 2004년 중소기업의 매출액 대비 R&D 투자율은 대기업의 40%에 수준에도 미치지 못한다(〈표 2-4〉 참조). 또한 매출액 대비 인건비 비율에서도 대기업과 중소기업의 격차는 줄어들지 않고 있는 상태이다.

---

15 정구현(2006), "변모하는 한국의 기업 생태계 : 창업가, 중소기업, 글로벌 대기업", 《글로벌 시대의 한국 기업과 경영》, 김영래 교수 회갑기념 논집.

<표 2-4> 중소기업과 대기업의 평균 연구개발비 비율, 인건비 비율 비교

(단위 : %)

구분		1999년	2000년	2001년	2002년	2003년	2004년	2005년	2006년
매출액 대비 연구개발비 비율	대기업	1.77	1.47	1.52	1.72	2.02	2.24	2.13	2.29
	중소기업	0.47	0.71	0.99	0.85	0.78	0.88	1.02	1.07
매출액 대비 인건비 비율	대기업	8.72	8.21	8.43	8.85	8.89	8.52	8.29	8.25
	중소기업	11.71	12.48	12.89	12.28	12.67	11.91	12.60	12.51

자료 : 한국은행, 《기업경영분석》, 각 연호.

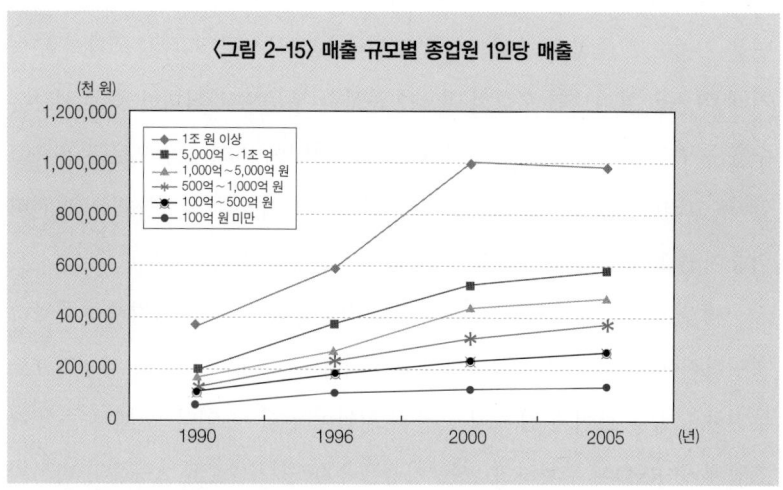

자료 : 한국신용평가정보 DB를 재가공한 삼성경제연구소 DB.

이에 따라 중소기업은 표면적으로 드러난 경영 성과뿐만 아니라 생산성, 설비투자, 기술력 등 근원적 경쟁력이 저하되고 있다는 점이 더욱 심각한 문제다. <그림 2-15>의 종업원 1인당 매출을 보면 기업의 규모가 작을수록 생산성 증가 속도가 현저하게 떨어지는 것을 알 수 있다. 다시 말해 매출 1조 원 이상의 기업들은 1995년 종업원 1인당 매출이 5억 원에서 2005년

〈표 2-5〉 정부 정책자금 지원 직전 연도 대비 평균 영업이익률의 증감

(단위 : %)

연도	지원 중소기업	비지원 중소기업
1998	0.68	-0.49
1999	-0.64	-3.69
2000	-0.60	4.92
2001	-2.38	0.49
2002	-0.44	0.54
2003	-1.39	0.11

자료 : 김현욱(2004).

10억 원으로 10년 만에 2배 증가하였으나, 매출 100억 원 미만의 기업들은 1995년 종업원 1인당 매출 0.9억 원에서 2005년 1.3억 원으로 큰 차이가 나지 않았다.

네 번째 원인은, 외환위기 이후 정부의 자금 지원 등으로 지나치게 많은 기업이 생존하게 되어 시장에서의 경쟁이 왜곡되었기 때문이다. 〈표 2-5〉를 통하여 정부 정책자금이 주로 경쟁력이 약해지고 있는 기업에 지급되고 있다는 사실을 확인할 수 있다. 2000년도 이후 지원금을 받은 기업은 지원 받기 이전 연도와 비교하여 영업이익률이 떨어지고 있다. 그러나 지원금의 효과가 지원 당해 연도에 해당 업체의 영업이익률에 반영되기 어렵다는 점을 감안했을 때, 지원금을 받은 기업은 영업이익률이 떨어진다고 해석하는 것에는 무리가 있다. 이보다는 영업이익률이 떨어지고 있는 기업에 지원금이 유입되고 있다고 해석하는 것이 적절할 것이다.

이와 같이 수익성이 떨어지고 있는 기업에 정부가 자금지원을 하면 시장에 의한 선택 기능을 저하시켜 성장세에 있는 중소기업까지 수익성을 악화시킬 위험이 있다. 또한 기술 및 설비 투자로 경쟁력을 확보하려는 중

소기업의 투자 기대 수익을 낮춤으로써 성장 의욕을 저하시키는 결과를 초래할 가능성도 있다. 중소기업을 약자 보호 차원에서 정부의 지원 대상으로 보는 시각으로는 중소기업의 문제를 해결할 수 없다.

마지막으로, 대기업은 글로벌 경영을 본격화하면서 세계 각지에서 최적 조달이 가능해진 반면 중소기업은 글로벌 판로를 개척하지 못하여 협상력에 차이가 커지게 된 것도 대기업과 중소기업 간 격차 확대를 심화시키고 있다. 대기업에서는 성과주의 문화와 인센티브 제도가 정착되어 기업 이익 증대에 즉각적으로 효과가 나타나는 방법을 선호하게 되었고, 그 결과 납품업체에 대한 단가 인하 압력이 가중되었다. 납품업체는 대부분 별다른 대안이 없기 때문이다. 이처럼 대기업과 중소기업 간 격차는 중소기업이 글로벌 경쟁력을 키우고 해외 판로를 확대하지 못할 경우 더욱 커지게 되는 구조로 진행되고 있다.

소기업을 비롯하여 기업생태계의 하단부를 차지하고 있는 기업들은 글로벌 시장을 지향해야 하는 과제를 남겨두고 있다. 세계 경제가 개방화되고 시장이 글로벌화되는 추세이므로 국내 대기업이나 내수시장만으로는 생존이 어려워지고 있다. 현재 중소기업과 대기업 간 격차는 단기간에 완화되기 어려울 만큼 고착화된 측면이 있으며 격차가 벌어지는 속도 또한 빨라지고 있다. 이는 중소기업이 기업 전체 고용의 87%와 생산액의 50%를 담당하고 있음을 감안할 때 매우 심각한 문제이다.

02 2부 • 기업생태계의 변화와 경영성적표

한국 기업 20년의 경영성적표

한국 기업의 지난 20년을 평가하려면 먼저 수치상으로 확인할 수 있는 기업의 경영 성과를 들여다보는 것이 가장 빠른 길일 것이다. 일반적으로 기업의 경영 성과를 판단하는 기준으로는 성장성, 수익성, 안정성을 꼽을 수 있다. 여러 지표나 근거를 들어 이 세 가지 판단 기준을 평가할 수 있지만 여기서는 제조업의 매출증가율, 영업이익률, 자기자본비율을 각각의 대표적인 지표로 선정하여 분석하였다.

성장성이 높으면 수익성도 대체로 좋게 마련이나 재무 안정성과는 상반관계를 보일 수 있다. 부채를 많이 쓸수록 재무 레버리지가 높아져서 더 높은 성장을 기대할 수 있지만, 파산 위험 역시 그만큼 커져서 안정성이 떨어지기 때문이다.

한국 기업은 지난 20년간 급속한 경영 패러다임의 변화를 겪으며 쉴 새 없이 달려왔다. 〈그림 2-16〉은 그동안 한국 제조업이 전력 질주해온 모습을 실질매출증가율과 영업이익률로 나타낸 것이다. 한눈에 보아도 1997

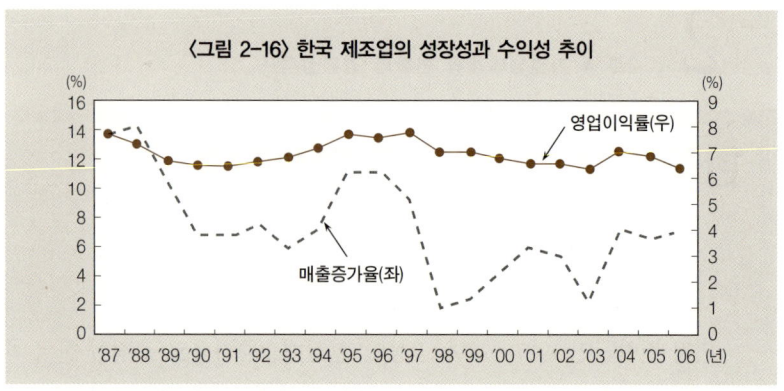

주 1 : 성장성은 매출증가율로, 수익성은 영업이익률(영업이익/매출액)로 평가했으며, 매출증가율은 명목증가율에서 소비자물가 상승률을 차감하여 실질화한 수치임.
　2 : 두 변수 모두 3년 이동평균치임.
자료 : 한국은행, 《기업경영분석》, 각 연호 ; 경제통계시스템.

년 외환위기 전까지는 10% 전후의 높은 성장세를 보이다가 외환위기 이후 10년간은 성장세가 반감한 모습이다. 자연스럽게 지난 20년의 기간을 크게 외환위기 전과 후로 나누어볼 수 있는 대목이다.

또한 외환위기 이후 주주 중시 경영이 정착되면서 기업들이 수익성 제고에 많은 노력을 기울여왔으나, 평균 수익률은 별반 나아지지 않았다. 이는 분석 과정에서 확인할 수 있듯이 기업 실적의 양극화에 기인한다. 즉 잘되는 기업은 나날이 발전하는 반면 경쟁에 뒤처진 기업은 실적이 더욱더 악화되는 현상이 뚜렷해진 것이다. 바꾸어 말하면, 이는 업종별 경기 사이클보다는 기업 자체의 경쟁력이 더욱 중요해졌음을 의미한다.

재무구조는 견실해졌으나 성장성이 문제

지난 20년의 기간을 외환위기 전과 후로 구분하여 보다 자세히 들여다보겠다. 외환위기를 기준으로 시기를 나눈 이유는 앞서 살펴본 것처럼 성장성에서 확연한 차이가 나타날 뿐만 아니라 외환위기가 한국 기업의 체질을 근본적으로 바꾸어놓았기 때문이다.

먼저 전반기인 1987~1996년 동안 실질매출증가율로 측정한 한국 제조기업[16]의 성장성은 연평균 9.0%로 매우 높았다. 또한 매출액에 대한 영업이익의 비중인 영업이익률로 측정한 수익성도 같은 기간 연평균 6.9%로 비교적 양호했다. 그러나 이 시기 한국 기업 대부분은 몹시 취약한 재무구조를 가지고 있었다. 총자산에서 자기자본이 차지하는 비중인 자기자본비율은 불과 25.1%로 매우 낮아서 자기자본에 대한 부채의 비중인 부채비율이 약 300%에 달했다. 이 시기를 간략하게 평가한다면, 활발한 사업 역동성 하에서 부족한 자금을 외부 차입으로 조달하여 크게 성장한 시기라고 할 수 있다.

외환위기가 발생한 1997년부터 2006년까지의 후반기에는 기업의 경영 성과 면에서도 커다란 변화가 나타났다. 기업의 재무구조가 크게 개선된 대신 성장성이 훼손된 것이다. 〈그림 2-17〉에서 보듯이 이 기간 동안 한국 제조업의 매출증가율은 연평균 4.6%로 전반기의 절반에 가깝게 떨어진 반면, 자기자본비율은 38.1%로 크게 높아졌다.

한국 기업의 성장구조가 외환위기를 기점으로 크게 변한 것을 지속성

---

[16] 한국은행 기업 경영 분석상의 제조기업으로 법인세 신고 업체인 영리법인을 조사 대상으로 한다.

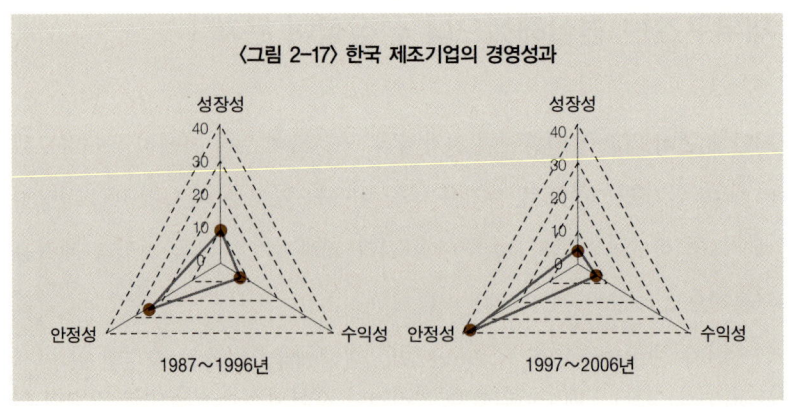

〈그림 2-17〉 한국 제조기업의 경영성과

주 : 성장성은 실질매출증가율로, 수익성은 영업이익률로, 안정성은 자기자본비율로 평가.
자료 : 한국은행, 《기업경영분석》, 각 연호 ; 경제통계시스템.

장률(SGR, Sustainable Growth Rate)의 개념으로 설명할 수 있다. 지속성장률이란 기업이 추가적인 자본 투입 없이 달성할 수 있는 성장률로서 경제의 잠재성장률과 비슷한 개념이다. 이를 재무활동과 영업활동으로 구분하면 다음과 같은 식으로 나타낼 수 있다.

$$\Delta K/K = 이익잉여금/순이익 \times 순이익/매출액 \times 매출액/자산 \times 자산/자기자본$$
$$A B C D$$

(A : 재투자율, B : 순이익률, C : 매출회전율, D : 재무 레버리지)

여기서 A와 D는 재무활동의 결과이며, B와 C는 영업활동의 결과를 보여준다. 따라서 각 부문의 성장기여도를 알 수 있다. 과거에 한국 기업은 높은 재무 레버리지(부채비율)를 유지한 상태에서 이익을 대부분 내부에 유보함으로써 성장해왔다. 그러다가 외환위기 후 주주 중시 경영이 확산되자 재무 레버리지를 크게 낮추고 배당 성향을 높이게 되었다. 따라서 더 이상 재무활동에 근거한 성장을 기대하기가 어려워졌고, 기업 본연의 활동이라 할 수 있는 영업활동을 통해 성장할 수밖에 없게 되었다.

이러한 상황에서 외환위기 이후 B와 C가 평균적으로 그다지 개선되지 못했기 때문에 한국 기업의 지속성장률은 둔화될 수밖에 없는 것이다. 이를 다시 정리하면 다음과 같다.

기업이 성장한다는 의미를 자기자본이 커지는 것으로 정의하면, 기업의 성장 방법으로는 남의 돈을 빌리거나 번 돈을 될 수 있는 대로 재투자하는 재무적 성장과, 매출이익률을 올리거나 자산회전율을 높이는 영업적 성장이 있다. 그런데 한국 기업은 과거에 재무적 성장에 치중했는데 외환위기 이후 그것이 어려워지자 영업력을 높일 수밖에 없었다. 그래서 기업 경쟁력을 갖춘 기업과 그렇지 못한 기업 간에 명암이 확연히 구분되는 결과를 가져온 것이다.

수익성 패러독스 :
수익성을 중시했으나 전혀 나아지지 않았다

기업의 성장성이 둔화된 것은 경영 패러다임이 외형 위주에서 수익성 중시로 바뀐 데 기인한다는 지적도 있다. 그러면 과연 기업의 수익성은 어떻게 변해왔는지 살펴보자.

매출액 영업이익률 면에서 볼 때 한국 제조기업의 수익성은 전반기인 1987~1996년 연평균 6.9%에서 후반기인 1997~2006년에는 연평균 6.7%로 약간 하락했다. 이와 같이 기업의 수익성이 개선되지 못한 현상을 주목할 필요가 있다. 앞에서 한국 기업 경영의 20년사를 돌아보면서 외환위기 이후 주주 중시의 경영 패러다임이 정착되면서 기업들이 외형보다 수익성을 중시하게 되었음을 설명한 바 있다. 따라서 매출 성장성이 둔화된 것은 그렇다 치더라도 수익성은 개선되었을 것이라는 추측이 가능하다. 그러나 실제로는 반대의 현상이 나타난 것이다. 일종의 수익성 패러독스라 할 수 있다. 이렇게 일견 모순된 것처럼 보이는 현상이 나타난 이유로 다음 세 가지를 들 수 있다.

첫째, 기업은 성장을 해야 이익도 창출할 수 있다는 것이다. 한국 기업이 그간 수익성 위주의 경영혁신과 구조조정에 힘써온 결과 경영 효율성이 크게 향상된 것은 사실이다. 그러나 성장이 정체된 상태에서 수익을 늘리는 것은 한계가 있다. 기본적으로 매출이나 시장점유율이 확대되어야 수익성도 좋아지는 것이다. 따라서 지난 10년간(1997~2006) 한국 기업의 성장성이 크게 둔화된 상태에서 수익성 개선은 어려울 수밖에 없었던 것이다.

둘째, 시장개방 및 세계화가 급속히 확산됨에 따라 기업 간 경쟁이 크게 심화되었기 때문이다. 그 결과 과거에 존재하던 독과점적 초과이윤의 기회가 갈수록 줄어들게 되었다. 세계시장에서 수많은 경쟁 기업과 전쟁을 벌이다 보니 마진 폭이 줄어들게 되었고, 따라서 기업 경쟁력은 크게 향상되더라도 수익성 자체는 오히려 나빠질 수도 있는 경영 환경이 조성된 것이다.

셋째, 기업 실적에 있어서 평균의 의미가 많이 퇴색했다. 최근 기업 실적의 양극화가 더욱 심화되고 있는 상황에서 분석 대상 전체의 평균치로 통계분석을 하는 것은 '평균의 허(虛)'에 빠질 가능성이 크다. 이를 구체적인 분석 결과를 통해 살펴본 것이 〈표 2-6〉인데 여기서 한국 기업 전체를

<표 2-6> 매출 구간별 영업이익률 및 표준편차 비교

매출 규모	기업 수(개사)		영업이익률(%)		영업이익률 표준편차	
	1996년	2006년	1996년	2006년	1996년	2006년
1조 원 이상	96	164	5.1	6.6	4.6	6.8
1,000억~1조 원 미만	637	1,450	5.2	5.9	9.4	9.3
100억~1,000억 원 미만	4,014	9,018	5.4	5.2	9.2	13.9
10억~100억 원 미만	2,623	3,522	3.2	-3.6	62.8	148.3
전 체	7,370	14,154	5.1	6.0	38.3	75.2

주 1 : 분석대상은 외감법인 전체(매출액 1억~10억 원 미만 기업 수는 상대적으로 적어 분석에서 제외).
　 2 : 영업이익률은 매출액 가중평균이며, 표준편차는 각사 영업이익률 표준편차임.
자료 : 한국신용평가정보 DB.

매출 구간별로 구분하여 1996년과 2006년의 영업이익률과 그 표준편차(변동성)를 살펴보았다. 그 결과 전체 영업이익률은 5.1%에서 6.0%로 개선되었지만 매출액이 커질수록 수익성 개선 또한 뚜렷해진 반면, 매출 1,000억 원 미만 기업의 수익성은 오히려 악화되었다. 여기서 주목할 점은 모든 매출 구간에서 영업이익률의 표준편차가 크게 확대되었다는 점이다. 이는 기업 실적 양극화가 대기업과 중소기업 간의 문제라기보다는 경쟁력 차원의 문제임을 시사하는 것으로, 매우 의미심장한 결과이다.

이러한 수익성 패러독스의 세 가지 이유를 종합하여 정리하면 다음과 같다. 외환위기 이후 기업 성장이 크게 둔화된 가운데 시장개방과 세계화가 가속화되자 기업 간 경쟁이 갈수록 격화되었다. 그 결과 마진 폭이 떨어질 수밖에 없었으며 적어도 경쟁에서 살아남으려면 기업 경쟁력의 차별적 우위를 가지고 있는가가 절대적인 조건이 되었다. 이러한 상황에서, 특히 매출액 100억 원 미만의 기업은 경쟁우위를 확보하기 위한 절대적 규모에 미치지 못해 수익성이 크게 악화되었고 그 편차는 더욱더 벌어진 것이다.

따라서 기업 실적에서 전체 평균을 해석하는 데 있어서 이러한 점을 염두에 두고 주의를 기울일 필요가 있다. 다시 한번 강조하자면 이제 기업 실적에 있어서 평균치의 의미는 크게 축소되었다. 과거와 같이 경기 사이클에 따라서 기업 실적이 전적으로 좌우되는 현상은 사라져가고 개별 기업의 경쟁력이 더욱 중요해진 것이다. 바야흐로 치열한 기업전쟁이 벌어지는 숨 가쁜 순간인 것이다.

한국 100대 기업의 경영 성과

이제 범위를 좁혀서 한국을 대표하는 100대 기업의 경영 성과를 살펴보자. 100대 기업에 한정하여 분석하는 것은 이들 집단이 전체에서 차지하는 비중이 매우 높을 뿐 아니라 개별 기업에 대한 데이터를 얻을 수 있으므로 보다 정확한 진단이 가능하기 때문이다.[17]

100대 기업의 매출액 합계는 1987년 57조 원에서 2006년 576조 원으로 10.2배가 되었으며, 2005년 기준 소비자물가로 조정한 실질치로는 〈그림 2-18〉에서 보듯이 135조 원에서 564조 원으로 증가했다. 그러나 전반기에 비해 후반기의 성장률이 많이 감소했음을 알 수 있다. 전반기의 매출증가율은 연평균 11.4%에 달했으나 후반기에는 연평균 5.7%로 추락한 것이다.

---

[17] 한국에는 자산 70억 원 이상의 외감법인 제조기업이 약 15,000개사이며, 이들 기업의 매출액 합계는 2005년에 1,274조 원으로 이 가운데 100대 기업의 매출 비중은 46%에 달한다. 이 장의 분석 대상인 100대 기업은 매출액 기준이며 금융 및 유통업은 제외하였다. 금융업은 제조기업과 수평 비교가 어려우며, 유통업은 2003년부터 대행 매출액을 제외하도록 회계기준이 개정되어 매출액이 크게 감소하였기 때문이다.

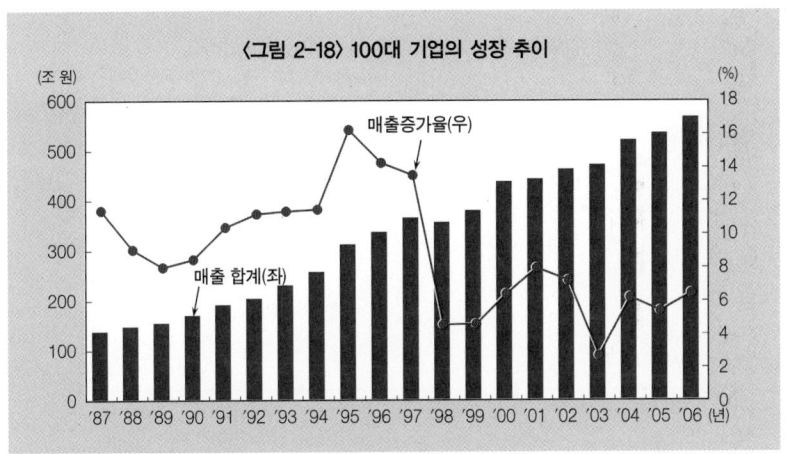

주 1 : 100대 기업은 매출액 기준이며 금융 및 유통업체 제외.
 2 : 소비자물가지수(2005년 기준)로 보정한 실질치이며, 매출증가율은 3년 이동평균치임.
자료 : 한국신용평가정보, KISValue DB.

역시 성장동력의 상실이 우려된다고 하겠다.

그러면 수익성과 안정성은 어떠한지 살펴보자. 흔히 외환위기 이후 주주 중시 기업 경영이 확산되었으며 한국 기업이 수익성에 초점을 맞추고 있다고 알려져 있으나 실제 성과는 만족스럽지 못하다. 한국 100대 기업의 영업이익률은 〈그림 2-19〉에서 보듯이 전반기에 9.4%로 양호한 수치를 자랑했으나 후반기에는 8.5%로 오히려 낮아졌다. 기업들이 각고의 노력을 기울였음에도 불구하고 내수 침체와 글로벌 경쟁 격화로 성적이 더 나빠진 것이다. 반면 한때 300%를 넘던 부채비율은 최근 100% 아래로 떨어졌다.

기업의 성장은 투자와 직접적인 관계가 있다. 기업은 괜찮은 투자처가 있으면 자기자본(내 돈)이든 타인자본(빚)이든 투자하게 마련이므로 유형자산이 그만큼 늘어나게 된다. 그런데 유형자산의 증가율이 1999년부터 영(0)에 가까운 수치로 떨어졌다. 〈그림 2-20〉에서 보듯이 1990년대까지는 동

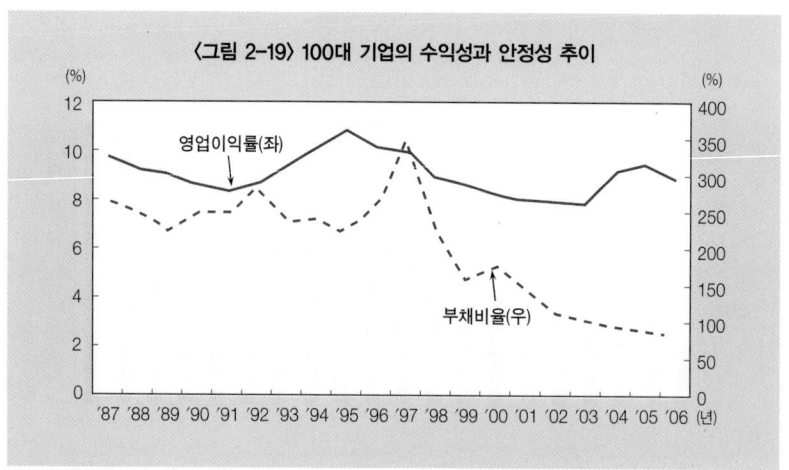

주 : 3년 이동평균치임.
자료 : 한국신용평가정보, KISValue DB.

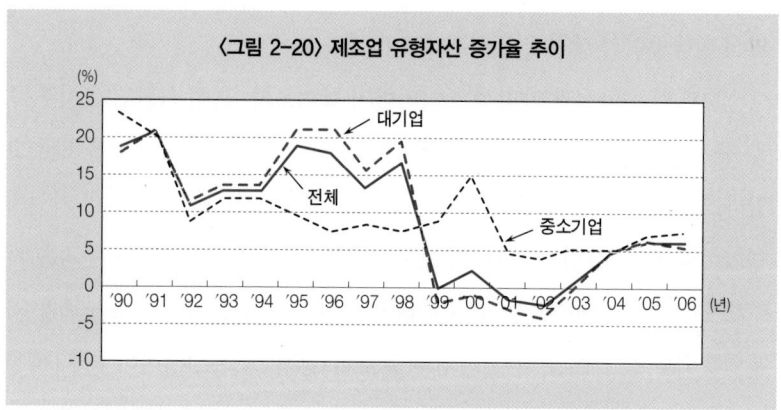

자료 : 한국은행, 경제통계시스템(ECOS).

수치가 10~20%로 매우 높았으나 그 후 마이너스 수치까지 보이고 있다. 가히 기업의 성장이 멈추었다고 해도 과언이 아닐 정도이다.

그러나 유형자산 증가율이 크게 떨어졌다고 해서 기업의 성장이 멈췄다고 단언할 수는 없다. 오히려 앞에서 살펴보았듯이 기업의 매출은 둔화되긴 했지만 꾸준히 증가했는데 이는 기업의 자산효율성이 높아졌다는 의미다. 따라서 1995~1998년의 매우 높은 유형자산 증가율에 주목할 필요가 있다.[18] 1993~1995년간 반도체 특수 등으로 한국 경제가 당시로서는 사상 최고의 호황을 구가하자 대기업을 중심으로 대규모 설비 투자가 이루어졌다. 차입 경영에 의한 사업 확장이 용이하고 대마불사에 대한 믿음이 확고했던 그 시기에 비정상적으로 과잉 투자가 단행되었으며, 외환위기로 충격을 맞게 되자 4~5년간 혹독한 설비 구조조정의 시기를 거치게 된 것이다. 2002년에 저점을 기록한 후 2003년부터는 유형자산 증가율이 완만하게 증가하고 있어서 과잉 설비 조정이 일단락되고 정상 궤도에 진입한 것으로 보인다.

한편 투자의 바로미터로 유형자산 증가율이 여전히 중요한 수치이기는 하지만 기술, 브랜드, 디자인 등 무형자산의 중요성이 크게 높아지고 있으며 기업도 이에 대한 투자를 크게 늘리고 있다. 이는 3부 3장에서 자세히 다룰 것이다.

한국 경제를 이끄는 10대 기업

최근 수년간 기업 실적의 양극화를 우려하는 목소리가 높아져왔다. 사회 전반적으로 퍼져 있는 이른바 '빈익빈 부익부' 현상이 기업들 사이에서도

---

[18] 외환위기 직후인 1998년의 유형자산 증가율이 여전히 높은 것은 투자 의사결정과 실제 자산 증가와의 시차 효과 때문이므로 외환위기 전 수년간은 비정상적인 과잉투자기로 볼 수 있다.

예외 없이 적용된다는 것이다. 사실 상장기업이 사상 최고 실적을 올렸던 2004년에도 3분의 1이나 되는 기업이 영업이익으로 이자비용도 충당하지 못하는 한계기업이었으니 그럴 만도 하다. 이런 배경에서 100대 기업 내에서도 10대 기업으로 그 대상을 좁혀 기업 성과를 살펴보겠다.

한국 10대 기업의 매출액 합계는 1987년 24조 원에서 2005년 244조 원으로 10.2배가 되었으며, 2005년 기준 소비자물가로 조정한 실질치로는 〈그림 2-21〉에서 보듯이 57조 원에서 239조 원으로 증가했다. 그런데 매출 증가율이 앞의 전체 제조기업이나 100대 기업의 예와는 달리 전반기와 후반기의 궤적 차이가 그렇게 심하지 않다. 외환위기에도 불구하고 발군의 실적을 내온 것이다.

한국 10대 기업의 영업이익률은 1997~2006년 평균 10.1%로 매우 양호한 수치를 보이고 있다(〈그림 2-22〉 참조). 미국의 GM 등 거대 기업들이 도산을 걱정할 정도로 경영난에 시달리고 있는 것과는 달리 한국의 매출 10대 기업은 어려운 경영 환경에서도 양호한 성과를 내고 있는 것이다. 사실 기업 규모가 커질수록 성장성이 둔화되고 높은 수익성을 유지하는 것이 어렵다는 것이 상식이지만 한국의 10대 기업[19]은 지금까지 그런 상식을 깨고 있다.

글로벌 기업 후보군이 부족한 한국 기업

앞에서 한국의 10대 기업이 발군의 경영 성과를 내었음을 살펴보았다. 그

---

[19] 2006년 기준으로 한국의 10대 기업(금융 및 유통 제외)은 매출액 순으로 삼성전자, 현대자동차, 한전, SK, LG전자, 포스코, GS칼텍스, 기아자동차, S-오일, 한국가스공사 등이다.

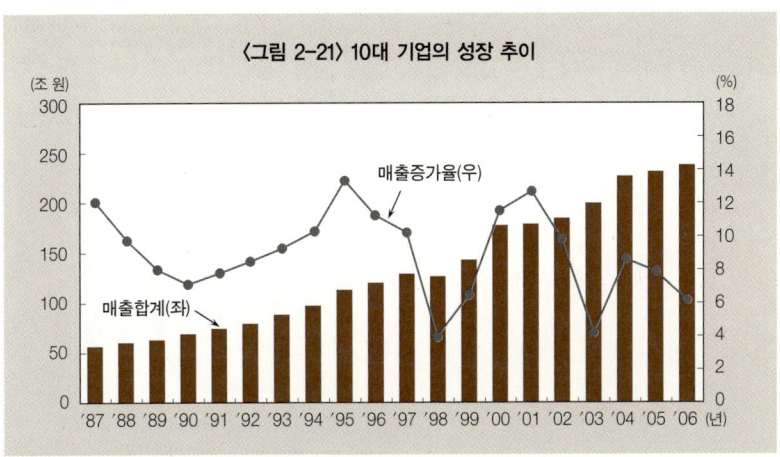

주 1 : 10대 기업은 매출액 기준이며 금융 및 유통업체 제외.
　2 : 소비자물가지수(2005년 기준)로 보정한 실질치이며, 매출증가율은 3년 이동평균치임.
자료 : 한국신용평가정보, KISValue DB.

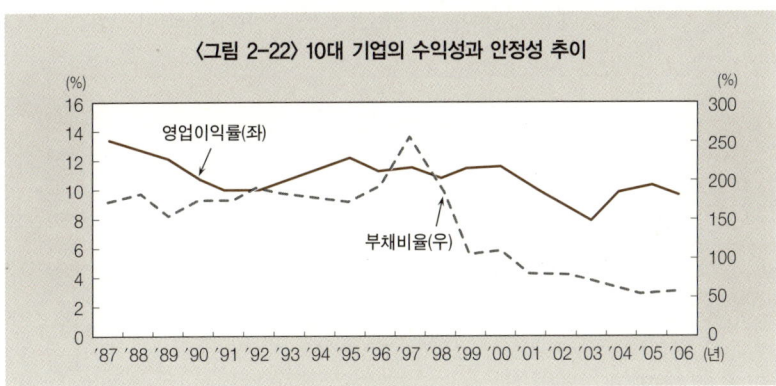

주 : 3년 이동평균치임.
자료 : 한국신용평가정보, KISValue DB.

런데 10대 기업이 100대 기업보다 높은 경영 성과를 보였다면 11～100위 기업의 경영 성과는 별로 좋지 않을 것으로 짐작된다. 그래서 이 90개 기업

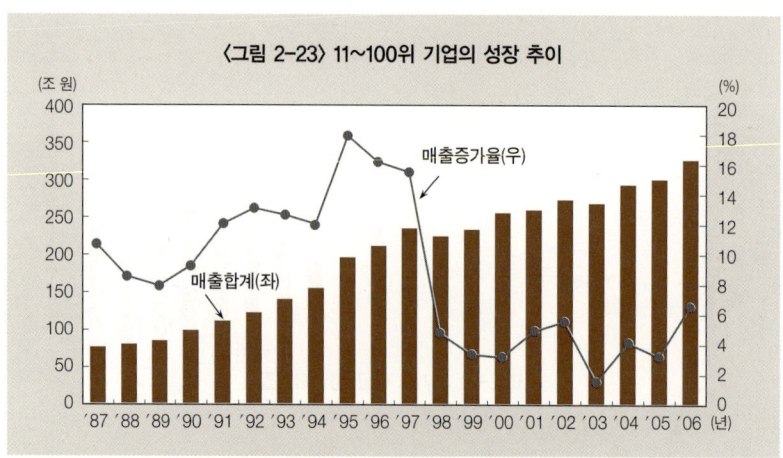

주 1 : 10대 기업은 매출액 기준이며 금융 및 유통업체 제외.
  2 : 소비자물가지수(2005년 기준)로 보정한 실질치이며, 매출증가율은 3년 이동평균치임.
자료 : 한국신용평가정보, KISValue DB.

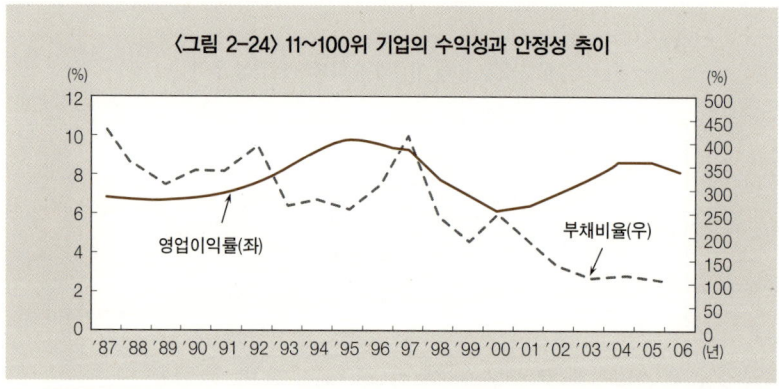

주 : 3년 이동평균치임.
자료 : 한국신용평가정보, KISValue DB.

의 성과를 살펴보았더니 역시 〈그림 2-23〉과 〈그림 2-24〉 같은 결과가 나왔다. 이들 기업의 매출액 합계는 1987년 33조 원에서 2005년 332조 원으로 10.2배가 되었고, 2005년 기준 소비자물가로 조정한 실질치로는 78조 원에

〈표 2-7〉 시기별 평균 매출증가율

구분	1987~1996년	1997~2006년
제조업 전체	9.0	4.6
100대 기업	11.4	5.7
10대 기업	9.6	7.5
11~100위	12.6	4.2

주 : 소비자물가상승률을 차감한 실질치임.
자료 : 제조업 전체는 한국은행 기업 경영분석에서의 대상기업인 법인세 신고 영리법인을, 100대기업은 외감법인에서 금융 및 유통기업을 제외한 기업임.

〈표 2-8〉 시기별 평균 영업이익률

구분	1987~1996년	1997~2005년
제조업 전체	6.9	6.7
100대 기업	9.4	8.5
10대 기업	11.3	10.1
11~100위	8.1	7.5

서 325조 원으로 증가했다. 10대 기업과 같은 수치이기는 하나 전반기와 후반기로 구분해서 보면 전반기에는 연평균 12.6%에 달했으나 후반기에는 4.2%로 크게 떨어져서 외환위기 이후 이들 기업의 성장 정체가 심각함을 알 수 있다.

지금까지 살펴본 제조기업 전체, 100대 기업, 10대 기업을 같이 비교해 보면 다음과 같다. 여기서 특기할 점은 〈표 2-7〉과 〈표 2-8〉에 나타나듯이 11~100위 기업의 매출증가율은 전반기에 12.6%로 비교 기업군 중 가장 높았으나 후반기에는 4.2%로 가장 낮은 수치를 기록한 것이다. 영업이익률도 후반기에 7.5%로 10대 기업의 10.1%에 비해 크게 낮은 수준이다.

그러면 왜 이런 현상이 발생한 것일까? 10대 기업은 20년간 2개사가 탈

<표 2-9> 한국의 《포천》 선정 500대 기업

(단위: 백만 달러)

1997년			2007년		
기업명	순위	매출액	기업명	순위	매출액
대우	24	65,160	삼성전자	46	89,476
선경	46	44,031	LG	73	68,754
삼성	71	34,287	현대자동차	76	66,666
쌍용	90	30,531	SK	98	59,002
현대	109	27,279	한국전력	228	28,708
삼성전자	124	24,710	삼성생명	229	28,639
삼성생명	212	17,530	포스코	244	27,068
LG종합상사	216	17,311	국민은행	349	20,224
LG전자	270	14,766	한화	374	19,086
현대자동차	278	14,491	KT	388	18,598
한국전력	282	14,394	현대중공업	422	17,298
포항제철	371	11,990	삼성물산	436	16,779
교보생명	449	10,163	SK네트웍스	438	16,734
			S-오일	491	15,246

주: 순위는 전년도 매출액 기준.
자료: 《포천》, 각 호.

락했으나 11~100위 기업은 무려 51개사가 탈락하였다. 기업의 부침은 늘 있게 마련이나 이 같은 급격한 변화의 결과 새로 진입한 기업이 아직은 제몫을 못하고 있다고 볼 수 있다. 경공업과 내수 부문 기업들이 몰락하였지만 이를 대체할 신성장 업종의 성장세가 본격화되지 못하고 있는 것이다.[20]

기업 순위를 얘기할 때 가장 많이 인용되는 것이 매출액 기준으로 순위

....

[20] 탈락한 51개사 중 경공업 또는 내수기업이 35개사이며, 한국전력 분사인 6개사를 제외하면 실질적으로 신규 진입한 44개사 중 성장 가능성이 큰 업종에 속한 기업은 IT 10개사, 에너지 4개사, 물류 4개사 등 총 18개사이다.

를 매긴 《포천》 글로벌 500이다. 이 500대 기업에 포함된 한국 기업은 10년 전부터 10~14개 사이를 오르내린다. 2007년(2006년 실적)에는 〈표 2-9〉와 같이 14개사가 포함되었는데 이 가운데 삼성전자, LG전자, 현대자동차, SK 4개사가 100대 기업에 올라 있다.

그런데 500대 기업 중 한국 기업의 매출액 비중은 1996년 2.9%에서 2006년 2.4%로 크게 떨어졌다. 중국, 인도 등 다른 신흥시장의 기업들이 무섭게 치고 오르는 동안 한국 기업은 상대적으로 답보 내지 후퇴했다고 볼 수밖에 없다. 글로벌 500에 들려면 나이키 수준인 약 150억 달러를 달성해야 하는데, 이 수치는 한국의 10위권 수준이다. 문제는 1조 4,000억 원에서 11조 원까지의 11~100위 기업이 현재까지는 발군의 성장세를 보여주지 못하고 있다는 점이다. 즉 과점화가 심화되고 있는 것이 문제라고 할 수 있다.

3 한국 기업 경영 패러다임의 변화

01 지배구조·전략·시스템의 3중주

02 기업 소유·지배구조

03 경영전략

04 운영 시스템

01

3부 ● 한국 기업 경영 패러다임의 변화

지배구조·전략·시스템의 3중주

지금까지 지난 20년간 한국 기업 경영사와 기업생태계의 변화를 살펴보았다. 그러면 한국 기업들이 거대한 환경 변화와 그 응전의 과정에서 경영패러다임을 어떻게 바꾸어왔을까? 이에 대한 답을 구하기 위해 3부에서는 EGSOP 모델 중 경영과정 부문을 설명하는 소유·지배구조(Governance), 전략(Strategy), 그리고 조직(운영 시스템)의 관점에서 살펴보았다.

EGSOP 모델은 〈그림 3-1〉에서 보듯이 국제화의 흐름과 급변하는 세계 경제 환경, 그리고 새로운 세계 질서 패러다임이 등장함에 따라 이에 알맞은 새로운 비교경영의 틀로 등장하였다. 이 모델은 환경과 기업조직과의 관계를 규명하는 데 있어서 외부 환경과 기업의 소유·지배구조, 전략, 그리고 조직을 중심으로 설명하고 있다. 외부 환경은 거시적인 경제·정치제도적인 부분을 포괄하는 사회제도적 환경과 언어·종교를 포함하고 전통과 관습, 그 밖의 문화적 요인들에 해당하는 문화적 환경, 그리고 기업이 속해 있는 시장 환경을 중심으로 하는 과업 환경으로 구분된다.

〈그림 3-1〉 EGSOP 모형

EGSOP 모델이 기존 모델과 가장 큰 차이점을 보이는 부분은 소유·지배구조, 전략, 조직이라는 세 가지 영역을 축으로 기업 경영을 구분하여 분석한다는 점이다. 소유·지배구조는 기존 모델에서는 다루어지지 않은 부분으로서, 이미 상이한 국적의 기업들 간 소유·지배구조의 차이와 다른 경영 과정 부문과의 관계에 대한 논의가 전개되어왔다. 전략은 기존 모델이 경쟁전략만 포함시킨 것에 비해, 다각화와 자원 투입을 결정하는 사업영역 전략과, 글로벌 시대에서 그 중요성을 더해가는 세계화 전략을 추가하였다. 조직에 있어서는 구조, 시스템, 인력, 기술, 공유가치로 설명되는 5S를 중심으로 분석하고 있다.

3부에서는 이러한 EGSOP 모델을 근간으로 하여 한국 기업의 경영 패러다임 변화를 지배구조, 전략, 운영 시스템의 관점에서 조명하였다.

첫째, 기업의 소유구조란 누가 어느 정도의 지분을 점유하고 있는가를 나타내는 주식 소유 분포 상황을 말한다. 기업의 성장 과정을 볼 때 창업 초기단계나 중소기업의 단계에서는 소유구조가 단순하게 마련이다. 그러나 기업이 성장을 위하여 타인의 자본을 사용하면 소유구조가 분산되고 이해관계자도 다양하게 된다. 기업이 성장함에 따라 채권자나 주주들의 다양한 욕구뿐만 아니라 기업에 몸담고 있는 종업원들의 욕구와 기업에 대한 사회적 욕구도 경영에 반영되어야 한다. 이러한 기업과 관련된 이해당사자 간의 이해상충 문제는 기업의 소유구조가 다원화될수록, 그리고 기업의 규모가 커질수록 복잡해진다.

둘째, 기업의 전략이란 기업의 기본목적을 달성하기 위한 종합적인 계획으로서 기업이 어떠한 사업을 어디서 전개하고 자원을 어떻게 배분할 것인가에 대한 중요한 의사결정이다. 따라서 경영전략은 기업의 기본 성격과 장기 성과를 결정하는 중요한 요소로 작용하고, 목적 달성을 위한 조직구조 설계와 관리 행동에도 많은 영향을 준다. 그러나 무엇보다도 경영전략은 기업 환경에 적절히 대응하기 위한 기업의 행동으로서, 주어진 환경적 상황과 밀접한 관계를 맺고 있다. 이러한 경영전략을 3부에서는 사업전략, 글로벌 전략, 고부가 전략으로 나누어 살펴보았다. 사업전략은 한마디로 선택과 집중으로 축약할 수 있으며, 글로벌 전략은 국내에서 해외로 비약적인 발전을 거듭했다. 고부가 전략 측면에서도 양에서 질로 기업 경영의 지향점이 바뀌었다고 할 수 있다.

셋째, 운영 시스템에서는 인사조직 측면에서 능력 및 성과주의가 급진전하였고 인력 관리가 다양화되었으며 고용유연화가 진전되었다. 그리고 경영혁신이 전반적으로 전개되어 상당한 성과와 변화를 이끌어냈다.

이상의 세 가지 관점, 즉 지배구조, 경영전략, 운영 시스템의 관점에서 한국 기업의 경영 패러다임이 어떻게 변화해왔는지 차례대로 살펴보겠다.

02

3부 ● 한국 기업 경영 패러다임의 변화

기업 소유·지배구조

한국의 기업은 '가족자본주의'적인 성격이 강하다. 즉 창업 이후 규모가 커진 다음에도 계속해서 기업을 창업가족의 지배하에 두려는 문화적인 특징을 가지고 있다. 한편, 장자에게만 상속하는 유럽이나 일본의 풍토와는 달리, 한국 기업은 장자를 우대하되 나머지 자식에게도 재산을 나누어 주는 성향을 보인다.

1980년대 이후 국내 대기업들의 경영권 승계가 많이 이루어졌는데, 이 과정에서도 이러한 특징들이 그대로 나타났다. 대부분의 대기업이 가장 두드러진 능력을 나타내는 자식에게 주요 사업을 승계시키고, 기타 사업들은 나머지 자식들에게 분할하여 승계시켰다. 이처럼 한국 기업은 소유와 경영을 분리하기 어려운 문화적인 배경 아래 놓여 있었으며, 소유구조는 가족소유로, 지배구조는 가족지배로 대변되는 특징을 갖고 있었다.

그러나 1987년 이후 20년 동안 크게는 세 가지 변화가, 소유와 경영의 일치를 유지하려는 '가족자본주의'에 압력을 가해왔다.

첫째, 기업 규모 확장에 따른 창업가족의 소유 지분 감소이다. 한국의 기업집단은 계열사 간 상호출자를 통해 창업가족이 5% 미만의 소수 지분으로 30~50%의 지배권을 가져가면서 이 문제를 해결하였다. 둘째, 대기업의 소유구조에 대한 정부 정책의 변화이다. 정부는 1970년대 대기업의 주식시장 상장을 유도하기 위해 타인이 10% 이상 지분을 취득하지 못하도록 법제화했다. 그러나 1990년대 들어 이를 폐지하였다. 아울러 상호출자를 금지하고 출자총액을 제한하는 한편, 기업 재무구조 개선 정책을 펴는 등 적은 지분으로 기업집단에 대한 지배를 가능하게 해주던 수단들을 하나씩 제거하기 시작하였다. 대신 정부는 기업에게 소유구조의 새로운 해결책으로 지주회사를 허용하였다. 셋째, 영미식 지배구조의 도입과 자본시장을 통한 기업 규율의 시작이다. 이는 외환위기 이후 급격하게 나타난 변화이다. 사외이사, 공정공시, 대표소송 등의 제도 도입과 외자계 펀드에 의한 국내 기업의 경영권 공격이 대표적인 예이다.

이러한 세 가지 변화에 대해 창업가족은 기업 경영혁신, 주력사업 집중, 순환출자 확대, 지주회사 전환 등 다각도로 대응해왔다. 환경 변화와 창업가족의 대응 간의 상호작용을 통해서 지난 20년간 국내 기업의 소유·지배구조는 자본시장의 규율이 가미된 '수정가족자본주의' 모델로 발전했다고 할 수 있다. 수정가족자본주의의 특징은 다음과 같다.

첫째, 2, 3세로 승계가 된 후에도 대주주가 회장의 자격으로 기업의 비전을 제시하고 전문경영인에 대한 밀착 감시 역할을 한다. 둘째, 기업의 규모 확대 및 글로벌 경쟁에 대응하면서 점차 권한을 위임받게 된 유능한 전문경영인들이 자율경영의 한 축으로 등장하게 되었다. 셋째, M&A, 소액주주운동 등을 통해 자본시장이 기업을 규율하는 기능을 갖게 되었다.

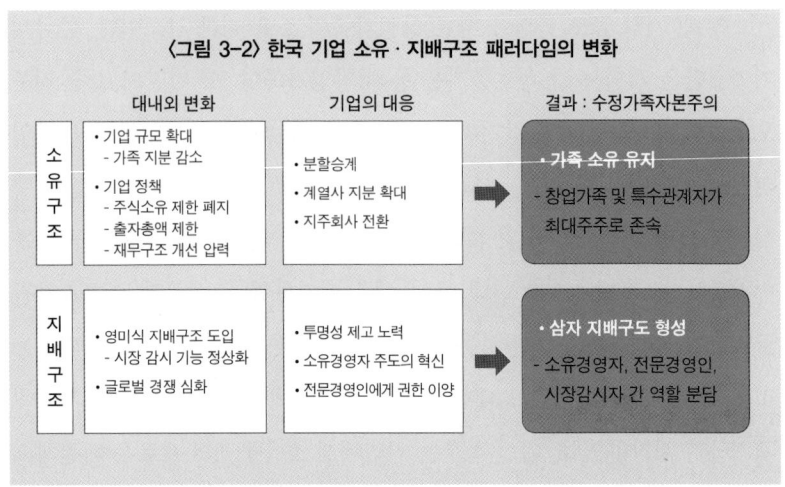

　요컨대 수정가족자본주의에서 기업의 지배구조는 창업가족, 전문경영인, 시장감시자 간의 역할 분담과 상호견제를 통해 기업이 지배되는 삼자구조를 이루게 되었다. 그리고 기업의 소유구조는 순환출자나 지주회사를 통해 창업가족과 그 특수관계인이 1대 주주로 계속 남게 되는 구조를 유지하게 되었다.

　향후 한국의 가족자본주의는 순환출자 및 금산분리에 대한 규제가 당장의 관건이므로 그에 따라 직접적인 영향을 받겠지만, '지주회사제도'의 활용을 통해서 상당 기간 현재와 같이 자본시장의 규율이 강화된 '수정가족자본주의'의 모습을 띨 것으로 예상된다.

지배구조의 급속한 변화

영미식 지배구조 도입 압력   1997년 외환위기를 기점으로 국내 재벌기업은 기존 지배구조를 투명하게 만들어야 한다는 사회적·정치적 압력을 강하게 받았다. 영미권에서 시작되어 세계적으로 확산되고 있던 주주행동주의가 국내에서도 소액주주 및 일부 시민단체의 주도 아래 본격화되었다. 소액주주와 연계된 시민단체들은 주주총회 참석, 입법운동 전개, 소송 제기 등 다양한 방법을 통해 압력을 행사하였다. 이에 발맞추어 정부는 영미식 지배구조 도입을 서둘렀으며, 소액주주의 권리를 강화하고 기업의 투명성을 제고하기 위한 제도를 정비하였다.

이러한 흐름에 따라 사외이사 및 독립적인 감사위원회 도입의 의무화와 집중투표제 및 집단소송제[1]의 도입이 거론되었다. 이 가운데 사외이사 제도는 1998년 상장회사에 한하여 의무화되었고, 이듬해에는 독립적인 감사위원회 설치가 의무화되었다. 집중투표제는 1999년에 도입되었는데, 기업이 정관에 이를 배제하는 조항을 따로 만든 경우를 제외하고는 자동적으로 실시되는 규정이다. 집단소송제는 2005년부터 미공개 정보 이용 행위나 유가증권 신고서 허위 기재 등 증권에 국한하여 시행되었다.

이 밖에도 정부는 소액주주의 권리를 계속 강화하기 위해 이중대표소

---

1 집중투표제란 이사 선임 때 주식 1주에 선임할 이사 숫자와 같은 수만큼 의결권을 주는 제도다. 예를 들어 이사 3명을 선임할 때 주주에게 주당 3개의 의결권이 주어지고, 주주들은 이를 특정 후보에게 집중 투표할 수 있다. 그만큼 소액주주들도 경영 참여가 가능해진다.
집단소송제란 기업의 주가조작, 허위공시, 분식회계 등으로 소액주주들이 피해를 보았을 경우 이를 법적으로 구제하기 위한 제도로, 피해를 본 소액주주 가운데 1명이 해당 기업을 상대로 소송을 제기해 승소하면 똑같은 피해를 본 나머지 투자자는 별도의 소송 없이 피해를 보상받을 수 있다.

송제[2], 서면투표제 등의 입법을 추진하고 있다.

아울러 정부는 회계 및 공시제도를 정비하면서 기업 경영의 투명성을 높이려는 노력을 기울여왔다. 그에 따라 2002년부터 기업의 주요 정보를 증권시장을 통해서만 공시하도록 하는 공정공시제도가 미국에 이어 세계에서 두 번째로 시행되었다. 또한 기업집단 내 계열사의 경영 실적을 총망라한 결합재무제표가 세계에서 유일하게 도입되어, 1999년부터 공정거래위원회가 지정한 기업집단에 한해 작성되고 있다. 뿐만 아니라 2004년부터 사업보고서 등 공시 서류에 허위 보고가 있을 경우 대표이사가 민사상의 책임뿐만 아니라 형사상의 처벌까지 받는 CEO인증제가 실시되고 있다.

한편, 정부는 외환위기 직후 폐지하였던 출자총액제한제도를 재도입하였다. 그러나 출자총액제한제도는 이상에서 언급한 제반 제도와는 달리 그 목적과 실효성에 대한 의문이 계속 제기되어 지속적인 운영이 쉽지 않은 상황이다.

대기업집단별 투명성 제고를 위한 노력   이러한 제도적·사회적인 요구에 부응하여 국내 대기업집단은 투명성 제고를 위한 영미식 지배구조를 일부 도입하게 되었다. 특히 사외이사 및 감사위원회 도입에 매우 적극적이었다. 〈표 3-1〉과 〈표 3-2〉에 나타나듯이 엄격한 선발 기준을 통해 사외이사를 영입하고 강력한 내부통제 시스템을 도입하여 기업 내 부정을 예방하기 위한 내부감사를 강화하였다.

---

[2] 이중대표소송제란 모회사 주식의 1% 이상을 보유한 주주가 비상장 자회사 이사진의 위법한 행위에 대해 소송을 낼 수 있도록 하는 제도를 말한다.

<표 3-1> 국내 상장사의 사외이사제도 도입 현황

(단위: 명, 개, %)

구분	2001년	2003년	2005년
사외이사 수(회사 수)	1,222(515)	1,383(637)	1,467(655)
1사당 사외이사 수	2.37	2.17	2.23
선임비율	35.3	35.1	36.1
외국인 선임 회사 수	39	35	39

주: 선임비율 = 사외이사 수/등기이사 수.
자료: 증권선물거래소, "상장법인 사외이사 및 감사위원 현황 분석", 2001, 2005 각 연호.

<표 3-2> 국내 상장사의 내부통제 시스템 도입 현황

(단위: %)

구분	2003년	2004년	2005년
감사위원회 설치	24.8	24.8	26.4
감사위원회 사외이사 2/3 이상	24.8	24.8	26.4
감사위원회 운영규정 존재	59.3	69.8	76.4
추천위원회 또는 보상위원회 설치	20.5	18.6	18.6
사외이사가 보상위원회 위원장	3.5	4.3	5.4

자료: 공정거래위원회(2005. 9), "기업, 시장 투명성 및 공정성 측정".

증권거래법에서는 1998년에 사외이사제도를 도입하였으나 2000년까지 조건을 완화하여 유예기간을 두었기 때문에 사외이사제도가 본격적으로 시행된 시점은 2001년이라 할 수 있다. 그에 따라 등기이사 수 대비 사외이사 수의 비율을 나타내는 선임비율을 보면 2001년 35.3%에서 2005년 36.1%로 증가하였다. 그러나 사외이사제도의 본격적인 시행으로 사외이사를 두는 기업이 늘어나면서 한 회사당 평균 사외이사 수는 2001년 2.37명에서 2005년 2.23명으로 약간 줄어들었다.

한편, 감사위원회에서 사외이사가 3분의 2 이상을 차지하는 기업의 비율은 2003년 24.81%에서 2005년 26.36%로 상승하였다. 더욱이 사외이사가 보상위원회 위원장을 맡는 경우도 3.49%에서 5.43%로 늘어나, 사외이사의 실질적인 영향력이 확대되었음을 알 수 있다. 또한 기업의 공정공시 노력에 힘입어 일평균 기업공시는 2002년 239건에서 2004년 상반기의 경우 388건으로 증가하였다.

대기업집단이 이처럼 투명성 제고에 적극적이었던 것은 외부의 압력 이외에도 글로벌 경쟁 환경이 요구하는 바를 가장 빠르게 감지하였기 때문이다. 대기업은 중견기업이나 중소기업에 비해 주주 중심 경영으로 빠르게 선회하였는데, 이는 곧 고용의 안정보다는 수익의 확대를 지향하고 회계적인 수익보다는 자본시장에서 평가되는 기업가치를 극대화하려는 경영 기조로 나타났다. 기업가치 극대화를 위해서는 투명성 제고가 급선무였던 것이다. 또한 외환위기 이후 직접금융의 비중이 높아지면서 기업가치 상승은 곧 시장에서 저렴하게 자금을 공급받을 수 있는 전제조건이 되었으므로 기업은 투명성을 제고하기 위해 더욱 노력하였다.

대기업집단은 법에서 강제로 규정한 투명성 관련 의무사항을 지키는 수준을 넘어 자발적으로 투명성 제고를 위한 노력을 다하고 있다는 신호를 시장에 보내고자 애썼다. 해외 자금조달 비중이 비교적 높은 삼성의 경우는 IR(Investor Relations) 전담반을 신설하고 해외 IR 활동을 활발히 전개함으로써 경영진과 해외투자자 간의 직접적인 연결을 꾀하였다. 이는 단지 원활한 자금조달과 가치 상승 외에도 해외 투자자들과 우호적인 관계를 유지할 필요가 있었기 때문이다.

해외 헤지펀드로부터 수차례 공격을 받았던 SK의 경우는 감사위원회의 역할을 대폭 강화하여, 국내에는 아직 도입하지 않은 미국의 샤베인-옥슬리법(Sarbanes-Oxley Act)에 준하는 내부장치를 선제적으로 마련하였다. 이 또한 기업가치가 저평가되는 것을 사전에 방지하여 불필요한 경영권 분쟁에 휩싸이지 않기 위한 조치였다고 할 수 있다. 한편, LG의 경우도 정도경영 TF팀을 발족하여 비리 경영을 사전에 방지하기 위한 장치를 마련하였으며, 구조조정본부를 폐지하고 지주회사제로 전환하였다. 특히 LG가 취한 지주회사로의 전환은 국내 대기업집단을 비판할 때 주로 지적되었던 순환출자 문제를 해결했다는 점에서 의의가 크다.

전문경영인에게 권한위양 국내 대기업집단은 1970년대에 사업부제를 도입함으로써 전문경영인을 육성할 수 있는 기반을 마련하였다고 볼 수 있다. 독립채산 단위인 사업부는 타 중견기업 및 중소기업보다 큰 규모로, 대기업 경영자를 육성하기에는 안성맞춤이었다. 이를 통해 경영자를 선발, 육성, 확보, 평가, 보상하는 제도 및 노하우가 축적되었다. 그러나 당시 전문경영인의 역할은 전략을 수립하는 것보다는 이미 정해진 전략에 대한 실행 방안을 세우고 추진하는 데 치우친 면이 강하다. 본격적인 권한위양은 1990년대부터 이루어졌다. 소유경영자만의 역량으로는 글로벌화·디지털화로 대변되는 환경 변화에 대응하기에 한계가 있었기 때문이다.[3]

    기업의 규모가 커지고 사업 내용이 복잡화·첨단화됨에 따라 전문적인 의사결정의 필요성이 더욱 증대하였다. 소유경영자의 리더십, 정부와의 협력관계만으로는 사업의 성공이 불확실해졌다. 한보, 진로, 해태, 미도파 등 소유경영에 의존하던 기업들은 환경 변화에 적응하지 못하거나 2, 3세로의

---

[3] 이때부터 한국 기업에 배순훈(대우전자), 문국현(유한킴벌리) 등 소유주가 아닌 간판급 CEO들이 등장하기 시작하였다.

승계 실패에 따른 좌절을 맛보았다. 이에 소유경영자는 종래 일상적 경영 관리 영역에 머물던 전문경영인에게 주요 의사결정권을 위양하기 시작했으며, 전문경영인의 입지가 강화되었다. 전문경영인들은 전문적인 경영 노하우와 기술 지식을 기반으로 기업의 전략적 의사결정을 주도하였는데, 주요 그룹에서 전문성을 갖춘 인재를 외부에서 영입하는 사례도 증가하였다.

전문경영인에 대한 파격적인 보상제도 및 스톡옵션제도가 도입되면서 권한위양은 한층 힘을 받게 되었다. 1997년 4월 스톡옵션 제도가 도입된 후 주로 거대 그룹에서 시행되어 2002년 11월 현재 전체 상장사의 약 17.5%가 스톡옵션을 부여하고 있었다. 이렇게 임기와 보상이 성과와 연동되면서 전문경영인의 입지가 보장된 것이다.

또한 첨단사업 진출, 글로벌화 및 구조조정에 직면하여 발군의 역량을 발휘한 전문경영인들이 출현하면서 경영인의 공급 측면에서도 만족할 만한 모습을 보였다. 이전의 경영자들이 소유경영자의 전략 및 비전을 수행·추종하는 데 그쳤다면, 경영혁신 이후의 전문경영인들은 전략가로서의 면모를 구비하였다. 특히 수억 원의 연봉을 받는 전문경영인이 출현함으로써 계열사 및 사업에 대해 강력한 권한을 행사하였다.

전문경영인은 자신이 담당한 기업의 성과를 최대화하면서도 그룹 최적, 장기 최적을 목표로 하는 소유경영자에 협조함으로써 소유경영자와 '긴장과 협력'의 관계를 유지하였다. 전문경영인의 경영 노하우와 소유경영자의 비전 전략 수립이 잘 조화를 이룬 삼성, 현대, LG 등은 조 단위를 넘는 이익을 내는 등 경이적인 경영 성과를 달성하기에 이르렀다.

대기업집단의 경우 글로벌 시장 진출과 업종 전문화가 진척되면서 전문경영인에게 권한을 대폭 위양하는 조치를 취하였다. 특히 기술력이 중시되는 IT 부문의 비중이 높아지고 기타 업종에서도 상품의 고도화를 통해 글로벌 경쟁에서 살아남으려는 전략이 진행되면서 전문지식을 가진 전문경영인의 의사가 더 많이 반영되었다. 결국 사업 단위 수준의 의사결정권은 전문경영인에게 맡겨졌다. 전문경영인의 진출은 이공계 출신 경영인이 급증하였다는 사실에서 엿볼 수 있다. 100대 기업의 이공계 출신 대표이사 비율은 1995년 25%에서 2004년 39.9%로 급증하였으며, 2004년 전체 상장사 임원 중 이공계 출신은 52.1%에 이르렀다.

이렇게 전문경영인에 대한 권한위양이 진척되자 일부 대기업집단에서는 계열사 경영은 전문경영인에게 일임하고, 소유경영자는 그룹 비전을 제시하고 혁신을 주도하는 역할 분담이 자리 잡게 되었다. 소유경영자는 전문경영인에 대한 직접적인 통제를 하지 않는 대신 스톡옵션, 성과급 등을 통해 성과와 연동하는 방법으로 전문경영인을 통제하기 시작하였다. 이처럼 소유경영자가 수익 위주의 조직으로 기업을 쇄신하면서 강력한 권한을 위임받은 전문경영인들이 출현하게 된 것이다.

이들의 역할은 크게 세 가지로 나누어볼 수 있다. 첫째, 전문적 경영 노하우와 기술 지식으로 계열사의 경영 성과를 극대화하고, 둘째, 경영 성과에 대한 소유경영자와 감시집단의 감시를 수용하며, 셋째, 성실 공시와 적극적인 IR을 통해 계열사 차원의 경영 투명성을 확립하는 것이다.

시장의 감시 기능 정상화 1980년대 말 민주화가 이루어지기 전까지 국내 그룹에 대한 감시는 주로 정부가 수행하였다. 정부는 경제성장을 조속히 이루어내기 위해 소유경영자를 적극 지원하는 한편, 은행을 통해 소유경영자를 통제할 수 있었다. 자본시장이 발달하지 못한 상황에서 주요 자금원인 은행을 정부가 소유했기 때문이다. 대기업집단과 친밀한 관계를 유지해오던 정부는 민주화를 계기로 소유경영자의 전횡을 견제하는 쪽으로 방향을 선회하였다. 정부는 1989년 산업합리화 조치를 취하면서 은행여신과 기업의 진출 업종을 통제함으로써 기업의 성장 및 확장을 견제하였다. 또한 1986년 말 공정거래법을 개정한 이래 계열사 간 상호 지급보증 금지, 출자총액 제한 등을 통해 소유경영자의 기업 지배에 구체적으로 개입하게 되었다. 공정거래위원회 등 전문기구를 설치하여 대기업집단 감시를 본격화하게 된 것이다.

민주화와 글로벌화의 진전으로 정부 감시 이외에도 시장 감시 기능이 강화되었다. 각종 시민단체는 소액주주로 대표되는 주변 이해관계자들의 목소리를 대변하여 소유경영자의 독점적 지배 행태를 견제하기 시작하였다. 특히 사외이사제나 집중투표제의 도입, 공시 요건 강화를 통한 투명성 제고, 대표소송권 행사 요건 완화 및 집단소송제 시행을 주장하였다. 구체적으로 보면, 대표소송권 행사 요건을 지분 1%에서 0.01%로 완화하고, 임원해임청구권 요건도 1%에서 0.5%로 낮추는 등 소액주주권의 행사 요건을 완화할 것을 요구했다. 또 집중투표제를 도입하고 소액주주의 사외이사 추천권을 보장할 것을 주장하였다.

결과적으로 외환위기를 전후하여 나타난 시장의 감시 세력은 지배구조의 다원화를 더욱 심화시켰다. 게다가 1998년 정부가 외국인 투자 한도를 전면 폐지한 이후, 외국인 투자자들도 새로운 감시 집단으로 급부상하였다. 외국인 투자자들은 막대한 자금력과 의결권을 통해 소유경영자와 전문경영인에 대한 압박 및 감시를 강화하였다. 특히 일부 해외 헤지펀드는 최대 지배주주의 소유권이 적은 국내 대기업들을 대상으로 적대적 M&A를 시도하였다. 이들은 대부분 경영권의 탈취보다는 그린메일[4] 성격이 강했는데, 주가 상승 이후 주식을 팔고 나가면서 거대한 시세차익을 얻어갔다.

이처럼 국내의 적대적 M&A 시장이 활기를 띠게 됨으로써 일부 공개 기업이 위기를 맞기도 하였는데, 이는 방만한 경영에 빠져 있던 한국 기업들에 경종을 울리는 계기가 되었다. 즉 외국인 투자자에 의한 적대적 M&A 시도는 한편으로 기업 경영의 투명성과 책임성을 강화하는 데 기여했던 것이다. 더욱이 정부와 일부 시민단체 및 교수 집단은 소유경영자의 권한 축소와 계열 분리 등을 주장하고 외국인에 의한 국내 기업의 적대적 M&A에 대해 우호적인 태도를 취함으로써 외국인의 입지를 강화시켜주었다.

이들은 한국 기업 지배구조에서 간과되어온 소유경영자의 대리인 문제를 부각시키며 소유경영자에 대한 감시 강화와 지배권 축소를 주장하였다. 특히 계열사 간 순환출자로 성립된 지배권을 가공자본이라 비판하고 기업의 진정한 주인은 소액주주라고 주장하였다. 이에 일부 시민단체와 교수 집단은 국내 그룹의 취약한 소유구조에 대한 정보를 외국계 투기 펀드에 제공하고 외국인의 적대적 M&A를 고무시키는 행동도 마다하지 않았다. 이는 국내 대기업들에 경영권 방어의 중요성을 일깨우기에 충분하였을 뿐 아니라 경영상 큰 부담을 주었다. 이로써 이들은 국내 증권시장의 감시 기능을 정상화하는 데 어느 정도 기여했다고 볼 수 있다.

기업집단에 대한 비판과 감시는 외환위기 이전까지는 불공정성을 문

---

[4] 그린메일(Green Mail)이란 기업사냥꾼(레이더스)이 자산가치가 높거나 첨단기술을 보유하고 있지만 대주주 지분이 낮아서 경영권이 취약한 기업을 대상으로 주식을 사전에 매집한 후 대주주에게 편지를 보내 비싼 가격으로 매수하도록 유도하는 것을 말하는데, 달러의 색깔이 초록색인 탓에 '그린'이라는 이름이 붙었다.

제 삼았으나 외환위기 이후에는 괴리도에 대한 공격으로 전환되었다. 정부는 1980년대 초부터 경제력 집중 및 중소기업과의 불공정 경쟁, 소액주주권의 침해 등을 지목했으나 외환위기 이후부터는 계열사 간 내부거래를 문제시하기 시작하였으며, 2000년대에 들어와서는 사실상의 지배주주가 본인의 소유권보다 더 많은 지배권을 행사하지 못하도록 규제하는 방향으로 선회하였다. 공정거래위원회는 2003년 시장개혁 3개년 로드맵을 발표하면서 그룹 총수가 실제로 소유하고 있는 지분과 사실상 그룹 내에서 행사하고 있는 지배권 간의 괴리도를 줄이기 위해 출자총액제한제도와 연계하여 정책을 펴기 시작하였다.

외국인 주주의 비중이 확대되고 소액주주의 권익 보호가 강화된 반면 소유경영자의 개인 지분이 줄어듦에 따라 시장의 감시 기능이 작동될 수 있는 여건이 마련되었다. 외부감시자는 적대적 M&A 위협, 소송 등을 통해 경영에 실제로 영향력을 행사하게 되면서 소유경영자를 견제하는 강력한 세력으로 등장하였다. 외부감시자의 견제는 소유경영자와 전문경영인의 경영방식에 적지 않은 영향을 주기 시작하였다. 투명성에 대한 시장의 요구로 인해 소유경영자는 불투명한 경영을 자제하게 되었고, 전문경영인을 감시·통제할 때도 시장 요구를 기준으로 적용하였다.

이러한 시장 제반의 변화에 따라 강화된 감시집단은 몇 가지 주요한 역할을 수행하게 되었다. 먼저, 소유경영자 및 전문경영인에 대한 법적·제도적·윤리적 감시 역할이 두드러졌다. 특히 상장사의 대부분이 개인 소유인 우리나라의 특성상 소유경영자에 대한 감시가 더욱 뚜렷하였다. 아울러 글로벌 스탠더드 등 지배구조의 변화 방향을 제시하였고, 그룹 경영의 불공정성과 비효율성에 대한 감시를 강화하였으며, 그로 인해 적대적 M&A를 통한 경영권 공격이 용이해졌다. 이는 결국 기업집단 내에서는 전문경영인의 입지가 강화되는 결과로 나타났다.

소유경영자 혁신 한국 기업의 소유경영자들은 결단력을 바탕으로 압축 성장 및 개혁을 실현하였다. 즉 1980년대 정부 정책에 부합하는 압축 성장을 위해 강한 지배권을 바탕으로 적극적인 규모 확장에 나섰던 소유경영자들은 1990년대 들어 글로벌 시장을 상대로 불확실성이 높은 첨단사업 부문에 진출하면서 위기의식을 가지고 스스로 경영혁신을 단행한 것이다. 소유경영자에 의한 경영혁신은 한국적인 특수한 현상이며, 영미식 지배구조와 다른 지배구조의 탄생을 유발하였다. 영미 기업의 경우는 규모와 복잡성이 증대하여 가족경영이 한계에 도달했을 때 전문경영인이 경영혁신을 주도함으로써 소유와 경영이 분리되는 사례가 많았다. 기업의 규모가 커지면 가족의 지분이 줄어들어 지배 기반이 약화되고 사업의 전문성이 요구되면서 가족의 경영 능력이 한계에 도달하기 때문이다.

반면, 국내의 소유경영자들은 능동적인 구조조정 혹은 차세대 승계를 통해 경영혁신을 주도적으로 이끌어내는 모습을 보였다. 이러한 경영혁신은 제품과 경영 시스템 면에서 고도화를 가져왔다. 경영혁신에 성공한 소유경영자 대부분은 특히 기술과 제품의 질을 강조하였는데, 이를 통해 단순 OEM 방식으로 선진 기업에 제품을 납품하는 데 만족하지 않고 우수한 품질을 확보하여 자체 브랜드를 가지고 글로벌 시장에서 경쟁할 수 있게 되었다. 또한 이들은 능력고과와 보상을 통해 전문경영인의 능력 발휘를 종용하였는데, 이로써 빠른 의사결정과 전략 구사가 가능한 조직으로 탈바꿈하였다. 요컨대 경영혁신에 성공한 기업집단은 소유경영체제를 유지할 수 있는 충분한 명분을 쌓게 되었다. 그에 따라 영미 지역의 대기업과는 달리 기업이 거대화·복잡화되었음에도 불구하고 가족경영의 한계를 극복하고 소유경영체제가 존속할 수 있게 된 것이다.

일부 기업집단에서는 소유경영자가 세계 일류기업으로의 도약을 비전으로 제시하고 조직혁신을 주도하여 성공을 일궈냈다. 1990년대 전반에 이미 글로벌 무한경쟁을 예견한 소유경영자는 조직 내에 위기의식을 고취하는 데 주력하기 시작했으며, 그를 통해 위기를 기회로 바꾸어 국내 제품을 세계적인 브랜드로 발전시키고 연이어 사상 최고 이익을 기록하는 데 최대 공로자가 되기도 하였다.

이러한 성공적인 도약을 바탕으로 소유경영자는 기업집단의 비전을 제시하고 전문경영인을 효율적으로 육성·감시하는 주체로 자리매김하였다. 전문경영인과 개별 기업의 CEO는 자사의 이익을 최우선하여 경쟁 상황에 대처할 수밖에 없으므로 기술과 시장, 산업의 융·복합화 등의 거시 트렌드를 제대로 판단하기가 쉽지 않다. 반면 한국의 기업집단은 시대를 읽을 뿐 아니라 기업집단을 통제할 실질적 힘이 있는 소유경영자의 존재를 통해 사업 및 제품 간 시너지, 컨버전스 등을 실현할 수 있었다.

10대 그룹은 각 계열사 CEO 및 사업부장들을 대상으로 전문경영인 풀을 형성하고 차기 CEO를 선발, 육성, 확보하기 위해 힘을 기울였다. 또한 소유경영자는 자신의 존재에 대한 정당성을 감시집단에 설득하기 위해 경영 성과와 경영의 윤리성을 제시하였다. 이로써 국내 그룹의 소유경영자는 1990년대 전문경영인 육성, 그룹 전체의 이익 통할(統轄), 주요 사업 결단, 비전 설정이라는 측면에서 검증을 거치게 되었다.

소유경영자가 이렇게 혁신에 성공할 수 있었던 데에는 중앙관리기구

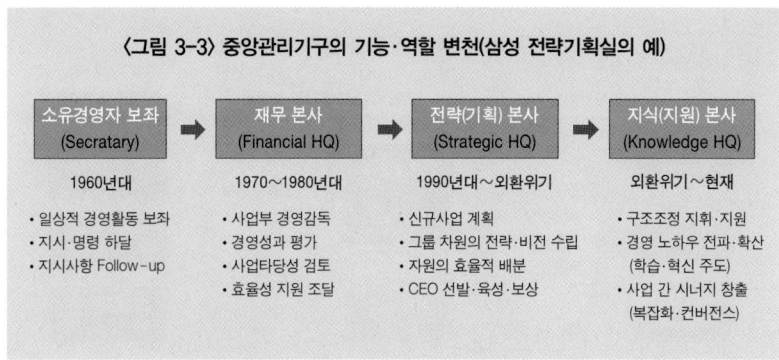

의 역할이 컸다. 비서실 또는 구조조정본부라 불렀던 중앙관리기구는 소유경영자의 목소리를 대변하며, 전문경영인에 대한 감시자인 동시에 조직 내에 혁신을 전파하는 집행자로서의 역할을 담당하였다. 중앙관리기구는 법적인 실체가 분명치 않은 가상 조직으로, 영미식과 유럽식 지배구조에서는 찾아볼 수 없는 독특한 한국형 제도다. 이는 경영 환경의 변화에 따라 역할과 기능을 달리하였다.

1980년대에는 사업부 및 계열사의 경영을 감독·평가하던 재무 본사의 기능이 확대되었으며, 1990년대 들어서는 신규사업이나 장기 비전을 담당하는 전략 본사로서의 성격이 크게 강화되었다. 또한 이후 1990년대 말부터는 구조조정을 지휘·지원하는 지식 본사로 변신하였다. 이때 중앙관리기구는 계열사를 지원하는 지식 허브를 지향하였는데, BPR(Business Process Reengineering, 업무 재설계), 6시그마(6Sigma) 등 선진 경영 기법을 학습·도입하여 모범사례(Best Practice) 발굴, 벤치마킹 등을 통해 전파·확산시키는 주역이 되었다(〈그림 3-3〉 참조).

이상에서 살펴본 소유경영자의 역할은 다음과 같이 크게 세 가지로 정

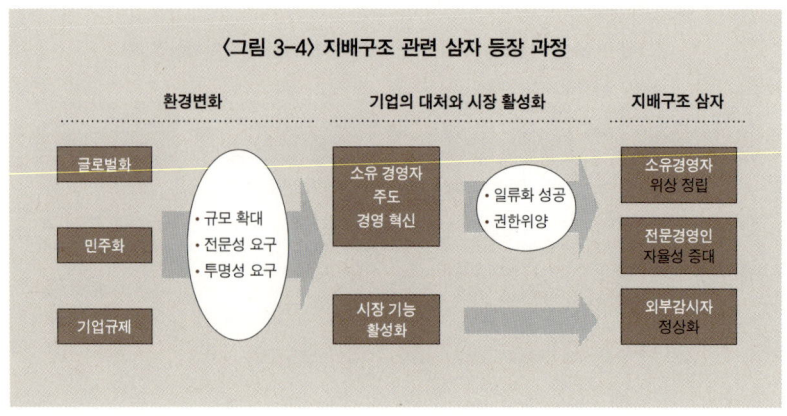

리할 수 있다.

첫째, 전문경영인의 육성 역할이다. 이는 주로 계열사 간의 경쟁을 통한 내부 CEO 시장 활성화로 이루어졌다. 둘째, 중요한 사업에 대한 의사결정자 역할이다. 즉 계열사 CEO 수준에서는 결정을 내리기 어려운 규모와 위험을 수반하는 투자에 대해 마지막 책임자로서 과감한 결정을 내리는 것이다. 셋째, 거시적 환경 트렌드를 반영한 그룹의 미래 비전 제시 역할이다. 기술, 업종, 산업에 대한 장기적인 안목을 가지고 향후 그룹의 장기 전략 방향을 제시하는 것이다.

대기업집단의 지배구조 변화 : 삼자구도 소유경영자가 주도하는 경영혁신이 진행되면서 소유경영자와 전문경영인 간에 역할이 분담되고, 또한 시장의 감시 기능이 정상화되면서 국내 대기업의 지배구조가 다원화되기 시작하였다. 즉 〈그림 3-4〉와 같이 소유경영자, 전문경영인, 외부감시자를 축으로 하는 지배권의 삼자구도가 드러나기 시작한 것이다. 이는

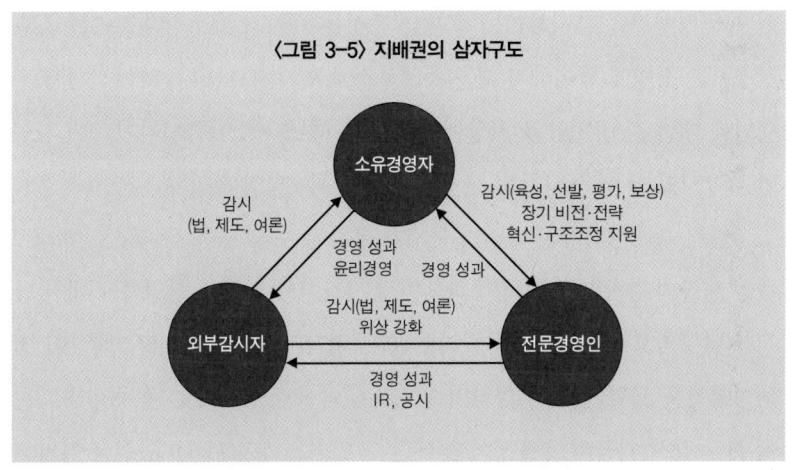

〈그림 3-5〉 지배권의 삼자구도

1980년대 말부터 국내 기업에 큰 영향을 미친 글로벌화, 민주화, 기업규제 등의 환경 변화와 이에 대한 대응으로 나타난 소유경영자 주도의 경영혁신 및 시장 기능 활성화가 만들어낸 역사적인 산물로서, 한국만의 독특한 기업 지배구조라고 할 수 있다.

변화된 지배구조는 소유경영자가 존재한다는 점에서 영미식 지배구조와 차별화된다. 그러나 전문경영인의 위상이 과거보다 강화되고 외부감시자가 법, 제도, 여론을 수단으로 기업 활동을 감시·견제한다는 점에서는 영미식 지배구조와 마찬가지로 투명성과 전문성이 제고된다. 한국 기업의 지배구조가 이러한 형태로 발전된 데에는 나름의 장점이 존재하고 있기 때문이다. 이 장점들은 〈그림 3-5〉에 나타나 있다.

소유경영자가 전문경영인을 감시한다는 면에서, 영미식 지배구조보다는 한국식 삼자구도가 전문경영인의 대리인 비용을 더욱 효과적으로 축소할 수 있다는 장점이 있다. 소유경영자는 회사에 대한 지분을 보유하고 있어 전문경영인을 감시하려는 충분한 유인을 가지기 때문이다.[5] 또한 소유경영자는 경영에 참여하기 때문에 내부정보를 가지고 있다. 따라서 전문경영인에 대한 감시 기능을 시장에만 의존할 때보다 소유경영자가 전문경영인을 감시할 때 더욱 밀착된 견제가 가능하다는 장점도 있다.

한편 소유경영자의 대리인 문제가 부각될 수 있는데, 삼자구도 아래에서는 시장의 감시 기능이 정상화되면서 시장이 주로 소유경영자에 대한 감시를 담당함으로써 이 문제가 해소된다. 여기서도 시장의 감시 대상이 전문경영인을 포함한 모든 경영인에서 소수의 소유경영자로 좁혀지기 때문에 시장 감시 기능의 효율성이 높아질 수 있다는 장점이 있다. 결국 삼자구도에서는 시장이 소수의 소유경영자를 감시하고, 소유경영자가 다시 다수의 전문경영인을 밀착 감시하는 시스템이 만들어져 영미식 지배구조보다 전체적인 감시 비용이 줄어들 수 있게 되는 것이다. 또한 소유경영자가 기업의 비전 제시를 담당하고 조직의 구심점으로 남아 있기 때문에, 기업은 위험한 투자에 대해서도 빠른 의사결정을 내릴 수 있을 뿐만 아니라 단기 업적주의에 빠지지 않고 장기 투자를 일관성 있게 실행할 수 있다는 사업상의 장점이 있다.

반면, 삼자구도는 소유경영자가 존재한다는 점에서 M&A가 쉽지 않다는 큰 단점이 있다. 소유경영자는 소액주주들의 부를 증가시키는 M&A(특히 매도)일지라도 자신의 이해와 반대되면 거부할 수 있다. 또 타 기업을 인수

---

5 Jensen and Meckling(1976)의 고전적인 대리인 이론에 따르면, 대리인 문제는 회사의 지분을 가지고 있지 않은 전문경영인이 회사를 경영할 때 발생하게 된다. 반대로 경영자가 회사의 지분을 많이 가지고 있을수록 그 경영자는 더욱 열심히 일하고 조직을 철저히 감시하려는 유인을 갖게 된다. 재무관리에서 큰 비중을 차지하고 있는 이 이론은 최근 가족기업이 왜 전문경영기업보다 높은 성과를 기록하고 있는지(Micehll, 2003)를 설명할 수 있는 이론적 근거가 되고 있다.

할 때도 자신의 지분이 희석되는 것을 두려워하여 주식 스왑이나 신주 발행을 꺼릴 수 있기 때문에 기업이 인수 자금조달에 어려움을 겪을 수 있다.

공정거래위원회가 1990년에 10대 그룹으로 선정한 대기업집단의 2004년 말 지배구조를 조사해보면, 전문경영인의 독립성과 외부 감시 강도에 따라 삼자구도가 각 그룹마다 조금씩 형태를 달리하고 있음을 알 수 있다. 전문경영인의 독립성은 사업의 전문성과 소유경영자의 자율경영 의지, 과거 소유경영자의 경영 성과 등에 의해 많이 좌우되었다. 정보통신, 바이오산업 등과 같이 복잡하고 전문성이 크게 요구되는 업종에서는 전문경영인의 위상이 높았다. 또한 소유경영자의 경영혁신 의지가 높고 성과가 나타난 경우는 소유경영자의 위상이 높았으나, 반대로 혁신에 실패하거나 특정 사업에서 부진한 성과를 기록한 경우에는 소유경영자가 지배권을 빼앗기거나 전문경영체제에 대한 시장의 요구가 증가했다.

한편, 외부 감시 강도는 시장의 관심 대상 여부, 외부 통제 가능성, 경영진에 대한 시장의 신뢰 수준 등에 의해 결정되었다. 즉 규모가 큰 그룹일수록, 지배주주의 소유권이 약할수록, 그리고 시장 성과가 낮을수록 시장 감시의 관심 대상이 되었다. 10대 그룹 중 소유경영자, 전문경영인, 외부감시자 각각의 역할이 뚜렷하고 삼자 간 균형을 이루고 있는 그룹은 2004년 말 현재 삼성과 LG로 나타났다. SK는 외부감시자와 전문경영인이 상대적으로 높은 영향력을 행사하였으며, 현대자동차는 반대로 소유경영자가 상대적으로 큰 영향력을 발휘하고 있는 것으로 나타났다.

한국 기업은 민주화와 외환위기를 거치면서 경영방식에서 많은 변화를 겪었다. 그러나 삼자구도에서 살펴보았듯이 지배구조에서는 소유경영체제를 계속 유지하고 있다는 커다란 특징을 가지고 있다. 국내 기업에서 소유경영자가 존속할 수 있게 된 가장 큰 이유는 앞서 언급한 바와 같이 소유경영자가 경영혁신을 주도적으로 성공시키면서 기업 내 지위를 공고히 했다는 데 있다.

물론 이외에도 소유경영자는 기업의 채무에 대해 개인적인 책임과 보증 의무를 지고 있다는 한국의 여론과 금융 관행에서도 그 이유를 찾을 수 있다. 정부, 시민단체, 채권단은 소유경영자에게 경영에 대한 최종 책임을 물음으로써 소유경영자의 퇴장을 가로막고 오히려 그 입지를 암묵적으로 인정하는 결과를 가져왔다. 즉 소유경영자에게 사재 출연 등을 요구함으로써 결과적으로 기업의 주인으로서 소유경영자를 재신임하게 되었던 것이다.

소유구조 변화 압력과 유지 노력

소유구조 변화 압력 1980년까지 정부와의 밀접한 관계 속에 성장한 재벌은, 자금 조달원이 주로 정부의 영향하에 있던 은행이었으므로 기업의 규모가 커졌음에도 불구하고 창업가족이 비교적 높은 비율의 지분을 유지할 수 있었다. 더욱이 정부는 1976년 12월 증권거래법을 개정하면서 대량 주식 소유 제한 조항을 넣어 초기 주주 외 개인 혹은 법인이 별도로 10% 이상의 지분을 보유하지 못하도록 규정하였다. 이는 결국 창업가족의 경영권 보장을 위한 제도적 장치를 마련해준 것이었다.

이러한 대량 주식 소유 제한 조항은 당시 경영권이 희석될 것을 두려워하여 상장을 꺼리던 대기업들을 기업공개로 유도하기 위해 도입되었다고 할 수 있다. 정부는 자본시장을 발전시키기 위해서 무엇보다 대기업들을 주식시장에 참여시킬 필요가 있다고 판단하였던 것이다.

그러나 1980년 5공 정부가 들어서면서 상황이 달라졌다. 5공 정권은 이전 정권과의 차별화를 내세우며 대규모 기업집단을 견제하기 시작했다. 이는 국내 재벌의 소유구조에도 변화를 가져왔다. 정부는 1986년 '공업발전법'을 시행하면서 특정산업을 정부 주도로 육성하던 식의 직접적인 개입을 축소하였다. 대신, '독점규제 및 공정거래에 관한 법률'을 근간으로 공정거래위원회를 설립하고 상호 출자금지, 출자총액제한제도 등을 통해 대규모 기업집단을 규제하기에 이르렀다.

또한 기업이 더 이상 은행에만 의지하지 않고 자본시장에서 자금을 조달할 수 있는 환경을 만들고자 하였다. 1985년 후반부터 1989년 초까지 주가가 급등세를 보이면서 소액주주의 수가 급증하였는데, 주식투자 인구가 4년간 77만 명에서 1,901만 명으로 25배 가까이 늘어났다. 그리고 1988년 포항제철을 시작으로 한국전력 등 공기업의 상장을 통한 국민주 보급이 연이어 실행되면서 시장의 유통물량이 크게 증가하였다.

이처럼 5공 정부 이후 변화의 흐름이 감지되기는 했지만 대기업 소유구조가 실질적으로 변화되기 시작한 결정적인 계기는 1987년의 민주화였다. 정경분리가 가속화되면서 정부는 경제력 집중 억제를 위해 대규모 기업집단에 대한 규제를 강화하였다. 1992년 '독점규제 및 공정거래에 관한 법률'에 계열사 간의 채무보증을 제한하는 조항을 신설하고 출자 한도를 축소하는 등 대규모 기업집단에 대한 규제를 더욱 엄격하게 손질했으며, 1994년에는 앞서 언급한 대량 주식 소유 제한 조항을 삭제하였다. 또 1998년에는 외국인 주식 취득 한도와 강제공개매수제도[6]를 폐지하였다.

이로써 사실상 국내 기업에 대한 적대적 M&A의 문이 활짝 열린 반면 국내 대기업집단은 계열사를 우호 주주로 활용하는 데 제한을 받게 되어 적대적 M&A에 대한 방어수단이 크게 줄어드는 결과가 초래되었다.

기업의 소유구조를 둘러싼 제도적인 환경이 상당히 짧은 기간에 바뀌면서 국내 기업은 글로벌 경쟁에 대한 대응뿐만 아니라 경영권 방어에 대한 전략적인 대안도 시급하게 수립해야 하는 상황에 처하게 되었다. 경영권을 제도적으로 보호해주던 환경에 맞추어서 발전시켜온 소유구조와 사업구조를 한순간에 바꾸는 것은 기업에 큰 부담이 아닐 수 없었다. 우리나라에만 유일하게 존재하는 출자총액제한제도의 경우 그 유용성과 관련해 이후에도 논란이 끊이지 않았다. 그럼에도 불구하고 공정거래위원회는 2003년에 최대 지배주주의 지배-소유 괴리도[7]와 출자총액제한제도를 연결하는 시장개혁 3개년 로드맵을 정책으로 내놓으면서 이 제도를 계속 유지하였다.

그러나 기업 투자가 둔화되고 해외펀드에 의한 적대적 M&A 위협이 증가한 데에 출자총액제한제도도 일부 기여했다는 비판이 제기되고, 시장 규모의 글로벌화로 국내시장에서 경제력 집중을 규제하는 것은 더 이상 의미가 없다는 지적이 설득력을 얻으면서 정부는 출자총액제한제도의 취지를 정당화하는 데 힘을 잃고 있는 것도 사실이다.

대규모 기업집단의 소유구조 변화에 절대적인 영향을 끼친 또 하나의

---

[6] 강제공개매수제도란 제삼자가 주식을 25% 이상 매입하려면 반드시 50%+1주 이상 공개매수해야 하는 제도로, M&A 과정을 투명하게 하여 소액주주를 보호하고 일정 지분을 소유한 자가 투기 목적으로 반복적인 공개매수를 시도해 기존 주주에게 피해를 주고 시장 기능을 혼란시키는 행위를 막으려는 데 목적이 있다.
[7] 지배-소유 괴리도는 지배권, 즉 최대 지배주주 자신이 직접 소유하고 있는 지분과 그의 지배하에 있는 법인, 재단, 특수관계인 등이 소유하고 있는 지분의 합에서 직접 소유 지분을 뺀 수치를 뜻한다. 정부는 괴리도가 클 경우 최대 지배주주는 방만한 경영을 하게 된다는 가설하에, 괴리도가 적은 그룹에 한해 출자총액제한제도의 조기 졸업을 허락하는 정책을 시장개혁 3개년 로드맵을 통해 2003년 발표한 바 있다.

요인은 1997년 외환위기와 그 여파가 가져온 구조조정이다. 외환위기 직후 정부는 5대 핵심과제와 3대 보완과제로 이루어진 '5+3' 기업 개혁 정책을 중심으로 재무구조 관련 규제의 틀을 잡았다. 특히 5대 기업집단에 대해서는 사업교환(빅딜) 재무구조 개선 약정을 중심으로, 6~64대 기업집단에 대해서는 워크아웃과 자율 구조조정을 중심으로 구조조정을 추진하였다. 또한 정부는 암묵적으로 대기업집단에 대해 2000년까지 부채비율을 200% 미만으로 축소할 것을 종용하였다.

이러한 정부 주도의 구조조정은 실행 과정에서 무리한 면이 많았으나, 그동안 해고 및 기업 청산에 대한 여러 가지 규제로 인해 국내 기업이 자율적으로 할 수 없었던 인력 및 사업 구조조정을 가능하게 만들어 향후 국내 대기업들이 효율성을 높일 수 있는 계기로 작용하였다. 이러한 정부의 정책과 구조조정의 필요성에 힘입어 기업의 자산매각과 출자전환이 이루어졌다. 그 결과 대우를 제외한 9개 그룹의 평균 부채비율이 1997년 561.7%에서 1999년 188.6%로 현격히 감소하였다. 특히 출자전환을 통해 은행의 부채가 자본금으로 전환되면서 부채비율이 낮아지는 효과도 있었으나, 동시에 소유경영자의 지분 비중이 줄어드는 결과가 초래되어 소유경영자의 경영권은 더욱 약화되었다. 1990년부터 2002년까지 10대 그룹 소유경영자의 개인 지분은 평균(중앙값)적으로 3.6% 감소하였다.

비록 그 당시 부채비율이 인위적으로 축소된 것은 사실이지만, 국내 기업의 부채비율이 낮아지고 자본비율이 높아지는 국내 경제가 글로벌 금융 시스템에 편입되면서 나타난 자연스런 현상이라고 볼 수 있다. 즉 정부 주도의 간접금융이 기업의 주요 자금조달 수단이던 개발경제의 특징이 사라지고 기업의 수익성과 성장성에 따라 시장의 평가를 받고 시장에서 직·간접적으로 자금을 조달하는 시장경제의 특징이 부각되기 시작한 것이다. 결과적으로 제도권 금융기관이 글로벌 스탠더드에 맞춰 기업의 규모가 아닌 수익성에 따라 대출을 결정하게 되고, 대마불사의 신화도 사라지게 되었다. 그에 따라 부채비율이 높은 기업의 경우 높은 금리뿐만 아니라 파산 위험까지도 감수할 수밖에 없었다.

이렇게 금융 환경이 변화한 상황에서 기업이 차입경영을 멀리하고 증자를 통한 자본조달 비중을 높이게 되는 것은 당연한 귀결이었다. 다만, 기업이 새로운 금융 환경에 적응할 수 있도록 충분한 시간을 주지 않고 정부가 짧은 시간 내에 수정하도록 요구하는 인위적인 간섭이 있었기 때문에 한국 기업의 소유권에 심한 충격을 주게 되었던 것이다. 이는 결국 국내 기업이 준비가 되어 있지 않은 상황에서 외국 자본의 적대적 M&A에 노출되는 결과로 나타났다. 구조조정 이후 기업들은 직접금융에 대한 의존도가 높아졌으며 이는 다시 소유경영자의 지분 감소로 이어졌다.

분할승계 1980년대 이후 국내 대기업집단은 글로벌화와 사업 고도화에 대해 고민하기 시작했다. 이와 시기가 맞물려 기업 내부적으로는 승계가 중요한 문제로 대두되었다. 소유경영자로서의 권위와 카리스마를 보유한 1세대의 노령화가 진전되면서 1980년 이후 한화의 김종희 회장(1981년), 삼성의 이병철 회장(1987년), SK의 최종현 회장(1998년), 현대의 정주영 회장(2001년), 한진의 조중훈 회장(2002년) 등 그룹 창업세대의 타계가 이어졌다.

이로써 노령화와 함께 차세대 승계 문제가 공공연하게 제기되었으며, 각 그룹은 직계가족을 택할 것인지 전문경영인을 승진 또는 영입할 것인지 선택의 갈림길에 직면하였다. 승계 문제와 함께 소유경영자의 방계혈족에

〈표 3-3〉 주요 그룹의 파생 그룹 현황

그룹명	파생 그룹
삼성	한솔(1991), 새한(1995), 제일제당(1997), 신세계(1997), 보광(1997)
LG	희성(1996), LG화재해상보험(1999), LG벤처투자(2000), 아워홈(2000), LG전선(2003), GS홀딩스(2004)
현대	한라(1977), KCC(1983), 성우(1990), 현대산업개발(1999), 현대백화점(1999), 현대해상화재(1999), 현대정유(2000), 현대자동차(2000), 현대중공업(2002)
한화	빙그레(1998)
롯데	동신(1965), 농심(1965), 롯데관광(1991)
한진	한진중공업(2005), 메리츠금융(2005)
대림	대림통상(1988)

대한 처우 문제도 수면 위로 떠올랐다.

이러한 문제에 대한 해법으로 대우와 대림을 제외한 국내 대기업집단은 다음 세대의 자식들에게 그룹을 분할하여 승계시키는 분할승계의 방법을 채택하였다. 한편, 대우의 김우중 회장과 대림의 이준용 회장은 전문경영인에게 경영권을 승계시키겠다고 선언한 바 있다.

한국은 장자의 몫이 제일 크긴 하지만 나머지 자식들에게도 상당한 몫의 재산을 나누어주는 상속 문화를 가지고 있다. 이러한 경향은 기업의 승계에도 반영되어 다음 세대로 경영권을 위양하는 과정에서 그룹을 사업단위로 분할하여 형제나 자손들에게 나누어주는 분할승계가 이루어졌다. 이에 따라 여러 파생 그룹이 생성되었는데, 소유경영자 가족이 승계할 때에도 무조건적인 장자승계가 아닌, 능력이 있는 자가 주력 그룹을 이어받고, 다른 가족은 〈표 3-3〉과 같이 파생 그룹을 승계하는 경우가 증가하였다.

대부분의 그룹은 차세대에 대해 엄격한 훈련 및 검증 과정을 거친 다음 승계를 진행하였는데, 삼성의 경우는 19년간 검증을 거쳐 차세대가 승계하였다. 또 이와는 달리 장자승계를 따를 때에도 LG와 같이 엄격한 위계질서와 인화 단결력을 보유한 기업의 경우는 별다른 마찰 없이 성공적으로 승계가 이루어졌다. 한편, 불안정한 승계와 경기 불황의 이중고에 직면한 기업들은 시련을 겪으며 후퇴하는 사례도 나타났다. 대부분 소유경영자가 승계를 미리 준비하지 않은 상태에서 승계 시점을 맞이하면서 가족 간 불화가 발생하고 타의적으로 분할승계를 한 경우이다. 이처럼 경영권을 두고 일어난 창업가족의 불화는 소유경영에 대한 부정적인 인식을 사회적으로 전파하였다. 또한 승계 과정에서 법망을 피해 주식을 후계자에게 상속하는 경우도 있어서 소유경영체제에 대한 사회적 비판의 주요 근거가 되고 있다.

기업의 입장에서 분할승계는 대기업이 사업 구조조정과 업종 전문화를 추진할 수 있는 기회로 활용되었다. 모그룹에서 분할된 파생 그룹들은 대부분 동종 사업군으로 묶여졌다. 삼성의 경우는 유통·미디어·제지·개발 등으로 파생 그룹이 나뉘었고, LG의 경우는 전선·금융·유통·정유 등으로 나뉘었다. 현대의 경우는 파생 그룹 간에 업종이 겹치는 경우도 있으나 자동차·건설·금융·유통 등으로 나뉘었다. 한국 기업은 사업이 더욱 복잡해지고 전문성이 요구되는 상황에 돌입하게 된 때와 같이하여 승계 시점이 도래하였기 때문에, 분할승계를 통해 후계자로의 경영권 위양은 물론 선택과 집중 전략을 동시에 시현할 수 있었다.

그 결과 대규모 기업집단의 계열사 수가 축소되었다. 1990년 말 기준 공정거래위원회가 지정한 10대 기업집단의 계열사 수는 300개에 달했으며 외환위기 직전인 1996년에는 328개로 늘어났다. 그러나 대부분의 기업집단이 승계를 끝마친 2002년에는 292개로 하락하였다. 동시에 그룹마다 주력 업종에 속한 계열사의 비중이 높아졌다. 2000년 이후 IT 진출이 가시화되면서 삼성과 SK를 중심으로 대기업집단들은 M&A 및 신규 회사 설립을 통해 IT 사업 부문을 강화했다. 그 결과, 전체 계열사 수 대비 IT·전자 관련 계열사 수가 삼성의 경우는 2000년 18%(8개사/45개사)에서 2002년 54%(34개사/63개사)로 늘어났고, SK의 경우는 2000년 15%(6개사/39개사)에서 2002년 30.6%(19개사/62개사)로 증가하였다.

또한 분할승계로 새로운 소유경영자가 등장하면서 1세대가 추진하지 못했던 경영 시스템 혁신을 단행할 수 있는 계기가 마련되었다. 창업 1세대는 창업 주역들과 가신들을 대상으로 혁신을 하기가 어려운 상황이었다. 그러나 2세대는 이러한 부담 없이 혁신을 감행할 수 있었다.

삼성의 경우 2세대인 이건희 회장이 승계하면서 1993년 '신경영'을 표방하며 혁신적인 개혁을 단행해 후일 삼성을 글로벌 기업으로 성장시키는 기반을 다졌다. LG의 경우도 2세대인 구본무 회장이 취임한 후 '초우량 LG'를 목표로 제2창업을 선포하고 세계화경영을 본격화하였다. SK의 최태원 회장은 승계 직후 엄격히 선별한 사외이사를 영입하고 내부회계관리제도를 도입하여 투명성을 강화하였다.

이처럼 창업가족 주도의 경영혁신이 가능했던 이유도 그 실행 주체가 2세대였기 때문이라고 할 수 있다. 요컨대 국내 대기업집단은 변화된 모습을 요구하는 정부 정책에 호응하는 동시에 그룹 분할을 재산 상속과 연계함으로써 사업 재조정의 필요성도 함께 충족하였다고 볼 수 있다.

한편, 일부 대기업집단과 중견 그룹에서는 분할승계가 가져올 그룹의 결속력 분산을 막기 위해 비상장 계열사를 사실상 지주회사로 활용하는 방법을 사용하기도 했다. 유럽과 미국에서는 재단이 기업을 소유할 수 있으므로 창업가족이 재단을 설립하고 그 재단이 가족이 창업한 기업을 지배함으로써 세대가 바뀌어도 기업집단이 분할되지 않고 지속되는 경우가 많다. 그러나 국내에서는 원칙상 재단이 기업을 소유하기 힘들다. 국내 기업의 분할승계는 이러한 상황을 배경으로 하고 있다.

계열사 지분 확대와 지주회사 설립 소유권 변화를 요구하는 시장의 목소리와 제도적인 압력은 대기업집단 창업가족의 소유권 약화를 가져왔다. 이처럼 소유권이 약화된 상황에서 기업집단에 대한 지배권을 유지하기 위해 창업가족은 계열사 지분을 통한 간접지배를 확대하는 방안을 선택하였다. 앞서 언급하였듯이, 정부가 단기간 내에 그룹 부채비율을 200% 미만으로 축소할 것을 무리하게 권고하자 기업집단은 출자전환, 자산 매각, 자산 재평가, 계열사 간 순환출자를 늘려 정부 정책에 대응하였다.

당시 기업이 주어진 시간 내에 부채비율 200%의 기준을 맞추는 것이 사실상 어렵다는 것을 감안한 정부는 기업에게 한시적으로 토지 및 유형자산에 대해 자산재평가를 할 수 있도록 허락하였다. 특히 1998년 이후 자본시장의 완전 개방과 함께 외국 자본이 유입됨에 따라 경영권 방어를 위해서도 계열사 지분의 확대가 필요하게 되었다. 정부도 국내 대기업집단이 아직 준비가 되지 않은 상태에서 외국 자본에게 경영권을 위협당할 수 있음을 인식하고 출자총액제한제도를 잠시 철회하여 대기업집단이 자신의 계열사 지분으로 적대적 M&A를 방어할 수 있도록 하였다. 또한 상호출자는 금지하였어도 순환출자에 대한 직접적인 규제는 하지 않았다.

그 결과 1990년 공정거래위원회가 지정한 10대 그룹의 경우 소유경영자의 그룹 지배 지분은 1990년에서 2002년 사이에 1.6%p 증가하였다. 〈그

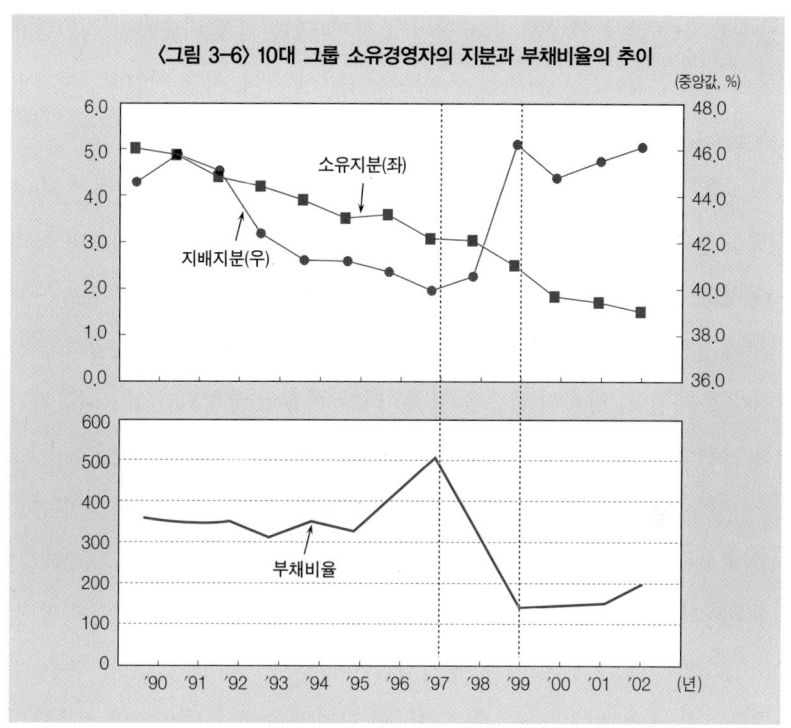

⟨그림 3-6⟩ 10대 그룹 소유경영자의 지분과 부채비율의 추이

림 3-6)에서는 1997년과 1999년 사이에 10대 그룹의 부채비율이 급격히 하락하는 대신에 창업가족의 지배 지분이 가파르게 상승하였음을 여실히 보여주고 있다. 그 당시 발생한 계열사 지분의 확대는 인위적이고 급속한 외부 환경의 변화에 대응해 충격을 최소화하여 기업의 영속성과 경영의 지속성을 지키려는 반작용의 성격을 가지고 있었다.

계열사 지분을 통한 간접지배가 확대되면서 자연스럽게 소유경영자의 지배-소유권 간의 괴리도가 상승하였다. 또한 간접지배가 순환출자로 이어질 경우, 이른바 가공자본이 형성되는 결과를 가져왔다. 괴리도 문제와 순환출자는 앞서 언급한 바와 같이 공정거래위원회를 비롯하여 시민단체들이 대기업집단을 비판하는 구실로 작용하게 되어, 이후 기업의 소유·지배구조를 둘러싼 사회적 논란과 첨예한 대립의 씨앗이 되었다.

대기업집단의 대주주 지분이 감소하여 외국자본에 의한 적대적 M&A에 노출되고, 반면 지배력 강화를 위해 사용된 순환출자가 사회적인 물의를 빚자 정부는 지주회사를 허용하면서 대기업집단의 소유·지배구조 문제의 해결점을 찾기 위해 노력하였다. 지주회사 설립은 1986년 12월의 공정거래법 개정 시 경제력 집중을 억제한다는 이유로 금지되었다가 외환위기를 거친 후 1999년 공정거래법을 개정하면서 제한적으로 허용되었다.

10년간 논의 대상에도 포함되지 못했던 지주회사가 이때 다시 수면으로 떠오른 데에는 50년 이상 지주회사를 금지해오던 일본이 1995년부터 지주회사의 부분적 허용을 본격적으로 검토하기 시작했다는 사실도 일정 정도 영향을 미쳤다. 그러나 국내 기업집단에게 지주회사를 인정할 경우, 대주주의 그룹에 대한 소유권과 지배권의 괴리를 줄일 수는 있지만 소유권의 분산 및 경제력 집중 방지, 그리고 국내 경영권 시장 활성화라는 측면에서는 오히려 후퇴가 우려되었다.

그럼에도 불구하고 정부가 지주회사를 제한적이나마 허용한 것은 순환출자 문제 해소와 외국 자본에 대한 경영권 방어라는 국내 대기업집단의 소유·지배구조가 당면한 두 가지 문제를 푸는 것이 더욱 시급한 과제였기 때문이다. 비록 설립 요건이 까다롭기는 했지만 LG와 신한을 비롯한 국내 비금융 그룹과 금융 그룹이 지주회사로 전환하기 시작하였다. 〈표 3-4〉와 같이 지주회사 설립이 허락된 1999년부터 2005년 8월 말까지 일반지주회사 22개, 금융지주회사 3개가 신고되었다. LG는 지주회사 전환 시 상속 관

〈표 3-4〉 2005년 8월까지 신고된 주요 지주회사(자산 5,000억 원 이상)

(단위 : 십억 원)

회사명	설립/전환일	자산총액	회사명	설립/전환일	자산총액
SK엔론	2000. 1.	8,068	GS홀딩스	2004. 7.	26,646
LG	2001. 4.	43,491	롯데물산	2005. 7.	9,707
대교홀딩스	2001. 5.	5,985	우리금융지주	2001. 3.	97,364
세아홀딩스	2001. 7.	5,304	신한금융지주	2001. 9.	100,744
삼성종합화학	2004. 1.	7,212	한국투자금융지주	2003. 5.	13,832

자료 : 공정거래위원회(2005. 11), 《공정거래백서》.

련 물의를 빚기는 했으나 전환 후 실적과 주가 상승 면에서 모두 높은 성과를 기록하였다. 2005년 이후에도 여러 회사가 지주회사로 전환하거나 전환하기 위한 사전 조치를 취하고 있어 지주회사 설립 사례는 계속 늘어나고 있는 추세이다.

지배권의 삼자구도 : 지속 vs. 과도기   민주화와 외환위기를 거치면서 한국 사회는 국내 대기업집단에 대해 지배구조와 소유구조 모두에서 변화를 요구하였다. 지배구조 개선 요구에 대해서는 기업들이 이를 적극 수용하여 경영의 투명성을 높이기 위해 많은 노력을 기울였다. 그러나 소유구조의 개선 요구에 대해서는 적극적으로 응하지 않았다. 따라서 소유구조는 크게 변하지 않았다고 할 수 있다. 공기업 태생이거나 실적 악화로 그룹이 붕괴된 경우를 제외하고는 국내 대기업집단은 계속 창업가족이 지배주주로 남아 있으며, 비록 분할되기는 하였으나 계속 집단 형태의 기업구조를 가지고 있다.

그러나 창업가족이 지배주주이면서 기업집단을 이루는 형태는 단지 대기업에 국한된 현상은 아니다. 〈표 3-5〉와 같이 국내 거래소에 상장된

<표 3-5> 국내 거래소 상장기업의 소유 유형별 비중

(단위 : %)

구분	2000년	2003년	증감
개인 소유 기업	80.6	78.1	-2.5
기업집단 소속	42.9	37.2	-5.7
재벌기업 소속	14.1	11.2	-2.8
전문경영기업	19.4	21.9	2.4
합 계	100	100	

주 : 재벌기업 – 공정위가 지정한 상호출자금지 대상기업 중 개인 소유 기업.
　　기업집단 소속 – 재벌 이외의 기업집단에 속한 개인 소유 기업.
　　전문경영기업 – 최대 지배주주가 국내 개인이 아닌 기업.
자료 : 강원·신현한(2006), "국내 비금융 상장사의 소유유형별 성과와 가치", 《금융학회지》.

기업 대부분이 개인이 지배하며 여러 계열사를 두고 있는 개인 소유 기업 집단 형태를 띠고 있다. 2003년 말 기준으로 개인 소유 기업의 비중은 78.1%에 달했으며 개인 소유 기업집단에 소속된 계열사의 비중은 37.2%였다. 2000년 말 개인 소유 기업의 비중이 80.6%였던 것을 감안하면 약간 줄어들기는 하였으나 거의 같은 수준을 유지하고 있다고 할 수 있다.

이러한 점에서 과거 20년간 대기업집단을 대표로 하는 국내 기업은 영미식 스탠더드를 도입하려는 외부 압력에 대응하여 기존의 소유·지배구조를 고집하지도 않았고 영미식 소유·지배구조를 따라가지도 않았다고 할 수 있다. 경영 투명성을 적극적으로 높이고 전문경영인에게 권한을 대폭 위양하며 시장의 감시에 순응하는 자세를 견지하면서도 창업가족을 중심으로 전문화된 선단식 경영을 유지하고 있다.

결국 앞에서 살펴보았던 지배권의 삼자구도가 소유·지배구조의 변화 압력에 대응하여 현재 한국의 대기업집단이 선택한 대안이라고 하겠다. 특히 지주회사의 도입으로 대주주의 소유 지분이 확대되고 경영 투명성의 향상으로 기업가치가 올라가면서[8] 이들에 대한 적대적 M&A도 그만큼 어렵게 되었다. 또한 다수의 소유경영자는 단순히 소유권만 보유한 것이 아니고 리더십을 시장에서 검증받으면서 전문경영인으로서도 인정받게 되었다. 이에 따라 제도적인 면으로나 경영 성과적인 면으로나 국내 소유경영 체제는 향후 상당 기간 계속될 것임을 예상할 수 있다.

---

[8] 2006년 그룹사들은 지주회사 전환 후 지주회사의 주가가 평균 184.2% 상승하는 경험을 하였다.

03

3부 ● 한국 기업 경영 패러다임의 변화

경영전략

　　한국 기업 경영사를 되짚고자 할 때 소유·지배구조의 변화와 함께 가장 비중 있게 다루어야 할 것이 경영전략상의 변화이다. 지난 20년간 경영전략 패러다임의 변화는 크게 사업전략, 글로벌 전략, 고부가 전략의 세 가지 측면에서 살펴볼 수 있다.

　　먼저, 사업전략 측면에서 한국 기업은 '선택과 집중'을 키워드로 설정하였다. 그에 따라 비관련 다각화에서 업종 전문화로, 외형 성장 위주에서 내실 추구로, 공격적 투자에서 수비적 투자로 전환하였다. 한편, 이처럼 외환위기를 겪으면서 내실을 추구하게 된 것은 바람직한 현상이지만, 과거 투자의 시대에 우리 기업이 보여주었던 역동성이 사라졌다는 점에서 또 다른 문제가 되고 있다.

　　둘째, 글로벌 전략 측면에서 한국 기업은 대단한 진전을 보여주었다. 외형적인 해외 진출보다는 글로벌 경쟁력을 확보하는 데 주력하였으며, 미국과 중국 중심에서 벗어나 신흥시장 등으로 진출 지역을 다각화하고자 하

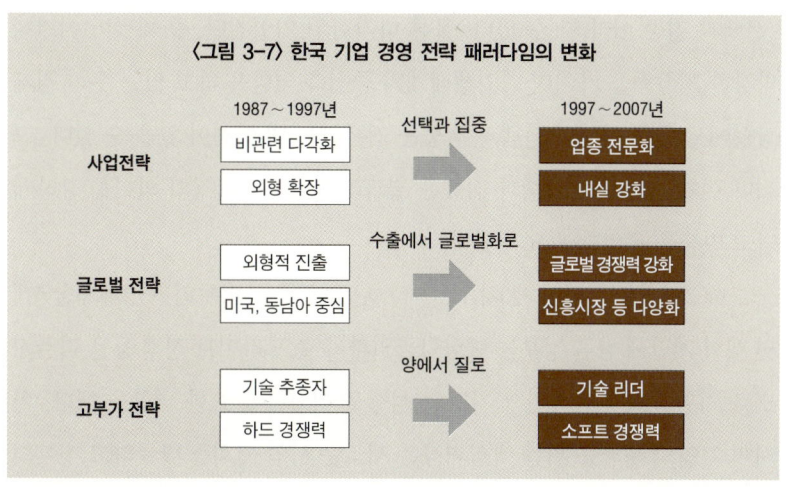

였다. 또한 단순 현지화 전략에서 진전하여 글로벌 통합 전략을 추구하였다. 한국 기업의 글로벌 전략은 좁은 내수시장의 한계를 넘어서는 근본적인 생존·성장 전략이라 하겠다.

셋째, 한국 기업은 외환위기 이후 양(量)보다 질(質)을 추구하는 고부가 전략에 사활을 걸고 있다. 그 과정에서 뒤떨어진 기술을 재빨리 따라잡는 추종자(Fast Follower)에서 선도자(First Mover)로 나섰으며, 디자인과 서비스를 차별화 요소로 설정하여 프리미엄 브랜드를 창출하는 소프트 경쟁력 강화에 전력을 다하고 있다.

사업 전략 : 선택과 집중

지난 20년간 한국 기업의 사업 전략 패러다임 변화를 한마디로 표현한다면

'선택과 집중'이라 할 수 있다. 물론 다각화된 기업집단, 즉 재벌이 여전히 막강한 영향력을 가지며 기업생태계의 중심축 역할을 하고 있는 우리 경제 상황에서 한국 기업의 선택과 집중을 거론하는 데 이견이 있을 수 있다. 그러나 여기서 말하는 선택과 집중은 결과라기보다는 과정의 의미를 강하게 담고 있음을 유의할 필요가 있다.

1962년에 시작되어 제6차(1987~1991년)를 끝으로 마무리된 경제개발 5개년 계획 기간에 한국 정부는 중화학공업과 수출 드라이브 정책 등을 적극적으로 지원하고 추진하면서 기업의 성장을 이끄는 중요한 역할을 했다. 이 시기 기업의 성공을 위한 핵심역량은 새로운 사업 기회를 발굴하고 정부의 정책적 지원을 이끌어내고 활용하는 능력이었다. 그에 따라 이러한 역량을 상대적으로 풍부하게 보유한 소수의 대기업을 중심으로 한국 경제의 성장이 이루어졌다. 그 과정에서 체계적이고 치밀한 전략을 세우고 그에 따라 경영활동을 수행할 필요성은 상대적으로 그다지 주목받지 못한 것이 사실이다. 그러다가 1980년대 후반과 1990년대를 거치면서 민주화와 시장개방, 주식시장 활성화, 외국인 투자 허용, 외화 차입 확대 등 외부 환경이 변화하고, 해외로 진출하는 기업들이 늘어나는 등 우리 경제의 글로벌화가 급속히 진행되면서 글로벌 경쟁력을 강화할 필요성이 강하게 대두되었다. 다시 말해서 글로벌 기업들과 치열한 경쟁을 벌이게 됨에 따라 보다 체계적인 전략을 바탕으로 한 경영의 필요성을 절감하게 된 것이다.

이러한 상황에서 1997년에 외환위기가 발생했다. 당시 과도한 차입에 의존한 외형 위주의 경영에서 탈피하지 못한 상당수 기업들이 외환위기로 큰 타격을 입으면서 국내 기업들의 사업 전략 패러다임 역시 〈표 3-6〉과 같이 큰 변화를 겪을 수밖에 없었다. 위험 수준이 높은 재무구조를 감수하면

〈표 3-6〉 한국 기업의 사업전략 패러다임 변화

구분	대립 가치	패러다임의 변화
사업 포트폴리오	다각화 vs. 전문화	업종전문화 지향
성장 전략	성장 vs. 수익성	수익성 중시
투자 전략	공격 vs. 수비	경영의 보수화 경향

서 외형적 성장을 중시하던 패턴을 벗어나 내실을 다지는 기업이 점차 늘어나고, 사업 포트폴리오 구성에서도 기존의 비관련 다각화 전략에서 전환하여 업종 전문화를 지향하는 경향이 증가했다. 이와 더불어 공격적인 투자가 주춤하면서 안정성과 수익성을 중시하는 경영의 보수화 경향도 나타났다.

비관련 다각화에서 업종 전문화로　과거 우리나라는 상대적으로 일천한 기업 성장의 역사로 인해 자본시장이나 관련 부품산업 등 기업 활동을 위한 각종 인프라가 충분히 발달하지 못했던 것이 사실이다. 이러한 상황을 타개하기 위해서, 혹은 이용하는 과정에서 대기업들은 다각화 기업의 형태를 지향해왔다. 예를 들어 원재료의 조달에서 판매 및 사후 서비스에 이르는 기업가치사슬(Value Chain)상의 특정 활동을 국내시장에서 조달하기 어려운 경우에는 해당 활동을 기업이 직접 내부화(Internalize)하기도 했다. 또한 새로운 사업 기회가 다양하게 산재해 있음에도 자본시장 미성숙으로 인해 효율적인 자금 조달이 어려워 진입이 이루어지지 않는 경우에는 내부의 자금력을 동원해 새로운 사업영역으로 발을 넓힘으로써 다양한 산업 분야에 진출하는 비관련 다각화 기업으로 발달하게 된 것이다.

특히 한국의 재벌과 같은 기업집단의 형태는 자본시장이 취약하고 기업 경영을 위한 인프라가 부족한 신흥경제 국가에서는 흔히 볼 수 있는 현상이다. 선택과 집중으로 전문화를 지향하는 것이 우월하다는 주장[9]도 있지만, 다각화된 기업집단들이 다양한 산업에 진출해서 우수한 성과를 보이고 있는 경우도 많으며 일부 이를 뒷받침하는 연구결과도 나오고 있다.[10] 따라서 과거 한국에서 활발하게 진행되었던 기업 다각화는 해당 시기의 경영·사회·정치적 환경을 고려해볼 때 나름대로 타당성이 있었던 전략이라고 볼 수 있다.

그러나 그러한 다각화 지향 전략은 경영 환경의 변화와 함께 수정이 불가피해졌다. 1980년대와 1990년대 가장 중요한 경영 환경의 변화로는 바로 글로벌 경쟁의 심화를 꼽을 수 있는데, 제품과 서비스의 생산과 판매가 글로벌화되고 경쟁 상대가 글로벌 기업들로 확대됨에 따라 기업의 '글로벌 경쟁력'이 중요한 화두로 등장하였다. 글로벌 시장을 대상으로 한 경쟁에서 승리하기 위해서 우리 기업들에게도 핵심 경쟁력을 확보하는 일이 보다 중요해지고, 이를 위한 업종 전문화의 필요성이 부각하였다.

삼성그룹 등 일부 대규모 기업집단의 경우 이미 1990년대 초부터 기업분할, 비주력 및 저성과 기업 매각 등을 통해 업종 전문화를 시도하기도 했

---

[9] 예컨대 《포천》 선정 500대 기업 중 탁월한 성과를 보인 11개의 위대한 기업의 성공요인을 분석한 《좋은 기업을 넘어 위대한 기업으로(Good to Great)》(2001)의 저자 짐 콜린스(Jim Collins)는 세계 최고가 될 수 있는 핵심사업에 집중한다는 '고슴도치 콘셉트'를 이들 성공기업의 공통적인 성공요인 중 하나로 꼽고 있으며, 재무 분야의 많은 논문들이 실증연구를 통해 다각화로 인한 'Diversification Discount', 즉 기업가치 감소 효과를 제시하고 있다.

[10] 전문화가 다각화보다 우월하다는 연구결과들과는 반대로, 하버드 대학의 카나(Khanna)와 리브킨(Rivkin) 교수는 한국을 포함한 14개 신흥경제의 기업집단에 관한 연구를 통해 상당수 신흥경제에서는 다각화 기업집단이 높은 성과를 시현하고 있음을 증명하고 있다. Tarun Khanna and Jan W. Rivkin(2001), "Estimating the Performance Effects of Business Groups in Emerging Markets", *Strategic Management Journal*, pp. 45~74.

다. 그러나 우리나라 재벌들로 하여금 과잉·중복 투자된 사업 부문을 정리하고 핵심역량 위주로 사업을 재편하기 위한 노력을 경주하도록 만든 결정적 계기는 역시 1997년 말 발생한 외환위기였다.

외환위기를 전후로 우리나라 기업들의 자산매각 현황을 보면, 외환위기 이전 3년간 30대 대규모 기업집단의 투자자산, 설비 등에 대한 자산매각 금액은 23.1조 원에 불과했으나 이후 3년간(1998~2000년)의 누계는 66.9조 원에 달해 이전에 비해 2배 이상 증가[11]했음을 알 수 있다.

기업집단들이 계열분리를 통해 핵심사업체제로 전환하려는 노력도 계속되어왔다. 삼성그룹은 1993년 제일합섬(현재의 새한)과 한솔의 계열분리를 시작으로, 1997년 제일제당(현재 CJ)과 신세계, 1999년 중앙일보와 보광의 계열분리를 통해 식품 및 유통, 언론 부문을 별도로 독립시키면서 업종의 전문화를 도모했다. 현대그룹은 자동차, 전자, 중공업, 건설, 금융·서비스를 그룹 5대 핵심업종으로 선정해 계열을 분리했다. 1999년에는 현대산업개발과 현대백화점, 그리고 2000년에는 현대자동차의 계열분리를 시행했고, 이후에 현대전자(2001년 3월), 현대건설(2001년 8월), 현대중공업 계열(2002년) 등이 그룹에서 떨어져나가거나 채권단 관리로 넘어갔다. LG그룹의 경우는 비교적 최근까지 계열분리가 행해졌는데, 1999년에 LG화재, 2003년에 LG전선그룹에 이어, 2004년에는 LG카드가 분리되었다. 2005년에는 구씨·허씨 동업 가문의 분리로 전자·화학·통신만 남고, 유통·에너지·건설 부문은 GS그룹으로 계열분리됐다.

---

11 박상수(2001. 1. 16), "외환위기 이후 대기업집단의 10가지 경영행태 변화", 《LG주간경제》, 제623호, LG경제연구원.

〈표 3-7〉 상장법인의 분할 현황

구분	2000년	2001년	2002년	2003년	2004년	2005년	2006년
건수(건)	9	10	17	9	12	14	19
금액(조 원)	18.1	28.9	4.0	0.5	3.4	0.9	3.6

자료: 증권선물거래소(2006. 11), "상장법인 분할·합병 공시 현황 및 추이" ; 증권선물거래소(2005. 6), "2000년 이후 상장법인의 합병 및 분할 현황".

한편, 기업분할을 통한 업종 전문화 노력도 〈표 3-7〉과 같이 비교적 활발하게 진행되어왔다. 금액 기준으로 보면 특히 외환위기 이후 2001년까지의 기업분할이 가장 활발했고, 건수 기준으로는 잠시 주춤했던 2003년 이후 꾸준히 증가하고 있는 상황이다. 기업분할은 2000년 9건에 불과했던 것이 2006년에는 19건으로 증가했는데, 기업분할의 주된 사유는 주력사업에 대한 집중 및 전문화이다.

몸집을 줄이고 핵심사업을 중심으로 사업구조를 재편하기 위한 노력의 결과로 30대 재벌의 다각화는 1997년을 정점으로 하락세를 보이고 있으며, 특히 관련 다각화의 축소보다는 비관련 다각화의 축소가 두드러지게 나타나고 있다.[12]

30대 기업집단의 계열사 수의 변화 추이를 보면 〈그림 3-8〉과 같이 1997년까지는 꾸준히 증가하다가 외환위기 이후 감소하기 시작했음을 확인할 수 있다. 2001년에는 기업들이 IT 산업에 경쟁적으로 진출하면서 다소 늘어나기도 했지만 그 이후에는 계열사의 확장세가 정체된 모습을 보이고 있다. 기업집단의 참여 업종 수 역시 감소세에 있는데, 5대 기업집단의 평

---

[12] 장세진(2004), 《외환위기와 한국 기업집단의 변화 : 재벌의 흥망》, 박영사, p. 87.

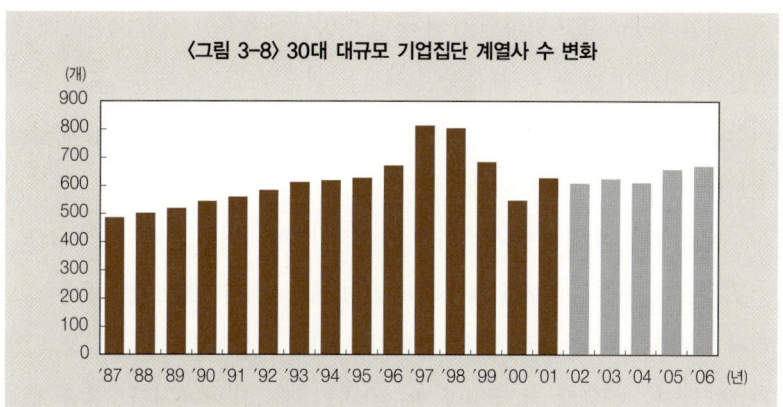

주 : 2002년부터는 '상호출자제한 기업집단' 중 공기업을 제외한 30대 기업집단.
자료 : 공정거래위원회, "대규모 기업집단 지정 현황", 각 연호.

균 참여 업종 수를 보면 1997년 31개에서 2004년 23개[13]로 줄어드는 등 업종 전문화 경향을 엿볼 수 있다.

이처럼 상당수 기업집단이 계열분리나 기업분할 등 기존 사업을 떼어내는 방법을 통해 업종 전문화를 추구한 반면, 적극적인 M&A로 환골탈태를 시도하면서 새로운 주력사업을 중심으로 전문화를 도모한 기업집단들도 적지 않았다. 예를 들어 한화그룹은 2002년 대한생명을 인수하면서 기존의 화약 중심에서 금융 부문을 주력으로 하는 기업집단으로 변신했다. 또 맥주로 대표되던 식음료업종의 두산그룹은 2001년 이후 한국중공업, 고려산업개발, 대우종합기계 등을 잇따라 인수하면서 중공업과 건설을 중심으로 재편되기도 했다.

대기업이나 기업집단들이 계열분리, 기업분할, M&A 등을 통해 업종

---

13 공정거래위원회, "기업집단별 영위업종 증감 현황", 각 연호.

전문화를 추구해오고 있다면 중견·중소기업들의 경우는 시장 세분화에 초점을 둔 사례가 많다. 즉 세분화된 시장을 집중적으로 공략함으로써 세계 시장점유율 수위를 차지하는 중견·중소기업들의 사례가 속속 등장해 업종 전문화의 위력을 여실히 보여준 것이다.

예를 들면 세계 헬멧 시장의 20%를 장악하며 1위를 지키고 있는 HJC, 스포츠 모자 시장의 45%를 점유하고 있는 세계 1위의 다다실업, 재생용 프린터 드럼에 집중해 프린터 종주국이라는 일본 시장의 65%를 차지하고 있는 백산OPC, 반도체 전 공정의 필수장비인 애셔의 세계시장점유율 32%(2006년 기준)를 차지하며 1위를 달리고 있는 피에스케이 등이 있다. 이들은 다양한 사업에 진출하기보다는 세분화된 사업영역에 집중하면서 세계시장을 대상으로 활동하고 있다는 공통점을 보이고 있다.

외형 확장에서 내실 강화로 1970~1980년대의 고도 성장기에 국내 기업들은 적극적인 투자를 통해 외형을 급속히 키워나갔다. 1990년대 초까지도 지속된 이러한 성장 위주의 전략으로 인해 1987년부터 1997년까지 제조업의 연평균 매출성장률이 약 14%를 기록하는 등 한국 기업은 전체적으로 빠른 성장세를 유지했다. 대규모 기업집단의 경우, 1997년 30대 기업집단의 계열사 수는 819개로서 1987년 484개에 비해 70%나 증가했을 정도였다. 이 시기에는 매출 성장과 시장점유율 확대가 기업들이 추구해야 할 중요한 목표였다.

이렇게 최대의 가치를 성장에 두고 외형을 불리는 데 주력해온 주식회사 대한민국이 내실을 중시하는 패러다임으로 전환하게 된 계기 역시 외환위기였다. 규모가 크면 망하지 않는다는 대마불사의 신화는 이미 1997년 1월

〈표 3-8〉 대규모 사업 구조조정 추진 현황

업종	정·재계 합의 내용(1998년 12월)	추진 현황(2000년 9월)
정유	현대정유가 한화에너지 정유 부문 인수	주식 양도 완료·UAE에서 외자 유치
반도체	현대전자가 LG반도체 인수	경영권 이양 후 합병
발전설비	현대중공업 및 삼성중공업 발전설비 한국중공업으로 이관	이관 완료
선박용 엔진	삼성중공업 엔진 부문 한국중공업 이관	통합법인 설립
철도차량	현대·대우·한진 통합 후 법인 설립	3사 출자로 한국철도차량 설립
항공기	삼성·대우·현대 동등 지분 법인 설립	한국항공우주산업 설립
석유화학	현대석유화학·삼성종합화학 통합법인	채권단 각사 자체 구조조정 승인
자동차·전자	삼성차와 대우전자 사업 교환	교환계획 백지화 후 해외 매각

자료 : 최인철(2000. 11), "IMF 3년, 기업 경영의 변화와 과제", 《CEO 인포메이션》, 제272호, 삼성경제연구소.

한보의 몰락을 신호탄으로 무너지기 시작했다. 뒤를 이어 진로, 대농, 기아, 해태, 고합, 아남 등이 줄줄이 퇴출을 당했다. 1998년에는 한때 재계 순위 2위를 달렸던 대우그룹이 해체를 선언함과 동시에 대우그룹 34개 계열사 중 12개사가 워크아웃 절차에 들어가기도 했다.

이러한 위기 상황에서 국내 기업들의 사업 구조조정 노력이 경주되었다. 이는 주로 대기업 그룹 간의 사업 영역 조정, 기업 및 사업의 매각, 비주력 사업의 분사화 등을 통해 추진되었는데, 특히 정부는 이른바 '빅딜' 정책을 통해 산업을 재편하고 재벌들이 핵심역량에 집중하도록 유도하고자 했다. 빅딜은 반도체, 석유화학, 자동차, 전자 등 8개 산업에서 시도되었다.

〈표 3-8〉에서 보는 바와 같이 대규모 구조조정 과정에서 한국 기업의 무리한 차입경영과 비관련 다각화를 통한 사업 확장 전략에 대대적인 전환이 이루어졌다. 이처럼 기업의 경영방침이 성장 위주에서 실적 위주로 바뀌면서 내실을 강조하게 되었다.

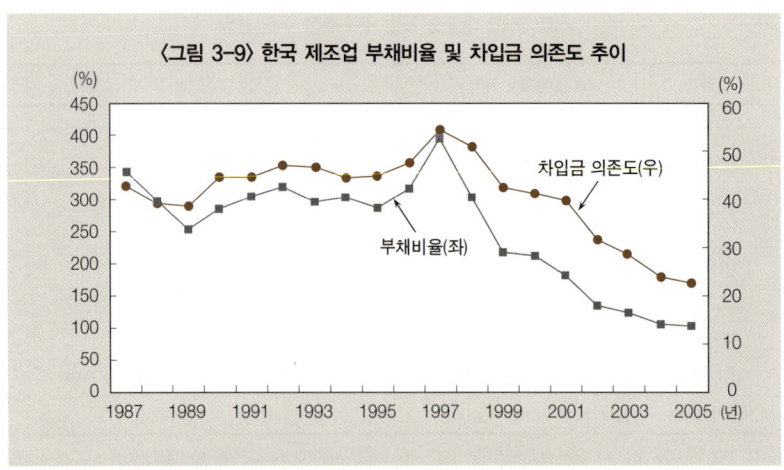

〈그림 3-9〉 한국 제조업 부채비율 및 차입금 의존도 추이

주 : 차입금 의존도 = (장·단기차입금 + 회사채)/총자본, 부채비율 = 부채/자기자본.
자료 : 한국은행, 경제통계시스템(ECOS) DB.

외환위기를 경험하면서 한국 기업은 유동성 확보의 중요성을 뼈저리게 느끼게 되었다. 재무 건전성이 예기치 못한 외부 충격으로부터 기업의 생존을 지켜주는 중요한 요소임을 체험한 것이다. 그 결과 〈그림 3-9〉와 같이 한국 기업의 부채비율은 외환위기가 발생했던 1997년을 정점으로 지속적으로 하락했다. 1996년에 한국 30대 기업의 평균 부채비율은 388%에 달했고, 제조업 평균 부채비율도 1996년 317%, 1997년 396%를 기록할 정도로 높았으나, 2005년 기준으로 제조업 평균 부채비율은 100% 수준을 유지하고 있다.

이와 같은 유동성 중시 경향으로 인해 기업들 사이에서 부채비율 감소와 함께 현금흐름에 대한 관심도 높아졌다. 한국 제조업의 현금 유입액과 유출액은 〈표 3-9〉에서 보듯이 각 연도마다 다소 편차가 있으나 1999년 이후 꾸준히 증가하는 추세를 보이고 있어 기업들의 현금 중시 경향을 엿볼

〈표 3-9〉 제조업 현금흐름 추이

(단위 : 백만 원)

구분	1999년	2000년	2001년	2002년	2003년	2004년	2005년
영업활동 현금 수입(A)	11,544	10,475	8,493	12,698	11,605	13,967	11,403
투자활동 현금 지출(B)	7,523	9,136	5,949	7,363	8,638	10,700	10,187
재무활동 현금 조달(C)	-4,392	-940	-2,127	-4,758	-1,902	-3,148	-10
현금 증감액(A-B+C)	-371	399	417	577	1,064	120	1,206
기말 현금	3,948	4,025	4,226	4,989	5,521	5,396	6,602

주 1 : 업체당 평균 기준.
　 2 : 총자산 70억 원 이상의 외부감사 대상 제조업체 5,180개 대상.
자료 : 한국은행(2006. 7), "2005년 제조업 현금흐름분석".

수 있게 한다.

　재무 건전성을 확보하는 것과 더불어 수익성을 강조하는 경향도 두드러지고 있다. 과거에는 다소간 수익을 희생하더라도 외형을 확대하고 시장 점유율을 높이는 데 치중하는 경향이 많았지만, 내실과 안정을 추구하는 경향이 심화되면서 수익성을 최우선 목표로 삼는 기업들이 늘고 있는 것이다. 이러한 경향은 실적지표로도 나타나고 있다. 예컨대 〈그림 3-10〉에서 나타나듯이 우리나라 제조업의 매출액 경상이익률은 1987~1996년 평균 2.5% 수준을 보이다가 외환위기가 발생한 1997년과 이듬해인 1998년에 적자로 전환되었으나, 1999~2005년 평균 3.9%를 기록해 외환위기 이전에 비해 1.4%p 상승했다. 특히 2003~2005년 3년간 평균 6.3%에 달하는 등 그 상승 폭이 더욱 커지는 추세이다. [14]

　한편 대규모 기업집단들이 내실을 추구하게 되면서 지배구조에도 상

---

14 이러한 결과는 2부 2장의 내용, 즉 한국 기업의 영업이익률이 전반기와 후반기에 별 차이가 없다는 결과와 모순되어 보이지만, 여기서는 1997년과 1998년을 제외했으며 외환위기 후 차입금 비중이 급속히 줄고 초저금리가 지속되면서 기업 금융 비용 부담이 크게 줄어 경상이익이 영업이익에 비해 별로 줄지 않았기 때문에 나타난 현상이다.

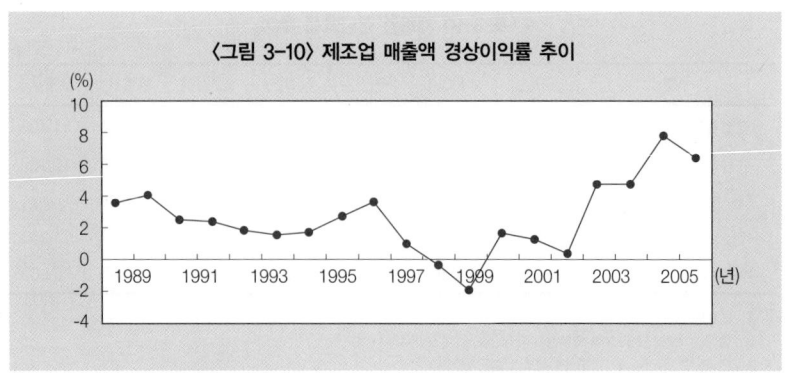

자료 : 한국은행, 경제통계시스템(ECOS).

당한 변화가 발생했다. 이른바 선단식 경영에서 개별 기업 위주의 네트워크 구조로 변화되기 시작한 것이다. 각 기업집단에서 전략의 핵심적 중추 역할을 하던 기획조정실은 그 위상이 약화되고 조정센터의 역할로 전환되었으며, 대신 개별 기업 단위로 전략을 수립하고 경영 성과에 대해 책임을 지는 책임경영체제가 확산되었다.

이에 따라 기업집단의 신용도가 좋은 경우에는 개별 기업 자체가 부실해도 생존할 수 있었던 과거의 패러다임에서, 개별 기업 단위로 시장에서 경쟁력을 인정받아야만 생존할 수 있는 새로운 패러다임으로 이동하게 되었다. 특히 외국인 투자자의 비중 증가와 이들의 발언권 증대 등에 따라 과거와 같은 계열사 간 협력 및 지원이 용이하지 않게 된 것도 지배구조 변화의 중요한 이유이며, 기업집단들의 내실 추구 경향을 반영하는 현상이라 할 수 있다.

공격에서 수비로   한국 경제의 급속한 성장은 소수 창업자들의 탁월한 기업가 정신과 이들의 결단에 의한 과감한 투자에 힘입은 바 크다. 우리 기업들이 비교적 단시간 내에 글로벌 수준의 경쟁력을 갖추게 된 데는 어느 정도의 위험을 감수한 적극적인 투자가 큰 역할을 했다. 지난 20년만 놓고 보더라도, 1980년대 후반에 지속된 3저 호황과 1990년대 중반의 주요 업종에 대한 외국인 투자 개방 및 세계화 붐으로 인해, 한국의 대기업들은 은행으로부터 대규모 차입을 통해 공격적 투자를 실시했고, 1995년까지 이어진 반도체 신화 등 호실적은 대기업을 중심으로 자동차, 철강, 반도체, 석유화학, 조선 등 중후장대(重厚長大)형 장치산업에 대규모의 투자를 유발하게 만들어 과잉·중복 투자의 우려까지 발생할 정도였다.

하지만 외환위기 이전 이처럼 과도한 차입에 의존하여 적극적으로 투자를 행하는 등 공격적 성향을 띠고 있었던 기업들이 최근에는 지나치게 안정성을 추구하는 성향을 보이고 있다. 이로 인해 투자가 부진해 기업가 정신의 실종에 대한 우려마저 나올 정도가 되었다. 단기 실적을 중시하는 경영 관행, 미래 불확실성 증대에 따른 보수적·수비적 경영 분위기 확산으로 인해 신사업 전개를 기피하고 있는 것이다. 특히 최근 몇 년간은 수출 호황 등에 힘입어 상당수 제조기업이 지속적으로 이익을 내고 있음에도 이것이 투자로 연결되지 않는다는 점에서 중요한 문제점으로 대두되고 있다.

투자의 보조지표인 상장 제조기업의 유형자산 증가율은 〈그림 3-11〉에서 보는 바와 같이 외환위기 이후 급락하기 시작하여 2001년에 최저치를 기록한 후 반등하고는 있지만 5%에도 못 미치는 수준이다. 반면 현금성자산(현금 및 현금등가물+단기유가증권)의 총자산에 대한 비중은 그동안 5% 전후를 오가다가 최근 수년간 꾸준히 높아져서 2005년 말 현재 8.1%를 기록했다.

문제는 이런 현상이 수익성을 중시하고 재무구조 건실화에 힘쓴 결과

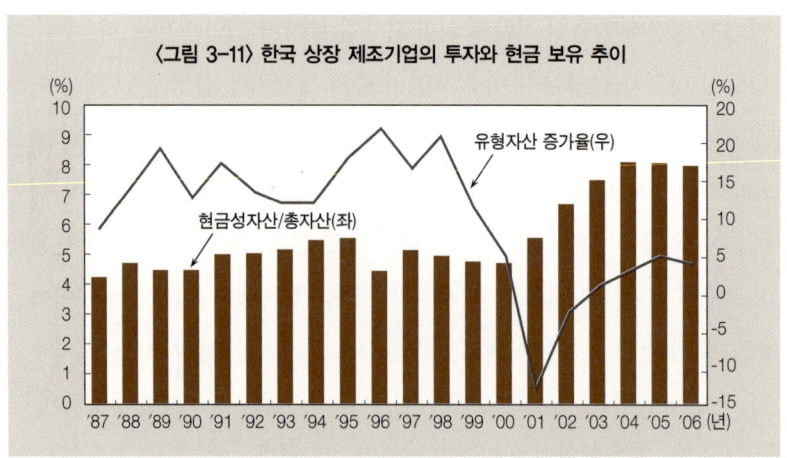

〈그림 3-11〉 한국 상장 제조기업의 투자와 현금 보유 추이

주 1 : 각 연도 기업당 평균 유형자산의 증가율임.
　 2 : 현금성자산 = 현금 및 현금등가물 + 단기금융상품.
자료 : 한국신용평가정보, KISValue DB.

라고 볼 수만은 없다는 점이다. 현금이 늘어나는 것 자체는 나쁘다 할 수 없지만, 만일 기업 본연의 임무인 투자를 회피한 결과라면 이는 심각한 문제이다. 즉 불확실한 미래에 대비하여 힘을 비축하는 것까지는 좋으나 유망한 사업 분야를 발굴하지 못했거나 단기 실적에 연연하여 장기적인 투자의 역동성을 상실한 것이라면 한국 기업이 구조적인 함정에 빠졌다고 봐야 한다.

　이처럼 한국 기업의 경영이 수비적으로 변화하고 있는 이유로, 불확실한 경영 환경으로 기업들이 수익성 있는 투자 기회를 찾기가 쉽지 않다는 점 등 경영에 직접적으로 관련된 측면의 이유 이외에도, 기업의 소유구조에 대한 정부의 견제와 경영의 투명성을 지나치게 강조하는 사회의 경향 등 사회 제도적인 측면의 영향을 꼽지 않을 수 없다. 게다가 출자총액제도나 대주주의 지배-소유권 괴리도에 기초한 규제 등이 심화되어 대기업의 출자를 통한 신규 투자가 많은 제한을 받고 있는 점도 적지 않은 영향을 미치고 있

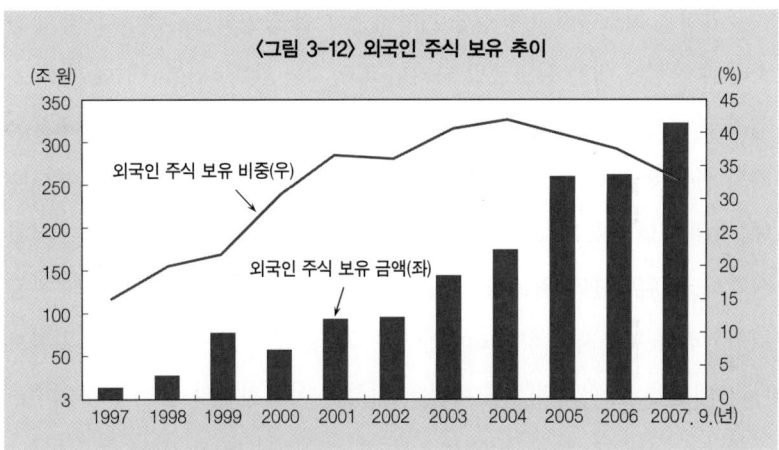

자료 : 금융감독원(2007. 10), 《금융통계월보》.

는 것으로 보인다. 이러한 상황에서는 이른바 경영자의 동물적 감각(Animal Spirit)에 의한 과감한 투자를 기대하기는 매우 어렵다.

자본시장 전면 개방 등으로 인해 〈그림 3-12〉와 같이 우리 기업에 대한 외국인들의 지분이 증가했다는 점도 경영의 보수화 경향에 한몫하고 있다. 단기적 수익과 배당 등을 중시하는 외국인들의 행태는, 과거와 같은 기업의 장기적 관점의 투자나 과감한 위험 감수에 적지 않은 제약요인으로 작용하고 있다. 삼성경제연구소에서 실시한 실증 연구 결과, 외국인 주식 보유 비중이 높을수록 배당성향과 배당금액이 높아지고 설비투자는 감소하는 것으로 나타났다.[15]

---

15 박현수(2004. 12), "외국인 주식투자가 국내 기업의 성장에 미치는 영향", 이슈페이퍼, 삼성경제연구소. KOSPI200 구성 종목 중 비금융기업 150개를 대상으로 분석한 결과, 외국인 주식 보유 비중이 1%p 증가함에 따라 배당성향은 0.7%p, 주당 배당금은 1%p 증가했으며, 유형자산 증가율은 0.25%p 감소하는 것으로 나타났다.

위험을 최소화하고 안정을 지향하는 기업 경영의 보수화는 투자의 감소나 수익성에 대한 강조로만 나타나고 있지는 않다. 위험관리에 대한 기업의 관심 증대 역시 비슷한 맥락에서 이해될 수 있다. 최근 환율이나 유가의 변동 폭 확대 등으로 경영의 위험요소가 증가하고 있는 현실에 대응해, 국내 기업들도 각종 헤징(Hedging) 기법을 활용하거나 위험관리 부서를 설치하고, 위험관리 최고책임자, 즉 CRO(Chief Risk Officer)를 임명하는 등 위험관리를 위한 다각적인 노력을 펼치고 있다. 이러한 변화 역시 외형보다는 내실을, 공격보다는 수비를 중시하는 사업전략의 단면을 보여주는 것이다.

또한 성장을 좇아 앞만 보고 달리던 우리 기업들이, 특히 최근 들어 사회와의 화합에도 관심을 갖기 시작한 것도 비슷한 맥락에서 이해할 수 있다. 환경경영, 윤리경영 등을 통해 기업의 기본적인 사회적 책임(CSR, Corporate Social Responsibility)을 준수하는 데 그치지 않고 적극적인 사회공헌활동을 펼침으로써 사회에서의 수용성을 높이고 장기적인 생존과 발전을 위한 기초를 다지는 노력을 게을리 하지 않고 있는 것이다. 예컨대 국내 기업들의 2005년 사회공헌활동 관련 지출은 1조 4,000억 원을 기록하여 2004년 대비 약 14% 증가했으며, 사회공헌 방침을 명문화한 기업의 수도 51%로 2004년 대비 2배 이상 증가했다.[16] 이처럼 우리 기업들의, 안정과 내실을 지향하기 위한 노력은 다양한 부문에 걸쳐 일어나고 있다.

---

16 전경련(2006. 8), 《2005 기업 및 기업재단 사회공헌백서》, 244개사를 대상으로 조사.

글로벌 전략 : 국내에서 해외로

지난 20년간 한국의 대표적인 기업들은 경영 환경의 변화에 능동적으로 대응해온 결과 양적인 측면은 물론 질적인 측면에서도 명실상부한 글로벌 기업으로 성장해왔다. 특히 1990년대 개방화, 글로벌화라는 시대적 흐름 속에서 선진 글로벌 기업들의 도전에 대응하고 새로운 시장 기회를 찾기 위해 경영의 글로벌화를 필수적인 과제로 인식하고 추진하였다. 1980년대 중반까지 한국 기업의 해외 활동이 주로 수출을 통해 이루어진 반면, 1980년대 말 이후의 글로벌화는 해외 직접투자를 기반으로 R&D, 생산, 마케팅 같은 핵심적 경영 활동을 해외에서 전개하는 방식으로 추진되었다.

한국 기업의 글로벌화는 대기업이냐 중소기업이냐에 따라 그 양상을 달리해왔다. 글로벌화를 성공적으로 수행한 것으로 평가되는 일부 대기업은 외환위기 이후 제품과 서비스의 질적 도약을 통해 글로벌 브랜드 창출에 성공하였다. 한편, 이 시기에 해외로 진출한 중소기업들은 중국 기업을 비롯한 동남아 기업과의 가격경쟁에 대응하기 위해 생산거점을 중국 및 동남아 지역으로 이전하여 원가를 절감하였다.

한국 기업의 해외 진출은 〈그림 3-13〉과 같은 대내외적인 기업 환경 변화에 따른 불가피한 선택이었다. 대외적으로는 개방화, 신흥시장 출현, 일본 기업의 침체 등이 글로벌화를 자극하는 요인이 되었다. 그리고 대내적으로는 생산원가 상승, 노조 영향력 강화 등 경영 비용 증대로 인해 생산거점의 해외 이전을 포함한 구조조정의 압박이 가중되었다.

한국 기업의 글로벌화는 낮은 제품 품질과 국가 인지도 및 브랜드 인지도의 열세를 극복하는 과정이라 할 수 있었다. 1980년대 말부터 시작된

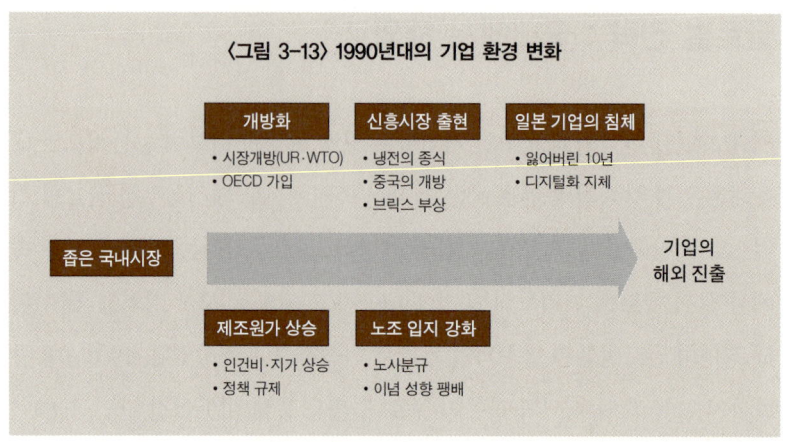

〈그림 3-13〉 1990년대의 기업 환경 변화

한국 기업의 해외 진출은 장기적인 투자라는 관점에서, 그리고 향후 벌어질 경쟁을 대비한 교두보 확보라는 측면에서 다양한 시행착오를 겪으면서도 과감하게 추진되었다. 그러나 해외 진출 경험이 미흡한 한국 기업의 글로벌 경영 활동은 대부분 국내에서의 경영 방식의 틀을 벗어나지 못했다. 기술, 브랜드 등의 기업적 우위(Firm-Specific Advantage)가 결여된 상태에서 종래 국내에서 해오던 경영 방식을 해외에서 재현하는 데 주력했던 것이다.

1990년대 중반까지 한국 기업 중 가장 많은 해외거점을 확보하면서 공격적인 해외 M&A 등을 수행했던 대우의 '세계경영'의 바탕에는 국내에서 이룩했던 성공 신화를 해외에서 구현하려는 전략이 자리 잡고 있었다. 대우의 세계경영은 실력을 넘어선 무리한 투자와 선진 기업들의 견제, 외환위기 도래 등으로 비록 기대했던 결과를 가져오지는 못했지만, 한편으로 많은 한국 기업이 글로벌화의 목표에 도전하도록 자극하는 계기가 되었다.

1990년대 이후부터 외환위기 직전까지 국내 기업의 해외투자가 급증했으나 대우의 세계경영 사례에서 보듯이 해외사업은 종종 해당 기업을 부실하게 만든 원인이 되었다. 해외사업 자체의 성과가 높지 않았을 뿐 아니라, 국내 사업의 부실을 전가하거나 은폐하는 데 해외법인이나 거점들을 활용하는 관행도 있었다. 그 결과 외환위기가 닥치자 해외사업은 가장 먼저 구조조정 대상이 되었다.

외환위기를 겪으면서 기업들은 해외 진출에 대해 보다 신중한 태도를 보이게 되었다. 사업성에 대한 정밀한 검토 없는 장기 전망에 대한 낙관과 '남이 하니까 나도 한다'는 식의 해외 진출로는 성공할 수 없다는 사실이 명백히 드러났다. 기업들이 부실자산을 정리하고 성과가 미흡한 사업에서 과감히 철수함으로써 한국 기업의 글로벌화는 외견상 크게 위축되는 모습을 보였다.

외환위기 이후 구조조정을 겪으면서 한국 기업의 해외사업은 점차 정상적인 궤도에 오르게 되었다. 종래 진출국 수, 투자금액 등 외형 중심의 글로벌화에서 제품의 품질, 수익률을 중시하는 내실 중심의 글로벌화가 성공 사례를 배출하기 시작했던 것이다. 삼성전자, LG전자, 현대자동차 등 전자와 자동차산업을 대표하는 기업들은 높아진 제품 품질을 기반으로 글로벌 브랜드를 창출했으며, 조선과 철강 등에서도 글로벌 수준의 경쟁력을 가진 기업들이 출현하게 되었다. 기업들의 활발한 시장 진출 노력으로 글로벌 경영의 지역적 기반이 동유럽, 서남아, 중남미 등으로까지 확대되었다. 또한 다양한 현지화 활동과 더불어 글로벌 경영 활동을 통합적인 관점에서 조정함으로써 글로벌 경영 활동을 고도화하려는 움직임도 나타났다.

이 기간 동안 한국 기업이 글로벌 시장에서 이룩한 성과는 크게 세 가지로 요약할 수 있다. 첫째는 글로벌 브랜드의 창출이며, 둘째는 진출 지역의 다변화 및 광역화이고, 셋째는 글로벌 경영 노하우의 축적 및 기능의 고도화이다. 특히 지난 20년간 한국 기업은 글로벌 시장에서 많은 역경을 겪으면서 글로벌화를 언제든지 선택할 수 있는 전략 대안으로 인식하게 되었다. 그 결과 오늘날 한국 기업들은 해외 진출을 환경 변화에 대응하기 위한 유력한 전략 대안으로 선택하는 데 주저하지 않고 있다.

현재도 한국 기업의 해외 진출을 부추기는 환경요인이 강화되는 추세이다. 강세로 치닫는 원화가치, 높은 제조원가, 과격한 노동운동, 중국 등 개발도상국의 저가 공세 등이 그 대표적인 요인들이다. 실제로 이러한 문제에 대응하기 위한 수단으로 해외 진출을 선택하는 기업의 수가 늘어나고 있는 실정이다.

공격적 해외 진출이 남긴 교훈 : 글로벌 경영 경험 축적 한국 기업 해외 직접투자의 효시는 1968년 한국남방개발(주)의 인도네시아 삼림개발 투자다. 그 이후 1980년대 초반까지의 만성적인 국제수지 적자 상황에서 우리나라의 해외 직접투자는 저조했다. 1978년 전체 해외 직접투자 금액이 1억 달러를 초과했으나 1980년대 중반까지는 그 규모가 미미하고 진출 동기도 주로 해외자원 확보에 국한되어 있었다.

1986년 우리나라의 경상수지가 흑자로 전환되고[17], 원화절상, 임금 및 지가 상승, 선진국의 수입 규제 강화, 세계 경제의 블록화 심화 등의 환경요인이 대두되자 한국 기업의 해외 직접투자는 연평균 50%를 상회하는 급속한 증가세를 보이기 시작했다. 이 기간에는 특히 산업민주화의 영향으로 임금 인상이 두드러졌는데, 1986~1995년 중 우리나라 제조업의 명목임금

---

17 1986년부터 1989년까지 4년 동안 한국은 경상수지 흑자를 기록하였다.

상승률이 연평균 15.3%를 기록하여 1994년에는 국내 임금 수준이 대만, 홍콩의 임금 수준을 앞지르게 되었다. 제조업의 매출 대비 금융 비용도 1989년 이후 지속적으로 5%를 상회하였는데, 이는 일본의 3.5배, 대만의 3.3배에 달하는 수준이었다.[18] 국내의 물류비용도 제조업 매출액 대비 17.4%를 차지하여 미국과 일본의 물류비용에 비해 높게 나타나고 있었다.

이러한 상황에서, 국내 기업의 해외자금 직접 차입 능력이 향상된 점은 기업들의 해외 진출을 촉진하는 역할을 했다. 특히 1990년대 들어서 외환 규제완화, 기업 규모 확대, 국가 위험(Country Risk) 감소 등으로 국내 기업들의 현지 자금 조달 능력이 크게 향상됨으로써 대규모 해외 진출을 가능하게 하는 주요인으로 작용했다.

1990년 1,000만 달러 이상의 대규모 해외투자는 37건이었으나, 1996년에는 245건으로 크게 증가했다. 이 기간 동안 대기업은 중화학공업, 전자, 반도체, 자동차, 철강 등의 산업에 집중적으로 진출하였으며, 인수합병에 의한 해외시장 진입이 새로운 투자 방식으로 등장하였다. LG전자의 제니스(Zenith) 인수, 삼성전자의 AST 인수, 현대의 맥스터(Maxtor), 심바이오스로직(Symbios Logic) 인수 등은 한국 기업이 해외에서 행한 대표적인 인수합병형 해외 진출 사례들이었다.

1990년대 들어서 국내 기업의 해외 직접투자가 본격화되면서 제조업이 투자의 주력으로 부상하기 시작했다. 산업별 투자 비중[19]을 보면 1985년에는 광업(62.8%), 제조업(18.6%), 무역업(9.7%) 순이었으나, 1996년에는 제조

---

[18] 이는 국내 금리 수준이 높은 탓도 있었지만 높은 차입의존도 등 재무구조가 취약한 것이 주된 원인이었다.
[19] 총투자 금액 기준.

업(52.7%), 무역업(22.4%) 순으로 나타났다. 이 무렵부터 한국 기업의 해외 진출은 생산비용 절감을 목적으로 한 개발도상국 진출과, 선진시장에 대한 접근 및 기술 습득을 목적으로 한 선진국 진출로 구분할 수 있는데, 이는 해외 진출의 전략적 동기가 다양화되기 시작했음을 의미한다고 볼 수 있다.

이 시기에 정부는 자유화와 글로벌화라는 정책 기조를 견지했다. 특히 1993년 김영삼 정부의 출범과 함께 '세계화' 라는 슬로건이 채택되면서 글로벌화는 기업의 핵심 전략 중 하나로 전략 보고서, 애뉴얼 리포터 등에 빈번히 출현하는 용어가 되었으며, 정부가 추진하는 대부분의 신(新)프로그램에 등장하는 단골 메뉴가 되었다. 사실 세계화라는 화두가 처음 대두되었을 당시 세계화는 각자의 이념적 편향이라든지 경제적 기반에 따라 첨예하게 대립되는 문제일 수 있었다. 그러나 점차 세계화는 필연적으로 받아들여야 하는 과제로 인식되기 시작하였고 '세계화란 필요한 것인가?' 라는 질문을 하는 것 자체가 우문(愚問)이 되고 말았다. 한국 역사상 당시만큼 사회 각층의 구성원들이 일체감을 가지고 세계화를 가깝게 느껴본 적은 없었다. 당시 세계화는 국내뿐 아니라 전 세계적인 조류로 자리 잡아가고 있었고 그러한 흐름은 인터넷 등 과학과 기술의 발전으로 더욱 강화되어갔다.

1990년대에는 전 세계적으로 해외 직접투자가 급증하던 시기였는데, 1990년 3,956억 달러였던 전 세계의 직접투자 합계액이 1996년에는 6,960억 달러로 증가했다.[20] 이것은 소련과 동구권 시장의 개방, 중국의 본격적인 대외개방에 주로 힘입은 것이었으나 각국 정부가 외국인 투자를 적극적으로 유치하기 위해 노력한 결과이기도 했다. 각국 정부가 외국인 투자를

---

20 UNCTAD(1997), World Investment Report.

유치하기 위해 맺은 쌍무적 투자협정(BIT, Bilateral Investment Treaty)의 경우 그 수는 1990년도 초반에 400개 미만이었으나 1996년 말에는 1,330개로 급격히 증가했다.

1990~1995년 동안 대중국 투자는 주로 중소기업에 의한 원가절감형 투자가 주류를 이루었다. 1992년 한국과 중국 간에 수교가 이뤄진 후에도 대기업은 여전히 중국의 높은 국가 리스크를 의식하여 초기 몇 년 동안 중국 투자에 적극적으로 나서지 않았다. 1990년대 중반 이후에는 대기업을 중심으로 미국, 유럽 등 선진 시장을 목표로 한 대형 투자 사업이 전개되었으나, 기업 특유의 경쟁우위를 발휘할 수 있는 기술력이 부재하여 만족스러운 경영 성과로 연결되지는 못했다. 특히 일부 기업들은 국내 경쟁 기업의 행동을 모방하여 해외 진출을 결정하는 모습을 보이기도 했다.[21] 이러한 행태는 비단 중소·중견기업만의 문제가 아니었다. 건설, 금융, 전자, 자동차 등의 대기업 업종에서도 경쟁사를 모방하여 현지에 진출함으로써 국내 기업 간에 과당경쟁을 연출하는 경우가 나타나곤 했다. 이것은 수익성이나 전략적 성과보다는 외형 확대에 치중한 경영 행태의 결과라 할 수 있다.

양보다 질 위주의 글로벌화 : 글로벌 사업의 구조조정 1980년대 후반부터 가속화된 세계 경제의 글로벌화는 기업의 생존 방식에 근본적인 변화를 요구했다. 과거에는 기업이 원가 우위, 마케팅 차별화, 기술 차별화라는 세 가지의 본원적 전략을 바탕으로 효율성, 지역별 고객 요구, 기술혁신

---

21 이른바 밴드왜건(Bandwagon) 효과로 1980년대 후반 300여 개가 넘는 국내 봉제 완구업체들이 파나마, 도미니카 등 중남미 지역에 일시에 집중한 것이 그 대표적인 사례이다.

가운데 하나의 위협에만 적절히 대응해도 세계시장에서 경쟁력을 지닐 수 있었다. 하지만 국경이 사라진 글로벌 시대에는 상호 배타적일 수 있는 이들 본원적 전략을 동시에 모두 달성할 수 있어야만 생존이 가능하게 된 것이다.[22]

1997년 말 찾아온 외환위기는 아직 초보 단계에 머무르고 있던 한국 기업의 해외 사업에 심대한 충격을 안겨주었다. 기술력, 경영 능력, 자본력이 충분치 못한 상황에서 성급하게 추진된 해외 직접투자가 사업의 부실화로 귀결되는 경우가 적지 않았기 때문이다. 외환위기 이전까지 국내 기업에 만연했던 높은 차입 성향은 해외 진출에서도 적용되었는데, 금리가 싼 현지 금융기관에서 자금을 조달한 탓에 부채비율이 높은 편이었다. 이 경우 자회사의 신용이 부족하여 모기업으로부터 지급보증을 받는 것이 관행화되어 있었다. 더욱이 1990년대 들어 경쟁적으로 실시한 대규모 해외 M&A는 기대했던 성과를 거두지 못한 채 모기업에 부담을 안겨주었다. 인력, 기술, 마케팅 등 어느 부문에서도 경쟁우위를 확보하지 못한 한국 기업이 피인수기업을 통해 부가가치를 창출하기란 쉽지 않았던 것이다.

이러한 상황에서 외환위기의 역풍을 맞자 기업들은 혹독한 구조조정을 실시하면서 부실 해외 사업 및 자산을 일제히 정리하기 시작했다. 1980년대 말부터 시작된 한국 기업들의 해외 사업은 대부분 수익을 내는 단계에 이르지 못하고 있었으므로 구조조정의 일차적인 대상이 되었다.

외환위기 이후 국내 기업들의 대외신인도는 급격히 하락했으며, 해외

---

[22] C. Bartlett and S. Ghoshal(1995), *Transnational Management : Text, Cases, and Readings in Cross-border Management*, Paperback, pp. 124~127.

차입 여건 악화로 한국 기업의 해외 직접투자 활동은 크게 위축되었다. 한국 기업의 해외 진출 전략은 외형적 양적 성장에서 탈피하여 질적 효율화 전략으로 전환했다. 이에 따라 수익성 제고, 글로벌 네트워크의 체계적 수립, 대기업과 중소기업의 동반 진출, 지역적 차별화, 해외 자회사의 현지화, 해외 현지법인에 대한 지급보증 축소, 해외 자회사를 포함한 결합재무제표 작성 의무화 등이 과제로 대두되었다. 또한 해외자금 차입 여건이 악화됨에 따라 신규 투자를 최소화하고 제반 경영 압박 요인을 사전에 제거하기 위해 노력했다. 현지 파견인원을 최소화하고 기존 투자에 대해서도 타당성을 엄격하게 평가하였다. 이러한 노력들은 기존의 방만한 해외투자를 지양하고 효율화를 도모하기 위한 것이었다.

이 같은 구조조정은 한국 기업의 글로벌화를 외형적인 해외 진출보다는 글로벌 수준의 경쟁력을 구축하는 방향으로 선회시켰다. 기업들은 해외 직접투자를 자제하는 대신 글로벌 스탠더드 도입 등을 통해 제품·서비스의 품질 및 경영 방식을 글로벌 수준으로 끌어올리는 데 노력을 경주하기 시작했다. 투자 여부를 판단할 때도 장기적인 전망보다는 단기적인 수익성을 우선적으로 고려하기 시작했다.

구조조정을 통한 이러한 방향 전환은 장기적으로 한국 기업의 글로벌화에 군건한 토대를 마련해주었다. 결과적으로 본다면 이 같은 구조조정 활동을 통해, 한국 기업은 저가격으로 글로벌 시장에 진출하는 개발도상국 기업과의 차별화를 추진하면서도 장기 침체에 빠져 있던 일본의 전자 및 자동차업체들이 만들어낸 공백을 효과적으로 공략할 수 있었다.

외환위기는 방만하게 전개되던 한국 기업의 글로벌화가 재정비될 수 있는 기회를 제공했다. 해외시장 점유율 확대와 가격경쟁에만 몰두하고 있었던 한국 기업들은 외환위기의 역풍 속에서 글로벌화의 새로운 방향을 향해 나아가기 시작했다. 한국 기업들은 소유경영에서 비롯된 CEO의 강력한 리더십과 '망할 수도 있다'는 위기의식과 한국 기업 특유의 스피드를 바탕으로 단기간에 어느 나라의 기업도 해낼 수 없었던 큰 폭의 구조조정을 해낼 수 있었다. 그리고 이러한 구조조정의 성과를 바탕으로 진출 지역 확대와 글로벌 활동의 고도화를 향해 진일보할 수 있었다.

진출 지역 확대   2006년 한국의 해외투자 신고액은 무려 185억 달러로 사상 최고치를 기록했다. 2005년 대비 2배가 넘는 수치이다. 2006년 해외 직접투자(총투자 기준) 건수는 5,185건, 금액은 107억 달러였다. 이는 전년에 비해 건수는 18.1%, 금액은 63.7% 증가한 것으로, 연간 투자 실적으로는 사상 최초로 5,000건과 100억 달러를 넘어섰다. 투자 대상 지역으로는 중국과 미국이 여전히 각각 1위와 2위를 유지했으나 그 비중이 낮아진 반면, 중동·아프리카·중남미 등 신흥시장의 비중이 크게 높아진 점이 눈에 띈다.

자원 확보를 위해 해외 진출을 시작했던 한국 기업들은 곧이어 저비용 생산거점을 찾아 개발도상국으로 진출 방향을 바꾸었으며, 이후에는 시장을 확대하고 기술력을 높이기 위해 선진국으로 진출하기 시작했다. 이 과정에서 한국 기업들은 해외 진출 지역을 지속적으로 확대해갔다. 미국, 중국, 동남아 지역에 주력하면서도[23] 신흥시장의 출현에 대응하여 진출 지역을 지속적으로 넓혀나갔던 것이다.

....
23 1996년 말 현재 전체 투자 건수의 75.5%가 중국과 동남아 지역(44.0%) 및 북미 지역(31.5%)에 분포되어 있는 반면, 대유럽 투자는 15.3%에 그치고 있다.

■ 삼성전자의 제품 현지화 전략

삼성전자는 2004년 말 유럽 시장에 블루블랙폰을 출시하면서 국내와는 사양을 달리하는 방식을 취했다. 휴대전화를 음악 감상용으로 사용하는 국내 소비자와 달리 비즈니스에 주로 사용하는 유럽 시장의 특성을 반영하여, 스테레오 기능을 과감히 제거하는 대신 가격을 낮춤으로써 현지 고객의 호응을 이끌어낼 수 있었다.

1980년대 말 사회주의체제가 무너진 소련과 동구권은 국내 기업의 새로운 활동무대가 되었으며, 1990년대 초 개방을 본격화한 중국은 저비용 생산거점이자 전략시장으로 급부상했다. 또한 1992년 단일시장화로 유럽연합(EU)의 경제 통합이 본격화되고 브릭스 등 신흥시장이 본격 대두되면서, 이전까지 주로 북미와 아시아를 대상으로 했던 한국 기업의 해외 진출이 그 지역적 외연을 한층 확장하게 되었다.

소련 붕괴의 산물로 출현한 러시아는 1990년대까지 체제 변화에 따른 혼란을 겪어 시장으로서 매력도가 그리 높지 않았다. 러시아 경제는 1998년 모라토리엄을 선언할 정도로 악화되었으나, 1999년 푸틴(Vladimir V. Putin)이 대통령 권한대행으로 실권을 장악하면서 상황이 반전되었다. 러시아는 2000년대 초반 세계 경제의 침체 속에서도 2006년까지 연평균 6%대의 높은 경제성장을 실현했다.

한국의 대기업들은 1990년대 중반부터 러시아 시장을 공략하기 시작하여 2005년까지 전자, 자동차 업종에서 상당한 성과를 보였다. 현대자동차의 경우 러시아 수입차 시장에서 지난 2004년 5월 일본의 도요타를 누르고 매출 1위 자리에 올라선 이후 급격한 원화절상이 이루어지기 이전인 2006년 상반기까지 1위 자리를 고수했다. 삼성과 LG는 생활가전과 휴대폰[24] 등에서 약진을 거듭하여 현지에 진출한 타 선진국의 글로벌 기업과 현지 기업들을 압도하는 모습을 보이고 있다.

    1999년 유로화 출범은 한국 기업이 유럽과 동유럽으로 본격적으로 진출하는 계기가 되었다. 기업들은 유럽 단일시장의 출현에 대비해 유럽시장으로의 진입을 서둘렀는데, 이것을 위한 전초기지로서 유럽연합 가입국이면서도 인건비 등 생산비용이 저렴한 동유럽 국가 및 터키 등을 활용했다. 현대자동차(체코), 기아자동차(슬로바키아), LG전자(폴란드), 삼성전자(헝가리, 슬로바키아), SK케미칼(폴란드) 등이 동유럽에 생산거점을 마련했다. 더욱이 향후 유럽연합 자금이 동유럽에 유입되면 건설업체들의 현지 진출도 본격화될 전망이다.

    1990년대 초반 이래 투자 열기가 식지 않고 줄곧 지속된 지역은 중국이었다. 중국 시장에서 후발자였던 한국 기업들은 공격적인 투자로 앞서 진출한 기업들을 위협했다. 모토로라, 폭스바겐 등 구미의 글로벌 기업들은 이미 1970년대부터 중국에 대한 투자를 해왔다. 반면 한국 기업은, 〈그림 3-14〉와 같이 중국이 본격적으로 개방을 선언[25]하고 한중수교가 체결된 1992년 이후부터 중국에 대한 투자를 본격화하였다. 한국의 중국 투자는 1990년대 후반 외환위기 시기를 제외하고는 매년 큰 폭의 증가세를 보였으며, 2004년

....
24 휴대폰의 경우 삼성전자는 2006년에 러시아 시장에서 물량 기준으로 26.2%, 금액 기준으로 30.7%의 시장점유율을 달성함으로써 물량과 금액 모두 3년 연속 1위를 차지하였다.
25 1992년 1월 덩샤오핑은 주하이에서 상하이에 이르는 중국 남부 지역을 순회하면서 시장경제체제 도입에 대한 의지를 확고히 밝혔다.

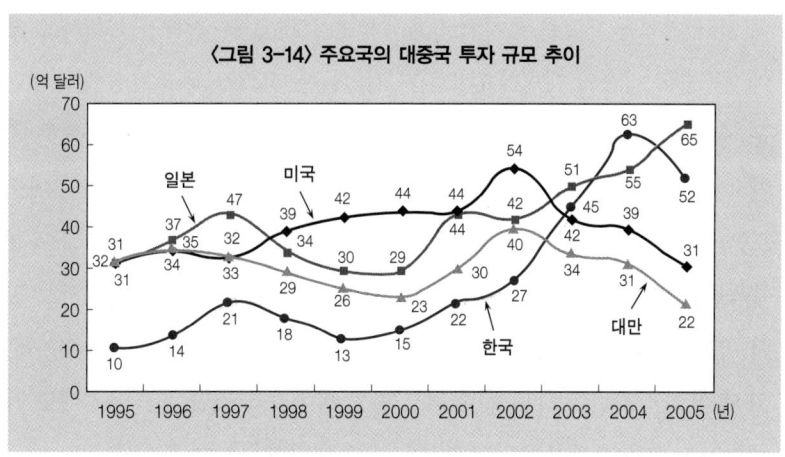

에는 마침내 대중국 최대 투자국으로 부상했다.[26] 특히 2002년 이후에는 대중국 투자가 연평균 50% 이상 증가하면서 2003~2005년 기간 중 전체 해외 투자의 40%를 차지하기도 하였다. 이처럼 대중국 투자가 급증한 데는 지리적 근접성이나 동질적인 역사·문화적 배경 또한 크게 작용했다.

중국은 1990년대 초반까지는 저비용 생산거점으로 인식되었으나, 이후 소득 증대를 바탕으로 유효 수요가 증대됨에 따라 연안 지역을 중심으로 거대 시장으로서의 위상이 부각되었다. 그에 따라 중국 시장은 점차 글로벌 기업들의 각축장으로 변모하였을 뿐 아니라, 여기에 각종 국가 리스크와 외자계 기업에 대한 중국 정부의 지원 축소 등이 더해지면서 중국 시장의 경영 환경은 지속적으로 악화되었다.

이러한 경영 환경 악화에 대응하여 최근에는 많은 기업들이 중국 이외

....
26 홍콩, 버진군도 제외.

에 인근 지역을 새로운 투자처로 물색하는 'China+1' 전략을 선택하고 있다. 즉 중국 시장의 매력이 감소되자 기업들은 리스크 회피 차원에서 새로운 해외거점으로 눈을 돌리고 있는 것인데, 베트남과 인도 등이 유력한 대안으로 부상하고 있다. 그 외에도 최근에는 포스트 브릭스[27] 국가들이 떠오르는 투자처로 주목받고 있다. 특히 인도는 중국과 더불어 세계에서 가장 주목받는 시장으로 구매력 평가 기준 세계 4위의 경제 규모를 보유하고 있다. 영어 구사 능력과 이공계 지식을 갖춘 풍부한 인적 자원과 세계적 수준의 IT 산업을 보유하고 있으며, 최근 인도 정부가 제조업 부문 육성에도 적극적인 노력을 기울이고 있어 제조업의 발전 잠재력이 매우 큰 편이다.

오늘날 한국 기업의 활동 영역은 거의 전 세계를 커버하고 있다. 아프리카는 물론 서남아, 중남미 지역에까지도 한국 기업의 거점들이 뻗어 나가 있다. 특히 새롭게 대두되는 신흥시장에서는 국가 이미지의 열세를 무릅쓰고 선진 글로벌 기업과 현지 시장을 둘러싼 주도권 경쟁을 벌이고 있기도 하다. 더욱이 이러한 활동 영역의 지역적 확대는 좀더 세밀한 시장 구분인 글로벌 니치를 발굴하고 육성하는 단계로까지 나아가고 있다.

글로벌 활동의 고도화   해외 진출 지역을 확대해가는 과정에서 한국 기업들은 자연스럽게 글로벌 소싱 체제를 이루어나갔으며, 초기 단계이긴 하지만 조직 부문 간의 글로벌 분업 체제를 구축하는 수준까지 도달하기도

---

27 포스트브릭스(Post BRICs)로 거론되는 국가는 연구기관에 따라 다양한데, NEXT 11(골드만삭스 ; 방글라데시, 이집트, 인도네시아, 이란, 멕시코, 나이지리아, 파키스탄, 필리핀, 터키, 베트남, 한국), BRICKS(BRICs + 카자흐스탄, 남아프리카공화국), VISTA(일본 브릭스경제연구소 ; 베트남, 인도네시아, 남아프리카공화국, 터키, 아르헨티나) 등이 있다.

했다. 중국 등 후발 국가 기업들의 추격이 본격화되는 가운데 한국 기업들은 브랜드·디자인 경영을 강화했으며, 품질·기능 향상을 통해 프리미엄 제품군 틈새시장에 진출하기도 했다.

자동차, 철강, 통신 등에서는 세계적인 주요 기업들과의 제휴·협력 관계를 구축하여 글로벌 경쟁 판도에서 주도적 역할을 수행하기도 했다. 특히 이들 산업에서는 글로벌 과점화 추세가 진행되고 있어 한국 기업의 적극적인 참여가 요망되었다. 한국 기업의 글로벌 활동 고도화는 현지화와 글로벌 통합 전략의 구사라는 방향에서 정리해볼 수 있다. 현지화를 위한 활동으로는 본국 중심 경영의 탈피, 현지화된 제품 개발, 현지 R&D 체제 구축, 현지 조달 비율의 제고, 현지에 적합한 유통·물류 체계 구축, 현지인 간부 및 CEO 육성, 현지 우수 인재 채용 및 활용, 현지 사회에 대한 공헌 등이 주요하게 추진되었다.

한때 한국 기업들은 경영 활동의 현지화에 주력한 결과 현지 완결형 경영이 글로벌 경영의 주요 화두로 제시되기도 했으나, 글로벌소싱과 글로벌 분업의 관점에서 점차 글로벌 통합 전략의 중요성이 강조되었다. 특히 한국의 대기업은 본국에서 기획·생산된 제품의 향상된 품질을 기반으로 해외에 진출했기 때문에 한국과 해외를 연결하는 통합적이고 전략적인 관점이 필요했다.

한국 기업의 국제적 분업은 주로 본국과 동남아에서 생산된 제품을 미국, 유럽 등 선진 시장에 판매하는 형태를 취해왔다. 최근에는 동유럽이 새로운 생산기지로 부상하고 있으며, 프리미엄 제품을 위해 선진국 현지에 생산거점을 마련하는 경우도 나타나고 있다. 그러나 한국 기업은 아직 노키아나 GE처럼 다양한 제품군을 세계의 다양한 지역적 강점과 연결시키는 단계에는 이르지 못하고 있다. 예를 들어 휴대폰의 경우 신흥시장에서 중요시되는 가격경쟁에 대응하기 위해서는 신속하게 저가격 제조가 가능한 지역적 생산체제를 구축해야 하는데, 한국 기업은 이 점에서 선진 기업 수준의 역량을 갖추지 못하고 있는 것이다.

국내에서 구축한 제조경쟁력을 단기간에 해외 현지에서 구현해야 했던 한국 기업은 협력업체와의 동반 진출을 그 유력한 방안으로 선택하는 경우가 적지 않았다. 이것은 현지의 조달률을 높이는 측면에서도 매우 유리했다. 현대자동차는 인도에 생산거점을 마련하면서 국내 17개 협력업체와 동반 진출했다. LG전자(폴란드), 기아자동차(슬로바키아), 한국타이어(중국) 등은 협력사와 현지 동반 진출을 추진하면서 협력사에 경영 노하우를 전수하는 것은 물론 공장 건설, 대정부 관계, 기술 개선 등의 지원을 펼쳤다.

글로벌 경영 시스템 구축 필요성 해외에 진출한 한국 기업의 해외 생산법인의 경우 수익성이 국내 제조업 평균에 미치지 못하며 일부 적자를 기록하고 있기도 하지만, 성장성은 국내보다 앞서는 것으로 나타났다.[28] 2006년 해외 생산법인들의 평균 영업이익률(추정치)은 5.5%로 국내 제조업 평균인 6.1%에도 미치지 못했다. 반면, 해외 생산법인의 평균 매출액 증가율은 10.6%로 추산돼 국내 제조업 평균(6.6%)보다 높은 것으로 나타났다. 이러한 결과는 전략으로서의 해외 진출이 여전히 쉽지 않은 과제임을 보여준다. 글로벌 전략의 업그레이드가 필요한 상황인 것이다.

한국 기업의 글로벌화는 원가 우위 단계에서 출발하여 품질 우위, 브

---

[28] 대한상공회의소(2007. 1), "국내 기업의 해외 생산거점 운영 실태와 향후계획".

랜드·디자인 우위를 지나 글로벌 운영 체제 구축의 단계로 진화하고 있는 것으로 평가된다.[29] 원가 우위란 임금과 환율 등에서 비롯된 국가의 비교우위에 기초한 것이며, 품질 우위란 저원가를 앞세운 후발국의 추격으로부터 스스로를 차별화하려는 노력에 따른 것으로 이 단계에서는 수출이 아닌 현지 생산이 가능해지게 된다. 제품의 높은 품질을 바탕으로 브랜드·디자인 우위가 축적되면 이것을 기반으로 글로벌 과점경쟁에 참여할 수 있게 된다. 글로벌 운영 체제는 기업 우위(Firm-Specific Advantage)와 현지의 지역 우위(Location-Specific Advantage)가 결합된 것으로 지역 간 시너지를 발휘해 전사적인 생산성 향상 및 기술혁신을 달성하는 단계이다.

현재 한국의 대표적인 글로벌 기업들은 〈그림 3-15〉에서와 같이 브랜드·디자인 우위를 달성한 단계에 있는 것으로 보인다. 그러나 인력 구성과 조직, 경영 시스템 등의 측면에서는 여전히 글로벌 기업보다는 로컬 기업의 특성이 강하게 나타나고 있다. 경영 의사결정은 여전히 본국 중심으로 이루어지고 있으며, 현지 채용 비중은 높은 편이나 CEO 및 주요 임원은 대부분 한국인으로 구성되어 있다. 즉 한국의 글로벌 기업들은 기존의 국내 또는 기업 내부에서 축적한 경쟁우위를 해외에서 구현하는 데 성공하고 있을 뿐, 현지 우위를(다른 글로벌 기업이나 로컬 기업에 비해) 활용하는 단계에는 이르지 못하고 있는 것으로 판단된다.

한국 기업은 경제 수준이 낮은 구공산권 시장 및 신흥시장에서는 강력한 브랜드 전략을 구사하며 생산과 판매를 동시에 구사하고, 선진국 시장에서는 품질과 브랜드의 '빨리 따라하기(Fast-Follower)' 전략으로 본사-지

---

[29] 정구현·김동재(2004), "동아시아 기업의 글로벌화 발전과정", 《연세경영연구》, 제41권, 제2호.

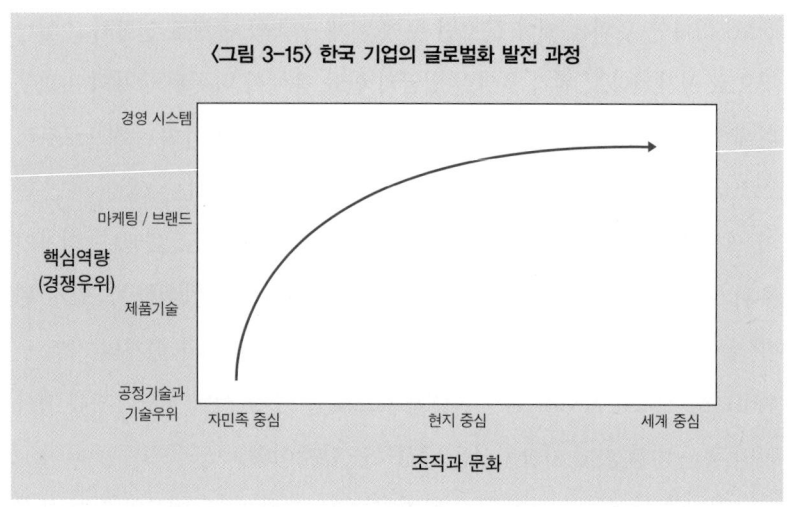

역별 관계는 높으나 지역 간 통합은 약한 모델을 기반으로 해외 진출 전략을 펼쳐왔다. 따라서 향후 한국 기업이 초국적기업으로 성장하기 위해서는 지역 간 통합과 지역별 특화를 위한 재조정 과정을 거쳐 글로벌 경영 시스템을 구축해야 할 필요가 있다.

해외 진출과 관련된 의사결정에서도, 최고경영자의 직관적 판단이나 경쟁 기업에 대한 모방 투자는 지양되어야 할 것으로 보인다. 이러한 현상은 정부가 주도해온 산업군 내에서 성장을 거듭해온 결과 한국 기업의 전략적 기능이 매우 취약하다는 점, 현지의 사업 타당성을 점검할 역량이 부족하다는 점 등에서 비롯된 것으로 생각된다. 그러나 해외 진출이 이런 방식으로 진행된 경우에는 사업의 장기 비전이 모호해질 뿐 아니라 현지에서 우리나라 기업 간에 과당경쟁과 중복 투자 현상이 생겨 모두가 손해를 보는 결과가 나타나게 된다.

고부가 전략 : 양에서 질로

1990년대 중반 세계적인 공급과잉을 경험하면서 기업들 간에 양적인 시장 점유율 확대로는 진정한 세계 1위가 될 수 없다는 인식이 확산되었다. 제품 및 서비스의 원가가 상승하고 중국 등 저원가 경쟁국의 맹렬한 추격으로 원가 경쟁력 상실을 절감하면서 이러한 문제인식은 더욱 심화되었다. 우리나라 내수시장에서도 감성을 무기로 내세운 선진 기업들이 더욱 깊숙이 침투하는 움직임을 보였다. 특히 시장을 잘 이해하고 있고 기술 요소와 감성 요소를 고르게 갖춘 일본 기업들의 약진이 두드러졌다. 국내 기업들은 세계시장에서의 전면 경쟁에서 우위를 차지하기 위해 기술역량을 지속적으로 보강하는 한편, 프리미엄 브랜드 창출 및 디자인 차별화, 서비스 질 향상에 박차를 가하기 시작했다.

이전까지 선진 기업과의 기술 격차 축소가 주된 관심사였다면, 2000년대에는 브랜드, 디자인 등 소프트 경쟁력 강화가 국내 기업의 핵심과제가 되었다. 국내 대표 기업들은 빠르게 변화하는 글로벌 소비자 니즈에 부응하고 브랜드 인지도를 제고하기 위해 기술 혁신에 주력하는 한편 감성 마케팅에 주목했다. 시장 지배력 확대를 위해 기술 진보 추세를 정확하게 파악하고 미래 산업에 요구되는 기술을 조기 개발하는 것이 시급해졌다. 동시에 '소비자가 먼저 찾아주는 브랜드' 가 되기 위해 자사 브랜드 키우기에 더욱 열중했다.

이를 위해 고객 감성에 대한 이해력이 뛰어난 글로벌 선두기업의 마케팅 노하우를 적극적으로 벤치마킹하고 소프트 경쟁력을 체득하여 질적 도약을 위한 준비를 다졌다. 제품만 팔면 그만이라는 영업 우선주의 방식에

〈표 3-10〉 국가별 글로벌 100대 브랜드

(단위 : 십억 달러, %)

순위	국가	2007년		2001년		상승률
		브랜드가치	비중	브랜드가치	비중	
1	미국	751.5	65.0	739.8	74.8	1.6
2	일본	91.8	7.9	67.8	6.9	35.5
3	독일	91.2	7.9	55.7	5.6	63.8
4	프랑스	61.0	5.3	13.8	1.4	342.5
5	핀란드	33.7	2.9	35.0	3.5	-3.8
6	스위스	32.7	2.8	18.0	1.8	82.1
7	영국	28.2	2.4	16.9	1.7	66.8
8	한국	24.4	2.1	6.4	0.6	283.1
9	네덜란드	11.6	1.0	7.2	0.7	62.2
10	이탈리아	11.0	1.0	7.9	0.8	39.9
11	스웨덴	10.1	0.9	14.5	1.5	-30.2
12	스페인	5.2	0.4	0.0	0.0	-
	기타	3.3	0.3	5.6	0.6	-40.9
	합 계	1,155.7	100.0	988.4	100.0	16.9

주 : 기타에는 영국과 네덜란드가 공동 소유한 쉘(Shell)과 순위권에서 제외된 버뮤다(Bermuda), 덴마크, 아일랜드가 포함.
자료 : Interbrand & *BusinessWeek*, "Best Global Brands" 각 연호.

서 벗어나 CEO의 진두지휘하에 품질혁신은 물론 스포츠, 문화활동, 사회공헌 등 다채로운 마케팅 활동을 꾸준히 실천해나갔다. 그 결과 최근 몇 년간 국내 브랜드들은 글로벌 시장에서, 과거에는 상상할 수 없을 정도의 높은 브랜드 위상을 구축하게 되었다. 그간 취약했던 브랜드 가치도 크게 높아져서 인터브랜드가 매년《비즈니스위크》를 통해 발표하는 글로벌 100대 브랜드에 2007년에는 삼성, 현대자동차, LG 등 3개 브랜드가 총 244억 달러를 기록하여 국별 8위를 차지했다(〈표 3-10〉 참조). 이는 지난 2001년의 64억 달러와 비교해서 브랜드 가치가 283% 상승한 것으로 글로벌 시장에서 국내 브랜드의 놀라운 도약을 보여준다.

이 같은 소프트 경쟁력 강화 노력은 2000년대 지속된 경기 위축을 극복하는 원동력으로 작용하기도 했다. 장기 불황에도 불구하고 기술 혁신과 더불어 디자인, 서비스 등 구매자의 감성에 영향을 미치는 소프트 요소를 꾸준히 보강함으로써 한국 기업은 선전할 수 있었다. 이런 현상은 특정 산업에 국한되지 않고 전 산업 영역으로 빠르게 확산되어 소프트 경쟁력 강화가 불황 타개 및 기업 성장을 위한 핵심과제로 인식되기 시작했다.

'기술 추종자'에서 '기술 리더'로   과거 양(量) 중심의 산업시대에서 질로 대표되는 정보화 시대로 넘어가는 거대한 환경 변화 조류의 핵심에는 디지털 기술이 자리 잡고 있다. 인터넷과 IT 기술을 중심으로 한 디지털 혁명은 외환위기 이후의 위축된 경영분위기에 활력을 주고 경영 스피드를 제고하는 데 중요한 역할을 했다.

1980년대 후반까지 대다수 기업이 생산프로세스 개선을 통한 생산력 강화를 경쟁력의 관건으로 인식했다. Just-in-Time(JIT)으로 대표되는 린(Lean) 생산과 수평적인 팀 중심으로 일을 분화하는 유연 생산방식 등 원가 경쟁력을 확보하기 위한 다양한 생산방식이 등장했고, 그 후 2000년대에 들어오면서 EMS(Electronic Manufacturing Service)[30] 등을 통한 생산 아웃소싱으로 발전하는 움직임이 나타났다. 그러나 디지털 기술이 본격적으로 도입되

---

[30] 전자 분야의 신제품 개발 속도가 갈수록 빨라지면서 대규모 설비투자에 대한 위험을 줄이기 위해 2000년 이후 새롭게 등장한 생산방식으로, 주로 생산 전담회사가 전자제품의 생산을 위탁받아 제조 및 서비스를 수행하는 것을 가리킨다. 2000년 모토로라가 주력사업인 휴대폰의 제조를 아웃소싱한 것이나 소니가 엔지니어링 매뉴팩처링 커스터머 서비스(EMCS)를 도입해 생산시설의 완전 분리를 선언한 것 등이 모두 EMS에 해당된다.

자 기존 기술을 심화하고 신기술을 확보하는 것이 시장을 지배하는 요건이 되었다.

이에 따라 기업들은 한발 앞선 기술력을 성장의 근간으로 삼고 반도체 고집적화, 신소재 발굴 등 기술 고도화를 지속적으로 추구하였다. 또한 과거 첨단기술이 본격 도입되지 않았던 분야에서도 신기술을 활용하는 분야가 확대되었다. 자동차 분야에서 연료전지를 개발하고, 패션 분야에서 신소재를 연구하며, 화장품 분야에서는 나노기술에 주목하는 등 전통 분야에 신기술을 도입함으로써 새로운 영역을 개척하거나 차별적 우위를 확보하려는 움직임이 활발해졌다. 높은 기술적 목표를 설정하고 지속적인 기술 혁신을 추진한 결과, 차세대 기술 개발을 앞당기고 선진 기업과의 기술 격차를 최단 기간에 줄일 수 있었다. 더욱이 인력과 비용을 상용화 기술 개발에 집중 투입하여 시장 지향적 R&D체제를 추구한 것도 기술경쟁력 구축의 주요 요인이 되었다.

일례로 삼성의 경우 빠른 선진기술 따라잡기를 통해 최단 기간에 기술 리더십을 확보하고 글로벌 경쟁력을 다졌다. 과도기의 선진 설계 및 공정 기술의 이전 또는 역엔지니어링을 통해 확보된 기술을 소화하고 개선을 거쳐 신속하게 고유 기술화한 것이다. 메모리의 경우 1983년 64K D램으로 첫 제품 개발에 성공한 후 3년 만에 독자 개발 능력을 확보했고 8년 만인 1990년에 16M D램 신제품으로 세계 선두권에 진입했다. 일본의 경우 1972년 첫 제품 개발 후 7년 만에 신제품 개발에서 세계 선두로 나섰으나, 동일 회사의 성과가 아님을 고려하면 삼성의 빠른 기술 따라잡기 능력을 실감할 수 있다. 양산수율에서도 우위를 확보함으로써 비용경쟁력을 높이고 고수익을 실현하고 있다. 2001년 가동된 삼성전자의 12인치 라인은 가동 초기단

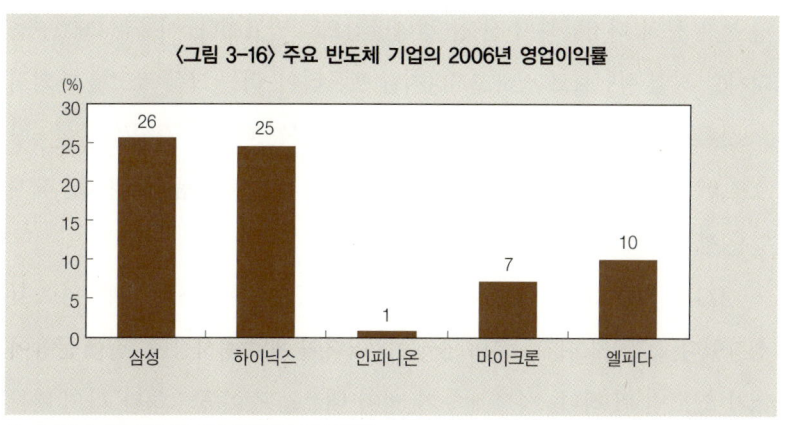

주 : 삼성전자는 반도체 부문의 영업이익률(영업이익/매출액).
자료 : 각사 연차보고서.

계부터 황금수율이라고 하는 80% 양산수율을 달성했다. 삼성전자는 신속한 제품출하를 통한 고부가제품 선점으로 〈그림 3-16〉과 같이 2006년 26%의 영업이익률을 기록했다.

    20세기 후반 들어 컴퓨터, 반도체, 통신 중심의 기술적 기반 위에 인터넷이 확산되며 디지털 빅뱅이 촉진되었다. 세계 각국 및 기업에서는 디지털화에 뒤질 경우 선진 대열에서도 탈락할 수밖에 없다는 인식이 확산되었다. 아마존, 찰스슈왑, e토이즈, 야후 등 인터넷 관련 기업의 시장가치가 기존 경쟁 기업의 가치를 추월했으며, 이전에 없던 신시장이 부상함에 따라 과거 글로벌 강자의 타이틀이 무색해졌다. 즉 모든 기업이 원점에서 새로운 경쟁에 직면하게 된 것이다. 이에 삼성, LG 등 국내 주요 기업들은 디지털을 뉴밀레니엄의 키워드로 선정하는 동시에 연구개발투자비를 증액하고 디지털 기술에 중점 투자했다.[31]

    디지털 경영 환경에 대응하여 삼성은 2000년 회장 신년사를 통해 '경영 전 부문의 디지털화 추진'을 경영방침으로 발표했다. 아울러 2000년을 디지털 경영 원년으로 정하고 '디지털 프론티어'라는 그룹 로고를 대외적으로 활용했다. 이 같은 방침에 따라 삼성전자는 디지털 기술을 핵심역량으로 메모리, TFT-LCD, 휴대폰, 디지털 TV 및 디지털 부품 등 디지털 세계 일류 상품 확대에 주력했다.

LG의 경우 2000년에 휴대폰 사업을 시작한 이후 2005년 세계 5위로 급성장했다. LG전자 디지털 디스플레이&미디어 우남균 사장은 "집에 금송아지가 있으면 뭐 하나. 시장에 누가 먼저 내놓는 것이 중요하다"라며 빠른 기술 적용에 주력하여 최초 기술개발보다는 최초 양산에 초점을 맞추었다. 2005년 초 GS홀딩스 등 14개사의 계열분리로 전자, 화학, 통신·서비스 사업군으로 재편된 LG그룹은 전자와 화학 중심의 글로벌 선두기업으로 재도약한다는 방침을 세우고, 2010년까지 전자정보통신 분야 세계 3위권을 목표로 하고 있다.

이러한 노력의 결과로 국내 기업의 수출 품목도 〈표 3-11〉에서 보는 바와 같이 과거 노동집약적 제품군에서 벗어나 IT, 자동차 등 자본·기술집약적 제품군 중심으로 이동하는 추세다. 특히 동일 품목 내에서도 제품의 품질이 향상되는 등 고부가가치화가 진행되고 있다.

LCD의 경우 첫 개발은 일본이 했으나, 한국 전자 기업의 활약으로 2006년 현재 한국이 세계시장 1위를 점유하고 있다. 후발주자로서 열심히 매달려 원천기술을 따라잡고, 일본이 상용화를 망설이고 있을 때 수조 원이 들지 모를 미래 산업에 과감하게 투자했기 때문에 역전이 가능했던 것

---

31 김완표(2000), "디지털 혁명의 충격과 대응",《CEO 인포메이션》, 제229호, 삼성경제연구소.

<표 3-11> 역대 5대 수출 품목의 변화

순위	1977년	1980년	1990년	2000년	2006년
1	의류	의류	의류	반도체	반도체
2	선박	철강판	반도체	컴퓨터	자동차
3	신발	신발	신발	자동차	무선통신기기
4	목재류	선박	영상기기	석유제품	컴퓨터
5	어류	음향기기	선박	선박	선박

자료 : 한국무역협회, 통계청 등의 DB를 이용하여 작성.

이다. 이제는 LCD 세계 1, 2위 업체인 삼성과 LG가 미래 디스플레이 혁명도 선도하고 있다. 삼성전자가 2005년 세계 최초로 7인치 플렉서블 디스플레이를 발표하자, 일본의 샤프가 투명 플라스틱 기판을 적용해 휘어지는 디스플레이를 선보이며 반격해왔다. 그러자 LG필립스LCD가 10.1인치짜리 제품을 내놓으며 또다시 앞서 나갔다. 이후 2006년 10월 삼성전자는 일본 요코하마에서 열린 'FPD인터내셔널 2006'에서 14.3인치 흑백 'E-페이퍼'를 발표하며 또다시 세계 1위를 탈환했다.

자동차의 경우도 우리 자동차산업이 가진 가격경쟁력에 품질경쟁력이 더해지면서 과거 '수출 증가 → 3년 후 품질 문제 발생 → 수출 급감'의 패턴에서 벗어나 '수출 → 품질 만족 → 수출 증가 지속'의 선순환으로 바뀌었다. 현대자동차의 획기적인 품질경쟁력 개선에는 최고경영자의 리더십이 크게 작용했다. 1999년 취임한 정몽구 회장은 '품질을 잡지 못하면 망한다'는 위기의식을 가지고 품질을 최우선하는 경영 풍토를 조성했다. 북미시장에서 '10년 10만 마일 무상 수리 캠페인'을 실시하고 막대한 손실이 예상됨에도 불구하고 신차 출시를 1~2개월 연기하면서 최상의 품질 확보에 주력했다. 경영진의 긴장감이 전체 임직원은 물론 협력업체에까지 파급되어 품질 의식이 획기적으로 변화되면서 품질 개선에 대한 명확한 책임의식이 형성되었고 협조체제가 구축되었다. 그 결과 2005년 대미수출이 1999년 대비 360%나 증가하는 쾌거를 이룰 수 있었다.[32]

그 외 포스코 역시 빠른 기술 체화 능력으로 급성장하며 기록적인 공기 단축을 이룬 바 있다. 철강 경험이 없어 일본에 의존했던 시절부터 관련 기술을 빠르게 습득하여 비용을 절감했다.

프리미엄 브랜드 창출   2006년 《비즈니스위크》가 전 세계 기업을 대상으로 한 브랜드 가치 평가에서 삼성전자는 162억 달러로 세계 20위를 기록했다. 2000년 52억 달러, 43위를 기록한 이후 가치와 순위가 지속 상승한 결과이다. LG전자와 현대자동차의 경우 2005년 처음으로 100대 브랜드에 진입한 이후 브랜드 가치가 각각 17%, 14% 오르며 75위와 94위를 기록했다. 100대 브랜드들의 평균 가치상승률이 6%에 머문 것에 비해 매우 우수한 성적으로 자동차 분야와 전자제품 분야에서 가치 상승률 1위의 영예를 안은 것이다.[33]

글로벌 강자들의 아성이 견고한 가운데 상대적으로 인지도가 낮고 소프트 측면의 인프라도 척박한 국내 환경에서 기업들의 브랜드 가치가 어떻게 이처럼 급상승할 수 있었을까? 1990년대 중반까지만 해도 국내에는 무형자산으로서의 브랜드 자산에 대한 개념이 정착되어 있지 않았다. 브랜드 자산을 제대로 육성하기 위해 최소 수십 년간 전략적 브랜드 관리에 집중

---

[32] *Financial Times*(2005. 9. 27), "Korean Carmaker Celebrates Coming of Age".
[33] *Businessweek*(2006. 7. 27), "The 100 Top Brands 2006".

해온 선진 기업들과는 매우 대조적인 상황이었다. 브랜드의 취약성으로 인해 한국 기업 제품의 해외시장 판매 가격이 동급의 외국 기업 제품 가격에 비해 심한 경우 절반 이하에 머무는 경우도 다반사였다. 이처럼 글로벌 소비자에게 코리아 브랜드가 제대로 인지조차 되지 못했던 시기에 국내 선두 기업들은 브랜드 가치의 중요성에 주목하고 강력한 자산으로서의 브랜드 가치를 구축하는 데 열중하기 시작했다.[34]

대표적으로 삼성은 1990년대 중반까지 3군에 머물러 있던 제품을 1군으로 도약시킬 것을 목표로 삼고 브랜드 전략을 재점검하기 시작했다. 1990년대 중반에 하나같이 미래지향성을 강조하고 나선 샤프, 도시바, 마쓰시타에 대응하여 삼성만의 독특함을 강조하기 위한 차별화 포인트로서 '현재 지향성 및 소비자 혜택'을 표방했다. 소비자들에게 '바로 지금'을 위한 기술과 제품의 제공을 강조한 것이다. 그리고 이를 축약해 새로운 광고 슬로건으로 'Samsung DIGITall, Everyone's Invited'를 탄생시켰다. 아울러 새로운 브랜드 개념을 전파하기 위해 1997년 5월 국제올림픽위원회(IOC)와 '월드와이드 올림픽 파트너' 계약을 체결했다. 2000년 시드니올림픽에서는 무선통신장비 부문의 월드와이드 올림픽 파트너로 참여하여 삼성의 기술력을 전 세계에 알렸다. 통일된 글로벌 광고 활동을 위해 55개가 넘었던 광고회사도 대폭 축소했다. 또한 소비자의 인식 속에 남아 있는 저가 브랜드의 이미지를 불식하고 고급 이미지를 강화하기 위해 무려 4억 달러의 비용을 투입하였다. 유통점의 브랜드 이미지를 고려하여 저가 이미지가 강한 대형할인점 월마트에서 삼성전자 제품을 과감히 철수하고, 삼성의 하이엔

---

[34] 이민훈(2003. 9. 17), "기술과 감성의 융합 시대", 《CEO 인포메이션》, 제417호, 삼성경제연구소.

드 브랜드 전략에 부합하는 것으로 판단되는 베스트바이(BestBuy), 컴프USA(Comp USA)와 같은 전문매장을 집중 공략하였다.

삼성은 또한 소비자로부터 신뢰받는 브랜드가 되기 위해 사회공헌활동에도 앞장섰다. 삼성전자 내에는 850여 개의 사회봉사팀이 존재하며 2만여 명의 직원이 참여해 연간 4,000여 건의 봉사활동을 벌이고 있다. 서울 본사에서는 청소년 경제교육, 사회복지시설 봉사활동을 벌이고, 수원 및 기흥 사업장에서는 수원 화성지킴이, 사랑의 달리기, 반도체와 함께하는 지구촌 사랑 나누기 행사 등을 전개하고 있다. 특히 1998년 시작된 사랑의 달리기는 국내 민간 기업 최대 규모의 사회공헌 이벤트이다. 매년 2만 명 이상이 참가하는 5킬로미터 단축 마라톤인데, 달리는 거리만큼 이웃돕기 성금을 기부하는 행사이다. 실제로 기업의 사회공헌활동은 기업의 브랜드 이미지 강화에 직접적인 영향을 미치는 것으로 확인되고 있다. 사회적 책임 경영 컨설팅업체 콘(Cone)사의 조사 결과에 따르면 "가격이 같을 경우 사회적 책임을 다하는 기업의 제품을 사겠다"는 소비자 응답이 2004년 86%로 1993년보다 20%p 상승한 바 있다.

삼성의 사회공헌활동은 국내에만 한정되지 않는다. 2002년부터 매년 뉴욕에서 열리는 '희망의 4계절' 행사는 삼성전자 미주법인이 골프, 야구, 농구, 미식축구 등 미국 4대 인기 스포츠 스타들과 함께 펼치는 공동 자선모금 행사로서 유명한 자선 이벤트로 자리 잡았다. 2006년에는 베트남의 개발 낙후 지역인 다낭 시 호아산 마을에 최신 교육 시설을 갖춘 중학교를 신축해 시에 기증하기도 했다. 남아프리카공화국에서는 증기기관차와 달리기 선수들이 이어달리는 이색 스포츠 행사인 '삼성스팀 챌린지'를 열고 참가비를 현지 불치병 환자 치료용으로 전달했다.

LG전자는 디지털 컨버전스 리더로서 인지도와 선호도를 급성장시키고 프리미엄 이미지가 확고한 브랜드 구축에 힘쓰고 있다. 이와 함께 지역사회와의 지속적인 교류를 통해 기업의 사회적 책임을 다할 것을 강조하고 있다. 2000년대 초부터 그룹 차원의 브랜드 통합 관리를 선포하고 전사적 브랜드 전략 및 브랜드 커뮤니케이션 가이드라인을 확정했다. 브랜드 활동의 시너지 및 파급 효과를 목표로, 본사 및 해외법인의 브랜드 관리 체계를 강화하고 본사와 법인 간에 긴밀한 네트워크를 형성하여 사례 공유를 통한 벤치마킹을 강화한다는 것이 핵심 내용이다. 2005년에 '럭키금성'에서 영문 CI인 'LG'로 개정한 지 10년째를 기념하며 구본무 회장은 향후 경영의 주안점을 브랜드 관리에 두겠다고 밝혔다. 또한 '고객을 위한 가치창조'와 '인간존중의 경영'이라는 경영이념 아래 정도경영과 1등 LG를 지향한다는 내용의 'LG WAY'를 선포했다.

글로벌 브랜드 전략은 관계 중심의 마케팅을 통한 호의적 이미지 구축을 목표로 하고 있다. 1997년부터 중동, 아프리카, 중남미에서 개최되는 LG컵 축구대회는 민족적·종교적 갈등 소지를 내포하고 있는 튀니지, 이란, 모로코, 이집트 등지의 현지인들을 하나로 묶는 매개 역할을 하고 있다. 2001년에는 LG 브랜드에 대한 중국 소비자들의 친밀감 향상을 목표로 3개월간 중국 전역을 돌며 올림픽 개최를 기원하는 '2008년 베이징올림픽 유치 대장정'을 실시하였다.

2000년대 들어 IT 상품을 비롯한 신상품의 단명화가 빨라지면서 브랜드 관리에 대한 기업들의 의지는 더욱 강해졌다. 젊은 층을 중심으로 상품의 기능이 업그레이드되기를 기다렸다가 신제품 발매 직후 과감히 구매하는 혁신적 소비자가 증가함에 따라 이들을 타깃으로 한 신제품 출시가 빠르게 진행되었다. 대표적인 사례가 휴대폰이다. 고화소 휴대폰 출시 경쟁이 치열해짐에 따라 불과 2~3년 만에 1,000만 화소 대까지 성능이 향상되었다.

그러나 싫증을 잘 내는 혁신적 소비층의 특성 때문에 이들을 공략함으로써 장기적 고수익을 확보하기는 어려웠다. 왜냐하면 이들은 시시각각 니즈가 변화하는 특성을 갖고 있으므로 언제든지 경쟁사 브랜드로 교체할 가능성이 높기 때문이다. 반면, 비용 대비 효과를 꼼꼼히 점검하며 신중하게 구매하는 스마트 소비자들은 일관된 소비 행태를 보이므로 이들을 공략할 경우 장기적으로 안정된 수익을 확보할 수 있다. 이들의 경우 충동구매를 자제하고 인터넷에서 각종 정보를 입수하여 신뢰할 만한 브랜드를 선택하는 성향이 강해, 기업들은 품질 혁신 못지않게 소비자 권리 보호에 적극적인 브랜드라는 이미지를 확보하는 것이 중요해졌다.

또한 가격 결정권을 두고 유통업체와 제조업체 간 갈등이 심해지면서 제조업체의 브랜드력을 증강할 필요성이 더욱 커졌다. 2000년대 초부터 시작된 유통업체와 제조업체의 힘겨루기는 IT·전자 분야에서 가장 치열한 신경전 양상을 보이다 점차 전 제품군으로 확산되었다. 유통업체의 일방적인 가격과 규격 조정에 반발하여 매장에서 제품을 철수하는 사례도 급증했다. 2004년 식품업체인 풀무원과 CJ는 까르푸의 납품단가 인하 요구에 반발해 제품을 회수하고 공급을 전면 중단했다. 원자재 가격 인상을 고려하지 않은 할인점의 무리한 가격 정책과 일방적인 판촉비 전가 관행이 누적되어 불만이 폭발한 것이다.

제조업체와 유통업체의 파워 다툼이 유통업체의 우세승으로 일단락된 선진국의 사례를 보면서 국내 제조업체들은 더욱 긴장할 수밖에 없었다.

삼성의 애니콜 신화

삼성전자의 '애니콜'은 1993년 첫 휴대폰 단말기를 시장에 내놓은 이후 수많은 히트 제품을 쏟아내며 세계적인 명품 반열에 오르면서 '휴대폰계의 벤츠'가 되었다. 애니콜은 삼성의 얼굴을 바꿔놓은 일등공신이자 10년 전만 해도 '싸구려'로 통했던 한국 제품들을 이제는 세계 속의 '넘버원'으로 각광받게 만들었다.

애니콜의 브랜드 가치는 1998년 약 5,200억 원에서 2003년 30억 달러(약 3조 3,000억 원)로 껑충 뛰어올랐고, 삼성전자의 브랜드 가치는 순위권 밖에 있던 1999년 31억 달러에서 2006년에는 161.7억 달러로 상승하여 전자업체 중 26위를 차지한 소니를 제치고 20위에 올랐다.

게다가 애니콜의 2006년 휴대폰 생산은 1억 1,500만 대를 돌파하여 한국 휴대폰의 위상을 세계에 알리는 데 크게 기여했다. 삼성전자의 휴대폰 수출액은 130억 달러로 국내 휴대폰 전체 수출액의 70%를 차지한다. 이는 실제 우리나라 전체 수출의 5%에 이르는 막대한 규모이다. 애니콜이 '단말기 신화'라 불리며 세계적 상표로 성장한 것이다.

미국의 경우 저가격으로 승부하는 월마트의 구매 기준과 요구를 맞출 수 없는 제조업체는 도태되는 것이 당연시되었다. 일본 가전업계 역시 1980년대 후반에 이미 계열점이 붕괴되고 야마다(山田), 코지마(小島), 요도바시(淀橋)로 대표되는 혼매(混賣, 다양한 제조사의 제품을 취급하는) 유통 체인이 득세하였다. 국내 기업들은 이 같은 전례를 고려하여 유통업체의 힘에 밀리더라도 소비자가 찾아주는 브랜드가 되기 위해 자사 브랜드 키우기에 더욱 열중하고 있다.[35]

---
35 홍순영·황인성 외(2005), 《SERI 전망 2006》, 삼성경제연구소.

디자인 경영의 개막　　소프트 경쟁력의 핵심 요인인 디자인 역시 기업들의 전사적 관심 대상이 되었다. 뛰어난 디자인은, 상품력을 제고하여 기업의 수익성을 개선함과 동시에 성숙 시장을 극복하고 신시장을 개척하는 데 있어 필수 요건으로 떠올랐다. 기업 간 기술격차가 작고 가격경쟁이 심한 산업의 경우 디자인은 가장 강력하고 효과적인 차별화 수단이 될 수 있다. 특히 소비자의 개성이 뚜렷해지고 제품에 대한 요구가 갈수록 까다로워짐에 따라 디자인의 중요성이 더욱 높아졌다. 디자인을 '겉모양 꾸미기' 정도로만 여기는 단편적인 시각에서 탈피하여, 디자인의 진정한 의미와 가치에 대해 새롭게 인식하려는 움직임이 확산되기 시작했다.

　　한국 기업의 디자인 경쟁력 강화는 선진국에 비해 취약하다는 사실을 직시하는 데서 출발했다. 과거 한국 기업의 전반적인 디자인 수준은 선진국에 비해 매우 취약하다는 평가가 대부분이었다. 디자인이 성패의 관건이 되는 시계, 화장품, 패션 등의 분야에서 한국 기업은 최소 수십 년간 디자인에 투자해온 글로벌 강자들에게 밀려 세계시장에서의 지위가 미미했다. 산업자원부의 몇 차례 조사 결과, 국내 기업의 디자인 경쟁력은 선진국 대비 70~80% 수준에 불과한 것으로 나타났다.[36]

　　전자 부문에서 최고의 기술을 보유한 삼성전자, LG전자 등 대기업에서도 초대형, 초박형 TV 등 기술력 우위를 내세운 제품이 주류를 이루었다. 국내 업체들의 경우 평면 패널 디스플레이를 채용한 초대형 TV를 선도했으나 '초박형', '초경량', '초대형' 등 주로 기술 위주의 홍보에 집중했다. 화면과 화질은 크게 좋아졌으나 색깔, 재질, 형태 등의 디자인 개선이 주요

---

[36] 《한경비즈니스》(2005. 4. 24), "원더풀! 디자인코리아, 경쟁력 분석".

과제로 지적되었다. 자동차의 경우도 선진국에 비해 차세대 기술의 개발 시기가 늦고 감성을 자극하는 새로운 콘셉트가 부족하다는 지적이 많았다. 특히 한국 차를 대표할 수 있는 색상과 스타일 등이 부족하다는 평가가 대세였다.

국내 기업들은 이 같은 문제점에 주목하고 강력한 디자인 파워를 구축하는 데 총력을 기울였다. 삼성전자, LG전자, 현대자동차, 기아자동차 등 국내 대기업들은 1990년대 이후 본격적인 디자인 경영에 착수했다.

삼성은 제품의 품질이 디자인에서 완성된다고 보고 "월드 베스트 제품을 만들어내기 위해서는 디자인의 수준을 높여야 한다"고 지속적으로 강조했던 이건희 회장의 디자인 중시 전략을 구체화했다. 우선 1996년을 '디자인 혁명의 해'로 정하고 디자인 역량 확보를 위해 집중적으로 투자하기 시작했다. 디자인 연구와 전문 인력 양성을 위해 디자인경영센터, SADI, 삼성패션연구소 등을 설립하고 '삼성디자인상'을 제정했다. 이 외에도 샌프란시스코와 LA, 런던, 도쿄 등에 디자인연구소를 운영하면서 현지인의 라이프스타일과 트렌드 변화를 신제품에 반영하는 데 주력하고 있다. 한편, 삼성의 철학이 담긴 디자인 실현을 위해 2000년부터 그룹 차원의 '디자인 지침'을 마련하고 삼성의 모든 제품이 이 지침에 따라 디자인되도록 유도하였다. 또한 제품 기획 단계부터 디자이너가 참여하도록 하고, 미래 기술을 논의하는 회의에도 디자이너가 참가하게 하는 등 디자인 역량을 강조했다.

이런 집중적인 투자를 한 결과, 삼성의 디자인 역량은 단시간에 세계 최고 수준으로 향상되었다. 최근 중국을 위시한 많은 나라에서 삼성 휴대폰은 우수한 디자인으로 높은 평가를 받으며 부(富)의 상징이 되고 있다. 'SGH-600' 휴대폰 모델은 우수한 성능에 디자인 혁신이 결합된 대표적인 사례로서 간결하지만 싫증나지 않는 디자인으로 1,000만 대 이상의 판매를 기록했다. 최근에는 폴더 타입에만 집착하지 않고 다양한 바 타입의 디자인을 시도하고 인체공학적 요소를 강화하여 히트 기록을 갱신하고 있다. 또한 영국 출신의 세계적인 디자이너인 재스퍼 모리슨(Jasper Morrison)을 영입하는 등 국적이나 인종, 학력, 성별을 불문하고 끼와 재능, 창의성을 갖춘 우수 디자인 인력 확보에도 힘쓰고 있다.

LG전자는 산업디자인의 개념을 도입해 1983년 디자인종합연구소(금성사 시절)를 설립하고, 핵심 경영전략으로서 디자인의 역할과 위상을 강화하기 위해 1991년 업계 최초로 디자이너 출신을 연구소장으로 임명했다. 그 후 2002년에는 제품군별 3개 디자인 연구소와 LSR(Life Soft Reserch)연구소를 통합해 LG전자 디자인경영센터를 출범시켰다. 2002년 말부터 밀라노에도 디자인센터를 열고 글로벌 소비자에 부합하는 디자인 연구에 주력하는 움직임이다. 2007년 창립 60주년을 맞아 디자인력을 강화하고 이를 토대로 한 대대적인 기업 브랜드 캠페인을 펼쳤다. LG 브랜드 광고는 명화와 LG의 주요제품을 PPL(Product Placement) 형태로 결합하는 기법을 사용해 고흐·세잔·르느와르·모네 등 우리에게 친숙한 화가의 작품 속에 LG의 제품을 자연스럽게 배치하여 세계적인 명작에 버금가는 디자인을 부각시키고자 했다. 동시에 '당신의 생활 속에 LG가 많아진다는 것은 생활이 예술이 된다는 것'이라는 메시지를 지속적으로 홍보하여 세련된 감각과 디자인력을 갖춘 브랜드임을 강조하고 있다.

자동차 부문에서도 디자인이 핵심적인 차별화 대안으로 부상함에 따라 현대자동차는 디자인 중심의 경영방침과 전략을 선포하고 그 일환으로 1995년에 디자인 연구소를 설립했다. 2003년부터는 글로벌 디자인 시스템

(Global Design System) 구축을 선포하고 국내 연구소뿐 아니라 미국 캘리포니아와 일본 지바 등 해외에도 디자인 연구소를 설치·운영하고 있다. 이처럼 해외 현지 소비자의 감각을 반영하기 위한 노력이 뒷받침된 결과, 2005년 미국에서도 기아 스펙트라와 현대 티뷰론이 미국 자동차 전문지 《켈리 블루 북(Kelly Blue Book)》이 선정한 '가장 멋진 차 톱 10'에 나란히 이름을 올렸다. 또한 국내 소비자의 디자인 니즈 변화를 추적하고 특히 여성과 신세대층의 디자인 니즈에 부합하기 위해 최근에는 '우먼 현대 와인파티', '디자인 산학협동 공모' 등의 이벤트를 적극적으로 기획하고 있다.

그 외 디자인 분야에서 최고 강자로 알려진 패션업체와 비즈니스 제휴를 통해 제품의 감성적 가치를 높이고 고부가가치화하려는 움직임도 활발해졌다. 삼성은 벤츠자동차가 조르지오 아르마니의 실내 인테리어를 도입하고 뱅앤올룹슨(Bang&Olufsen)이 MP3 플레이어에 루이비통 전용 케이스를 도입한 것에 착안하여, 삼성이 출시하는 노트북 가방에 패션명품 브랜드 루이까또즈(Louis Quatorze)의 디자인을 도입해 신세대 소비자들로부터 큰 호응을 얻었다.

특히 새로운 디자인과 고객 편의를 강조함으로써 국내 선두를 유지해 온 기업들은 이를 발판으로 글로벌 위상을 제고하는 데 주력하고 있다. 외환위기 이후 수출 증가는 기술, 품질 및 디자인의 지속적인 향상 등 주력 수출품목의 소프트 경쟁력이 강화된 결과이기도 하다. 〈표 3-12〉에서 보는 바와 같이 수출업체 중 수출 제품의 디자인이 선진국 수준보다 열위에 있다고 응답하는 수출업체 비중은 지속적으로 감소하는 반면, 우위에 있다고 응답하는 비중이 지속적으로 증가하는 추세다. 또한 선진국의 디자인 수준을 100으로 가정했을 때, 한국의 디자인 경쟁력 점수는 2005년 85.8, 2006년

〈표 3-12〉 수출 산업의 디자인 경쟁력

(단위 : %)

구분	우위	열위
1996년	9.0	46.0
2000년	9.6	36.0
2004년	11.9	22.8

자료 : 한국무역협회, "수출산업실태조사", 1996~2004년 각호. 2006년 자료는 동일 항목에 대한 내용이 없어서 제외.

88.0, 2007년 90.5로 매년 향상되고 있다.[37]

자체 디자인 역량이 없거나 부족한 경우에는 외부의 우수자원을 전략석으로 활용하기도 했는데, 대부분 비즈니스 프로세스 전체를 외부에 위탁하는 BPO(Business Process Outsourcing)나 부분적으로 위탁하는 아웃소싱 방식을 채택했다. 레인콤은 2002년 디자인 프로세스 전체를 이노디자인에 아웃소싱했다. 또한 사내 디자인 체제를 갖추고 있더라도 혁신이 필요한 경우에는 전략적 차원에서 아웃소싱을 추진하기도 하는데, 대표적으로 삼성물산 건설 부문은 주상복합아파트인 목동 트라팰리스의 인테리어 디자인을 패션 디자이너인 '앙드레 김'에게 의뢰하기도 했다. 이런 경우 아웃소싱 기업 혹은 전문가를 단순한 하청업체가 아닌 비즈니스 파트너로 인식하고, 디자인에 기업의 철학과 가치, 전략 등을 담아내는 것이 매우 중요한 작업으로 인식되고 있다.[38]

서비스, 차별화의 핵심무기로 부상

1980년대 후반 고객만족 개념이

---

[37] 한국무역협회(2007), "수출산업실태조사".
[38] 이안재(2005. 8. 17), "굿 디자인의 조건과 기업의 대응", 《CEO 인포메이션》, 제514호, 삼성경제연구소.

본격적으로 태동하면서 국내 기업들도 고객과의 접점(Moment of Truth) 관리 중요성에 주목하기 시작했다. 접점 관리는 기업에 대한 소비자의 평가가 기업과 고객이 만나는 짧은 순간에 결정된다는 신념을 전제로 하고 있어서 이에 관한 논의는 서비스의 중요성을 인식하는 계기가 되었다. 그러나 당시만 해도 접점에서의 고객만족은 서비스산업에만 국한된 과제로 인식되었다. 고객만족 이념을 선포한 기업들은 판매사원의 친절한 응대, 전화 응대 시 신속한 대응, 정중한 애프터서비스 등 여러 제도를 시행했지만 서비스산업 위주의 단편적인 제도 개선 수준에 머물러 있었다.

1990년대 중반까지도 국내 기업의 마케팅 담당자들은 제품의 이름을 더 널리 알리거나 더 많은 소비자가 더 많은 제품을 구매하도록 만드는 것 등을 최고 목표로 삼았으며, 정작 서비스는 그 목표 달성을 용이하게 해주는 윤활유쯤으로 생각하는 경우가 많았다. 그러나 1990년대 후반 기업에 대한 소비자 평가가 엄정해지고 평가의 범위도 경영 활동 전반으로 확장되면서 서비스업은 물론 제조업에서도 '눈에 보이지 않는 서비스'가 기업을 평가하는 중요한 척도로 부상하였다. 이제 서비스는 접점에서의 관리 차원을 넘어 기업 이미지 제고 차원에서 전략적인 검토 대상으로 부상하기 시작했다.[39] 이러한 와중에 제품 경쟁력 제고를 위해 제조와 서비스가 융합되는가 하면 서비스 자체를 사업화하는 새로운 비즈니스 모델이 모색되고 있다.[40]

가전제품, 자동차와 같은 내구 소비재와 기계, 설비 등의 경우 이미 판매된 제품에 대한 서비스 시장이 확대되는 추세다. 제품의 기능이 다양해

---

39 해리 벡위드(2006), 《보이지 않는 것을 팔아라(Selling the Invisible)》, 더난출판사.
40 R. Wise and P. Baumgartner(1999), "Go Downstream : The New Profit Imperative in Manufacturing", *Harvard Business Review*, Vol. 77, No. 3, pp. 9~10.

<표 3-13> 한국과 미국의 자동차 판매 및 보유 대수 현황

(단위 : 만 대)

구분	판매 대수(A)	보유 대수(B)	A : B
한국	114	1,183	1 : 10.4
미국	1,744	23,139	1 : 13.1

주 : 판매 대수는 2005년, 보유 대수는 2004년 기준.
자료 : 한국자동차공업협회(2006), "한국의 자동차 산업".

지고 구조가 복잡해지면서 사용 도중 문제가 발생할 경우 사용자가 스스로 해결하는 것이 어려워졌다. <표 3-13>에 나타나듯 자동차의 경우 신규 판매 대수보다 운행 차량 대수가 10배 이상 많다는 사실만 보더라도 애프터 서비스 시장의 급팽창을 실감할 수 있다.

치열한 글로벌 경쟁을 경험한 대기업들은 특히 서비스 고품질화를 효과적으로 달성하기 위해서는 서비스에도 과학적인 R&D가 필요하다는 점을 인식하게 되었다. 과거 서비스는 그 특성상 고객에게 제공되는 시점에만 존재하며 고객 개개인에게 맞춤화되어 과학적이고 객관적인 R&D가 어렵다는 인식이 보편화되어 있었으나 이 같은 인식이 180도 전환된 것이다. 서비스 경쟁이 치열해질수록 경쟁사보다 더 먼저, 더 획기적인 상품을 개발하는 것도 중요하지만, 체계적인 개발 과정으로 효율성을 제고할 필요가 있음을 절감한 것이다. 비용, 수익, 만족도와의 관계를 과학적으로 검증하면서 단기간의 손님몰이에 그치지 않고 재방문율 및 재구매율을 높일 수 있다고 판단한 것이다.

삼성은 고객만족 서비스를 실천하기 위해 우선 기본적인 전화 응대와 친절 서비스의 개선에 집중했다. 삼성의 금융회사, 에버랜드, 호텔신라 등 서비스 사업 부문은 물론 모든 삼성의 고객 접점은 대대적인 교육을 통해 친절한 서비스의 체질화를 궁극적인 목표로 삼았다. 고객을 직접 대면하는 여사원 300명을 선정하여 일본에 친절연수를 보내는 파격 조치를 취하기도 했다. 그룹 차원에서는 고객만족 서비스를 독려하는 강도 높은 메시지들이 전 계열사로 발신되었다. "고객만족은 하면 좋은 것이 아니라 안 하면 망하는 것이다", "회장 앞에서는 담배를 피워도 고객 앞에서는 안 된다", "회사의 대표는 사장이 아니고 현장에서 고객을 접촉하는 사람이므로 이들이 권한을 가지고 고객요구에 즉시 응대할 수 있도록 해야 한다" 등이 그것이었다.

특히 에버랜드의 경우 사업 핵심역량 강화와 서비스 개발을 위해 핵심 우수인력을 확보하는 데 투자를 아끼지 않았다. 디즈니랜드와 같은 선진 테마파크 근무 경력이 풍부한 인력을 자문으로 영입함으로써 선진 사례 연구를 본격화했다. 또한 서비스업에 맞는 인재의 기준을 정립하여 끼 있는 인재 발굴에 노력을 기울였다. 학교 성적이 뛰어난 모범생 출신보다는 끼 있고 밝은 인상의 인력이 서비스 현장에 더욱 필요했다. 따라서 신입사원 채용 원칙을 '연기력 있는 사람', '표정이 밝은 사람', '외모·체형·체력, 자세·말씨가 서비스에 적합한 사람'으로 정했다.

서비스에 대한 소비자의 기대 수준이 높아지면서 서비스 산업의 업그레이드도 급속히 진행되었다. 1993년에 처음 등장한 할인점은 〈표 3-14〉에 나타나듯이 연간 매출 규모가 약 27조 원대에 이르는 대표적인 유통업체로, 유통산업의 성장을 선도하고 있다. 최근에는 영화관, 문화센터 등과 결합하여 소비자의 체험 니즈를 충족시키며 복합 쇼핑문화 공간으로서 성공적인 변신을 꾀하고 있다.

월마트와 까르푸가 국내에서 초라한 성적을 거두고 떠난 반면 토종 기

〈표 3-14〉 유통 업태별 매출액 추이

(단위: 조 원, %)

구분	2004년	2005년	2006년	증감률	
				2004년 → 2005년	2005년 → 2006년
할인점	21.7	24.0	26.8	10.6	11.6
백화점	16.5	16.9	17.8	2.3	5.3
무점포	12.4	13.6	15.4	10.2	12.7
기타	83.9	85.2	86.7	1.5	1.8
합계	134.5	139.8	146.7	3.9	5.0

주: 기타는 통계청 도소매업 동태조사 분류상 슈퍼마켓/편의점/기타 대형점/기타 매점의 합.
자료: 통계청 도소매업판매액지수를 토대로 삼성경제연구소가 추정 및 전망.

업인 신세계 이마트가 승승장구할 수 있었던 데에도 소비자의 마음을 읽는 고품질 서비스가 중요한 역할을 했다. 글로벌 할인점들은 공통적으로 최소한의 직원과 서비스로 비용을 줄이고 대량 및 저가 위주의 글로벌 전략을 국내시장에 그대로 적용했다. 그러나 국내 소비자들은 단순히 저가 상품 매장이 아닌 다양한 체험 욕구를 충족시켜줄 복합 쇼핑 공간과 친절한 서비스를 기대했다. 따라서 글로벌 업체들의 천편일률적인 서비스는 소비자의 마음을 잡지 못한 채 외면받을 수밖에 없었다. 반면, 이마트의 경우 고객들이 기대하는 원스톱 서비스 욕구를 충족시키고 백화점 종업원 수준으로 접객력을 제고하는 한편, 토종 기업의 강점을 살려 고객의 기대수준이 높고 유통이 까다로운 신선식품 부문에까지 세심한 주의를 기울였다.

그 결과 이마트는 국내 업계 1위를 고수하는 것은 물론 1997년에는 국내 유통기업 최초로 중국 상하이에 단독 점포인 취양점을 낸 이후 2006년 말 현재 중국에서만도 7개의 점포를 운영 중이다. 중국에서도 창고식 할인점이 아닌 백화점처럼 고급스럽고 쾌적한 쇼핑 환경을 제공하여 소비자로부터 호평을 받고 있다.

　의료 서비스는 한국 고유의 손끝 기술을 가진 풍부한 우수인력에다 최근에는 친절 서비스, 편안함을 주는 인테리어와 배경음악 등 환자를 배려한 섬세한 서비스가 추가되어 2004년에는 40조 원 규모에 이르는 등 빠른 성장을 거듭하고 있다. IT 서비스, 엔지니어링, 광고, 컨설팅, 회계·법률 서비스, 디자인 등의 주도로 비즈니스 서비스 역시 고성장 중이다. 비즈니스 서비스 시장은 1996~2004년 중 연평균 16% 증가하여, 2004년에는 57.3조 원 규모를 기록했다.[41]

　서비스 산업의 업그레이드 결과, 국내 유수기관에 의해 매년 선정되는 히트 상품 목록에서도 1990년대 후반부터 서비스 상품의 비중이 커지고 있다. 특히 2000년대 들어오면서 아바타, 매가패스, TV홈쇼핑, 지하철신문, 지식검색, SK보너스, 싸이월드 등 신형 서비스가 히트상품 상위에 오르는 특징을 보였다. 시간이 많이 걸리는 쇼핑이나 지식 습득 활동을 쉽고 빠르게 해결할 수 있도록 도와주는 서비스들도 큰 인기를 얻고 있다. 또한 '친절' 항목 외에 '빠르고 간편함'이라는 특성이 소비자에 의해 고품질 서비스의 주요 요건으로 손꼽히면서 고품질 서비스를 평가하는 기준이 시대에 따라 변화하고 있음을 알 수 있다.

---

41 정형민(2006. 3. 15), "투자 부진 탈출의 활로-서비스산업", 《CEO 인포메이션》, 제544호, 삼성경제연구소.

04 　3부 ● 한국 기업 경영 패러다임의 변화

운영 시스템

    기업이 경영 전략을 제대로 수행하기 위해서는 인사·노사, 조직 등의 운영 시스템이 뒷받침되어야 한다. 1980년대 이후를 되돌아볼 때, 한국 기업은 커다란 환경 변화와 맞물리면서 패러다임의 전환기를 맞았다. 즉 1987년의 민주화·자유화 운동과 1997년의 IMF 외환위기가 그 분기점이다.

    인사·노사, 조직 측면에서 한국 기업은 이러한 두 번의 분기점을 거쳐 연공주의에서 능력주의로, 그리고 성과주의로 이행되어왔다. 좀더 구체적으로는 1987년 이전을 입사연도나 학력과 연령 등을 중시한 '연공주의시대', 1988~1997년을 직무수행 능력을 중시한 '능력주의시대', 그리고 1998년 이후부터 지금까지를 가시적 재무성과를 보다 중시하는 '성과주의시대'로 구분할 수 있다(〈표 3-15〉 참조).

    1987년 이전의 한국 경제는 몇 차례의 경제적, 정치·사회적 난국에 직면하였으나 전반적으로 두 자릿수에 가까운 고도성장을 구가하였다. 따라서 한국 기업의 경영 환경 또한 '만들면 팔린다'는 호경기를 누렸다. 이러

<표 3-15> 한국 기업의 인사·노사 패러다임 변천[42]

구분	1987년 이전(연공주의)	1988~1997년(능력주의)	1998~2006년(성과주의)
경제/사회	• 고도성장기 • 경제개발 최우선 • 노동문제 잠복	• 고도성장기 • 민주화운동 • 노사분규 급증	• 저성장기 진입 • 외환위기 • 영미식 경영 확산
인사/노사 정책기조	• 연공주의 • 시혜적(施惠的) 복지 • 평생직장	• 연공주의 + 능력주의 • 집단적 노사관계 • 평생직장→평생직업	• 성과주의 • 개별적 노사관계[43] 확산 • 고용유연화 급진전
인사관리	• 정기 공채제도 • 연공서열적 임금	• 정기 공채제도 • 연공급 + 능력급 가미	• 수시 경력채용 증가 • 연봉제, 성과급제 확산 • 구조조정, 희망퇴직
노사관계	• 기업 우위의 노사관계 • 기업별 노조	• 대등한 노사관계 • 민노총 출범(1995. 11) • 산별노조 확대	• 노사 간 불신 확산 • 노동운동 정치세력화 • 노사정위원회(1998. 1)

한 배경이 작용한 까닭에 한국 기업의 인사·노사, 조직 부문의 운영 시스템 또한 경쟁보다는 화합을 강조하는 분위기 속에서 자연스럽게 온정적 연공서열주의가 정착되어왔다.

예를 들면 급여제도는 연령과 성별, 입사연차, 부양가족 수 등의 속인(屬人)적 요소에 기초한 정기승급제와 호봉제가 주류를 이루었고, 승진제도 또한 학력이나 연령, 입사연차에 기초하여 결정되는 시스템이었다. 노동집약적 산업이 대부분이었던 기업들은 노동력의 확보 및 장기근속을 유도할 목적으로 사내복지제도 또한 거듭 확충했다.

정부는 1987년 이전까지 경제성장 우선의 정책기조를 견지하는 가운

---

42 이정일·태원유·김태정·김경회 외(2007. 2. 14), "새로운 10년을 위한 인사·노사 7대 과제", 《CEO 인포메이션》, 제591호, 삼성경제연구소.
43 집단적 노사관계는 노조와의 단체교섭을 전제로 한 관계로 정의되는 반면, 개별적 노사관계는 연봉 결정, 고용 계약, 고충 처리 등을 위한 개별 근로자와 사용자 간의 계약 당사자로서의 관계를 중시하는 관계를 의미한다.

데, 집단적 노동운동에 대해서는 엄격한 법적 제약을 가하였다. 따라서 파업으로 인해 수출이나 경영목표 달성에 차질이 생기는 일은 드물었다. 그 야말로 기업으로서는 '사업 하기 좋은 경영 환경'이 20여 년간 지속되어온 시기라고 할 수 있다.

그러나 1987년의 민주화·자유화운동은 이러한 기업 경영 환경을 크게 흔들어놓았다. 오랫동안 억제되어왔던 근로자들의 욕구가 일거에 분출되었고, 정부의 노동정책 및 관련 법령에도 큰 변화가 나타났다. 노조조직률이 급상승하는 가운데, 기업 경영에서도 오랜 기간 지속되어온 사측의 우월적 지위가 크게 약화되었고 노사가 대등한 관계로 바뀌어갔다.[44] 이 시기에는 학력 간, 남녀 간, 직종 간 지속되어온 제도적 차별 해소가 주요 관심사로 등장하였고, 불합리한 차별요소들을 제거하는 방향으로 인사·노사, 조직 부문의 운영 시스템도 점차 발전해갔다.

한편, 1987년 이후 1990년대 초까지의 임금상승률을 보면 근로자들의 욕구 분출과 집단적 노동운동을 배경으로 생산성증가율을 초과하는 높은 수준이 지속되었다.[45] 그 결과 저임금과 양질의 노동력을 기반으로 한 한국 기업의 국제경쟁력은 크게 약화되었다.

수출의존도가 높은 경제구조하에서 국제경쟁력의 저하로 직결되는 높은 임금상승률을 방치할 수 없었던 정부는 1992년에 총액임금 억제 정책을 시행하기에 이르렀고, 이를 계기로 일부 기업에서는 생산성 연계형 임금제

---

[44] 노조조직률이 15.7%(1987년 6월 말)에서 19.8%(1989년 말)로, 노조 수는 2,725개(1987년 6월 말)에서 7,861개(1989년 말)로 급격히 증가하였다. 한국노동연구원(2005), "전국노동조합 조직현황".
[45] 생산성증가율이 15.9%(1990년), 13.9%(1991년), 11.3%(1992년)로 하락함에도 불구하고 명목임금상승률은 18.8%(1990년), 17.5%(1991년), 15.2%(1992년)를 기록하여 생산성증가율을 상회하였다. 오정일(2005), "우리나라 기업의 임금구조", 산업연구원.

도를 검토하기 시작하였다. 예컨대 일본의 직능자격제도(職能資格制度)[46]를 벤치마킹하여 능력급제 등 이른바 능력주의 인사제도를 도입하였다. 1993년을 전후하여 삼성그룹을 비롯한 대기업 중심으로 도입된 신인사제도[47]의 확산이 그 일례다.

1998년 이후는 성과주의 인사제도로의 이행기다. 1997년 말의 IMF 외환위기를 계기로 인사·노사, 조직 부문의 운영 시스템 측면에서도 성과 중시의 글로벌 스탠더드의 바람이 불어닥쳤다. 연봉제와 성과급제의 도입, 정리해고의 법제화와 구조조정의 확산 등으로 평생직장의 개념이 급속도로 퇴색되는 반면 평생직업의 개념이 일반화되었다. 그러나 경영 전반에 걸쳐 행해진 일련의 인사개혁은 낮은 경제성장률의 장기화와 맞물리면서 근로자의 고용 불안감을 크게 증폭시켰고, 일자리 창출과 고용보장을 이슈로 하는 노동계의 집단행동으로 비화되었다. 그 결과, 1990년대에 들어 줄어들었던 노사분규 건수가 다시 증가하였다.[48]

노동계의 끈질긴 저항에도 불구하고 국내 기업들은 인사·노사, 조직 부문에서의 글로벌 스탠더드화를 꾸준히 지향하였다. 글로벌화, 정보화, 고령화 등으로 집약되는 미래 사회에도 기업이 지속적 성장을 실현하기 위해서는 글로벌 스탠더드를 도입하는 것이 불가피하다고 보았기 때문이다. 아울러 기업의 지속적 성장이야말로 노동계가 바라는 일자리 창출과 고용

---

[46] 종업원의 직무수행 능력 정도에 따라서 직책과는 별개의 자격을 부여하는 제도이다. 직능자격제도를 도입한 기업은 대부분 직능자격에 기초하여 급여를 결정(職能給)하였다.
[47] 삼성의 경우, 일본의 직능자격제도를 '신인사제도(新人事制度)' 라는 이름으로 도입하였다. 인사제도가 연공주의에서 성과주의로 이행되는 중간의 과도기적 능력 중시 인사제도라고 할 수 있다.
[48] 노사분규는 1989년 1,616건, 1993년 144건, 1997년 78건, 2001년 235건, 2005년 287건으로 2000년을 전후하여 감소세를 보이다가 증가세로 반전하였다. 노동부, "노사분규 사업장 및 근로손실 일수", 각 연도별 통계.

보장의 근원적 해결책이기도 했기 때문이다.

한편, 초우량 글로벌 기업들의 인사·노사, 조직 부문의 변화 트렌드는, 특정 국가 혹은 기업집단의 운용 시스템으로 수렴되는 것이 아니라 서로의 강점이나 장점을 융합해가는 이른바 컨버전스 현상을 보였다.[49] 국내 기업들도 저출산·고령화로 인한 노동력 부족이나 글로벌화의 진전에 따른 인력 다양화 등의 미래 환경 변화에도 대응할 수 있는 시스템을 적극 강구해야 할 것이다.

능력·성과주의의 급진전

1990년대 초부터 일부 대기업을 중심으로 연공주의 인사제도에 대한 혁신 노력이 시작되었고, 그 대표적 사례가 일본식 직능자격제도 도입이다. 그러나 한국 경제는 IMF 외환위기 이후 저성장 시대로 접어들었다. 노동과 자본만으로 고성장을 이루어오던 시대가 막을 내린 것이다. 한국 기업은 수익성을 우선으로 한 구조조정을 통해 저성장 시대의 생존전략을 모색하게 되었다.

이런 시대적 상황 속에서 한국 기업들은 질적 성장 위주의 경영전략과 인적자원 관리를 지향하게 되었고, 그 결과 영미식 성과주의 인사제도가 급속히 확산되었다. 이러한 과정에서 다수의 한국 기업들은 선진 기업을

---

49 일본의 도요타와 캐논은 정년까지의 고용보장을 선언하는 동시에 보상 시스템 등에서는 성과주의를 도입·운용하고 있다.

벤치마킹하여 성과주의 인사제도를 그대로 도입하거나 부분적으로 수정하여 도입하였다.

예컨대 직급 통폐합, MBO(Management by Objective, 목표관리제도), BSC(Balanced Score Card, 균형성과표), 연봉제, 인센티브제, 스톡옵션 등 영미식 성과주의 인사 시스템[50]을 한국적 상황에 적합한지 제대로 검증하지 않은 채 도입함으로써 시행착오를 겪은 기업도 적지 않았다. 인사고과 등급 간에 연봉이나 집단 인센티브 격차를 너무 크게 벌리는 바람에 개인 및 부서 간의 경쟁의식과 이기주의를 지나치게 증폭시켜 결과적으로는 조직 전체의 시너지 효과가 약화되는 등의 폐해마저 나타났다.

성과주의 보상제도 확산 1987년 민주화운동 이후 그동안 억제되어온 근로자들의 분배 욕구가 분출하면서 1990년대 초반까지 제조업의 임금상승률이 생산성증가율을 크게 상회하였다. 1992년에는 정부가 국가 경쟁력 회복 차원에서 총액임금제를 도입하여, 생산성을 초과하는 과도한 임금 인상에 제동을 걸었다. 이로써 1992년부터 1994년까지 제조업의 임금상승률과 생산성증가율은 어느 정도 균형을 이루게 되었다.

한국 기업의 전통적인 임금제도는 모든 종업원에게 동일하게 적용되는 호봉제 형태로 관리되어왔다. 즉 동일한 직급과 호봉을 가진 종업원은 같은 임금을 받도록 하였고, 같은 직급이면 정년까지 매년 1호봉씩 자동적으로 오르는 정기승급제(定期昇給制)를 운영하였다. 이른바 연공적 호봉제가 중심이었다. 다만, 능력이나 업적이 탁월할 경우에는 1년에 2호봉을 승

---

[50] Broadbanding(직급통폐합), Competency(고업적자의 공통역량) 등.

급시켜주거나 발탁의 의미로서 승진시켜줌으로써 기여도에 대해 보답하였다. 반면, 능력이나 업적이 미치지 못할 경우에는 유급시킴으로써 불이익을 안겨주었다.

1993년 이후, 일부 기업에서는 일본의 직능자격제도를 도입함으로써 임금제도에서도 개인의 직능자격에 따라 임금이 결정되는 능력급제를 도입하였다. 그러나 생산기능직의 경우는 대부분의 임금체계가 여전히 직급별 호봉제, 시급제, 일급제 등의 형태로 운영되었다. 노동조합이 능력급제의 도입을 반대하였기 때문이다.[51]

1997년 외환위기 이후, 한국 기업의 인사 시스템은 성과주의로 급속히 이행되었다. 그 대표적인 것이 연봉제와 같은 성과보상제도다. 연봉제가 한국 기업에 최초로 도입된 것은 1990년대 초반이나, 1997년 외환위기를 분기점으로 빠르게 확산되었다.[52] 한국 기업의 연봉제 도입 목적은 지나치게 복잡한 임금체계의 단순화와 종업원의 성과 중시 마인드의 제고 등에 있었다.

노동부의 조사에 따르면 〈그림 3-17〉에서 보듯이 1997년 외환위기 이전에는 종업원 100인 이상 기업의 연봉제 도입비율이 1.6%에 불과했으나 외환위기 이후에는 빠른 속도로 확산되어 2005년에는 48.4%를 상회하고 있다. 업종별로는 통신업, 직종별로는 사무·관리직, 유형별로는 공공부문, 그리고 노조 유무별로는 무노조 사업장에서 상대적으로 연봉제 도입 비율이 높게 나타나고 있다.[53]

연봉제를 도입하는 형태를 보면, 전년도의 성과평가 결과에 따라 개인

---

51 한국노동연구원(2000), "경제위기 이후 인적자원관리 및 노사관계 변화에 관한 서베이".
52 외환위기 이전 23.0%, 외환위기 이후 45.2%, 한국노동연구원, 2000.
53 비노조 33.6%, 한국노총 29.3%, 민노총 32.6%. 노동부(2006), "연봉제·성과배분제 실태조사".

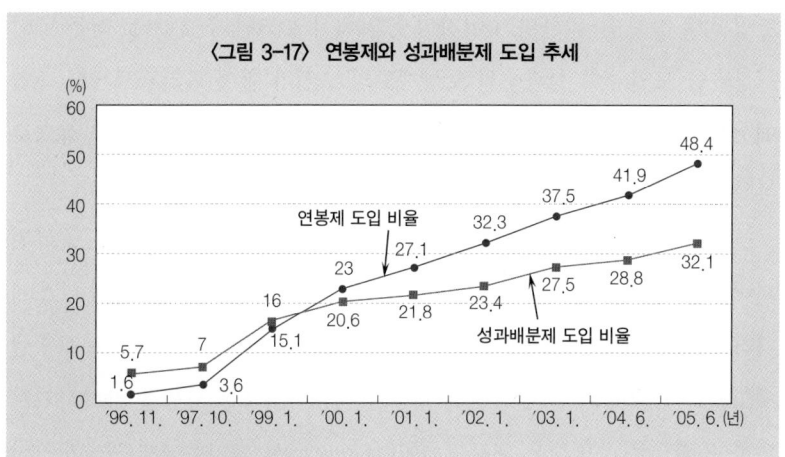

주 : 종업원 100인 이상 기업을 대상으로 조사.
자료 : 노동부, "연봉제·성과배분제 실태조사", 각 연도.

별 기본연봉 상승률에 반영하는 누적 방식과 성과와 업적 차이를 일회성 보너스 형태로 지급하는 비누적 방식, 그리고 양자를 결합하여 사용하는 혼합 방식으로 나눌 수 있다. 또한 이런 방식은 기업이 처한 개별 상황에 따라 다양하게 적용되어 운영되고 있다.[54]

다수의 한국 기업들이 연봉제와 함께 도입하여 실시하고 있는 제도가 바로 성과배분제(Profit Sharing)[55]이다. 성과배분제는 고정급적 성격의 상여금을 대체할 목적으로 조직의 성과와 연계하여 성과향상 부분에 대한 이익을 집단 차원에서 인정하고 보상하는 기능을 가진 제도이다. 성과배분제

---

[54] 송광선(1999), "한국 기업의 연봉제 도입 현황과 특성 및 이의 평가", 《인적자원개발연구》, 제1권, 제2호, 한국인적자원개발학회.
[55] 성과배분제는 집단을 대상으로 한 집단성과급제로서 기업 전체 혹은 사업부와 같은 하위단위의 재무적 성과와 연동하여 각 조직의 구성원들에게 일회성 보너스 형태로 지급하는 제도이다.

도입 비율을 보면, 외환위기 이전의 5.7%에서 2005년의 32.1%로 빠른 도입 신장률을 보인다.[56] 성과주의 보상제도의 도입과 함께 복리후생제도 측면에서는 종업원의 니즈에 부응하는 선택적 복리후생제도[57]가 점진적으로 보편화되었다.

과거 복리후생제도는 전체 종업원을 대상으로 기본적이면서 표준화된 서비스를 획일적으로 제공한 반면, 선택적 복리후생제도는 개인의 니즈에 따라 복지 메뉴를 취사선택할 수 있도록 하는 방식이다. 과거의 복리후생제도는 저임금에 대한 종업원의 불만을 해소하고 노조활동을 약화시키기 위한 목적으로 운영해온 프로그램이었다. 따라서 복리후생제도는 개인의 니즈를 충족하거나 비용 효율성 측면에서 기업들의 주요 관심 대상이 아니었다. 그러나 외환위기 이후 한국 기업은 선택적 복리후생제도 도입을 통해 비용 대비 효과성을 제고하고 종업원의 다양한 니즈를 충족함으로써 근무 의욕과 업무 성과를 향상시키려 노력하고 있다.[58]

성과주의 인사 시스템의 도입 효과에 대한 긍정적 평가에도 불구하고, 한국 기업의 조직 문화적 특성과의 적합성 측면에서 비판적 평가가 있는 것도 사실이다. 대표적 비판의 하나로서 성과주의 인사의 확산으로 평생직장의 개념이 깨지면서 고용 불안감이 증폭되고, 조직 로열티가 약화된 점 등을 들 수 있다. 또한 종업원 간의 지나친 보상 격차도 조직 내 공동체 의식을 약화시키고 이기주의적 의식을 강화함으로써 조직 성과 측면에서 오

---

56 2002년 기준으로 성과배분제 도입률은 300대 기업은 56.3%. 삼성경제연구소(2002), "인사제도 설문조사"; 100대 기업은 49.3%, 《동아일보》(2002. 7. 29), "인사제도 관련 설문조사".
57 일명, 'Cafeteria Plan'으로 널리 알려졌다. 한국노동연구원(2004), "기업복지의 실태와 정책과제".
58 21C근로복지연구회(2003), "선택적 근로자복지제도의 이해 : 21C 근로복지의 방향".

히려 역효과를 초래한다는 지적도 있다.

새로운 평가제도 모색   1990년대 초반까지는 한국 기업의 인사 시스템이 여전히 연공주의 색채를 강하게 띠고 있었다. 그렇지만 인사 평가의 결과가 임직원의 보상은 물론 승진, 교육 등을 결정하는 주요 요소로 그 중요도를 더해감에 따라 평가 제도에 대한 인식도 크게 바뀌었다. 특히 외환위기 이후 연봉제가 널리 확산되고 상시 구조조정 체제가 정착됨에 따라 합리적·과학적·객관적인 평가 시스템의 확립이 요구되었다. 그리고 대부분의 기업이 평가등급의 배분율 책정 등의 필요에 따라 성과평가와 역량평가에서 상대평가 방식을 도입하였다.[59]

매년 초 회사로부터 부여된 조직 목표에 따라 상사와 부하가 대화를 통해 개인 목표를 설정하고 연말에 달성도를 평가하는 방식의 MBO는, 2002년 시점으로 300대 기업들 중 82.1%가 도입하였다.[60] 그리고 목표를 설정함에 있어서는 재무적 지표에 한정하지 않고 고객 관점, 직무프로세스 관점, 학습과 역량 관점에서 균형 있게 선정토록 하는 BSC(Balanced Score Card) 방식도 널리 채택되었다.

대다수 기업들이 성과평가와 역량평가를 실시하며, 일부 기업에서는 이 두 가지 평가를 통합하여 실시하는 곳도 있다. 그 밖에 상사, 동료, 부하, 때로는 업무 유관부서의 직원이나 고객들까지 평가에 참여하는 다면평가

---

[59] 연봉제는 일반적으로 개인의 성과평가 결과에 따라 연봉 인상액·상승률을 차등적으로 결정하지만, 회사에 따라서 팀 등 조직의 성과평가 결과를 반영하기도 한다. 한편, 상대평가 방식은 평가의 관대화 오류를 예방하고 종업원 간 선의의 경쟁을 촉발해 회사의 성과 향상에 기여하게 하고자 하는 의미도 있다.
[60] 삼성경제연구소 인사조직실(2002), "인사제도 설문조사", 삼성경제연구소.

방식의 리더십 평가를 실시하는 곳도 늘어나는 추세이다.[61]

또한 평가 시스템 전반에 대한 신뢰성을 높이기 위해 평가자와 피평가자 간의 면담을 의무화하거나 평가 결과의 피드백에 대한 이의를 제기할 수 있는 제도 등이 강구되기도 하였다. 그렇지만 지속적인 개선 노력에도 불구하고 평가 시스템의 신뢰성과 공정성을 둘러싼 시비는 끊임없이 제기되고 있다. 이는 연봉제 등 보상 차별화를 전제로 한 상황에서 종업원의 이해관계가 평가제도와 첨예하게 얽혀 있기 때문이다.

역량과 성과 중시의 승진제도 확산   연공서열주의 인사제도하에서는 직급별로 일정한 체류연한을 설정해놓고, 그 연한을 채운 사람들 중에서 인사고과 상위자부터 승진시켰다. 그러나 1990년대 전반에 능력주의 인사제도로 이행한 회사의 경우는 직급별 체류연한제를 폐지하고 직무 수행 능력의 일정 자격만 갖추면 승격이 가능하도록 하는 승격 포인트제를 도입하였다.

IMF 외환위기가 발생한 이후에는 연공서열적 승진제도가 급속도로 퇴조하는 가운데 성과와 역량에 기초한 승진제도가 확산되었다. 즉 역량과 성과가 특출한 임직원에 대해서는 직급별 체류연한을 충족시키지 않은 상태에서 1직급, 또는 2직급을 앞당겨서 조기에 승진시키는 발탁승진제도가 널리 도입되었다. 따라서 입사 동기생일지라도 과장부터 부장에 이르기까지 격차가 벌어지게 되었다.

---

61 참여정부 들어 중앙정부와 지방자치단체, 공단·공사 등에서 다면평가를 널리 시행하였다. 정부기관에서는 사정형(査定型)이, 국내외 민간기업에서는 육성형이 주류를 이루고 있다.

또한 이 시기에도 여전히 승진과 승격을 분리하여 운영한다든지, 직책과 직급을 분리하여 운영하는 직능자격제도를 도입하는 사례도 적지 않았다. 이런 경향은 한국 기업 내에서 의사결정 단계를 축소한 팀제의 도입과 유연한 조직관리 및 성과주의 인사 정책을 접목한 변화였다. 2000년도 초반의 적용 비율을 보면, 직책과 직급을 분리한 기업이 51.8%, 발탁승진제도를 도입한 기업이 67.0%, 직급제를 폐지한 기업이 8%에 달하였다.[62]

이와 같이 연공이 아닌 역량과 성과에 기초한 승진 시스템의 도입이 성과 지향 문화에 긍정적으로 작용한 점은 인정되어야 할 것이다. 그러나 국민의 가치관이나 기업의 조직 문화가 크게 다른 현실 속에서 영미식의 인사제도를 너무 조급하게 도입함으로써 발생하는 부작용도 무시할 수 없다. 일부 기업에서는 노동조합의 반대에 부딪혀 새로운 제도를 제대로 운용해보지도 못한 채 과거의 제도로 회귀하는 사례도 나타나고 있다.

이런 상황에서 한국 기업은 글로벌 스탠더드로 인식되는 성과주의 인사제도와 우리 고유의 사회문화적 가치 사이의 마찰을 최소화할 수 있는 방안을 고민하여야 한다는 지적도 제기되고 있다.[63]

인력 관리의 다양화

지난 20년 동안 한국 기업은 인력 관리 방식에서도 다양한 변화를 겪어왔

---

[62] 삼성경제연구소 인사조직실(2002).
[63] 양혁승 외(2005), 《파지티브-섬 패러다임에 부합한 한국형 인사 시스템에 관한 연구》, 한국노동연구원.

다. 전통적인 유교적 가치관은 한국 기업의 조직관리와 업무방식에 많은 영향을 주었으며, 이는 산업화 시대 한국 기업의 고도성장을 견인해온 근면과 성실의 밑거름이 되기도 했다. 1980년대 말부터 1990년대 초까지 한국 기업의 조직운영 방식은 주로 가족주의적, 관계 중심적이었으며 인사 시스템 역시 일보다는 사람 중심으로 운용되었다. 또한 이 시기에는 정기공채 위주의 순혈주의적 채용과 동시에 연공서열을 중심으로 한 승진·승격제도가 주류를 이루었다.

이런 상황에서 1997년 말에 발생한 IMF 외환위기는 한국 기업들에게 인사·노사, 조직 등의 모든 분야에서 패러다임의 전환을 압박하였다. 자의 반 타의반으로 도입하게 된 글로벌 스탠더드는 다음과 같은 관점에서 한국 기업의 조직운영 방식을 바꾸어놓았다.

첫째, 사람 중심에서 일 중심으로의 변화이다. 평생직장의 개념이 퇴조하면서 애사심과 끈끈한 인간관계에 의존하는 조직운영 방식은 한계에 부딪히게 되었다. 이 무렵부터 명시적인 고용계약과 직무기술서에 입각하여 업무목표를 수립하고, 그 목표달성도에 따라 처우가 결정되는 시스템으로 전환하였다. 그렇지만 아직까지도 구미 지역 기업 수준의 엄밀한 직무 중심 인사관리는 제대로 정착되지 못하고 있는 실정이다. 업무 수행에서는 여전히 인간관계를 중시하는 가치관이 뿌리 깊게 자리 잡고 있으며, 조직구성원의 연령 세대에 따라서 다양한 가치관이 혼재되어 있다.[64]

둘째, 채용 방식의 다양화이다. 직종의 구분 없이 신입사원을 대량으로 뽑는 정기공채 위주의 채용 방식에서 벗어나 다양한 경력과 배경을 소

---

64 홍정우(2003), "한국사회의 가치관 급변과 혼돈", 《CEO 인포메이션》, 제397호, 삼성경제연구소.

유한 우수 인력들을 수시로 채용하는 방식이 점차 보편화되고 있다. 또한 평생직장 개념이 퇴조하면서 인력 이동(이직률) 또한 증가하고 있다.[65] 한 직장에 오래 근무하는 장기근속자보다 자유롭게 이직을 통해 경력을 쌓아가는 인재가 더 유능하다는 인식이 확산되고 있는 상황이다.

셋째, 역량 중심의 인재 육성이다. IMF 외환위기 이후 글로벌 시장에서의 무한경쟁은 기업 경쟁력 제고의 필요성을 절감하게 하였고, 이 때문에 종업원의 역량 강화가 화두로 등장하였다. 우수한 인재를 외부 노동시장으로부터 채용하는 것도 조직의 역량을 강화하는 손쉬운 방법 중 하나지만, 한국 기업은 전통적으로 OJT(On the Job Training)를 비롯해 사내 교육훈련 등을 통해 내부 조직원의 역량을 강화하는 방식을 선호해왔다. 1997년 외환위기 이전의 인재 육성은 대다수의 종업원을 대상으로 집합교육을 통한 일방적 전달식 교육으로 운영된 반면, 최근에는 학습참여자 중심으로 교육이 운영되고 있으며 IT 기술의 발달로 사이버교육(E-Learning)의 비중도 증가하였다.

넷째, 인사관리 폭의 확대이다. IMF 외환위기 이후 고용 유연성이 확대되고 다양한 형태의 근로자가 생겨났다. 글로벌 경쟁의 심화로 국적에 관계없이 우수한 인재를 채용하려는 기업이 늘어나면서 다국적 인력이 함께 근무하는 사례도 증가하고 있다. 이러한 변화는 인사관리도 집단적 획일화에서 벗어나 다양성을 인정하고 구성원의 개별적 특수성에 맞추어 이루어져야 함을 시사하고 있다.

한편, 상시 구조조정이 일반화되면서 퇴직자 관리가 중요한 이슈로 대

---

[65] 인크루트(2005), "2005년 채용결산 조사".

두되고 있다. 종래에는 퇴직을 하면 그것으로 해당 기업과의 관계도 끝난다는 인식이 지배적이었다. 하지만 기업의 사회적 책임이 강조되는 가운데 경영 악화 등 회사 사정으로 인한 대규모 구조조정이 늘어나면서 퇴직지원제도(Outplacement)와 같은 퇴출 시스템을 정비하는 것이 중요한 인사 프로세스의 하나로 자리 잡아가고 있다.

사람 중심에서 일 중심으로 패러다임 전환   한국 기업의 인적자원관리가 '사람 중심에서 일 중심'으로 이행되어가고 있음은 확연히 드러나는 사실이다. 종업원 개개인의 직무 특성을 고려한 전문직제나 직군제(職群制)의 도입, 업종별 인사 시스템의 차별화 등이 그 일례다.

그러나 아직까지는 한국 기업에서 직무 중심의 인사가 제대로 뿌리를 내렸다고 평가하기에는 이르다는 느낌이다. 예를 들면 직무기술서나 직무평가를 도입한 기업이 과거보다 늘어나고 있지만 이것이 실제 모든 인사 실무의 실질적 기준이 되고 있지는 않다. 과거의 인사 관행을 단기간에 폐지할 수 없을뿐더러, 집단주의적이며 관계 지향적인 사회문화적 풍토 등이 엄격한 직무 중심 인사를 적용하는 데 장애물이 되고 있다는 관점이 지배적이다.[66] 그럼에도 불구하고 외환위기 이후 많은 한국 기업에서 직무 중심의 인사관리를 시도하고 있는 것은 그것이 성과주의 인사관리의 합리성과 객관성을 지탱하는 기반이 되기 때문이다.

객관적인 직무 분석이나 직무 평가 없이 대다수가 인정하는 타당하고 공정한 성과주의의 적용은 기대하기 어렵다. 다만 한국적 상황을 반영하여

---

[66] 양혁승 외(2005).

동료들 간의 협력이나 팀 활동을 반영하는 직무 분석, 그리고 개인 간의 차별성보다는 팀과 조직 위주의 협업을 충분히 감안한 한국형 직무 중심 인사제도를 구축해갈 필요가 있다.

핵심인재 등 채용의 다양화   고도성장기의 한국 기업은 양적 측면에서의 노동력 확보가 급선무였다. 따라서 졸업 시즌이나 특정 집단[67]의 사회 진출 시기를 전후하여 대규모로 신입사원을 채용하는 공채제도를 널리 운용하였다. 일반적으로 고졸, 대졸 등의 학력별이나 출신별, 성별 등으로 구분하여 전공에 상관없이 그룹이나 전사 차원에서 총량으로 채용하였다. 그 후 일정기간에 걸쳐서 신입사원 집체교육을 실시한 이후 근무 부서에 배치하는 프로세스였다.

그러나 1993년경부터 능력주의 인사제도를 도입한 기업에서는 학력, 성별 등에 따른 채용상의 차별을 철폐하는 기업이 증가하였다. 즉 능력을 갖춘 사람이면 누구나 응시할 수 있도록 기회를 부여하였다.

IMF 외환위기 이후에는 채용에서도 성과 중시 프로세스가 강화되었다. 특히 우수인재나 경력자에 대한 수요가 증가하였으며, 이들을 채용할 때는 정기채용보다 수시채용이 일반화되었다. 직군별, 직무별로 필요한 인재를 필요한 시기에 필요한 숫자만큼 채용하는 이른바 맞춤형 채용 방식으로 이행되었다. 삼성경제연구소에 따르면, 2002년에 300대 한국 기업의 90% 이상이 경력자를 대상으로 수시채용하는 것으로 나타났다.[68] 이는 기

---

[67] 예컨대 ROTC(학군장교)를 임관 이전에 내정하거나, 매년 6월 말 제대를 앞두고 이들만을 대상으로 하여 공개채용을 실시하였다.
[68] 삼성경제연구소 인사조직실(2002).

존에는 내부 승진 원칙에 따라서 내부 노동시장에 크게 의존하였지만, 점차 외부 노동시장에 대한 의존도가 높아져가고 있음을 보여준다.

이처럼 경력자 채용의 외부 노동시장 의존도는 높아가고 있지만, 기업 내 인사담당자들이 느끼는 효과성은 비교적 낮게 나타났다.[69] 이는 기업 내·외부시장을 불문하고 우수인재를 확보하고 활용한다는 회사의 채용전략이 기업의 성과 향상에는 일부 긍정적으로 작용하였지만, 기업 내부 인력들이 갖고 있는 회사에 대한 충성심, 기대감과 같은 사회문화적 가치와는 갈등을 빚을 소지가 컸기 때문이다.

따라서 한국 기업들은 내부 종업원들의 조직에 대한 신뢰감이나 충성심을 저해하지 않으면서, 기업 내부에서 성장한 인력뿐만 아니라 외부에서 채용한 인력들에 대해서도 경력 경로 및 승진에 대한 비전을 확립해야 할 과제를 안고 있다.

인력의 역량 강화에 초점   한국 기업의 전통적인 인재 육성 시스템은 각 업종이나 직무에 필요한, '전문적(Specialist) 인재' 양성보다는 다방면에 유용한 '범용적(Generalist) 인재'를 양성하는 데 주안점을 둔 시스템이었다. 즉 업종별 특성이나 직무상의 차이를 무시하고 동일한 교육 프로그램과 콘텐츠를 이용하여 교육·훈련시켜왔다.

그러나 1993년 이후에는 직능자격제도 도입과 맞물려서 직무 수행 능력을 강화하는 데 초점을 맞추었다. 즉 조직 구성원 각자가 맡은 직종의 직무를 수행하는 데 필요한 능력이나 기술을 향상시키는 것을 인재 육성의

---

[69] 정동섭(2006), "조직환경, 경쟁전략과 인적자원시스템이 기업성과에 미치는 영향".

목표로 삼아 관련 프로그램이나 콘텐츠를 개발하였고, 이를 이용한 맞춤형 교육·훈련에 힘을 기울였다.

IMF 외환위기 이후, 급속히 진전되는 글로벌화와 IT화의 물결 속에서 국가 간, 기업 간 경쟁은 날로 치열해져갔다. 이러한 환경 변화에 적응하여 지속적인 성장을 이룩하기 위해서는 글로벌 인재를 외부에서 확보하는 것은 물론 전문성 등 내부 인재의 역량을 강화할 필요성이 동시에 증대되었다. 이 시기에 도입된 인력 양성 프로그램의 주요 키워드는 직종별 차별화, 자율학습, 글로벌 역량 강화, 차세대 경영 리더 양성 등으로 집약된다. 교육훈련 방법에서는 디지털화에 힘입은 사이버교육 활용도가 34.7%로 높아졌다.[70]

지식기반 경영 시대의 도래와 함께 조직구성원의 역량 강화가 그 기업의 경쟁력 향상과 직결된다는 인식이 확산되면서, 대기업을 중심으로 인력 양성 프로그램을 체계화하고, 동시에 교육훈련과 기업전략 간의 연계성을 강화시켜나가고 있다.

인사 관리 대상과 범위의 확대　　인사제도가 연공주의에서 능력주의로, 성과주의로 이행해옴에 따라 인사 시스템 또한 업종별, 직군별, 신분별, 성별 등으로 보다 세분화되고 차별화되었다.[71] 비정규직, 핵심인재, 외국인 등을 대상으로 한 별개의 인사 시스템이 설계되어 운영되었다.

한편, IMF 외환위기를 계기로 평생직장이나 종신고용이라는 고용 관행

---

[70] 9.5%(1990년대), 25.5%(2000~2001년), 30.3%(2002~2003년), 34.7%(2004년)로 증가 추세. 산업자원부 (2005), "2005년 이러닝 산업 실태조사".

이 붕괴되고 상시 고용 조정 시스템이 일반화되면서 명예퇴직제, 직급정년제 등의 제도적 장치가 도입되었다. 명예퇴직제도는 조직을 슬림화하고 고직급화로 인한 인건비 증대를 완화하여 경쟁력을 강화하고자 하는 수단으로 확산되었다. 그러나 법정퇴직금 이외에 상당한 금액의 특별위로금을 가산하여 지급하는 관례가 형성되었다. 이로써 재무구조가 여의치 않은 기업에서는 고용 조정이 더욱 어려워지는 부작용도 발생하였다. 이에 따라 기업들은 저비용으로 퇴직 인력을 전략적으로 관리할 수 있는 방안을 모색하고 있다. 그 일환으로 해외 기업에서 보편화된 퇴직관리 서비스(Outplacement Service)를 도입하거나 확대 실시하고 있다.

또한 인력구조조정에 따른 후유증을 최소화하는 차원에서 다양한 퇴직 지원 프로그램에 대한 관심이 높아지고 있다. 전통적 인사 시스템하에서의 퇴직은 곧 그 개인에게 직장생활을 마감한다는 것을 의미했으나, 상시 구조조정 체제하에서는 조기 퇴직자들에 대한 체계적 배려 역시 기존 조직의 정당한 임무라는 인식 전환이 일어나고 있다.

고용유연화의 진전

1997년 IMF 외환위기 이후 한국 기업들은 생존 차원에서의 고용유연화[72]

---

[71] 정규직 중에서도 핵심인재에 대한 별개의 인사 시스템을 설계하고, 비정규직 중에서도 파트타임, 아르바이트생, 파견사원, 기간계약직 등으로 세분화하여 인사 시스템을 설계·운용하기 시작했다.
[72] 유연화란 '변화에 적응하는 능력'을 의미하며, 고용유연화란 외부의 환경 변화에 인적 자원을 신속하고 효율적으로 배분하는 것을 말한다.

전략을 구사하였다. 고용유연화 전략은 매우 다양하게 나타나지만 일반적으로 다음 세 가지 방법으로 행해지고 있다.

첫째, 수량적 유연화(Numerical Flexibility)이다. 노동 수요의 변화에 대해서 노동 공급을 조정하는 방법이다. 제품시장의 수요 변화에 따라 필요한 최소 수준의 노동력만을 고용하고 기업 환경 변화에 따라 정규직의 해고나 임시직, 단시간 노동자 등을 탄력적으로 활용하는 방안이다. 실제로 1998년 이후 많은 기업에서 고용조정을 통해 인력 운영의 효율화를 추구하였다.

둘째, 외부화(Distancing)이다. 서비스 혹은 상품을 외부에서 조달하거나 외부로 공장을 이전하는 방법이다. 종전에 기업 내에서 행해오던 작업을 외부에 하청을 주어 비용을 절감하거나 생산시설을 해외로 이전하는 전략을 말한다. 실제로 1990년대 이후 국내의 고인건비와 과잉규제에서 벗어나고자 해외로의 공장 이전 건수가 급증하였다.

셋째, 기능적 유연화(Functional Flexibility)이다. 생산방법의 변화에 따라 작업 방식 및 운영을 변화시키는 방법이다. 노동력을 투입한 이후 작업과정이나 생산과정에서 효율을 기하기 위해 근로시간, 임금, 직무구조를 유연하게 만드는 것을 말한다. 최근에는 인력의 양적인 구조조정만이 아닌 질적인 구조조정 측면에서 인력의 다기능화 및 고용 가능성 제고에 적극적으로 투자하고 있다.

인력 구조조정과 전략적 퇴직 관리　　1990년대 전반까지 한국 기업들은 평생직장 개념을 중요한 덕목의 하나로 강조했다. 개인에게 해고의 사유가 없는 한 정년까지 근무를 보장하는 것이 일반적이었다. 고도성장으로 실업률 2%대의 완전고용이 지속되던 당시에는 기업의 입장에서도 평생직장이

〈표 3-16〉 고용유연화의 개념

구분	개념	비고
수량적 유연화	노동 수요의 변화에 따라 노동 공급 조정	인력구조조정, 비정규직 활용, 고용형태의 다양화
외부화	서비스 및 제품을 외부에서 조달 또는 생산	아웃소싱, 공장 이전
기능적 유연화	노동과정 및 생산과정에서 효율을 기하는 방식	근로시간 변경, 다기능화 내부 이동

자료 : 김동배 외(2004), 《고용유연화와 인적자원관리 과제》, 한국노동연구원, pp. 4~7.

란 실(失)보다 득(得)이 많은 고용 관행이었다. 특히 1980년대 후반의 노사분규로 인한 혼란을 치유하고 혁신과 개선을 추진하기 위해선 종업원의 조직 몰입과 애사심이 요구되었다. 이러한 연유로 공무원, 은행원, 교사 등 특정 직업에만 해당되었던 평생직장 개념이 일반 민간기업에도 널리 정착되는 듯하였다.

그러나 1997년 IMF 외환위기 이후 노동시장과 관련된 법·제도들이 급변하면서 노동유연성이 확대되고[73] 평생직장의 개념도 변화를 맞게 된다. 1998년 2월에 노사정위원회에서 '경제위기 극복을 위한 사회협약'을 체결하고, 정리해고제와 변형근로시간제, 그리고 파견근로자 보호에 관한 법률 등 노동유연성을 강화하는 법·제도를 합법화하였다. 이를 계기로 기업은 생존 차원에서의 구조조정과 희망퇴직을 실시하였고, 고용 안정 문제가 노사 간 주요 관심사로 부상하였다.

2000년에 실시된 한국노동연구원의 조사 결과[74]에 따르면 경제위기 이

---

[73] IMF 측은 구제금융의 대가로 노동시장에 대한 유연성 제고를 요구하였다.

〈표 3-17〉 1996~1998년간의 인력감축 과정에서 나타난 문제점

구분	우수인재 퇴직	노사관계 악화	고용불안/사기저하	퇴직금 등 인건비 증가	기타
비율(%)	3.5	10.5	65.8	10.5	2.0

자료 : 한국경영자총협회(1999), "한국 기업의 퇴직관리 실태".

후 상장기업 중 약 66%의 기업이 고용 조정을 실시하였다. 특히 부실 부담을 안고 있는 카드사와 은행권을 시작으로 IT, 전자, 섬유업계 등으로 정리해고와 명예퇴직이 빠르게 확산되었다. 기업의 고용 조정이 상시화되면서 '사오정', '오륙도' 등의 신조어도 널리 회자되었다. 근로자도 생계를 위해 '거쳐 가는 곳'으로 직장을 인식하기 시작하면서 애사심이 약해지고 성과분배에서도 단년도 보상에 집착하는 경향이 나타났다. 구조조정을 실시했던 기업들은 '고용 불안 및 충성심 저하', '노사관계 악화', '과다한 퇴직금 지급으로 인한 인건비 증가' 등의 문제점과 후유증에 직면하였다[75](〈표 3-17〉 참조).

예상하지 못했던 부작용과 후유증을 경험한 기업들은 임기응변적인 퇴직 관리에서 벗어나 전략적 퇴직 관리의 필요성을 절감하였다. 선진 기업들의 퇴직 관리에 대한 벤치마킹 등을 통해 사전적인 경고와 준비, 종업원의 선택과 회사의 지원이 선순환하는 퇴직 관리 프로세스 혁신을 활발히 추진하였다. 또한 일부 대기업을 중심으로 전직 지원 서비스센터를 운영하는 등 선진형 퇴직 관리 시스템을 도입하려는 움직임이 확산되었다.

포스코는 희망퇴직 신청자 및 정년을 1년 앞둔 퇴직 예정자를 대상으

---

[74] 박우성·노용진(2000), "벤처기업의 인적자원관리", 한국노동연구원 12주년 기념토론회 발표 자료.
[75] 한국경영자총협회(1999), "한국 기업의 퇴직관리 실태".

로 퇴직에 대한 막연한 불안감 불식 및 사회 적응력 배양을 목적으로 '그린 라이프 플랜(Green Life Plan)'을 2001년부터 도입·운영하고 있다. 삼성전자의 CTC(Career Transit Center), 대우자동차의 희망센터 등 전직 지원활동은 더욱 강화되고 있다. 이러한 활동은 퇴직으로 인한 정서적 충격을 최소화하고 맞춤형 지원 서비스를 통해 퇴직 후 진로를 개척하는 데 많은 도움을 주고 있는 것으로 평가된다.

한편, 고용조정 후 퇴출자 못지않게 정서적 불안감과 좌절감을 느끼는 생존자 증후군이 기업 내부의 큰 문제로 대두되고 있다. 그 해소책으로 구성원들의 사기 진작과 로열티 제고를 위한 각종 이벤트를 활성화하는 기업도 나타났다. 또한 많은 기업들이 표준 경력 모델 제시를 통한 성장 비전 제시 및 사원 의식 조사를 통한 조직 문화 개선, 그리고 적절한 의사소통 채널 구축 등 다양한 인적관리 시스템을 도입·실시하고 있다.

고용 형태의 다양화   IMF 외환위기를 기점으로 고용 형태도 정규직에서 비정규직으로 다양화되기 시작했다. 파견근로, 기간제근로, 노무도급[76], 시간제 근로가 지속적으로 증가하였고, 학습지 교사나 보험설계사 등 특수 형태의 근로자도 늘어났다.

2001년 360만 명 수준이었던 비정규직은 〈그림 3-18〉에서 보듯이 2007년 570만 명으로 증가하였다. 그러나 비정규직 근로자의 비율은 2004년 이후 정체되면서 최근에는 35~36% 수준에서 안정화되는 경향을 보이

---

[76] 도급계약을 체결함에 있어 광물 채굴 작업, 목공, 미장 업무 등과 같이 특정한 노무 제공만을 목적으로 하는 경우를 말한다.

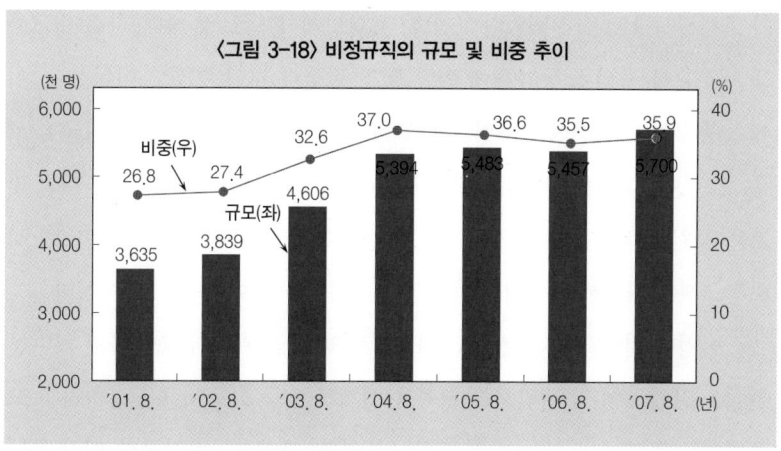

주 : 각 고용형태별 중복인원을 제외하고 산정한 순계치임.
자료 : 통계청.

고 있다. 이러한 고용 형태의 변화는 전통적인 기업 중심 노동시장이 약화되고 외부 노동시장의 유연화가 확대된 결과이다. 구미 지역과 같은 직무나 직종 중심의 횡단형 노동시장이 정착되었다고 평가할 수는 없지만 과거에 비해서는 유동적·개별적인 고용계약 관계가 증가하는 추세이다.

그러나 다양한 고용 형태에 대한 활용 경험이 부족한 한국 기업들은 여러 문제와 갈등에 직면하고 있다. 동일 사업장 내에 다양한 고용 형태가 공존하면서 이해관계자 간에 처우나 신분을 둘러싼 갈등이 야기되었기 때문이다.

2000년대에 들어서면서 양적으로 크게 증가하였지만 상대적으로 지위가 약한 비정규직들의 투쟁이 확산되기 시작하였다. 비정규직 근로자들은 계약기간 만료에 따른 계약해지에 반발하여 노동조합을 결성하거나 각종 투쟁을 전개하였다. 한국통신의 계약직 노조를 비롯하여 노동부의 직업상담원(2002년), 근로복지공단의 기간제 근로자(2003년)의 조직화와 교섭 요구가 노사갈등으로 발전되었다.[77] 또한 보험설계사, 골프장 캐디, 학습지 교사 등 새로운 유형의 노동자들에 의한 노조 결성과 교섭 투쟁도 이어졌다. 이에 노동부는 2006년 9월 비정규직 고용 여건을 개선하기 위해 비정규직 고용 개선 종합대책을 발표하였다. 비정규직 근로자에 대해 직업능력 개발 및 고용 지원 서비스를 통해 정규직으로 전환할 수 있도록 지원하고 비자발적 비정규직에 대해서는 사회적 안전망을 강화하는 것이 주요 내용이었다.

여기에 발맞추어 기업들도 비정규직의 취업 기회가 충분하지 않다는 현실을 감안하여 직무 및 소양교육을 실시하는 등 고용역량을 강화하고 고용기회를 확충하기 위한 지원을 강화하였다. 그리고 '비정규직'이란 용어 사용을 자제하고 전문계약직 등으로 호칭을 변경하여 사회적 차별 인식의 전환을 유도해나갔다. 또한 금융권을 중심으로 비정규직의 정규직 전환도 활발히 일어났다. 2006년 3월 외환은행, 농협 등 금융권에서 시작된 정규직 전환은 2007년 3월 우리은행이 비정규직 3,000명 전원의 정규직 전환을 노사합의로 결정함으로써 절정에 달했다.

한편, 2001년부터 노사정위원회 산하 비정규직특별위원회가 중심이 되어 비정규직 보호에 대한 입법 추진 논의를 시작하여 논란을 거듭한 끝에 2007년 7월 비정규직보호법을 시행하기에 이르렀다. 그러나 노동계는 당초 법안의 취지가 정규직 전환에 있었음에도 불구하고 여전히 비정규직 수가 줄어들지 않는 것을 이유로 내세워 법안의 실효성이 없다는 논리를 펴면서 전면적인 재개정이나 폐지를 요구하고 있다. 반면, 경영계는 비정규직보호법이 기업의 인건비 부담을 가중시키고 인력의 탄력적 운용을 저

---

[77] 최영기(2005), "노사관계 선진화의 정책방향", 2005년 노사관계고위지도자과정 특강 자료.

해하여 결국 비정규직의 정규직 전환 효과보다는 고용 감소라는 역효과를 초래할 것이라고 주장하고 있다. 특히 법안의 주요 내용인 2년 초과 사용금지 규정이 사용자에게 부담으로 작용하여 인위적으로 계약 해지되는 사례[78]가 빈발하고 있어 궁극적으로 전체 일자리가 축소되는 결과를 초래할 위험이 가시화되고 있는 실정이다.[79] 그러나 정부는 법 시행의 효과는 이후 최소 2년 이상을 지켜봐야 하므로 현재 시점에서 법안의 효과를 논하는 것은 시기상조라는 입장이다.

앞으로도 비정규직의 보호와 차별금지를 둘러싼 갈등은 당분간 지속될 전망이다. 비정규직을 둘러싼 갈등을 해소하기 위해선 임금체계의 합리적인 개선과 능력 개발에 대한 지원을 지속적으로 강화하여 고용의 유연성과 이동성을 동시에 확보해주는 메커니즘을 구축할 필요가 있다. 또한 기존 정규직의 과도한 보호에 대해서는 양보하는 선행적 조치가 있어야 할 것이다.

해외 이전과 외주화 높은 임금과 땅값, 과도한 규제 등으로 인한 원가 경쟁력 약화는 국내의 노동집약적 산업을 중심으로 공장의 해외 이전을 초래하였다. 특히 1997년 이후 생산성을 초과하는 임금 인상은 기업의 해외 이전을 더욱 가속화하였다. 〈그림 3-19〉에서 보듯이 1998년부터 2005년까지 노동생산성 증가율은 5.59%인 데 비해 임금상승률은 7.14%를 기록하였다.[80]

---

[78] 이랜드·뉴코아, 코스콤 사태(2007년).
[79] 한국경영자총협회(2004), "비정규직 관련 입법의 문제점 및 경영계 입장".

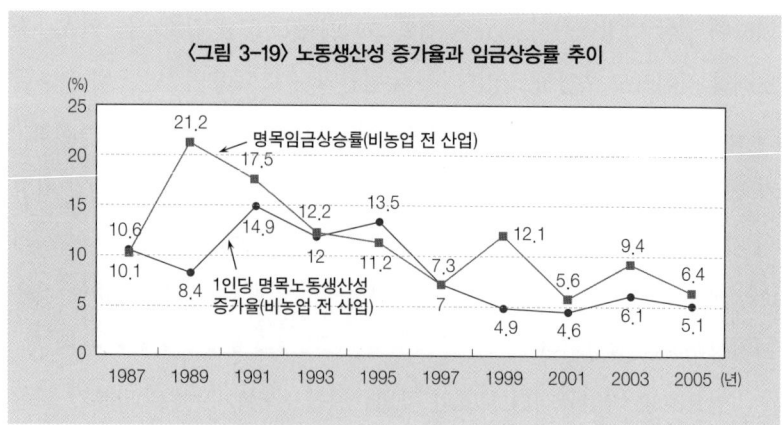

〈그림 3-19〉 노동생산성 증가율과 임금상승률 추이

자료: 한국노동연구원(2006), 《KLI 노동동계》.

　〈그림 3-20〉과 같이 1990년대 중반 이후 '세계의 공장'으로 부상하기 시작한 중국에 대한 투자가 급증하였고, 2006년도에는 해외투자 총액이 100억 달러를 초과하였다. 최근 자동차, 조선, 철강 등 주력산업을 중심으로 해외 직접투자가 증가하고 있다. 현대자동차는 중국과 인도에 제2공장을 설치하는 데 35억 달러를 투자하였으며, 포스코는 2010년까지 인도 오리사 주 일관제철소 및 광산에 50억 달러 규모를 투자할 계획임을 밝힌 바 있다.
　노동계는 해외로의 공장이전이나 직접투자가 국내산업의 공동화를 초래한다는 관점에서 다양한 반대투쟁을 펼치고 있다. 현대자동차의 경우, 2007년 단체협상에서 국내에서 생산 중인 차종을 해외로 이전할 때는 반드시 노조의 심의·의결을 거쳐야 한다는 조항을 단체협약에 삽입시켰다.

---

80 1987년부터 1997년까지 국내 기업의 생산성증가율은 11.6%인 데 비해 평균 임금상승률은 약 14%에 달해 임금상승률이 생산성증가율을 2.4%p 상회하였다.

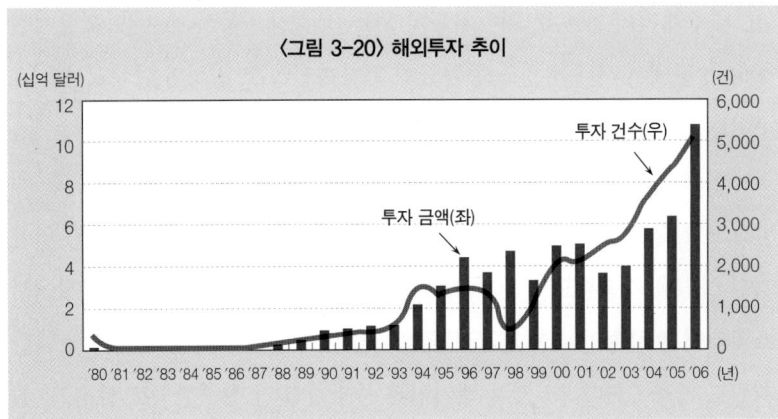

자료 : 한국수출입은행.

　　그러나 전략적으로 중요한 산업 외에 국제경쟁력을 잃어가고 있는 일반 제조업의 경우는 앞으로도 해외 이전 및 생산의 국제분업화가 지속적으로 추진될 전망이다. 특히 국내의 대립적 노사관계가 해소되고 임금상승률을 웃도는 생산성 향상이 이루어지지 않는 한 기업들의 해외투자를 물리적 투쟁만으로 멈추기는 어려울 것으로 보인다.[81]

　　고용유연화 전략 중 외부화의 한 방법으로, 종전에 기업 내부에서 행해오던 작업을 외부로 내보내 비용을 절감하거나 생산의 불확실성에 대비하는 외부 하청 생산방식도 증가하고 있다. 한국노동연구원이 2000년 하반기에 379개 상장기업을 대상으로 한 조사 결과에 따르면 3년간 업무를 외주화한 기업이 58.6%에 달하였다. 한편, 노동계에서는 외주화에 따른 근로조건과 임금 수준의 하락을 이유로 노사분규를 일으켰다. 한진중공업(2000

---

[81] 세계은행이 발표한 '2007년도 기업 하기 좋은 나라' 순위를 보면, 한국은 175개국 중 116위로 중국(93위), 베트남(104위)보다 하위에 랭크되었다.

년), 대우캐리어(2001년), 기아자동차(2001년), 현대자동차(2003년), 포항제철(2003년) 등에서 사내 하청 노동자들의 독자적인 노조 결성과 단체교섭을 요구하는 노사분규가 발생하였다.

이에 정부와 대기업을 중심으로 대·중소기업 상생협력 발전모델을 개발하고 기술 이전 및 인력 확보, 자금조달 등 하청업체의 역량 강화를 위한 지원 사업을 지속적으로 펼치고 있다. 그동안 직업능력 개발 훈련체계에서 소외되어온 하청업체 비정규직 근로자들을 대상으로 한 교육훈련에 대한 지원도 확충하였다. 그 결과 대기업과 중소기업 간 상생협력도 양적 및 질적으로 크게 확산되고 있는 추세이다. 상생경영을 위해 국내 10대 그룹이 투자한 비용도 2004년 6,400억 원에서 2005년 8,300억 원으로 늘어났다. 또한 하도급 거래 우수업체로 선정된 기업도 2004년 44개에서 2005년 88개로 크게 증가하였다.

능력 계발을 통한 기능적 유연성 확대   2000년대 중반부터 고용유연화의 장단점에 대한 논쟁이 본격화되었다. 반대론자들은 고용유연화가 고용 불안을 부추기고 소득격차를 확대하며 나아가 상대적인 빈곤층을 생성시켜 양극화를 가속화한다고 주장한다. 반면, 찬성론자들은 고용유연화가 노동력의 효율성을 제고하고 새로운 기업을 창출하며 고용을 확대한다는 논리를 내세우고 있다.[82] 다만, 이 경우에도 경쟁력 있는 선진형 노동시장으로 가기 위해서는 고용 조정에 의한 수량적 유연성과 아울러 취업자의 고용 능력 향상을 통한 기능적 유연성도 병행되어야 할 필요가 있다.

....
82 최경수(2001), "노동시장 유연화의 고용효과분석 : 고용보호 규제완화를 중심으로", 한국개발연구원.

기능적 유연성의 핵심은 구성원의 능력개발과 다기능화에 있다. 생산 변동이 심할 경우 기능적 유연성을 갖춤으로써 작업장 내 배치 전환이나 작업장 간의 노동이동을 통해 적극적으로 이에 대처할 수 있기 때문이다. 이를 위해 기업 측면에서도 근로자의 고용 안정보다는 기능적 유연성 제고를 위한 인력개발 투자를 늘리고 있다. 조직 구성원들에게 도전적 직무환경, 자기계발에 대한 물질적·제도적 지원, 조직 성과와 연계된 보상 시스템 등을 통해 고용 가능성을 향상시키고 있다. 고용유연화 시대에 기업이 구성원들에게 줄 수 있는 최대의 복리후생은 개인의 직무능력 강화를 통해 고용 불안감을 해소해주는 것이기 때문이다.

근로자도 기업 의존적 사고에서 벗어나 스스로 자신의 시장가치를 높이려는 노력이 활발하다. 잡코리아의 조사에 따르면 직장인 10명 중 7명이 자기계발을 위해 공부와 직장생활을 동시에 하는 '샐러던트(Saladent)' 생활을 하고 있다.[83] 이처럼 조직과 개인의 역량 강화를 통해 발전적 파트너십을 구축하는 것이 새로운 고용관계로 선호되고 있다.

최근에는 고령화에 따른 인력 부족 현상에 대한 대비책의 하나로 기능적 유연성에 대한 관심이 증가하고 있다. 한국은 이미 2000년에 전체 인구의 7.2%가 65세 이상으로 고령화사회를 겪었고, 2006년에는 10% 수준의 고령사회로 접어들었다. 근로자의 고령화는 향후 기업에 적지 않은 부담을 줄 것으로 예상되며[84], 머지않은 시기에 노동인력 부족으로 이어질 가능성

---

[83] 샐러던트란 직장생활자와 학생의 합성어이다. 잡코리아가 2006년 9월에 직장인 855명을 대상으로 실시한 설문조사에 의하면 '직장생활과 공부를 병행하고 있다'는 응답이 69.5%로 나타났다.
[84] 대한상공회의소(2006), "산업인력 고령화에 대한 기업의 대응실태"에 따르면, 생산인력 고령화에 따른 경영상 문제로 인건비 증가(60.4%), 조직 활력 저하(18.7%), 불량률 상승에 따른 생산성 저하(16.7%), 안전사고 등 산업재해 증가(4.2%) 등이 지적되었다.

마저 높은 상황이다.

　한국의 고령화가 급진전되는 상황에서 고령자를 어떻게 유지·활용하느냐가 인사 부문에서 가장 커다란 과제로 부각될 전망이다. 이에 따라 임금체계의 개선을 수반한 임금피크제, 재고용제도, 고용연장제도 등의 다각적인 검토 및 활용이 증가할 것으로 예상된다. 아울러 인력 부족에 대응하기 위해선 특히 인력의 기능적 유연성을 확보하고자 하는 기업의 노력이 더욱 중요해질 것으로 보인다.

프로세스 혁신

정신무장 위주에서 방법론적 접근으로　프로세스 혁신이란 기업 경영의 목적을 달성하기 위하여 기존 업무를 새로운 생각이나 방법으로 다시 계획하고 실천하고 평가하는 것을 말한다.[85] 제품이나 서비스를 시장에 출시하는 과정에 필요한 모든 생산공정, 업무방식, 관리 시스템 등을 획기적으로 변화시키는 프로그램 등을 실행함으로써 경영 효율성을 향상시키는 것이 프로세스 혁신의 목적이다.

　프로세스 혁신은 미국의 통계적 품질관리 기법을 도입한 일본 기업들이 자국에 맞는 프로세스 혁신을 통하여 오히려 미국 기업의 생산성과 품질을 추월한 것이 알려지면서 전 세계적인 주목을 받게 되었다. 또한 이에

---

[85] 이 정의는 일반적으로 경영혁신에 대한 정의지만, 최근 들어 경영혁신의 의미가 광범위하게 사용되기 때문에 이 책에서는 프로세스 혁신이라 지칭한다.

충격을 받은 미국 기업이 일본 기업을 역벤치마킹하고 새로운 프로세스 혁신 방법을 개발하면서 전 세계로 빠르게 확산되었다.

한국 기업은 1980년대 중반부터 미국과 일본의 혁신운동을 벤치마킹하며 20년간 다양한 혁신운동을 전개하였다. 1980년대 중반부터 1990년대 후반까지는 일본식 혁신기법에 많은 영향을 받았고, 1990년대 중반부터는 미국식 혁신기법 위주로 급속히 대체됐다.[86] 1980년대 중반부터 1990년대 중반까지의 프로세스 혁신 운동은 체계적인 방법론에 기초한 접근보다는 혁신에 임하는 정신무장 또는 자세를 중시하였다.[87] '연수원' 혹은 '혁신학교'라는 이름으로 임직원들의 업무 긴장감을 높이고 이를 통해 불량률을 최소화하며 생산성을 높이는 데 주목적을 두었다.

1991년 LG전자 창원공장은 혁신학교라는 독특한 교육센터를 만들었다. 이곳은 혁신에 관한 방법론이나 스킬을 교육하는 곳이라기보다는 극기 훈련 등을 통해 임직원들의 정신교육을 담당하는 역할을 하였다. 삼성전자는 1993년 '신경영' 선포 이후 1995년 3월 구미 사업장에서 '불량제품 화형식'을 거행했다. 2,000명의 임직원이 지켜보는 앞에서 휴대전화와 무선전화기를 불구덩이 속으로 던졌다. 금액으로 환산하면 500억 원에 이르는 제품들이었지만 불량제품을 다시 생산하지 않겠다는 결의를 다지는 계기로 삼고자 하였다.

1990년대 중반 이후부터는 방법론적 접근에 무게를 두는 경영혁신기

---

[86] 정만국·김지은·박지연(2005), "연도별 경영혁신 기법 변천사 : 80년대 '품질', 2000년대 '속도'", 《Chief Executive》, 한국능률협회, 제36권, pp. 46~49.
[87] 한국의 경영혁신 과정에서 대해서는 이병주(2004. 11. 24), "한국적 경영혁신의 특징과 한계", 《LG주간경제》, 제807호, LG경제연구원의 연구에 설명되어 있으며 이 책에서도 이를 상당 부분 참고하였다.

법들이 도입되기 시작하였다. 가장 대표적인 혁신기법은 6시그마였다. 6시그마는 이전의 무결점(Zero Defect) 운동과 같이 실체가 모호한 구호성 혁신 운동과는 확연히 달랐다. DMAIC(Define, Measure, Analyze, Improve, Control)로 나누어진 방법론 매뉴얼이 있고, 화이트 벨트에서 마스터블랙 벨트까지 임직원을 수준별로 구분함으로써 개인 관리가 가능하였다. 무엇보다 문제의 원인 발견에서부터 개선 및 관리에 이르기까지 전 과정을 개인의 머릿속에 축적된 경험과 감각이 아닌 측정과 기록을 통하여 해결함으로써 방법론적 학습에 무게중심을 두었다.

한국에서는 1996년 삼성SDI가 제조부문에서 6시그마를 최초로 도입한 이래 LG전자, 삼성전자, 포스코, KT 등 국내 주요 대기업들로 확산되었다. 이들 기업은 6시그마 아카데미 등과 같은, 교육과 전파를 담당할 기관을 설립하여 CEO의 지원하에 체계적으로 6시그마를 도입하였다. 이후 대기업들의 6시그마 도입 성과가 가시화되면서 대기업 협력업체와 중소기업은 물론 공공기관과 서비스업체에까지 6시그마가 확산되어 10년 넘게 프로세스 혁신을 대표하는 보편적인 도구로 자리 잡았다.

품질혁신에서 경영 전반의 혁신으로   1980년대 중반 이후부터 본격적인 혁신운동을 전개한 한국 기업은 현대 경영혁신 운동을 선도한 미국과 일본에서 많은 기법들을 도입하였다. 특히 일본이 미국으로부터 통계적 품질관리(SQC, Statistical Quality Control) 기법을 도입하여 자국에 맞게 변형한 TQC/TQM(Total Quality Control/Management)은 한국 기업의 집중 벤치마킹 대상이 되어 많은 영향을 미쳤다.

미국식 SQC와 일본식 TQM의 가장 큰 차이는 SQC가 소수의 전문가에게 품질관리를 의존하는 데 비해, TQM은 '품질분임조'라는 이름하에 소수의 전문가를 중심으로 나머지 사람들이 조를 형성하여 함께 의견과 아이디어를 내며 문제를 개선한다는 데 있다.

당시 한국 기업에게 품질개선운동은 생존을 위해 절실히 필요한 것이었다. 우루과이라운드 협상 타결과 WTO체제 출범으로 기업들은 해외시장뿐만 아니라 내수시장에서도 국경을 초월한 경쟁체제 돌입을 앞두고 있었다. 그러나 무한경쟁 속에서 살아남기 위하여 모든 가용자원을 동원해야 하는 상황이었음에도 한국 기업은 혁신적 기술이나 새로운 비즈니스 모델을 추구하기에는 원천 기술력이나 시장 장악력이 부족하였다. 그 때문에 이미 형성된 시장에서 타 기업보다 더 높은 품질과 비용절감을 추구하는 데 혁신의 초점이 맞추어질 수밖에 없었다.

이러한 상황에서 한국 기업들은 TQM을 신속하게 받아들였다. TQM은 도입 초기에 거의 원형 그대로 적용되어 한국 기업들은 품질분임조를 기본 단위로 문제 선정, 개선, 표준화를 거치며 품질향상을 도모하였다. 그러나 일본 기업과 문화적 차이가 큰 한국 기업이 구체적 실천방법까지 그대로 흡수하기에는 어려움이 있었다.

일본 기업은 현장의 작업자가 자신이 담당한 공정의 문제점을 진단하고 개선안을 내는 문화가 오랜 기간에 걸쳐 정착되어 있었고, 제안에 대한 보상도 현장 책임자에게 일임하였다. 이와 같이 일본 기업은 전통적으로 현장 중시 경영을 하며 보텀업(Bottom-up) 방식의 개선제도 운영에 관한 노하우를 축적해왔다. 또 이러한 개선제도는 일본 특유의 조직에 대한 구성원들의 자발적 공헌 의지가 밑바탕이 되었기 때문에 효과적으로 운영 가능한 것이었다.

일본식 TQM을 그대로 흡수하기에 어려움이 있었던 것은 미국 기업들도 마찬가지였다. 이에 모토로라는 일본의 TQM을 역벤치마킹하여 100만 개 제품 중 불량품을 3.4개 수준으로 달성하자는 취지의 6시그마를 개발하였다. TQM의 '토론을 중심으로 한 개선'보다 '측정을 중심으로 한 개선'에 무게를 둔 6시그마 역시 한국 기업에 도입되었다. 한국 기업에 6시그마가 본격적으로 확산된 것은 경영의 교과서로 불리는 GE가 1995년 6시그마를 도입하고 실적 향상의 요인으로 6시그마를 지목하면서부터였다.

GE는 6시그마를 생산현장뿐만 아니라 인사, 구매 등의 사무 간접 부문을 비롯한 기업 경영 전반에 걸쳐 적용하였다. 사실상 6시그마가 생산현장의 품질 개선에서 기업 경영 전반으로 확산되는 것은 당연한 과정이기도 했다. 측정하고 분석하여 문제를 개선하다 보면 문제의 원인이 생산현장뿐 아니라 부서 간 문제에 있음을 확인하게 되고, 이는 곧 기업 경영 전체의 혁신이 필요함을 발견하는 것으로 연결되기 때문이다.

그러나 소수의 기업들을 제외한 대부분의 한국 기업들은 GE와 같이 6시그마를 경영 전반의 혁신으로 발전시키지 못했다. 많은 기업들이 6시그마를 단기간에 성과를 거둘 수 있는 문제 해결에 주력하여 전개했기 때문이다. 요컨대 기업의 장기적인 전략목표와의 연계가 미흡하여, 개별 과제의 성과는 의미가 있지만 과제들의 성과를 종합해도 전사적인 목표 달성에는 크게 기여하지 못하는 경우가 많았다. 그 원인은 6시그마를 여전히 부서별로 진행하고, 성과 측정 또한 단순히 프로젝트 수행 건수, 벨트 인력 수와 같은 지표로 관리해왔기 때문이다.

따라서 6시그마를 경영혁신 전반으로 발전시키는 것은 아직까지 진행형으로 보는 것이 바람직하다. 6시그마를 경영 혁신 전반으로 확산시키기

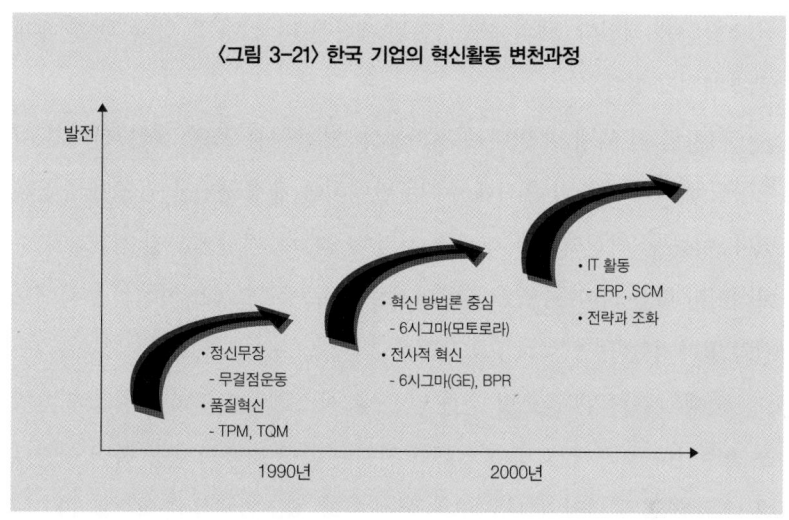

위해서는 중장기 전략, 연간 전략과 연계해야 한다. 이를 위해서는 6시그마 실천의 첫 단계인 과제 선정 단계부터 임원이 참여하고, 임원의 MBO에 그와 관련된 달성 실적을 연계할 필요가 있다.

한국 기업의 혁신 방법, 혁신 범위의 변천과정을 요약하면 〈그림 3-21〉과 같다. 이는 한국 기업의 경영 수준 진화, 기술과 시장의 변화에 따라 자연스럽게 변화한 결과이다.

로컬 최적화에서 글로벌 최적화로 외환위기를 거치면서 한국의 제조업체들은 중국, 동남아 등으로 생산기지 이전을 더욱 가속화하였다. 예를 들어 1980~1990년대 가전산업의 메카였던 삼성전자 수원공장은 R&D 기지로 변모하였고, 생산은 중국의 텐진, 쑤저우, 선전 등에서 하게 되었다. 또 생산과정에 필요한 부품은 해외 현지를 비롯한 글로벌 최적화된 지역에서 조달하게 되었다. 해외에서 생산된 제품은 미국, 유럽, 한국 등 전 세계로 판매되고 있다.

이처럼 전 세계 각기 다른 지역에서 개발, 부품 조달, 생산, 판매가 이루어짐에 따라 제품의 출시에서부터 판매되는 과정 동안 복잡도가 증가하였다. 이는 곧 혁신의 범위가 로컬 지역 내 최적화에서 글로벌 최적화로 변화되어야 함을 의미하는 것이다. 이러한 변화는 프로세스 혁신의 초점에도 변화를 가져왔다.

첫째, 기업들은 글로벌 생산 및 조달 시스템의 운영비용 절감에 초점을 맞추었다. 이는 글로벌 분업화의 진전에 따라 비용의 변동 폭이 이전보다 매우 커지게 되었기 때문이다. 이에 따라 제조업체를 중심으로 1990년대 후반부터 SCM(Supply Chain Management, 공급사슬관리)의 도입이 증가하였다. SCM은 부품 조달에서 생산계획, 납품, 재고 관리를 효율적으로 하도록 지원하는 솔루션으로 시장의 수요 변화를 기민하게 생산 시스템에 반영하였다. 특히 대규모 생산 시스템을 보유한 한국의 제조업체들에 있어 효율적 SCM 역량은 대단히 중요한 비중을 차지하게 되었다. 도입 초기 생산 스케줄링, 재고 관리 등 기업 내부의 관리로 제한되는 성격이 강하였던 SCM은 점차 글로벌 SCM으로 진화를 거듭하며 기업 내·외부 가치사슬 전반에 걸친 혁신의 도구로 자리 잡게 되었다.

둘째, 신제품 기획에서 시장 출시까지 시간 단축에 초점을 맞추었다. 기업의 R&D, 생산, 부품 조달, 마케팅이 전 세계 각기 다른 지역에서 이루어지면서 신제품을 출시하는 과정에서 커뮤니케이션의 어려움이 증가하였다. 이는 시장에서 요구하는 제품을 빨리 출시하기가 어려워졌다는 것을 의미하였다. 특히 IT 제품은 라이프사이클이 점점 더 짧아져 신제품의 출시

기간 단축이 기업의 핵심역량으로까지 자리 잡게 되었다. 이에 따라 기업들은 전 세계에 퍼져 있는 기업 활동 주체들이 신제품 개발 과정에 긴밀하게 협력하는 체계를 갖추는 데 많은 투자를 하게 되었다. 예를 들면 마케팅 부서에서 새로운 기능의 추가를 요구할 경우, R&D 부서는 제품 구조 변경안을 제시하고, 생산현장에서는 이를 실시간으로 전달받아 어떤 부품이 교체되어야 하는지, 필요한 공정 및 설비 변화가 무엇인지를 파악하며 최종 제품원가에 어떤 변화가 있는지까지도 계산할 수 있게 된다. 삼성전자, LG필립스LCD, 현대자동차 등 대형 제조업체들은 대부분 2000년대 들어 PLM(Product Lifecycle Managment), CPC(Collaborative Product Commerce) 등의 명칭으로 이러한 협업 시스템을 구축하였다.

사무자동화에서 IT를 활용한 혁신으로 1980년대 후반부터 도입되기 시작한 정보기술은 경영 의사결정에 직접 도움을 주는 시스템으로 발전하기 시작하여 1990년대 중반부터 획기적으로 진화한다. 기업의 랜(LAN) 설치, 초고속 인터넷망 등 IT 기술이 급속도로 발달하면서 데이터 처리 속도가 빨라지고 데이터 전송 비용이 낮아지는 등 시스템 진화에 우호적인 환경이 조성되기 시작하였기 때문이다.

가장 먼저 일어난 변화는 사내 인트라넷의 구축과 활용이었다. 업무 관련 지시, 각종 공지사항, 업무 관련 자료를 인트라넷으로 공유함으로써 업무 생산성이 증대되었다. 이 시기 거의 대부분의 기업들이 사내 인트라넷을 구축하였으며, 이를 통해 이메일 교환과 파일 공유가 기본적으로 이루어졌다. 인트라넷의 구축은 업무 효율성을 제고하는 것 외에도 사내 커뮤니케이션을 활성화하고 나아가 기업 문화를 통일시키는 데에도 기여하였다.

1990년대 후반에 들어서는 BPR, ERP(Enterprise Resource Planning), SCM, CRM(Customer Relationship Management) 등과 같이 특화된 기능을 갖춘 IT 혁신 도구가 도입되면서 경영 효율성을 높이는 데 기여하기 시작하였다. 가장 각광받던 IT 기반 프로세스 혁신은 ERP 시스템의 도입이었다. 전사적 자원 관리라는 의미의 ERP는 생산, 판매, 구매, 인사, 재무 등 기업 업무 전반을 통합 관리하는 솔루션이다. 국내 대부분의 대기업은 당시 ERP 도입에 많은 투자를 하였다.

그러나 남들이 하니 나도 서둘러 도입한 대가를 혹독하게 치러야 했다. 단지 솔루션만 설치하면 운영될 것이라 생각했던 것과는 달리 회계방식, 의사결정 과정 등 모든 업무 방식을 ERP 솔루션에 맞추어야 했기 때문이다. 이는 기존에 경험과 구전으로 전해왔던 업무 방식과는 크게 달라 대부분의 기업들이 기존의 업무 방식을 그대로 유지하면서 ERP 시스템에 필요한 내용도 입력하는 이중 업무 과정을 거치기도 했다.

이 시기 도입이 활발했던 또 다른 IT 기반 혁신 도구로는 SCM과 CRM을 들 수 있다. SCM은 한국보다 미국 등 선진국에서 도입과 진화를 위한 투자가 활발했는데, 이는 한국 기업보다 한발 앞서 글로벌 경영체제를 갖춘 선진 기업들이 글로벌 SCM의 필요성이 더욱 절실하게 느꼈기 때문이라고 추정할 수 있다. 또한 CRM의 전 세계적인 도입 붐과 해외 솔루션 벤더들의 적극적인 홍보에 힘입어 많은 기업들이 CRM을 앞 다투어 도입하였다.

당시 CRM 도입의 화두는 이전까지 고객을 동질적인 집단으로 보고 매스(Mass) 마케팅을 한 오류에서 벗어나, 철저한 고객 행태 분석을 통해 고객의 특성에 따라 차별화된 원투원(One-to-One) 마케팅을 한다는 것이었다. 그러나 정작 새로운 시스템을 효과적으로 사용하기 위해서는 고객의 구매, 반

포스코의 전사적 통합 정보 시스템 도입

'제철보국'이라는 경영이념하에 1968년 창립된 포스코(포항제철)는 한국의 개발경제 기간 동안 수요가 공급을 초과하는 환경으로 인해 생산성이 항상 일차적 관심사였다. 이에 따라 생산자 중심, 내부 효율을 중시하는 운영체계가 형성되었다. 그러나 1998년 정부가 포스코의 민영화 계획을 확정함으로써 민간기업에 맞는 사고와 시스템이 요구되었다. 또한 대외적으로는 세계 철강업계의 인수합병이 활발히 일어났으며 중국의 철강업체들이 급성장하고 있어 글로벌 경쟁이 치열하게 전개되기 시작했다.

이러한 대내외적인 여건의 변화로 인해 포스코는 1999년부터 PI(Process Innovation) 작업에 들어가 그간의 생산자 중심적 운영체계를 고객 중심으로 변화시키고자 하였다. 크게 프로세스 혁신과 이를 체계화하는 정보 시스템 구축으로 이루어진 PI에 총 2,058억 원(하드웨어 투자비 1,213억 원 포함)의 예산을 투입하였다. 2001년 6월 마무리된 정보 시스템에는 글로벌 스탠더드에 맞춘 ERP, SCP(Supply Chain Planning), ABM(Activity Based Management), BSC(Balanced Scorecard), DW(Data Warehouse) 등이 포함되었다.

특히 이 기간 중 도입한 ERP는 회계, 판매, 예산, 원가, 생산 등 전 분야에 걸쳐 기존의 시스템을 새로운 시스템으로 동시에 교체하는 '빅뱅' 방식으로 추진되어 화제와 우려를 낳았다. 전사적 통합 정보 시스템 가동으로 종전에 비해 판매 계획 수립 시간은 60일에서 15일로 단축되고, 주문 소요 시간은 30일에서 14일로, 신제품 출시 기간은 4년에서 1.5년으로 단축되는 등 경영의 효율성과 신속성이 놀랄 만큼 개선되었다. 현재까지도 포스코의 정보 시스템은 전 세계적으로 가장 성공적인 도입 사례로 평가받고 있다.

품, 항의 데이터 등을 장기적으로 축적해야 하는데 이에 대한 사전 투자와 노력 없이 도입된 탓에 새로운 시스템의 활용도는 낮을 수밖에 없었다.

2000년대 초반부터는 지식경영(Knowledge Management)이 디지털 경영 시대의 대표적인 경영혁신 기법으로 자리매김하게 되었다. 지식경영은 해외에서보다 우리나라에서 활용도가 훨씬 높았던 경영혁신 기법으로, 종업원들에게 체화돼 있는 경험이나 노하우를 다른 종업원들과 공유하는 실용적인 관점뿐만 아니라 신기술 동향이나 R&D 등과 같은 중장기적이고 전략적 관점까지 고려한 것이었다. 지식경영의 필요성은, 대다수 한국 기업에서 임직원들의 업무 노하우가 매뉴얼화되어 있지 못하고 개인의 PC에 저장되어 있어 이를 쉽게 공유하지 못해 업무 생산성이 저하되고 있다는 문제 인식에 기인한 것이라 할 수 있다.

이처럼 1990년대 후반부터 2000년대 IT 붐 시기에 서둘러 도입된 고가의 시스템은 도입 초반기에 적지 않은 자원 낭비를 초래한 측면이 있다. ERP, SCM, CRM, 지식경영 등 새로운 시스템은 얻고자 하는 목표를 명확히 하지 않은 채 경쟁적으로 도입되었다. 또한 해외 벤더들로부터 도입한 새로운 정보 시스템이 기존 업무 방식과 차이가 나면서 상당 기간 갈등을 초래하기도 했다. 그러나 시스템이 안정화되면서 정보 시스템의 효율성이 나타나기 시작했다. 정보 시스템의 구축으로 부서 간 정보가 실시간 공유되면서 여러 날이 걸리던 각종 업무가 실제로 단 몇 시간 만에 해결되는 것을 체험하게 된 것이다.

이상에서 살펴본 혁신 방법론은 도입 초기에 많은 시행착오를 거친 뒤 점차 한국 기업들 사이에 자리를 잡아갔다. 특히 6시그마는 구호와 정신무장을 강조한 기존의 품질향상운동과 달리 측정과 통계에 의한 프로세스 개선을 추구하며 기업의 운영 효율을 향상시키는 데 기여했다. 그러나 6시그마를 한국의 문화, 자사의 문화에 맞게 최적으로 적용하였는가라는 관점에서 보면 여전히 과제가 남아 있다. 미국과 일본의 경우, 각각 성과와 측정을 중요시하는 문화와 조직 목표에 대한 자발적 참여의식 등을 고려하여 자국에 맞는 혁신 방법론을 만들어가고 있다. 이들 국가는 상호 벤치마킹을 하면서도 자국의 기업 문화에 적합하도록 변형하여 도입하고 있다. 한국 역시 미국이나 일본과 다른 독특한 업무 정서가 있다. 일에 대한 높은 집중력과 성취욕, 강한 자아의식 등이 그것이다. 한국인의 정서, 업무방식에 맞추어 혁신 방법론을 재창조하는 것이 필요한 시기다.

4 새로운 10년, 한국 기업의 과제

01 한국 기업이 맞이할 환경과 과제

02 전략 고도화

03 혁신자형 운영 시스템

04 시장의 선택과 기업의 사회적 책임

01 | 4부 • 새로운 10년, 한국 기업의 과제

한국 기업이 맞이할 환경과 과제

2007년 말 현재 한국 기업은 중대한 기로에 서 있다. 일부 기업은 지난 20년 동안 환경 변화에 잘 적응하여 세계적 기업의 반열에 올랐으나, 근래 들어 환경이 급변하고 있기 때문에 과거의 성공 방정식이 앞으로도 통용될 것이라고 기대해서는 안 된다. 게다가 점점 거세게 다가오는 개방의 물결은 아직도 글로벌 경쟁력을 확보하지 못한 많은 기업에게 큰 부담이 될 것이다. 2008년을 계기로 기업의 환경은 다시 한번 크게 변할 것으로 예상된다. 4부에서는 앞으로 다가올 10년간 일어날 중요한 변화를 예상해보고, 거기에 대응해서 기업이 어떻게 해야 할 것인지를 살펴보겠다.

세계 경제 환경의 변화

요즈음의 변화 속도와 충격을 감안해볼 때 다가올 10년을 전망한다는 것은 쉬운 일이 아니다. 〈그림 4-1〉은 앞으로의 변화를 전망하기 위한 몇 가지 방향을 제시하고 있다. 1990년 이후 급속하게 진행되어온 글로벌화는 앞으로 더욱 가속화될 것이다. 특히 중국과 인도를 포함하는 신흥시장의 비중이 보다 커질 것이며, 선진국은 고령화의 영향을 더 많이 받게 될 것이다. 또한 지난 15년간 급속하게 진행된 IT 기술의 진화도 성숙 단계로 접어들면서 바이오나 나노 같은 기술과의 융합도 일어날 것으로 예상된다. 새로운 10년간 세계 경제에 막대한 영향을 미치게 될 여러 가지 환경 변화 가운데 대표적인 여덟 가지를 살펴보고자 한다.

첫째, 미국이 주도하는 세계 질서에 변화가 있을 것인가? 1990년에 냉전이 종식된 이후 미국이 세계질서를 주도하고 있다. 이 시대는 그야말로 미국이 유일한 슈퍼파워인 팍스 아메리카나(Pax Americana)의 시대인 것이다. 2001년의 9·11사건 이후 대테러전을 국가의 최우선 목표로 삼은 미국은 2003년에 이라크를 침공했으며, 막대한 국방비를 지출하고 있다. 이 과정에서 미국의 도덕적 우월성이 약화되었고, 유럽 주요 국가와의 전략적 연대도 느슨해졌다. 또한 소비와 정부 지출 과다로 인해서 무역 및 재정의 쌍둥이 적자 문제가 심각해지고, 그 결과 미국의 달러화는 약세를 지속하고 있다. 이처럼 미국의 세계적인 리더십이 약화된 면이 있기는 하지만, 현재 미국이 누리고 있는 경제, 군사, 외교, 대중문화, 기술, 지식, 금융, 기업 등 모든 면에서의 종합적인 경쟁력을 감안해보면 미국의 위상은 그다지 흔들릴 것 같지 않다. 적어도 앞으로 10년 동안은 미국의 국력에 도전할 만한 국가나 세력은 등장하지 않을 것이며, 지난 10년과 마찬가지로 미국이 주도하는 시대가 계속될 것이다.

둘째, 과연 중국 경제는 앞으로 10년 동안에도 고도성장을 지속할 수 있

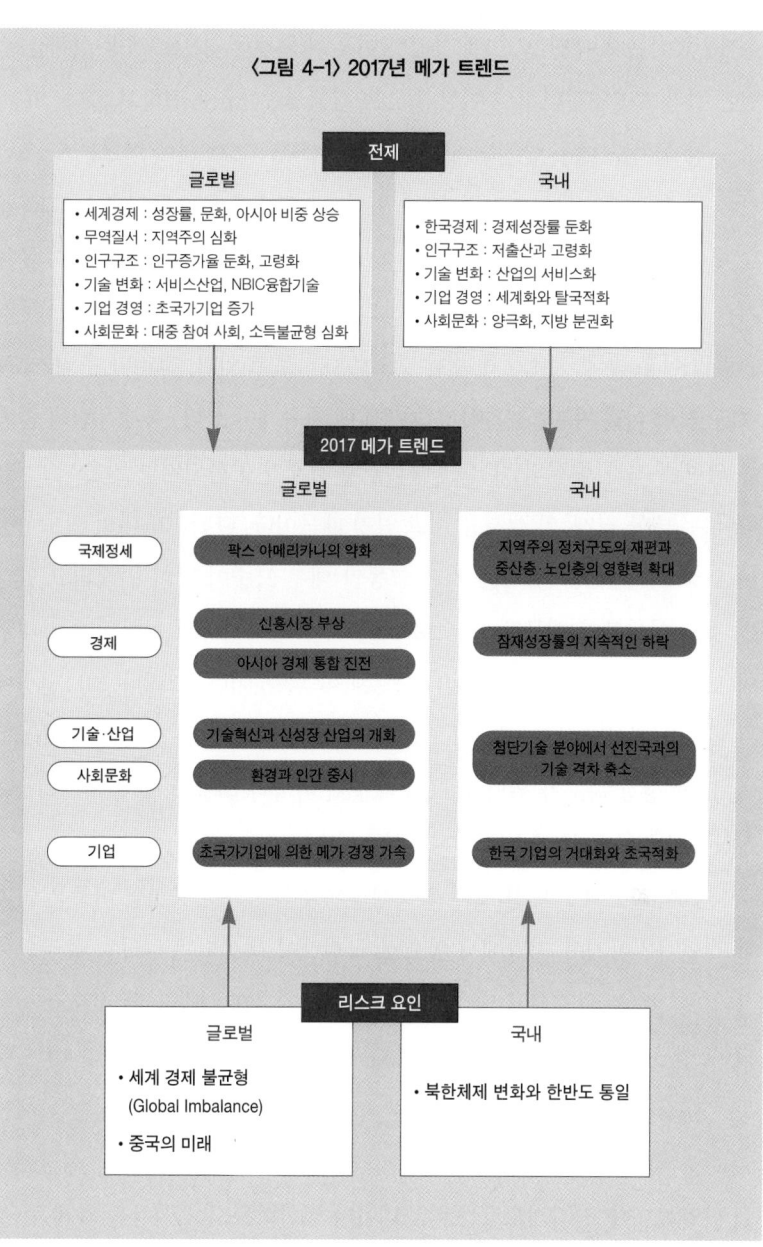

4부 ● 새로운 10년, 한국 기업의 과제 295

을까? 중국은 2001년 WTO에 가입한 이후 매우 성공적으로 개방 정책을 추진한 결과 2003년부터 10% 이상의 높은 경제성장률을 유지하고 있다. 이 기간 동안 물가도 매우 안정되어왔기 때문에 2003~2008년에 이르는 5~6년간은 중국 경제의 황금기라고 할 수 있다. 2007년 중국은 독일을 누르고 규모 면에서 세계 3위의 경제대국이 되었으며, 기업의 재무 상태나 특히 금융기관의 건전성도 괄목할 만하게 개선되었다. 일부 전문가들은 2008년 북경올림픽 이후 중국 경제가 둔화될 것으로 내다보고 있다. 그러나 우리는, 북경은 중국의 일부분에 불과하다는 사실에 주목해야 한다. 북경올림픽 준비를 위한 투자가 종결되었다고 해서 중국 경제가 둔화되지는 않을 것이다. 중국은 '대륙 경제'의 성격을 띠고 있기 때문이다. 다만 10%대의 고도성장이 오랜 기간 계속되었다는 것은 그동안 내부 모순이 많이 누적되고 있다는 것을 의미하기 때문에, 앞으로 10년 내에 경제성장이 둔화되면서 내부의 모순이 표출될 가능성이 높다고 보아야 할 것이다. 그러나 2011년경에는 일본을 제치고 규모 면에서 세계 2위의 경제대국이 될 것이 거의 확실하다. 또한 성장 속도가 워낙 빠르기 때문에 미국과 더불어 세계 경제의 2대 성장축의 역할을 할 것으로 전망된다.

셋째, 앞으로 10년간 세계 경제성장에서 차지하는 지역별 비중은 어떠할 것인가? 아시아 지역에서 앞으로 급성장이 예상되는 나라는 중국만이 아니다. 인도도 앞으로 상당 기간 연평균 8% 전후의 성장을 할 것으로 전망되며, 인구의 연령별 구성이 중국보다 훨씬 젊기 때문에 중국보다 더 오랫동안 성장세를 이어갈 수도 있다. 중국과 인도 사이에 펼쳐져 있는 아세안(ASEAN) 국가들도 상당한 잠재력을 가지고 있다. 베트남은 이미 성장궤도에 진입했으며, 장기적으로는 캄보디아나 미얀마도 경제성장을 하게 될 것이다. 전 세계 인구의 거의 절반을 차지하고 있는 중국, 인도, 한국, 일본과 아세안 10개국은 앞으로 세계 경제 성장의 중심이 될 것으로 예상된다. 숫자를 중심으로 본다면, 세계 GDP는 2006년 47.6조 달러에서 2017년 67.3조 달러로 41.6% 증가(2006년 불변가격 기준)할 것으로 전망된다. 10년 동안 약 20조 달러가 증가할 것으로 예상되는데 그 분포를 보면 아세안+4[1](40.1%), 미국(24.0%), 유럽연합(22.4%)의 3대 경제권이 86.5%를 차지할 것이다. 그 결과 2017년 세계 경제에서 주요 지역의 비중은 미국 26.7%, 유럽연합 27%, 아세안+4 26.6%로 세 지역이 거의 비슷해지며 모두 합해서 80.3%를 차지할 것이다.

넷째, 기후변화 문제는 얼마나 심각해질 것인가? 21세기에 인류가 당면한 가장 심각한 문제는 바로 기후 변화다. 2007년 2월의 IPCC 4차 보고서에 따르면 금세기 안에 지구표면 온도가 1.8~4.0도 상승하고 해수면은 최대 59센티미터까지 높아질 수 있다고 한다. 온실가스 배출량을 일정 수준 이하로 유지하고 기후 변화의 피해를 완화시키려면 전 세계가 2050년까지 GDP의 1%를 투자해야 한다는 주장도 제기되었다. 앞으로 에너지 다소비형 기업은 온실가스 감축에 많은 비용을 지불해야 할 것이다. 반면 탄소 시장, 신재생 에너지 사업, 탄소 저감 기술 등 새로운 사업 기회가 발생할 것이다. 이미 발효된 교토의정서 당사국들, 특히 유럽에서는 탄소 시장이 활성화되어서 상당한 규모의 거래가 이루어지고 있다. 그리고 2013년으로 예정된 제2차 기후변화협의가 발효된다면 시장 및 다양한 감축 메커니즘이 작동될 것이다. 새로운 시장과 산업이 생겨나는 것이다. 기후 변화와 함께

---

1 아세안 10개국과 한국, 일본, 중국, 대만의 동북아 4개국을 말한다.

앞으로 물 부족 문제가 가장 심각한 환경문제로 등장할 전망이며, 이에 따라 해수 담수화 사업을 포함한 상하수도 사업 등 다양한 물 관련 산업도 크게 성장할 것으로 전망된다. 환경문제와 더불어 수년간 지속되어온 높은 에너지 가격으로 인해 에너지 및 대체에너지 부문도 각광받을 것이다. 예를 들어 조력, 풍력, 태양광 발전, 그리고 원자력도 새롭게 각광받을 것이다. 기업은 이러한 미래 성장동력에 대해 새로운 방식으로 접근해야 한다. 개별 제품이나 품목 식의 접근으로는 불충분하며 기존 제품 및 산업을 아우르는 새로운 시스템의 구축이나 신사업 모델이 필요할 것이다.

다섯째, 지난 20년 가까이 급성장했던 IT 기술은 앞으로 어떻게 될 것이며, 또한 이에 버금가는 새로운 기술이 나올 것인가? IT가 일상화되고 기술이 성숙화되면서 정보통신이 기술 변화의 핵심적인 테마가 되었던 시대는 마감할 것으로 전망된다. 그러나 IT 기술이 바탕이 된 새로운 기술이 각광받게 될 것이며, 그 대표적인 기술이 생명공학 분야다. 바이오 분야에서 기술 변화가 이루어지면서, 미래 산업의 중심 테마로 '생명체'가 대두할 것으로 예상된다. 게놈 프로젝트(Genome Project)로 IT가 생명체를 정확히 읽을 수 있게 될 것이다. 세계 바이오·의료산업의 규모는 2004년 기준 4.4조 달러로 추정되며 앞으로 5년간 7%대의 성장세를 보일 것으로 예상되고 있다. 한국은 이 분야에 유리한 기반을 가지고 있는데, 예를 들면 미국과의 활발한 교류, 우수한 IT 기반, 고령화, 우수 인재의 의학 계열 집중 등이다.

여섯째, 과연 한국의 개방은 앞으로도 계속될 것인가? 한국은 앞으로 수년 내에 한미FTA와 한·유럽연합 FTA를 포함해서 주요 통상 대상국과 자유무역협정을 체결할 것으로 전망된다. 이러한 속도로 개방이 지속된다면 한국 경제는 2012년경이면 거의 완전히 개방될 것이다. 세계 전체로 볼 때,

WTO를 중심으로 한 다자간 무역자유화는 현재로서는 중단된 상태이다. 특히 2008년 미국 대통령 선거에서 민주당이 집권하고, 의회도 민주당이 지배하게 되면 도하개발어젠다(DDA) 협상도 지지부진해질 가능성이 크다. 그러나 자유무역협정을 통한 지역별 개방은 계속될 것이다. 2005년 현재 세계 총무역액 중에서 지역무역협정(RTA)의 비중은 51%에 달한다. 동아시아는 아직까지 유럽이나 북미 지역에 비해 역내 무역자유화가 늦은 감이 있으나, 현재 이 지역 내의 거의 모든 나라들이 서로 간에 FTA 체결에 힘쓰고 있기 때문에 앞으로 10년 내에 동아시아 지역도 보다 통합된 시장의 모습을 가지게 될 것이다.

일곱째, 뮤추얼펀드, 사모펀드, 헤지펀드, 연기금이 자본시장을 지배하게 될 것인가? 2006년 말 현재 전 세계 주식시장의 시가총액은 51조 달러이며 채권시장 발행잔액은 68조 달러에 달하여 이미 이들이 세계 자본시장을 지배하고 있다. 또한 글로벌 M&A 시장에서 사모펀드의 비중은 1998년 3%에 불과했지만 2006년에는 21%로 급증했다. 2006년 말 현재 한국의 국민연금 규모는 189.6조 원이며 주식투자 비중은 22조 원(11.6%)인데, 2017년이면 연금의 규모가 688조 원으로 증가할 것으로 예상되고 있다. 자산의 유동화 및 파생상품의 확산은 21세기에 들어 보다 뚜렷해지고 있는 금융산업 발전의 한 축이 되고 있다. 2007년에 불거진 미국의 주택담보대출 부실 문제(Subprime Mortgage Crisis) 역시 이러한 금융시장의 발달과 무관하지 않다. 금융시장이 갈수록 거대하고 복잡해지고 있기 때문에 이번 금융위기도 상당한 파장을 일으키고, 또한 실물경제에도 타격을 줄 것이다. 그러나 이번 위기가 극복되면 금융산업은 다시 한번 성장할 것이며, 펀드의 중요성은 더욱 커질 가능성이 크다. 앞으로 연기금 및 글로벌 기업이 사모펀드와 헤지펀드를 통해서 자본시장 및 기업에 대한 지배력을 확대할 것이며, 특히 펀드 간에 경쟁이 심화되면서 적극적인 경영 개입을 통해서 투자수익률을 높이려고 시도할 것이다.

　마지막으로, 글로벌화가 가속화되는 것과 함께 그 부작용 역시 커지고 양극화 문제가 심각해질 것이다. 글로벌화는 자본과 기업, 사람의 국가 간 이동에 있어서 국경을 낮추어 국가 간에 좋은 기업과 좋은 사람을 서로 유치하려는 경쟁이 유발된다. 기업 하기 좋은 나라나 살기 좋은 나라의 한 조건은, 조세 부담은 상대적으로 낮으면서 친기업적인 환경을 만드는 일이다. 이것이 이 시대의 모든 나라와 지방자치단체들이 당면해 있는 과제이다. 세금은 조금 걷으면서 기업 하기 좋은 환경을 만드는 행정의 효율성이 필요한 것이다. 과거 북유럽 나라들이 시도했던, 국가가 높은 세금을 걷어 이를 통해 국민 복지를 책임졌던 모델이 한계에 달한 것이다. 한편 오늘날 많은 기업들이 우수한 인재를 유치하기 위해서, 그리고 더 높은 성과를 달성하기 위해서 탁월한 경영자와 인재들에게 과거에는 생각할 수 없었던 파격적인 대우를 해주고 있다. 국가 복지 축소, 임금 격차 확대, 고령화 진전 등 전반적인 사회의 추세는 소득 양극화를 심화시키고 여러 나라에서 사회적인 갈등을 확대시킬 것이다. 그러나 이러한 문제에 대한 정부의 해결 능력은 오히려 축소될 것이다. 따라서 많은 나라에서 민간기업과 거부들에 대한 사회적 요구 또한 날로 거세질 것이다. 글로벌화는 여러 나라에서 정치적인 갈등을 불러일으킬 것이며, 대부분의 민주국가에서 이 문제를 어떻게 슬기롭게 해결할지를 고민하게 될 것이다.

한국 기업 경영의 변화

이러한 환경 변화에 따라서 한국의 기업 경영은 어떻게 전개될 것인가? 이를 몇 가지로 정리하면 다음과 같다.

첫째, 기업의 글로벌화가 가속화될 것이다. 국내시장의 매력도가 감소하고 생산비가 더욱 상승하면서 기업의 해외 진출이 보다 가속화될 것이다. 특히 원화가치가 지속적으로 상승할 것이므로 기업 전략의 전반적인 수정이 요구될 것이다. 또한 한미, 한·유럽연합 FTA가 이행되면서 국내시장은 완전개방으로 치닫게 된다. 국내 승용차 시장의 예를 보더라도 이미 수입차가 대수 기준으로 국내시장의 5%를 점유하게 되었으며, 금액 기준으로는 20%에 육박하고 있다. 앞으로 원화가치가 더욱 높아지고, 수입 관세가 철폐되고, 판매 대수가 많아짐에 따라 한 대당 고정비 부담이 낮아져 수입차의 가격은 더욱 낮아질 것이다. 이런 상황에서 국내 자동차 회사들은 내수시장을 지키는 전략만으로는 한계를 드러낼 수밖에 없다. 따라서 더욱 공격적으로 해외시장을 개척해야 할 것이다. 다른 산업 역시 마찬가지다. 국내시장의 완전개방은 거의 모든 산업에서 기업들이 글로벌 경쟁력을 가져야 함을 의미한다. 아울러 중국과 인도 등 신흥시장의 비중이 커지고 생산의 재배치가 계속되면서 글로벌 기업 간의 경쟁이 더욱 치열해질 것이다.

둘째, 글로벌 과점화가 심화될 것이다. 10개 정도의 기업이 전 세계시장의 50% 이상을 점유하는 글로벌 과점화 현상은 이미 1990년대부터 진행되어왔다. 한때 20여 개가 넘던 글로벌 제약회사도 인수와 합병 과정을 통해서 10개 정도로 축소되었으며, 자동차산업, 정유산업은 물론 회계법인과 같은 서비스산업에서도 이런 현상이 나타나고 있다. 최근에는 철강산업에서도 과점화가 진행되고 있다. 철강산업은 전통적으로 국가위신산업(Prestige Industry) 내지는 국가대표기업(National Champion)으로서, 많은 나라들이 국내 철강산업을 유지하려고 했으나, 이제는 그런 개념이 통하지 않게 되었다.[2] 그렇게 된 데는 유럽연합이라는 단일 시장의 등장과 미탈(Mittal)이라는 인도계 철강회사의 역할이 크다. 미탈은 2006년에 2위 기업인 아셀로어(Arcelor)를 인수함으로써 생산 규모 면에서 2위인 일본 신일본제철의 거의 3배에 달하는 압도적인 우위를 점하게 되었으며, 세계시장에서 독보적인 시장 위치를 차지하게 되었다. 이러한 과점화로 인해서 지배구조가 취약하거나 주가가 급락하는 기업들은 상시적인 기업 인수 압력에 직면하게 되었다. 그러나 글로벌 과점화가 반드시 경쟁의 약화를 의미하지는 않는다. 마치 국내 가전시장에서 삼성전자와 LG전자가 복점(Duopoly) 상태인데도 경쟁이 치열하듯이, 세계적인 과점 기업 간에도 여전히 경쟁은 치열하다. 오히려 제품과 시장이 매우 분산되고 잘 조화를 이룬 포트폴리오를 갖고 있는 기업 간의 경쟁은 전략 수단이 다양하기 때문에 경쟁의 양상도 매우 복잡하게 진행된다. 한편에서는 전략적 제휴나 기술 공유 등의 방식으로 협력하면서, 또 한편으로는 경쟁사의 홈그라운드(본국 시장)를 공격하기도 한다. 동시에 산업 포트폴리오가 M&A를 통해서 수시로 조정되고 있기 때문에 경쟁사 간에 전선이 수시로 바뀌게 된다. 따라서 기업 전략의 유연성이 어느 때보다도 중요하게 되었다.

---

[2] 국가위신산업이란 국가가 자국의 국위를 과시하기 위해서 지원하고 유지하는 산업을 가리킨다. 자국의 항공여행사(National Flag Carriers)가 한 가지 예이며, 우주항공산업도 다분히 국가위신산업의 성격을 가지고 있다.

셋째, 펀드자본주의의 확산에 따라 영미식 자본주의 영향력은 더욱 강화될 것이다. 사모펀드에 대한 논란에도 불구하고 기관투자자와 펀드의 기업에 대한 영향력이 증가할 것이다. 뮤추얼펀드처럼 월스트리트룰(Wall Street Rule, 기업의 경영이나 실적이 마음에 들지 않으면 해당 주식을 파는 방식)을 따르지 않음은 물론, 헤지펀드처럼 직접적으로 기업의 경영에 간섭하는 소위 주주행동주의(Shareholder Activism)를 넘어서는 간섭이 있을 것이다. 다시 말해서 기업을 직접 인수해서 상장을 폐지하고, 기업의 포트폴리오를 재정비하고, 구조조정을 한 후 기업가치를 높여서 다시 시장에 내다 파는 기업공개(IPO) 방식의 기업 경영에 직접 참여하는 사모펀드의 역할이 커질 것이다. 또한 주식시장에서 국민연금의 비중이 대폭 늘어나서, 국민연금의 대기업에 대한 실질적인 통제에 대해서 사회적인 논의가 전개되고 거기에 대한 정치권의 결정이 있을 것이다. 전통적인 대기업집단(소위 재벌)의 소유 및 지배구조도 점진적으로 변할 것이다. 문화적인 이유로 인해 소유경영체제가 당분간 유지되겠으나, 소유경영자의 영향력이 줄어들고 2, 3세 경영자도 시장에서 성공하지 못하면 자리를 유지하기가 어렵게 될 것이다. 또한 상속과 증여에 대한 투명성이 강화되면 대기업의 소유경영자가 경영권을 유지하기가 더욱 어려워질 것이다. 그런 가운데 새로운 창업 세대가 등장할 것이다.

넷째, 창의적 지식이 기업의 성패를 좌우할 것이다. 글로벌화의 진전은 입지에 기반한 경쟁우위(Location-Specific Advantages)를 약화시킬 것이며, 규모의 경제도 세계적 과점시장에서는 크게 우위가 되지 못할 것이다. 원가 우위도 기업 내부의 공정 혁신을 통해서 형성될 것이며, 무엇보다도 기술과 지식에 기반한 치열한 경쟁이 예상된다. 그리고 이러한 경쟁의 결과는 인력의 질과 역량, 지식(기술 포함)에서의 우위와 창의력이 좌우하게 될 것이다. 그 결과 인재 쟁탈전이 심화될 것이다. 창의적 지식이 기업의 성패를 좌우하게 되므로 우수한 인력을 채용해서 이들을 잘 유지하는 것이 매우 중요하다. 그러기 위해서는 충분한 능력과 성과에 상응하는 보상 시스템이 갖추어져야 하며, 동시에 자신의 능력과 창의력을 마음껏 발휘할 수 있는 회사의 여건을 만들어야 한다. 이는 기업에서 성과급제가 더욱 확산될 것임을 예고하는데, 이런 현상은 이미 미국에서 극단적으로 나타나고 있다. 미국의 일부 기업에서는 한 기업 내에서 최상위 소득자와 최하위 소득자의 소득 격차가 300배 이상으로 확대되면서, 조직 내뿐만 아니라 사회 전체적으로 빈부 격차가 심각한 문제로 부상하고 있다. 이 문제가 어떻게 전개될지 더 두고 보아야 한다.

다섯째, 조직에서 인력의 다양성이 확대되고, 일하는 방식도 많이 바뀔 것이다. 2012년이면 한국에서도 본격적으로 남녀 동등 사회가 전개될 것으로 예상된다. 보통 특정 직종에서 여성의 비율이 30% 정도 되면 여성의 사회 진출이 활발해진 것으로 본다. 한국의 경우 언론계 등 일부 직종에서는 이미 이 같은 수준에 도달하였으며, 법조계나 의료계에서도 이런 현상이 나타나고 있다. 산업계의 경우 위계적인 성격과 경력의 중요성, 연공적 인사 시스템으로 인해 여성의 진출이 제일 뒤진 편이나, 앞으로는 이 분야도 서서히 바뀔 것이다. 그리고 일과 삶의 균형이 지금보다 더욱 강조되어 좋은 직장이란 일과 개인의 생활을 동시에 만족시켜주는 직장이라는 개념이 확산되고, 적절한 휴가와 휴식을 갖는 좀더 균형 잡힌 직장생활이 요구될 것이다. 또한 앞에서도 살펴보았듯이 조직 내에서 다양성 관리의 중요성이 부각되면서 다양한 형태의 고용이 있게 될 것이다.

새로운 10년을 위한 제언

지금까지 향후 10년간 세계 경제와 한국 기업 경영이 어떻게 전개될지 살펴보았다. 그러면 이러한 변화 앞에서 우리 기업은 어떻게 대처해야 할 것인가? 이에 대해 그간의 고민을 집약하여 네 가지로 정리하면 다음과 같다.

첫째, 전략의 유연성을 가져야 한다. 지난 10년간 우리 기업은 IMF의 상흔에서 벗어나지 못하고 있으며 기업 경영이 지나치게 보수화되고 리스크를 회피하는 경향이 강했다. 그에 따라서 투자와 신산업에 필요한 모든 자원을 갖고 있으면서도 신산업과 설비투자 실적이 매우 부진한 실정이다. 성장 전략의 수단으로서 내부 성장과 더불어 M&A도 적극적으로 활용할 필요가 있다. 하지만 2004~2006년 한국의 국내외 M&A 규모는 세계 31위(일본 4위, 중국 11위)에 불과하다. 내부 성장 역시 저조해 최근 한국 기업의 설비 투자 규모는 영업이익보다 작은 실정이다. 반면 GE, 도시바, 지멘스, HP, IBM 등과 같은 해외 선진 기업은 끊임없이 업종을 조정하고 있다. 따라서 CEO의 전략적 사고가 어느 때보다 중요한 시점이라 하겠다. 앞에서도 지적했듯이 글로벌화의 진전으로 인해 기업 간의 경쟁이 매우 복잡하고 다양하게 전개되고 있다. 기업의 제품 포트폴리오가 수시로 조정되고 있으며, 지역과 국가 시장에서의 진출입도 계속해서 변하고 있다. 경쟁우위 확보 방안도 자체 연구개발, 개방형 연구개발, 전략적 제휴와 M&A를 통한 경쟁력 확보 등 다양화되고 있다. 조직 내부도 인력의 다양화가 일상화되고 있으며, 과거 어느 때보다도 CEO의 역량과 전략적 유연성, 창의적 아이디어, 탁월한 리더십이 요구되는 시대로 접어들고 있다. 전략의 경직성과 유연성을 정리하면 〈표 4-1〉과 같다.

〈표 4-1〉 전략의 경직성과 유연성

전략적 경직성	전략적 유연성
내부성장 위주	M&A 등 다양한 전략유형 활용
부채는 최소화, 투자는 내부유보	적절한 차입을 통한 성장
전문화 전략만이 최상	끊임없는 업종 조정(금융업 포함)
기술개발만이 살 길이다	기술 외에 신사업 모델 등 다양한 전략
한국인·주재원 위주 경영	다양한 외국 문화 수용

둘째, 맞춤형 글로벌화 전략을 구사해야 한다. 우리 기업이 글로벌화를 해야만 하는 이유는 무엇보다도 국내 경제성장이 하향 안정화되고 있는 가운데, 원화 강세로 해외 자산을 값싸게 취득할 수 있게 되었으며, 최적 입지 확보나 시장 다변화 등 글로벌화 자체의 이점이 매우 크기 때문이다. 또한 국내시장 개방으로 해외 진출이 필수적인 전략이 되고 있다. 글로벌 전략은 핵심역량, 해외거점, 글로벌 경영의 3단계로 전개되는데, 기업의 규모와 업종에 따라 현지/지역/글로벌(Local/Regional/Global) 전략을 구사할 필요가 있다. 여기서 유념할 점은 강력한 핵심역량의 지원이 없는 글로벌 전략은 사상누각이라는 것이다. 1960년대 이후 한국 기업은 해외에서 도입한 기술과 국내시장에의 접근을 결합하여 성장해왔다. 이러한 후발 산업화의 기업 성장 모델은 국내시장이 보호되는 상황에서 가능하다. 그러나 국내시장이 완전개방되면 더 이상 해외에서 도입한 기술만으로는 버티기 어렵다. 원천기술을 가진 기업이 직접 국내시장에 진출해서 함께 경쟁하기 때문이다. 1990년 이후 일부 국내 기업이 이러한 '빌린 기술'의 한계를 벗어나면서 그 기술을 개량하고 새로운 기술을 개발하고 또한 SCM과 같은 운영상의 경쟁우위를 확보하면서 글로벌 기업의 대열에 참여하게 되었다. 아직도

'로컬 기업'의 특징에서 벗어나지 못한 국내 기업들이 당면한 최대의 과제는 바로 '글로벌 경쟁력'을 갖추는 일이다. 이는 해외에 거점을 마련하는 것보다 훨씬 더 시급하며, 생존과 연결된 문제이다. 거점을 마련하는 것도 글로벌 경쟁력을 갖추기 위한 수단으로 인식해야 한다. 앞으로 10년, 한국의 많은 중견기업과 중소기업의 최대 과제는 '글로벌 경쟁력'을 갖추는 일이다.

셋째, 그러한 글로벌 경쟁력을 가지려면 많은 기업이 지식조직으로 전환해야 한다. 무형자산은 이미 S&P 500대 기업가치의 70%를 차지하며, 암묵적 지식을 요구하는 일자리는 미국 노동시장의 40%를 넘고 있다. 기업은 더 이상 노동, 자본 등 전통적인 생산요소에 의한 차별화를 추구하기가 어려워졌으며 기술, 브랜드, 디자인 등 지적 자산의 보유가 기업 경쟁력을 좌우하게 되었다. 따라서 앞으로는 창의적 사고와 새로운 아이디어가 기업의 성패를 좌우할 것이다. 지적 자산을 바탕으로 한 핵심역량을 확보하려면 우수한 인적 자원이 무엇보다도 중요하다. 이제는 사람을 귀하게 여기는 경영을 하는 수밖에 없다. 지적 자산은 사람에게 체화되어 있다. 한국 기업이 한국의 우수 인재를 독점하던 시대는 지나갔다. 미국과학재단의 2006년 조사에 의하면 미국에서 박사학위를 딴 한국인의 73.9%가 미국 체류를 희망하였다고 한다. 따라서 핵심인력을 확보하고 다양성 관리에 성공하는 것이 무엇보다도 중요하다고 하겠다.

넷째, 기업의 사회적 책임이 일상화되어야 한다. 글로벌화가 진전될수록 양극화 또한 심화되게 마련이다. 단적인 예로 세계 억만장자 950명의 재산 규모는 약 3.5조 달러로 이들이 자산의 5%(1,750억 달러)를 매년 기부한다고 가정하면, 이 돈은 G7 국가의 개발도상국 지원액 500억 달러의 3.5배 규모에 달한다. 최근 들어 기업의 사회적 책임을 지속적인 경제성장의 근간으로 보는 경향이 강해짐에 따라 '사회적으로 책임 있는 기업'이 아니면 크게 성공하기 어렵게 되었다. 게다가 인터넷과 각종 매체의 발달로 한 번의 실수로 기업 전체가 혼란에 빠질 수도 있다. "기업은 본원적 책임만 잘하면 된다(Business of Business is Business)"라는 밀튼 프리드만의 비즈니스 지상주의에 대해, 2005년 전 세계 116개국 4,238명의 기업 임원에 대한 설문조사 결과 16%만이 동의하고 나머지 84%는 확대된 의미의 기업의 사회적 책임론에 동의하고 있음을 주목해야 한다.[3] 따라서 기업은 윤리경영, 투명경영, 사회공헌을 일상화해야 한다.

여기서도 기업에 대한 이중적인 압력이 존재한다. 앞에서 지적했듯이 한편에서는 주주행동주의와 펀드자본주의 압력 등 주주의 요구가 강해지고 있으며, 또 한편에서는 기업의 사회적 책임에 대한 압력도 증가하고 있다. 그러므로 주주자본주의와 이해당사자 자본주의가 동시에 요구되는 것이 오늘날 대기업이 처한 현실이다. 기업 경영이란 상반되는 요구를 동시에 충족시켜야 하는 과업임에는 틀림없다. 예를 들면 집권화와 분권화, 글로벌화와 로컬화, 대기업의 안정성과 중소기업의 유연성을 동시에 갖추어야 하는 소위 모순경영(Paradox Management)이 기업 경영의 본질적인 성격이다. 이제는 여기에 더해서 주주와 사회의 요구를 동시에 충족시켜야 하는 네 번째의 모순관리가 기업에게 요구되고 있다.

지금까지 앞으로 10년간 전개될 환경 변화와 기업의 과제에 대하여 살

---

[3] 본 설문조사의 내용은 2006년 1월 발간된 맥킨지 쿼터리(The Mckinsey Quarterly)의 "The Mckinsey Global Survey of Business Executives : Business and Society"에서 인용한 것이다.

펴보았다. 그 10년, 즉 '2008 체제'는 지금까지와는 사뭇 다를 것이며, 아마도 이 기간은 우리에게 열려 있는 마지막 호기가 될 것이다. 요약하자면 향후 10년 환경 변화의 핵심어는 동아시아, 생명체(바이오), 기후변화, 완전개방 경제, 펀드자본주의 등이 될 것이다. 따라서 우리 기업은 하루빨리 IMF의 상흔에서 벗어나 CEO의 전략적 유연성, 맞춤형 글로벌화, 지식조직과 창조경영, 주주와 사회 요구의 동시 충족 등에 집중해 새로운 10년을 한국 기업의 시대로 만들어가야 한다.

02 | 4부 • 새로운 10년, 한국 기업의 과제

전략 고도화

지식 기반 소프트 역량 강화

창의력을 북돋우는 풍토 조성　많은 경영 전문가들은 21세기는 창조와 상상력이 기업의 성패를 좌우하는 시대가 될 것으로 예견하고 있다. 톰 피터스는 기업을 움직이는 것은 사람이고 기업의 생명력은 창조성과 상상력에서 발생한다며 미래 신상품 및 신사업 개발에 핵심적 역할을 수행할 인재들의 영향력을 강조했다.[4] IBM 비즈니스 가치연구소 지식경영 전문가인 애릭 레서도 2006년 세계지식포럼에서 조직원의 지적 자산의 중요성을 역설한 바 있다. 특히 기업 성장에 영향을 미치는 요소로 지적 자산뿐만 아니라 이를 효율적으로 활용하는 능력 및 새로운 가치 창출에 대한 경영자의 확고한 의지가 필요하다고 보았다.

---
[4] 톰 피터스(2005), 《미래를 경영하라(Re-imagine!)》, 21세기북스.

최근 이러한 판단이 기업들 사이에서도 큰 공감대를 형성하면서 글로벌 기업들은 리더십, 조직 운영, 인재 관리 등 경영활동 전반의 감성화에 대해 고심하는 모습이다. 또한 개별 직원의 머릿속에 들어 있는 지식과 경험을 전 직원에게 확산시키기 위해 지식 공유 문화 정착에 도움이 될 새로운 제도 도입에도 열심이다. 지식의 가치에 대한 평가 시스템 및 평가에 따른 승진, 인센티브 등 보상제를 실시하는 방안도 활발하게 논의되고 있다. 창의적 조직으로 손꼽히는 구글의 경우 '인재들에게 혁신할 수 있는 기회를 주어야 한다'는 이념하에 조직원의 창의성 증강에 주력하고 있다.

과거에는 정보를 가짐으로써 파워를 가질 수 있었으나, 지금은 가지고 있는 정보에 창조적 아이디어를 더하는 일이 더 중요해진 것이다. 전 세계 35개의 구글 R&D센터에 근무하는 뛰어난 엔지니어들은 개인의 창조적인 아이디어를 적극적으로 시험하고 상용화할 수 있도록 지원받고 있다. 이들은 3~5명이 프로젝트 단위로 팀 작업을 수행하기 때문에 개인의 지능지수보다 서로 잘 화합할 수 있는 감성지수가 조직원 간에 더 중요한 것으로 평가받고 있다.[5]

국내 기업도 2000년대 초반 지속적인 경기 침체를 경험하면서 불황기일수록 시스템보다 조직원이 가진 열정, 창의성 및 끈끈한 감성적 유대감이 강력한 힘을 발휘한다는 사실을 확인하였다. 따라서 서비스업계뿐 아니라 제조업계 전반에서도 현장 경영이 강조되고 CEO가 말단 직원과 격의 없는 대화를 나누는 등 전사적 커뮤니케이션 노력이 활발하게 추진되고 있다. 일부 기업들은 고객 감성을 심도 깊게 분석하고 창의적인 아이디어를

---

[5] 마이클 포터 외(2006), '제7회·세계지식포럼' 발표 자료 참조.

도출하기 위해 선진 기업의 전략을 모방해 인류학, 심리학 등 다양한 분야의 전문가들을 영입하는 움직임을 보이고 있다.

그러나 국내 기업들이 미래 지식 기반 소프트 역량을 강화하고 경쟁사와의 경쟁에서 우위를 차지하려면 보다 체계적이고 장기적인 투자가 필요하다. 경쟁이론가인 마이클 포터 교수는 창의적 전략 수립에 있어서 개별적 우위가 아닌 유기적으로 연결된 시스템적 전략이 필수적이라고 보았다. 그리고 한번 수립된 전략은 최소 3~5년간 연속성이 요구된다고 권고한다.

뛰어난 창의력을 자랑하는 선진 기업들의 공통점은, 다양성을 갖고 있으며 여유로움과 창조적 긴장감을 함께 유지한다는 것이다. 장기적으로는 기본적인 데드라인을 정해 긴장관계를 형성하지만, 일상의 규칙이나 회의 등 관료적인 절차들에 대해서는 가능한 한 자유를 보장하는 방식을 활용한다. 또한 실패를 관대하게 받아들이고 새로운 아이디어를 자유롭게 낼 수 있도록 풍토를 조성하지만 철저히 직무 중심적인 상태에서 업무를 수행하도록 하고 있다.

반면 우리나라 기업의 창의력 증강을 위한 전략은 비체계적이고 단기적 슬로건에 머무는 경우가 많다. 게다가 창의성을 전사 차원이 아닌, 마케팅·홍보·디자인 등 일부 업무에만 필요한 것이라고 오해를 하기도 한다. 또한 이 같은 업무를 수행하는 부서 및 인력일수록 조직 내 위상이 높아지는 게 바람직함에도 불구하고 아직도 이들에 대한 경시 풍조가 남아 있다.[6] 뿐만 아니라 근본적인 조직 문화 혁신에 주력하기보다는 선진 기업에 대한 벤치마킹을 통해 신제도를 도입하려는 기업이 많다. 그러나 이 같은 선진

---

6 《한국일보》(2005. 6. 13), "이노디자인 김영세 사장, 디자인계 미다스의 손".

기업 외양 따라하기식의 모방 전략으로는 창의력 격차를 해소하는 데 한계가 있음을 명심하고 근원적인 경쟁력 확보를 위해 노력해야 한다.

미래 신상품·신사업 개발 역량 강화 하버드 경영대학원 니틴 노리아 교수는 2004년 한 연구를 통해 최고의 경영자로 손꼽히는 인물의 공통 특징을 '시대흐름을 읽는 능력(Contextual Intelligence)'이라고 밝힌 바 있다. 헨리 포드, 존 록펠러 등의 역사적 인물을 포함하여, 15년 이상 주주이익을 높였거나, 해당 산업 분야에 신상품 또는 서비스를 도입했거나, 광범위하게 전파된 비즈니스 관행을 창출한 경영인 860명에 대한 데이터베이스를 분석하여 이 같은 결론을 도출한 것이다.[7]

그 어느 때보다 불확실한 경제 환경과 치열한 경쟁에 직면한 한국 기업과 한국의 CEO에게 있어 시대흐름을 읽고 미래 신사업을 발굴하는 것은 매우 중요한 과제이다. 세계 주요국 경제의 동반 침체, 국내 가격경쟁력 열세 등 국내외적 경제 여건의 악화로 기업 리스크가 증가하고, 선진국의 견제와 후발국의 추격으로 인하여 현재 한국 경제를 이끌고 있는 주요 기업의 경쟁력이 악화될 수 있다.

이 같은 상황에서 대부분의 기업들이 오늘날의 상황을 인식하면서도 마땅한 투자처를 찾지 못하고 있는 실정이다. 무성한 논의가 진행되고 있으나 중장기적 관점에서 국가 경제를 견인할 미래 유망사업에 대한 방향성도 불명확하다. 따라서 차세대 성장엔진으로서의 신사업을 발굴하고 이에 대한 적극적 투자가 필요한 시점이다.

----

[7] Robert Weisman(2004. 3. 31), "Leading Figures Shared Key Trait : Trend Spotting", *Boston Globe*.

이를 위해 CEO는 시장과 기술의 변화를 남보다 먼저 읽고 조직이 앞서 대응할 수 있도록 독려해야 한다. 전략적 방향을 결정할 뿐 아니라 때로는 세세한 기술, 디자인 등의 키워드를 제시하여 신상품 발상 및 관련 논의를 활발하게 유도해야 한다.

삼성전자가 경영과 기술을 모두 아는 '엔지니어 CEO'를 대거 등용함으로써 기술적 주도권을 지속적으로 확보하고 있듯이, CEO 자신이 중장기 R&D에 깊숙이 개입하는 것이 핵심 원천기술을 확보하는 데 매우 효과적이다. 신사업 발굴을 위해 적합한 시스템 및 제도를 개발하는 것도 중요하다. IBM은 매출의 10%를 R&D에 투자하는데, 그중 10%는 미래를 위한 기초 R&D에 투자하고 있다. 5년 후, 10년 후를 대비한 수종 사업을 발굴하려면 일상을 통해 튼튼한 연구 토대를 다져야 하기 때문이다.

미래 소비자 니즈를 충족시키기 위해 국내 기업의 리서치 능력을 보강하는 작업도 필수적이다. 특히 소비자에 대한 고정관념을 버리고 새로운 시각에서 입체적으로 이해할 필요가 있다. X세대, N세대, W세대 등 새롭게 떠오르는 소비계층을 아우르는 말들은 많으나, 한마디로 설명하기에는 각 소비자의 개성이 너무나 강하기 때문에 소비자의 잠재 니즈를 이해하기 위해서는 기업의 열린 사고가 필수적이다. 소비자의 말이나 행동을 듣고 관찰하는 데 그치기보다 무의식 속에 존재하는 잠재 니즈를 발굴하는 것이 차별화된 신상품 개발의 필수 요인임을 명심해야 할 것이다.

P&G 등 소비 니즈 추적에 탁월한 역량을 가진 선진 기업의 리서치 노하우를 참조하는 것도 도움이 될 것이다. 일반적으로 행하는 설문조사의 경우 얻을 수 있는 정보가 매우 제한적이므로 설문조사 외에 심층면접, 자극에 대한 소비자의 생리적인 반응 측정, 어린이 행동 관찰 등 다양한 방법

을 모색해야 한다. 특히 고객의 살아 있는 목소리가 담긴 현장 지향적 리서치를 추구해야 할 것이다. 그러기 위해서는 마케팅 담당자뿐만 아니라 기술자와 설계자가 직접 고객을 방문해 소비자들의 제품 구매와 사용 패턴 등을 관찰하고 그들의 니즈와 불만에 귀를 기울여야 한다. 동시에 다양한 상황 속에서 제때, 수시로 소비자를 체크함으로써 리서치의 예측성과 정확성을 제고할 필요가 있다.

그리고 미래의 신상품을 개발하는 과정에 소비자를 적극 참여시켜 소비자의 힘을 십분 활용할 필요가 있다. 때로는 미래형 제품을 개발함에 있어 콘셉트를 기업이 확정짓는 것보다 소비자 스스로 정의할 수 있는 여지를 남겨두는 지혜가 필요하다. 이른바 'Customers-as-Innovators' 방식으로, 기업이 책임을 졌던 디자인 및 개발, 홍보 과정 등에 고객을 직접 참여시키는 접근법이다. 제품의 용도나 사용방법 등에 대한 기업의 고정관념을 피하고 고객이 자신의 취미와 기호에 따라 자유롭게 정의하도록 유도하는 것이다.

예컨대 휴대폰이나 가전제품의 콘셉트를 정할 때 기업은 기술, 품질 등의 기준을 따르지만 고객은 패션성, 상징성 등을 기준으로 삼기도 하므로 이에 맞는 제품 홍보가 효과적일 수 있다. 따라서 고객을 공동 창조자로 인식하고 상품개발과 홍보활동에 적극적으로 참여시켜 고객-기업의 공동가치를 향상시켜야 한다. 고객이 100가지 이상의 재료를 직접 혼합할 수 있는 시리얼을, 온라인을 통해 판매한 식품회사 제네럴 밀스(General Mills)의 사례처럼 고객만족과 수익을 동시에 향상하는 윈윈 솔루션을 활발하게 개발하고 적용해야 한다.

고부가 지식 축적 및 활용력 강화　　1990년대 후반부터 시작된 디지털화가 얼마 전부터 급물살을 타면서 앞으로의 경영 환경도 급속한 구조적 변화를 보일 것으로 예상된다. 이메일을 통해 엄청난 양의 정보가 빠른 속도로 이동하고 있으며, 정보를 읽고 그 내용을 이해하기 위해 개인의 하루 일과 중 상당한 시간을 소요해야 할 정도다. 기업의 모든 문서와 정보도 디지털 포맷으로 전환됨에 따라 디지털화에 뒤처진 기업들은 막대한 시장 기회를 상실하게 될 것이다.

　　국내 기업은 다른 나라 기업에 비해 디지털 환경 변화를 조기에 인식하고 관련 연구개발에 중점 투자하여 디지털 선두 기업의 이미지를 구축했으나 현재의 위상을 유지하려면 부단한 노력이 필요하다. 특히 거대 트렌드로 구체화되고 있는 웹2.0[8]에 대한 실용적 대응이 시급하다. 조직원의 창의성과 상상력을 자극하거나 미래 소비자의 마음을 읽는 데 유용한 핵심 지식 정보, 즉 킬러 콘텐츠를 경쟁사보다 빠르게 확보하고 이를 경영 활동에 자유자재로 활용할 수 있어야 한다. 웹2.0은 개방과 참여를 통해 풍부한 정보가 쉽게 생성·유통될 수 있는 환경을 제공하므로 기업은 과거 전통경제나 웹1.0 시대보다 저비용으로 정보를 입수할 수 있다(〈그림 4-2〉 참조). 따라서 킬러 콘텐츠를 경쟁자보다 신속하게 입수하는 능력이 기업의 성패를 좌우할 수 있다.

　　열린 플랫폼 상에서 정보를 생산하고 유통하는 데 익숙한 소비자들은 자신의 정보를 스스로 발신하면서 각자의 선호에 따라 집단화하는 경향을

---

[8] 웹2.0이란 인터넷 사업자가 정보의 생산, 관리, 배급 등을 주도하던 과거와는 달리 이용자가 적극적으로 참여하여 정보와 지식을 만들고 공유하는 열린 인터넷 및 관련 문화를 통칭한다.

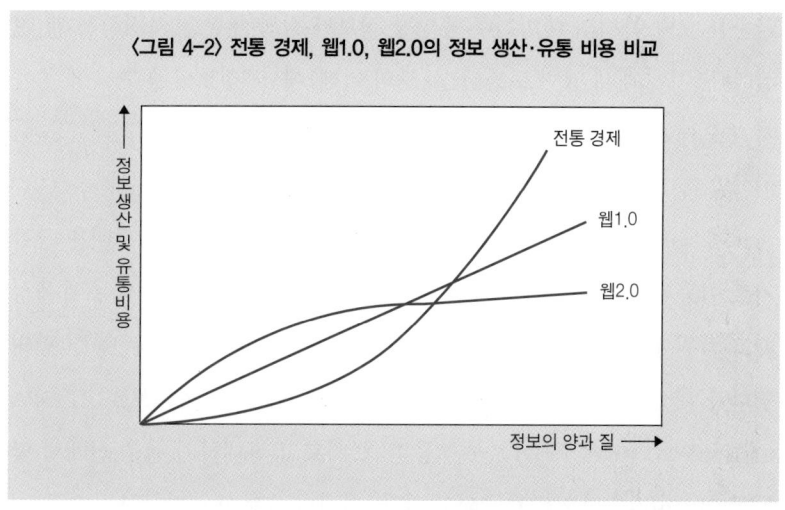

자료: 권기덕(2007), "웹2.0이 주도하는 사회와 기업의 변화", 《CEO 인포메이션》, 제588호, 삼성경제연구소.

보인다. 따라서 이들 집단의 움직임을 예의주시하면 소형 타깃 시장에 최적화된 세부 전략을 수립하고 결과적으로 대중 시장보다 정확도가 높은 욕구 분석 및 욕구 충족이 가능하다. 기업이 이 같은 양질의 고급 콘텐츠를 장악할 수 있는지의 여부에 따라 미래 성장 여부도 결정된다. 소비자에 대한 직접 추적이 어렵다면 트렌드워칭닷컴(trendwatching.com)과 같은 소비자 행태에 관한 최신 사례와 이미지 정보를 매거진 형태로 가공해서 소개하는 사이트를 탐색하여 활용하는 것도 바람직하다.

정보의 홍수 시대에 직면하여 신뢰성 있는 고급 콘텐츠를 선별하는 역량도 필요하다. 콘텐츠 생산량이 급증하면서 기업 입장에서 가치 있고 신뢰할 만한 정보를 찾기가 더욱 어려워졌다. 다량의 정보 속에서 양질의 정보가 오히려 사장(死藏)되고 시간과 네트워크 자원이 낭비될 우려가 크다. 사용자가 직접 제작하는 정보보다 단순히 퍼 나르는 정보의 비중이 높고,

단순한 오락 목적의 이미지나 동영상 정보가 상당 부분을 차지하는 게 현실이다. 이에 대해 앨빈 토플러는《부의 미래》에서 "정보의 홍수 속에 쏟아져 나오는 쓰레기 지식은 '무용(無用)지식'이며, 무용지식을 걸러내는 능력이야말로 미래의 부를 결정짓는 핵심요건"[9]이라고 한 바 있다.

지식 정보 전달 플랫폼의 중심이 오피스 중심의 PC에서 휴대용 단말기로 이동됨에 따라 다양하게 출현하고 있는 퍼스널 미디어를 업무 효율성 제고 차원에서 적절하게 활용할 수 있어야 한다. 기술의 발달과 통신 광대역화가 확산되면서 DMB(Digital Multimedia Broadcasting), 와이브로, HSDPA(High Speed Downlink Packet Access) 등 더욱 빠르고 휴대하기 쉬운 신매체 및 통신수단이 지속적으로 보급되고 있다. 최적의 솔루션을 발굴하기 위해 인터넷의 폭넓은 전문가 커뮤니티를 활용하는 것도 유용하다. 엘리 릴리(Eli Lilly)사는 전 세계 25,000명의 과학자가 등록한 이노센티브(InnoCentive)를 통해 기업의 연구 과제와 과학자가 보유한 지식과 노하우를 효과적으로 연결하고 있다.

국내 기업의 경우 디지털 강국으로서 이미 충분한 기반 기술과 역동적 네티즌을 보유하고 있으므로 열린 플랫폼을 비즈니스에 적극 활용하여 글로벌 경쟁력을 확보하려는 기업의 능동적 태도와 지혜가 무엇보다도 중요하다.

---

9 앨빈 토플러·하이디 토플러(2006),《부의 미래(Revolutionary Wealth)》, 청림출판, pp. 168~173.

글로벌 전략의 고도화

현지화와 글로벌 통합 향후 한국 기업이 진정한 글로벌 기업으로 성장하기 위해 필요한 과제는 현지화와 글로벌 통합을 통해 '글로컬라이제이션(Glocalization)'의 과제를 구현하는 일이다. 지금까지 삼성전자, LG전자, 현대자동차 등 한국의 대표적 글로벌 기업들은 향상된 제품의 품질을 기반으로 글로벌 브랜드를 창출했으며, 글로벌 표준 마케팅 전략을 구사함으로써 단기간에 강력한 존재감을 확립할 수 있었다. 그러나 각 진출 지역이 지닌 자원적 우위를 효과적으로 활용하고 새롭게 출현하거나 분화해가는 글로벌 틈새시장에 공격적으로 진입하기 위해서는 현지의 고부가가치 인력을 확보·육성하고 동시에 다양한 글로벌 틈새시장에 대한 인식을 새롭게 할 필요가 있다. 또한 현지의 지역적 우위와 기업의 고유한 경쟁우위를 조합하여 차별화된 글로벌 경쟁력을 창출하기 위해서는 글로벌 통합 전략 및 네트워크 전략을 공고하게 구축해야 한다.

현지인 중간관리층 육성 현지화의 일차적인 과제는 현지인 중간관리층을 육성하는 것이다. 한국 기업의 해외 진출은 저임금을 겨냥한 생산거점의 확보와 구미 선진 시장 및 기술을 겨냥한 진출로 대별된다. 종래 중국 및 동남아 국가에의 진출은 대개 저임금을 활용하기 위한 생산거점 확보가 주요한 진출 동기가 되었으나, 최근 이들 국가들의 시장으로서의 전략적 가치가 증대되고 있다. 특히 중국의 경우 생산뿐 아니라 현지 R&D, 마케팅, 물류 등 경영 전반의 활동이 중요해지고 있다.

그러나 현재 해외에 진출한 대부분의 한국 기업은 생산활동을 제외한

■ 삼성의 현지인 중간관리층 육성 : 주재원을 어드바이저(Adviser)로

삼성그룹의 중국법인인 중국삼성은 주재원이 자신의 업무를 현지인 후임자에게 위임하고 자신은 단지 어드바이저 역할을 수행하는 제도를 시행하고 있다. 모든 주재원들의 가장 중요한 과업은 유능한 현지인 후임자를 육성하는 것이다. 현지인 후임자에게 성공적으로 업무위양이 이루어지면 주재원은 본국으로 귀임하며 이후 새로운 주재원은 파견하지 않는다. 중국삼성은 이런 방식을 통해 향후 5년 이내에 간접부문의 중간관리층 인력의 대부분을 중국 현지인으로 대체할 계획이다.

경영활동을 한국에서 파견된 주재원들이 맡고 있다. 이것은 말단 생산직원을 제외한 중간관리층 이상 경영진, CEO가 모두 본국 인력으로 구성되어 있음을 뜻한다.

본국 파견인력의 높은 주재 비용을 고려했을 때 이러한 방식의 경영으로는 장기적으로 생존이 불가능하다. 주재 비용이 들지 않는 현지 기업이나, 경영의 대부분을 현지 채용 인력에게 위임하고 있는 선진 글로벌 기업과 비교했을 때 비용 경쟁력이 뒤질 수밖에 없기 때문이다. 더욱이 비용보다 더 중요한 것은 우수한 현지의 인력자원, 나아가 세계의 인력자원을 충분히 활용하는 것이라는 사실을 간과해서는 안 된다.

중간관리층의 현지인화는 우수한 현지 인력을 활용하고 장기적으로 현지인 CEO를 배출하는 것을 목표로 한다. 현재는 대부분의 현지 채용 인력이 고졸 수준의 저부가 생산직원이지만, 장기적으로는 대졸 출신의 인력을 주요 인력층으로 구성함으로써 인력과 경영의 질을 높이자는 것이다. 이것은 현지 인력 자원 중 단지 노동력만이 아니라 기획력, 창의력, 추진력

등의 고부가 자원을 활용함으로써 보다 가치 있는 현지 자원을 확보하자는 데 그 의의가 있다.

현지 지향형 틈새시장 발굴 현재 한국을 대표하는 글로벌 기업인 현대자동차, 삼성전자, LG전자 등이 글로벌 기업으로 성장할 수 있었던 것은 기존에 구축한 강력한 제조 경쟁력에 힘입은 바가 크다. 즉 세계적인 표준품의 대량생산을 통해 글로벌 과점경쟁의 한 축을 담당할 수 있었던 것이다. 이 과정에서 한국 기업들은 지속적으로 시장의 중상위층을 겨냥한 프리미엄 브랜드 이미지를 겨냥해왔다.

그러나 향후에도 이러한 표준화된 제품 전략이 성공할 수 있을지는 미지수다. 기존 시장은 점차 포화상태에 이르고 있으며 새롭게 성장하는 신흥시장은 그 성격이 기존 시장과 다르기 때문이다. 세계시장을 제패하고 있는 노키아나 도요타 등은 이미 프리미엄 표준품 전략에서 벗어나 저가시장까지 포괄하는 풀 라인업(Full Line-Up) 전략을 선택했다. 이들은 다양화된 현지의 틈새시장을 공략하는 데서 한 걸음 더 나아가 여러 국가에 걸쳐 횡적으로 동질적인 다수의 세분 시장을 대상으로 제품 믹스를 제공하는 일종의 다세분화(Multi-Segment) 전략을 구사하고 있다.

향후 현지 지향형 틈새시장을 공략하기 위해서는 구체적으로 두 가지 전략을 실행할 수 있어야 한다. 첫째는 중저가 제품의 주력화이고, 둘째는 현지 사람들의 니즈에 맞춘 제품의 생산이다. 종래 세계시장은 고가 또는 중고가의 프리미엄 제품군이 주도해왔으나 브릭스 등 급속히 성장하는 신흥시장에서는 초기에 시장주도권을 확보하는 일의 중요성이 커지고 있다. 신흥시장에서는 기존 제품과 브랜드 이미지만으로는 주도권을 확보하기가

> ### 현지화 전략으로 승부한 NHN
>
> 검색과 게임 전문업체 NHN은 2000년 일본에 진출하면서 한국에서 인기를 얻고 있는 서비스를 일본어 버전으로 바꾸는 게 아니라 철저하게 일본인들의 성향을 분석해 그들의 입맛에 맞는 서비스를 개발했다. '화(和)'를 중시하는 일본 특유의 공동체 의식을 감안해 채팅·서클 등의 기능을 강화했다. 아기자기한 캐릭터를 좋아하는 일본인 특성에 맞춰 독특한 아바타 개발에도 주력했다. 그 결과 매달 400종 이상의 아바타 아이템을 출시해 아이템 수가 2만 종에 육박하며, 아바타로 올리는 수익이 전체 매출의 70%를 차지하고 있다.

어렵다. 대부분의 신흥시장에서 프리미엄 제품의 비중은 극히 미미하기 때문이다.

    중저가 제품의 생산을 위해서는 가장 효율적인 국제 분업체제를 구축할 수 있는 글로벌 소싱 역량이 요구된다. 노키아의 경우 생산 R&D의 대부분이 본국인 핀란드를 이탈한 지 오래다. 제품의 종류에 따라 가장 효율적인 입지와 물류체계를 선택하고 있다. 즉 노키아의 글로벌 운영 역량이 중상급 브랜드와 중저가 브랜드를 동시에 유지할 수 있는 실력의 바탕인 것이다.

    향후 한국 기업의 중저가 및 현지 맞춤형 제품 생산은 기존 프리미엄 브랜드 이미지를 포기하는 형식이 아니라 새로운 브랜드를 창출하는 형식으로 이루어져야 할 것이다. 기존 한국 기업이 구축해온 프리미엄 이미지는 향후 장기적으로 통합적인 관점에서 세계시장을 주도할 소중한 자산이기 때문이다.

글로벌 통합 및 네트워크 전략   글로벌 기업에 있어 현지화와 더불어 또 하나의 중요한 과제는, 글로벌 통합 전략을 자유롭게 구사할 수 있는 역량을 확보하는 일이다. 이것은 현지의 지역적 우위를 기업 내의 역량과 결합하여 타 경쟁자가 모방할 수 없는 차별성을 창출하기 위해 필요한 전제 조건이다. 현재 한국의 글로벌 기업들에게는 본사가 글로벌 경쟁력의 주요 원천이 되며 해외거점은 종속적인 위치에 놓여 있다. 그러나 진정한 글로벌 기업으로 성장하기 위해서는 본사뿐만 아니라 전체 글로벌 네트워크에서 경쟁우위를 창출할 수 있어야 한다. 이를 위해서는 핵심자원과 경쟁우위가 본사로부터 해외거점으로 이전할 뿐 아니라, 해외거점으로부터 본사 내지 다른 해외거점으로의 이전도 가능해야 한다.

이미 초국적기업의 단계에까지 진화한 선진 글로벌 기업들은 글로벌 네트워크상의 최적의 입지에 R&D, 생산, 마케팅, 콜센터 등의 활동을 배치하고 있는데 이러한 과정에서 때로는 특정 부문의 본부를 해외로 이전하기도 한다. ABB와 필립스는 각각 스위스와 네덜란드에 본사를 두고 있지만 이들은 사업 단위의 글로벌 최적 배치를 구현하기 위해 홍콩, 미국 등 해외에 사업본부를 두고 있다.

글로벌 네트워크 전략이란 이처럼 글로벌 수준에서 배치된 기능과 부문들이 최적 단위로 분화하여 통일된 네트워크상에 놓이는 것을 의미한다. 글로벌 네트워크의 구축은 그리 간단한 일이 아니어서, 세계적인 글로벌 기업도 비교적 최근에야 추진하고 있는 실정이다. 그러나 정보·통신기술의 발달로 글로벌 네트워크의 수립은 점차 수월해질 것이고, 따라서 21세기를 주도하는 글로벌 기업들은 기업 경쟁력 제고의 수단으로 글로벌 네트워크의 구축을 지속적으로 추진할 것으로 전망된다.

한국의 글로벌 기업들은 현재와 같은 방만한 사업방식으로는 조직적 통제력이 요구되는 글로벌 네트워크를 수립하기 힘들다. 무엇보다 기업역량이 핵심부분으로 집약되고 핵심부분의 역량이 지속적으로 배양될 수 있는 토양이 조성되어야 한다. 기진출한 지역별로 부가가치 창출 능력을 비교 검토하여 해외 투자 사업의 배치와 조정을 유기적으로 통합하는 작업이 필요하다. 다시 말해서 글로벌 차원에서 사업 및 투자의 재배치를 통해 세계 경제 여건의 변화에 신축적인 대응을 할 수 있는 체제를 갖추되, 각 지역별·국가별 사업본부의 독립적인 의사결정과 수익성을 최대한 존중하는 것이 필수적이다.

현재 삼성전자와 LG전자는 본격적인 글로벌 네트워크 구축 단계에 진입하고 있는 것으로 평가된다. 그러나 글로벌 네트워크의 운용은 본사와 자회사 간에만 이루어지는 것이 아니다. 외국의 유수한 기업들과의 전략적 제휴를 통해 글로벌 네트워크는 더욱 강화될 수 있다. 필요에 따라 아웃소싱을 적절히 활용하고 기술 및 자본의 측면에서 전략적 제휴를 통해 글로벌 경쟁력을 강화하는 노력이 전개되어야 한다. 전자 및 자동차 부문에 있어 선진국의 다국적기업들은 한국 기업의 생산능력을 높게 평가하고 있다. 선진 기업의 자본 참여 및 기술제휴는 한국 기업이 구비하지 못한 기술력 및 경영 능력을 보완한다는 점에서 중요하다. 특히 한국 기업의 해외시장 진출을 견제하려는 선진 글로벌 기업의 이해관계를 고려할 때 전략적 제휴는 이러한 견제 심리를 진정시키는 효과를 지닐 것이다.

기업 네트워크 강화

새로운 '게임의 룰'에 눈뜰 때 《포천》선정 500대 기업 중 업종별 수위 기업 20개사와 중국, 인도의 주요 IT 기업을 중심으로 2005년 10월 이후 발표된 CEO의 메시지를 분석한 결과에 따르면, 2006년의 글로벌 선도 기업들의 경영 화두는 바로 '공격적 성장전략'이다. 2006년 액센츄어(Accenture)와 《이코노미스트(Economist)》가 세계 주요국 본사에 근무하는 임원 420명을 대상으로 실시한 설문조사 결과[10]도 이와 맥락을 같이 한다. 경영자들은 미래 성장동력으로 M&A를 기업전략으로 활용하고 있고, 특히 국경 간 M&A의 역할은 갈수록 증대되어 최근 시행된 M&A의 56%가 국경 간 M&A였고, 55%의 응답자가 향후 5년 이내에 국경 간 M&A를 염두에 두고 있다고 답변했다. 또한 응답자의 절반 이상이 지난 3년 동안 M&A로 얻은 수익이 전체 수익의 평균 18%를 차지한다고 답변하여 M&A가 실질적인 수익 창출에 기여하고 있음이 밝혀졌다.

뿐만 아니라 향후 M&A가 드문 산업에서마저 산업 특성이 변하면 M&A를 통한 경쟁이 확산될 가능성이 높다. 산업 내 과점도가 오르거나, 관련 규제완화가 기대된다면 M&A가 필연적으로 늘어날 것이다. 유럽연합의 탄생과 관련 규제완화가 구미 지역에서 국제 M&A를 활성화시켰듯이, 동아시아 시장의 통합이나 한미 FTA도 같은 결과를 촉진할 가능성이 높다.

따라서 국내 기업들은 산업의 속성 변화를 모니터링하면서 글로벌 기업의 공격을 방어하는 한편, 해외 기업 인수를 위한 M&A 역량 제고에 힘써

---

[10] 2006 Accenture/Economist Intelligence Unit Survey 결과.

야 한다. 그러나 현실은 어떠한가? 이(異)문화의 융합에 익숙하지 않은 국내 기업은 문화적 갈등으로 실패하기 쉬운 국제 M&A보다는 현지에 직접 법인을 구축하면서 사업 실패의 위험을 줄이려는 경향이 강하다. 물론 해외 경영 자원의 매입과 자가 설립 간의 우열을 일괄적으로 가리기는 어려우나 국내 기업이 자력 성장 모델에만 익숙하다는 점은 심각한 문제이다. 특히 글로벌 기업의 과점화 전략이 가시화되고 있는 산업에서는 자력 성장만 고집할 경우 경쟁구도에서 탈락할 가능성이 농후하다. 경영 자원의 자가 설립에만 익숙한 국내 기업은 이미 조직화된 경영 자원을 빠르게 매수할 줄 아는 구미 기업에 비해 활용 가능한 전략 옵션이 하나 적은 셈이다. 상대적으로 글로벌화에 뒤처진 국내 기업은 이문화의 장벽을 극복하려는 선진 기업의 전략을 학습하고 환경 변화에 따른 M&A 필요성 증가에 철저히 대비해야 할 시점에 와 있다.

최근 중국과 인도의 미국 기업 인수는 국내 기업에 시사하는 바가 크다. 중국 기업은 저가 전략으로 상품시장에서 미국 기업을 축출한 뒤, 이들 기업을 요소시장에서 인수하면서 고부가 부문까지 흡수하는 전략을 펼치고 있다. 인도의 콜센터 서비스 기업이 미국의 IT 서비스 기업을 인수한 사례도 같은 맥락에서 해석할 수 있다. 이는 한국 기업도 국제 M&A를 통해 빠르게 글로벌 리더의 위치에 오를 수 있음을 시사한다. 기획력과 첨단기술은 부족하나 공정기술이 우수하여 가격 대비 양질의 제품을 만들어 세계 시장을 석권하는 한국 기업도 다수이다. 상품시장에서의 승리에 만족하지 말고 요소시장에서 고부가 역량을 흡수하여 산업 리더로 성장할 수 있는 기회를 포착할 필요가 있다.

이를 위해서는 치밀하게 전략을 세우고 적절한 자원 배치를 통해 국내

외 기업 간 네트워크를 강화하는 일이 우선적으로 요구된다. 최고경영자의 명확한 비전하에 기업의 목표와 상품 전략을 전사가 공유하고, 정보 시스템을 통해 그에 요구되는 정보 전략을 실행해나가야 한다. 자사의 사업영역에 경영 자원을 집중하면서도 인트라넷을 철저히 활용해 변화에 신속히 대응할 수 있는 기업을 만들어야 할 것이다. 사내 제안제도가 활발히 이루어져 다양한 제안 가운데 나온 참신한 아이디어가 개발담당자의 손을 거쳐 히트상품으로 탄생한 예도 많다. 일단 정보 흐름이 신속하게 이루어지는 '작은 조직'으로 만든 후 외부 기업을 네트워크화하면서 부족한 경영자원을 보충하고 자사 경쟁력을 제고하는 것이 바람직하다.

기업 커뮤니티 업그레이드 안정적이고 강한 연계를 필요로 하는 산업일수록 기업들은 기업 간 혹은 관련 기관과의 커뮤니티 구축에 적극 동참해야 한다. 이를 위해 해외의 성공적인 커뮤니티 사례와 함께 이들 커뮤니티를 지원하는 클러스터의 작동 원리를 이해하고 벤치마킹할 필요가 있다. 성공적인 해외 클러스터들은 공통적으로 'MUD(Middle-Up-Down)-Net' 클러스터의 모습을 보인다. 이는 진흙(Mud)처럼 긴밀한 네트워크를 형성하면서 신축적으로 변화하고 서로 잘 뭉친다는 의미를 내포하고 있다. 클러스터의 구성주체 간 미들업다운(Middle-Up-Down) 역할 구분도 명확하다. 클러스터 내 구성주체인 비전 제시자(VP, Vision Provider), 시스템 통합자(SO, System Organizer), 전문 요소기술 제공자(SS, Specialized Suppliers)가 상하의 지위 개념이 아닌 상호 협력하에 역할 분업을 이루고 있다.

비전을 제시하는 톱(Top)의 역할을 하는 비전 제시자는 상업화되기 이전의 기초 기술과 산업의 발전 방향을 제시하고 지역의 발전 비전을 제시

한다. 실리콘밸리의 스탠포드 대학, 베이징 중관춘(中關村)의 칭화 대학 등 대학과 지방자치단체가 대표적인 비전 제시자이다. 비전 제시자의 비전을 구체화하여 상업화하는 미들(Middle)의 주체는 시스템 통합자로, 시스템을 구성하는 개별 요소기술을 통합하여 최종적으로 상품화하는 역할을 담당한다. HP, 도요타, 노키아, 에릭슨 등이 대표적인 시스템 통합자로서 대부분 대기업이 이 역할을 담당하고 있다. 최종적으로 다운(Down)에서는 전문 요소 공급자가 상품 완성에 필요한 전문 요소기술을 개발하는 한편 시스템을 구성하는 다양한 기술과 부품 및 서비스를 제공하는 역할을 담당한다. 여기에는 벤처기업뿐만 아니라 벤처캐피털, 회계사, 변호사 등 각종 지원 서비스가 포함된다.

성공적인 클러스터는 이들 구성주체 간 정보와 인력 교류로 조직 문화가 유사성을 가져 의사소통과 협력이 원활하게 이루어진다. 또한 클러스터가 폐쇄적이지 않고 외부의 환경 변화를 인지하여 그에 대응하는 신축성을 가지고 있다. 이들은 다각적으로 지식을 교환하며 신지식과 신산업을 창출하는 혁신 단계에 도달했다고 평가된다.

반면 국내 클러스터는 아직 발전 초기 단계로, 비전 제시자의 역할이 명확하지 않고 공생 네트워크가 형성되어 있지 않으며 국내 업체 위주의 'BUD(Beginning Unbalanced Domestic)-Net' 클러스터를 형성하고 있다.[11] 개발과 생산 네트워크가 형성되어 있으나 구성주체 간 규모와 기술력의 차이 때문에 일방적이거나 종속적인 관계가 대부분이다. 그 결과 핵심기술과 부품의 해외 의존도가 높고 지방의 경우 연구개발과 판매에서 수도권에 대한

---

11 복득규(2002), "산업클러스터 발전전략", 삼성경제연구소.

의존도가 높다. 구성주체 간 학습과 혁신을 통한 기술과 제품개발보다 생산과 제조의 거래 관계가 대부분이다. 정보 교류도 인맥을 통한 일부 구성주체 간의 네트워크인 경우가 많다. 해외 성공 클러스터와 달리 해외 유수 기업이나 기관의 집적이 거의 없는 국내 업체 위주의 클러스터를 형성하고 있어 다양성이 부족하고 조직 문화도 경직된 특성을 보인다.

따라서 관련 소프트웨어 및 성공 원리를 적용하여 'BUD-Net' 클러스터를 'MUD-Net'로 전환할 필요가 있다. 이 같은 전환을 촉진하기 위해서는 독립적으로 분리·운영되고 있는 대학과 정부기관 및 산업계가 상호 연결되어 협력하는 체제를 구축해야 한다. 산업활동을 위한 교수의 휴직과 현장학습을 인정하고 현장경험자를 교수로 임명함으로써 대학과 산업계 간 인력 교류를 제도적으로 지원하는 것도 효과적이다. 일본 나고야 상과대학의 야마다 교수는 도요타의 생산부장을 역임한 후 대학교수로 전직하여 자신의 현장경험을 강의하고 있으며 도요타의 자문위원으로도 활약하고 있다.

또한 대기업이 홀로 연구개발, 설계, 생산, 마케팅 등 경영 전반의 모든 기능을 유지할 경우 경쟁우위를 상실할 가능성이 높으므로 대기업에 편중되어 있는 역할을 다른 구성주체들과 공유함으로써 균형 발전을 모색해야 한다. 그리고 해외 선진 기업과의 공동 협력을 통해 이들이 국내 클러스터에 합류할 수 있는 계기를 마련해야 한다. 노키아는 해외 선진 기업과 다양한 공동 프로젝트를 추진하면서 이들의 연구센터, 지점 등을 클러스터에 자연스럽게 유치했다. IT 분야에서는 메이저 그룹인 노키아, 에릭슨, 인텔, IBM, 도시바, 델, TI 등이 공동 프로젝트를 추진해 상호 협력체제를 구축하고 있다. 이들의 사례를 참조하여 클러스터를 한 단계 업그레이드하고 기업 네트워크를 공고히 할 수 있을 것이다.

신제품 창출 능력을 향상하고 시장 출시 시간을 단축하려면 외부 아이디어 및 기술 인소싱을 성공적으로 실천하고 있는 해외 사례를 참조할 필요가 있다. 특히 유행에 따른 신속한 제품 출시가 중요한 소비재산업에서는 아이디어 탐색 범위를 넓혀 시장 대응력을 제고해야 한다.

대표적 사례로서 P&G는, 기업 외부로부터 창조적인 아이디어를 효과적으로 도입하고 내부 개발역량을 성공적으로 결합하고 있다. 2002년부터 자사의 지적 자산과 타인의 지적 자산을 연결하여 제품을 개발하는 개방형 기술혁신체제인 '연결개발(Connect & Development)' 제도를 도입한 것이다. 이는 앨런 레프리가 새로운 CEO로 취임한 이후, 기존의 내부 지향적 R&D로는 성장에 한계가 있다는 반성에 따른 것으로 제품개발 아이디어나 핵심 기술을 외부에서 인소싱하는 것에 주안점을 두고 있다. 대형 히트상품인 '프링글스 프린트', '크레스트 전동칫솔' 등이 연결개발을 통해 탄생했으며, 지난 2년간 동일한 방식으로 100여 종의 신제품을 출시했다. 2006년에는 외부 아이디어를 활용한 신제품 비중이 35%에 달했으며, 향후 50%까지 늘리는 것을 목표로 하고 있다. 최근에는 외부 아이디어 탐색 범위를 넓히고 체계적인 운영을 위해 벤처기업이나 공급업자 등 내부 네트워크 물론, 기술 중개회사인 나인시그마, 대기업 간 지적 교류를 중개하는 유어앙코어(YourEncore), 옛투닷컴(Yet2.com) 등과도 협력하고 있다.[12]

듀폰과 브리티시석유회사(BP)는 각각 바이오 과학기술과 연료전문기

---

12 Huston, Larry and Nabil Sakkab(2006), "Connect and Development", *Harvard Business Review*, Vol. 84, No. 3, pp. 58~66.

술을 결합하여 차세대 바이오 연료 개발을 추구하고 있다. 그 외에도 R&D 투자의 효율성을 제고하기 위한 글로벌 차원에서의 개방형 기술혁신 시스템 도입이 활발하다. 하이브리드 자동차에 필수적인 연료전지 개발을 위해 도요타와 마쓰시타는 공동출자로 '파나소닉EV에너지'를 설립했고, 2006년 12월에 닛산은 NEC와 공동출자하여 새로운 회사 설립을 발표했다.[13]

반면 한국 기업은 외부와의 협력보다는 자체 R&D에 집중하는 편이다. 그 결과 기업의 혁신역량은 높은 평가를 받으면서도 기술 협력 부문에 대한 평가는 저조하다. IMD에 의하면 국내 기업의 기술력지수는 61개국 중 6위지만 기업 간 기술 협력 정도는 31위에 머물러 있다. 기업의 R&D 투자 증가에도 불구하고 대학에 대한 투자는 미흡하다. 최근 5년간 기업 연구개발비 중 대학 활용 비중은 약 2% 정도에 불과하다.[14] 국내 기업의 특허 출원의 경우 그 수는 증가하고 있지만 활용되지 못하고 사장되는 경우가 많다. 2005년 특허청 조사에 따르면 국내 기업이 보유하고 있는 특허 중 61.1%가 활용되지 못하고 내부에 사장되어 있다고 한다.

국내 기업이 안고 있는 폐쇄성을 방치할 경우 국내 기업은 글로벌 기술 경쟁에 적절히 대응하지 못하고 낙오될 우려가 있다. 선진 기업을 중심으로 기업 내·외부를 넘나들며 혁신의 원천을 확보하는 '혁신 생태계 조성 경쟁'이 이미 시작된 만큼, 국내 기업은 외부와의 협력을 신속하게 확대해 나가야 한다. 개방형 혁신은 창조 단계에서 필연적으로 겪게 되는 불확실성을 함께 극복할 수 있다는 점에서도 국내 기업에 유리하다. 또한 회사 내

---

13 문지원(2007), "2007년 글로벌 기업 동향", 《CEO 인포메이션》, 제587호, 삼성경제연구소.
14 IMD(2006), *World Competitiveness Yearbook* ; 임영모·복득규(2006), "개방형 기술혁신의 확산과 시사점", 《CEO 인포메이션》, 제575호, 삼성경제연구소 재인용.

에 사장되어 있는 휴면특허는 현재 회사의 전략 방향과 맞지 않았을 뿐이지 실제 사업화 가치가 없는 것은 아니므로 이를 중요한 자산으로 인식해야 한다. 그리고 외부 공개를 통해 적극 활용하는 방안도 검토해야 한다.

ROI에 근거한 전략적 접근　글로벌 혁신 네트워크 구축은 부상하는 국제 경제체제에 있어 필수불가결한 요소이다. 그러나 실질적인 가치를 이끌어내는 네트워크를 구축하려면 철저하고 주도면밀한 검토가 이루어져야 한다. 혁신 네트워크를 구축하고 확대할 때, 명확히 정의하지 않은 경제적·정치적 가치를 추구하거나 네트워크 성공에 필요한 조직 간 융합을 제대로 이루지 못한 경우도 허다하다. 혁신 네트워크 전문가들은 국경과 문화 전반에 걸쳐 막힘 없이 효율적으로 운영되는 '군살 없는 글로벌 혁신 네트워크'는 만들기 매우 어려운 작품이라고 말한다. 비용 효율적인 연결점 위치, 잘 개발된 기반 설계, 혁신·친화적 문화 조성, 인센티브 제도 정비 등 다양한 요건을 동시에 충족시키기 어렵기 때문이다.

　　네트워크에서 연결점의 수가 늘어나면 변수가 기하급수적으로 증가하고 이로 인해 더 많은 비용이 든다는 것은 새삼스러운 사실이 아니다. 반면 비용을 최소화하는 데 초점을 맞추고 빈약한 네트워크를 유지한다면 지식 확보에 많은 제약이 따른다. 그렇다면 이상적인 혁신 네트워크를 구축하기 위해서는 어떻게 해야 할까?

　　인시어드(INSEAD)와 부즈 앨런 해밀턴은 2005년 19개국 186개사의 R&D 책임자들을 대상으로 설문조사를 실시했다. 응답자들이 속한 조직의 R&D 지출 비중은 전 세계 기업의 20% 정도를 차지한다. 조사에 따르면 1975~2005년 기업 본사 이외의 지역에 위치한 R&D센터 비율이 45%에서

66%로 증가했고 향후에도 계속 증가할 전망이다. 혁신 네트워크 확대 과정을 분석한 결과 한 가지 핵심적인 원칙이 도출됐다. 네트워크를 구성할 때는 '비용'을 최우선시하고, 운영할 때는 '가치'를 목표로 삼아야 조직에 유리하다는 것이다. 이들 경험에 따르면 비용을 고려하지 않은 채 비대하고 경쟁력이 떨어지는 혁신 네트워크가 확대되는 것을 방치할 경우 많은 비효율이 야기된다고 한다. 따라서 혁신 네트워크를 구축할 때 새로운 지식의 가치를 엄정하게 평가하고 지역 간·기능 간 협력을 장려하며 글로벌 프로젝트의 복잡성을 관리하는 작업이 매우 중요하다.

또한 본거지에 연연하지 않고 R&D 네트워크를 확대해나가는 것은 바람직하지만, 혁신이 확산될 수 있는 최적의 범위를 도출한 후 네트워크 범위를 확정하는 것이 현명하다고 한다. 이처럼 사전 계획하에 네트워크를 슬림화하면 상품화 기간이 37% 단축되고 비용이 24% 절감되는 것으로 분석된다. 뿐만 아니라 각 R&D센터의 책임이 명확해짐에 따라 인력들의 사기도 올라간다.[15]

건강한 혁신 문화 조성과 지속을 위한 인재 유치 전략에도 냉철한 접근이 요구된다. 성공적인 혁신은 다양한 문화에서 효과적으로 일할 수 있는 팀원들에 의해 좌우된다. 범문화적 리더십 능력을 갖춘 인재를 채용하고 작업 관행에 영향을 미치기 위해서는 금전과 승진 인센티브가 필수적이다. 특히 현지화에 주력하는 중국, 인도 등 부가가치가 낮은 센터에 유능한 직원을 붙잡아두기 위해서는 보다 복잡한 책임을 해당 센터에 할당해 그들에게 적절한 동기부여를 하는 방법도 효과적이다. 또는 개발 능력을 완벽

---

[15] 《Strategybusiness》(2006), "효과적인 R&D 네트워크 구축에 필요한 것", 여름호.

하게 갖추지 않았더라도 특정 공정이나 기술 분야 우수 센터로 지정하는 것도 바람직하다.

    저비용으로 보다 효과적인 소비자 조사를 위해 고객집단과 긴밀한 네트워크를 형성하는 것도 중요하다. 충성고객은 양적인 면에서는 소수이더라도 상상을 초월하는 속도와 설득력으로 정보를 확산시킬 수 있는 힘을 가지고 있다. 블로그나 온라인 커뮤니티에 올린 제품 사용후기가 여러 사이트로 복사되면서 기업에 대한 평판이 급속히 확산되는 경우도 많다. 따라서 기업은 엄선된 고객 집단을 유력한 혁신의 원천으로 인식하고 적극적으로 관계를 형성함으로써 새로운 시장 기회를 탐색해야 한다.

03

4부 • 새로운 10년, 한국 기업의 과제

혁신자형 운영 시스템

글로벌 운영 시스템 구축

글로벌 경쟁 환경이 과점화됨에 따라 탄력적이면서도 안정적인 글로벌 경영 시스템의 구축이 더욱 절실한 과제가 되고 있다. 그동안 한국 기업은 소유경영자의 직관적 의사결정, 적극적인 위험 감수, 경영 스피드 등을 통해 글로벌 선발 기업들을 성공적으로 추격할 수 있었다. 그러나 시장이 다양하게 세분화되고 천문학적인 R&D 비용이 소요되고 현지화가 향후 글로벌화의 주요한 과제가 되어감에 따라 이 같은 한국적 경영 행태만으로는 계속해서 높은 성과를 올리기가 힘들어질 것이다.

세계적으로 우수한 다국적 인재들을 유치하고 경영 위험을 적정한 수준에서 관리하며 유연하고 투명한 조직을 유지하기 위해서는 현재의 글로벌 위상에 걸맞은 글로벌 경영 시스템을 구축하지 않으면 안 된다. 한국 기업이 글로벌 경영 시스템 구축을 위해 향후 가장 필요한 것은 〈그림 4-3〉에

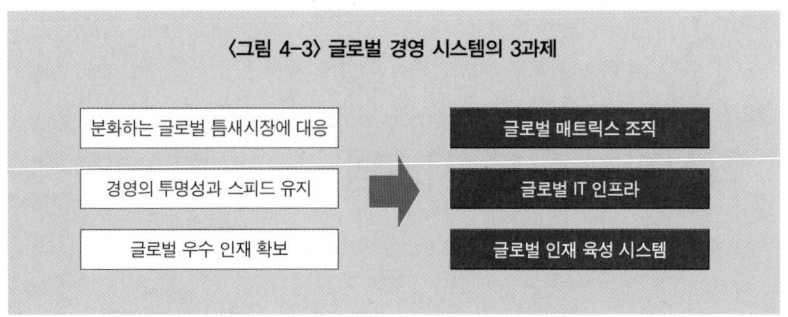

〈그림 4-3〉 글로벌 경영 시스템의 3과제

서 보듯 글로벌 매트릭스 조직의 활용, 글로벌 IT 인프라 구축, 글로벌 인재 육성 시스템의 확립 등 세 가지라 생각된다.

글로벌 매트릭스 조직 활용   글로벌 매트릭스 조직은 제품과 지역 및 기능의 통합적 관리를 가능하게 하는 조직 형태이다. 효율이라는 관점에서 본다면 매트릭스 조직은 반드시 우수하다고 할 수 없다. 오히려 명령체계의 다원화, 의사결정의 지체, 책임 소재의 모호화 등으로 경영의 비효율성을 가중시킬 수도 있는 조직구조이다. 그러나 기업은 글로벌화함에 따라 기존의 단순한 사업부제나 기능별 조직체계만을 고집하기 어렵게 된다. 종래의 다양한 기능, 다양한 제품이라는 관리변수에 다양한 지역이라는 변수가 추가되기 때문이다. 경영의 범위가 전 세계로 확대되면 이 3차원의 변수를 동시에 관리할 수 있는 매트릭스 조직에 대한 수요가 커지게 된다.

또한 매트릭스 조직은 현지화와 글로벌 통합이라는 조직의 양면적 목표를 최적으로 달성시킬 수 있는 조직이다. 기본적으로 매트릭스 조직은 권한위양, 분권화를 그 속성으로 하므로 조직이 현지의 경영 환경에 보다 자율적으로 대응할 수 있는 역량을 부여한다. 현재 IBM, GE 등 선진적 글

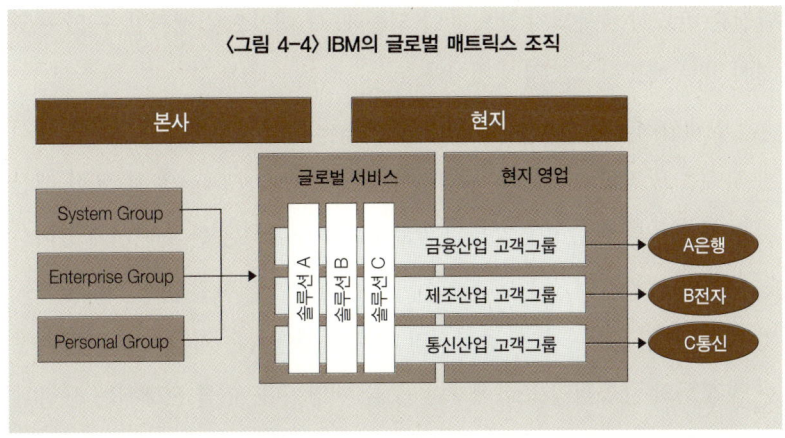

〈그림 4-4〉 IBM의 글로벌 매트릭스 조직

로벌 경영체제를 갖춘 대부분의 기업들은 매트릭스 조직을 성공적으로 정착시킨 기업들이다. IBM의 경우 〈그림 4-4〉와 같이 지역과 산업별로 고객을 구분하고 각 고객별로 자사 제품을 솔루션으로 통합 제공하고 있다. 즉 매트릭스 조직의 핵심인 글로벌 서비스 팀을 통해 '솔루션-고객'의 매트릭스 조직을 구현하고 있다.

글로벌 기업은 매트릭스 조직을 통해 현지의 고객 니즈에 직접적으로 대응하고 동시에 조직 내부의 핵심 자원에 접근할 수 있다. 현재 한국의 글로벌 기업은 대체로 본사 및 제품을 위주로 제조와 판매 부문이 통합된 단순한 조직구조를 갖추고 있는데, 이 같은 조직 형태로는 현지 시장의 환경 변화에 능동적으로 대응하기 어렵다. 더욱이 전통적으로 제조 부문의 권한이 강한 한국의 기업 문화에서 이러한 조직 형태로는 마케팅 부문의 역할이 위축될 수밖에 없다. 제조 및 판매 부문이 통합된 조직이 갖는 또 하나의 약점은 사업 부문 간의 벽이 높아져 상호 시너지가 도출되기 어렵다는 것이다. 글로벌 경쟁이 총체적인 역량의 경쟁이라는 점을 생각하면 이러한 단점은 반드시 극복되지 않으면 안 되는데, 그 대안으로 생각할 수 있는 조직이 바로 매트릭스 조직인 것이다.

현재까지 한국의 글로벌 기업 중 매트릭스 조직을 성공적으로 정착시킨 사례는 발견되지 않는다. 종래 빠른 모방자(Fast Follower)로서, 또한 생산기술 및 제품의 탁월성을 앞세워 글로벌화를 수행해온 한국 기업에 있어서는 매트릭스 조직의 장점보다는 스피드와 과감한 의사결정이 더욱 중요했기 때문이다. 그러나 향후 종합적인 글로벌 경쟁력은 기업이 보유한 다양한 장점들의 균형적인 조화에 기반을 둘 전망이다. 이를 위해서는 사업(제품)과 기능, 지역이 갖는 각각의 강점들을 고루 배열하고 동원할 수 있는 조직구조가 필요하다. 더욱이 내부적인 시너지와 현지 시장 공략의 효과성을 생각한다면 매트릭스 조직을 가장 훌륭한 대안으로 꼽을 수밖에 없다.

글로벌 IT 인프라 구축　　글로벌 경영은 지리적으로 광범위한 영역을 커버하고 있으므로 IT 인프라의 중요성은 지속적으로 커지고 있다. 한국의 대기업들이 단기간에 글로벌화에 성공할 수 있었던 것도 IT 기술을 충분히 활용한 결과라 할 수 있다. 1990년대 중반 전 세계적으로 디지털을 중심으로 기술의 대전환이 일어나고 있었을 때, 한국 기업의 가장 강력한 라이벌이었던 일본 기업은 디지털 기술의 수용에 그다지 적극적이지 않았다. 일본 기업으로서는 '잃어버린 10년'의 침체에 빠진 처지에서 과감한 투자 결정을 내리기가 쉽지 않았던 데다, 디지털 기술로의 전환은 기존 아날로그 기술에서 구축한 우위를 포기하는 결과가 될 수 있기 때문에 이 같은 전환이 바람직한 것으로만 여겨지지는 않았기 때문이었다.

이러한 이유들로 일본의 많은 기업들이 디지털 기술로의 전환을 망설이고 있었다. 바로 이 시점에 한국 기업은 과감히 디지털 기술을 수용했고 이것을 통해 궁극적으로 일본 기업을 추격할 수 있는 계기를 마련할 수 있었다. 디지털 기술은 디지털 신제품의 개발 및 출시뿐 아니라 경영 인프라의 구축이라는 측면에서도 한국 기업의 약진을 강력하게 뒷받침했다. 한국의 글로벌 기업은 전 세계를 통틀어 디지털 기술의 물결에 가장 잘 적응한 사례들을 보여주었다. 정부의 강력한 IT 지원 정책에 힘입어 한국 기업들은 디지털 기술이 활용되는 거의 모든 분야에서 세계적인 기술과 경쟁력을 확보했다.

그 결과 오늘날 한국 기업들은 동종 경쟁자들에 비해 전혀 손색이 없는 IT 인프라를 구축하고 있는 것으로 평가된다. 현재 삼성전자와 포스코를 비롯하여 대부분의 한국 기업이 글로벌 활동을 즉각적으로 관리·통제할 수 있는 내부 IT 시스템을 구축하고 있다. 가령 삼성전자의 '글로벌 공급관리(GSCM)'는 제품이 판매되는 양에 따라 공장의 생산량과 부품의 주문량 등을 실시간으로 자동 조절할 수 있어 재고를 최소화하고 부품 공급 시간을 혁신적으로 단축하는 성과를 거두고 있다.

한국 기업의 IT 인프라는 경영의 효율성과 스피드를 제고하고 있음은 물론 경영의 투명성에도 긍정적인 역할을 하고 있다. 전사적 SCM이나 재무·회계 시스템은 회계상의 오류나 재무적인 부정을 점검하고 체크하는 역할을 함께 수행하고 있기 때문이다. 한국 기업의 IT 인프라 구축 범위는 사업부문을 넘어 전사적인 영역뿐 아니라 공급업체, 나아가 제휴업체에까지 이르러 광범위한 영역에서 효율 증대를 가능케 하고 있다.

향후 글로벌 통합화 전략이 강화되고 글로벌 네트워크 조직이 정착되는 단계로 나아가려면 글로벌 IT 인프라의 지속적인 개선과 진화는 필수적

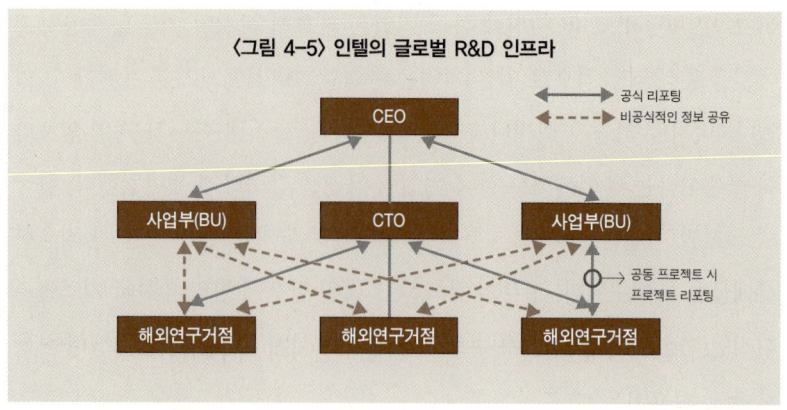

자료 : 인텔 코리아 리서치센터.

인 전제가 될 전망이다. 1990년대 GE는 벽 없는 조직(Boundless Organization)과 글로벌화를 위해 최상의 IT 인프라를 구축했으며 델, HP 등도 IT 인프라를 글로벌 경영을 위한 동맥으로 여기고 있다. 그러나 이러한 IT 인프라도 적절한 운영 노하우와 결합되어야만 탁월한 효과를 발휘할 수 있다.

가령 세계 최대의 반도체 업체인 인텔은 〈그림 4-5〉와 같이 본사와 해외연구거점을 연결하는 발전된 IT 인프라를 통해 공식·비공식적인 의사소통을 활성화하여 R&D 부문에서의 선도적 경쟁력을 유지하고 있다. 사내의 기술센터(CTO)와 각 사업단위의 해외 연구거점들은 공식·비공식 접점을 통해 정보와 지식을 공유하고 있다. 사내에는 '코멘트(Comment)' 제도를 두어 각 단위들이 연구성과 및 지식·정보에 대해 상호 코멘트를 반드시 피드백하도록 함으로써 정보와 지식의 흐름이 더욱 원활하게 이루어지도록 촉구하고 있다.

글로벌 인재 육성 시스템   한국 기업이 글로벌 기업으로 성장해갈수록 부족함을 느끼는 것은 글로벌 인재 부문이다. 한국 기업은 경쟁 글로벌 기업에 비해 매우 높은 내국인 비중을 유지하고 있는데, 이것은 한국 기업이 글로벌 인적 자원의 풀(Pool)을 최대한 활용하지 못하고 있음을 의미한다. 한국 기업이 인종적·국가적 이미지의 열세를 극복하고 글로벌 최고 수준의 인재를 확보하는 일은, 단지 높은 보수나 좋은 근무 환경만으로 가능한 일은 아니다.

그동안 대부분의 한국 글로벌 기업은 현지의 저부가 인력의 저렴한 노동력을 활용하는 데 중점을 두어왔다. 그러나 현지의 시장잠재력을 개척하고 타 글로벌 경쟁사와의 경쟁에 대응하기 위해서는 현지의 고부가 인력을 적극 활용하여야 한다. 즉 현지의 고졸급 인력이 아니라 대학이나 대학원을 졸업한 우수 인력을 조직의 허리인 중간관리층은 물론 장기적으로 현지 경영을 담당할 경영층으로 육성해나가야 한다.

지금까지 삼성전자 등 한국의 글로벌 기업들은 우수한 해외 인재를 확보하는 데 노력을 기울여왔으나, 확보된 인재들을 고부가가치 업무 영역에서 활용하여 성과를 창출해내지는 못했다. 현지 경영과 관련된 대부분의 핵심적인 의사결정이 본사에서 이루어졌으며 경영 기능 중에서도 핵심기능은 현지로 이전되지 않는 경우가 많아 현지의 인재들이 참여할 여지를 제공하지 못했던 것이다.

글로벌 인재의 육성과 인재풀의 조성을 위해서는 조직의 어학 능력이나 문화적 개방성 등 의사소통 능력이 필수적으로 요구된다. 또한 국적과 성장 배경을 불문하고 인재의 역량을 활용하려는 개방적이고 적극적인 마인드가 필요하다.

많은 선진 글로벌 기업들은 국적과 인종을 불문하고 전 세계적으로 우

〈그림 4-6〉 도요타의 글로벌 인재 관리 프로그램

기존 글로벌 인력 관리
- 일본인 사원과 현지 사원 구분
- 현지 사원은 본사 경영진이 될 수 없음
- 우수 인재 확보 곤란
- 인재 유출

글로벌21프로그램
- 개개인의 능력과 전문직종 DB
- 평가제도, 고과 요소의 세계적 통일
- 글로벌 업적에 대한 공헌도
- 도요타 웨이의 실천 여부

수 인재를 확보하고 육성하는 인사관리체계를 구축하고 있다. 네슬레는 다양한 국적의 글로벌 인재풀을 본사에서 일원적으로 관리하고 있다. 본사가 관리하는 1,000명에 대해서는 상세히 경력을 추적해서 관리하고 있으며 선택된 300명은 향후 예상되는 역할 및 직책까지 파악하여 전 세계에서 다양한 근무 경험을 갖도록 배려하고 있다.

도요타도 〈그림 4-6〉과 같이 해외의 중요 100개 포스트에서 일하고 있는 100명의 인재와 후보 200명을 선발하여 글로벌 관점에서 최적의 인재 양성 및 배치가 이루어지도록 데이터베이스화하여 교육 및 관리를 체계화하고 있다. 도요타는 1999년부터 글로벌 인재 양성 및 배치를 위한 '글로벌21 프로그램'을 실시하고 있다. 이것은 글로벌 차원의 시각에서 인재를 양성하고 최적 배치해 글로벌 중간관리층을 같은 구조에서 평가·관리하며, 모든 간부의 어학 실력, 전문직종, 관리 능력 등을 본사에서 일괄적으로 관리하자는 취지에서 설립되었다. 이 프로그램에 따르면 도요타의 전 임직원은 동일한 고과표를 바탕으로 동일한 목표 및 평가를 부여받으며 국적과 출신에 관계없이 합동교육을 이수하게 된다.

그 밖에도 도요타는 현지 간부 후보자의 본사근무제를 실시하여 현지와 일본 본사 간에 관리직을 교환 근무하도록 하고 있다. 이 경우 도요타 본사에서 근무를 마친 현지인은 간부로 승진시킨다. 또한 해외 사업체의 사장들을 대상으로 도요타의 핵심정신을 함양하기 위해 정기적으로 교육을 실시하고 있는데, 와튼 스쿨(Warthen School)과 공동으로 교육 프로그램을 개발하고 매년 20명가량이 연구교육을 받는다. 또한 1997년 도입한 스톡옵션의 부여 대상을 본사 간부에서 현지 채용 간부들로 확대시켰다.

"진정한 글로벌화를 위해서는 국적, 성별을 불문하고 우수한 인재를 모을 필요가 있다."

— 조 후지오, 도요타 CEO

글로벌 인재를 확보하고 유지하기 위해서는 인재에게 장기적인 비전을 제시하고 무엇보다 인재들이 자신의 역량을 마음껏 발휘할 수 있는 여건을 마련해주어야 한다. 현지에서 채용한 인력 중에서도 우수한 인재는 본국이나 제3국에서 근무 경험을 쌓도록 배치하면 장기적으로 글로벌 인재 풀을 구축할 수 있다. 또는 일부 핵심 사업부나 관리 부문을 해외로 이전하거나 외국인으로 충원함으로써 장기적으로 한국인이 아니라 글로벌 인재 풀이 주도하도록 만드는 방안도 가능하다.

삼성의 경우 1990년대 말부터 그룹의 전략·기획 기능 강화를 위해 우수한 외국 인재를 채용하여 별도로 관리하고 있다. 이들은 미국, 프랑스, 스위스 등 세계 유수 MBA 출신으로서 '미래전략그룹'이라는 별도의 팀으로 편제되어 그룹의 장기적 방향 및 전략 수립에 참여하고 있으며 이 과정에서 능력이 입증된 인재는 삼성전자 등의 임원으로 재배치되기도 하였다.

또한 해외 인력들의 화학적 동화를 위해 한국 기업이 힘써야 할 부분은 이들에게 자사의 가치와 문화를 전수하는 일이다. 그러나 자사의 경영 이념, 가치 등의 근간은 유지하되 현지의 실정에 맞도록 운용하는 일이 중요하다. 사업의 명분에 있어서도 자사와 한국만을 위한 이윤 추구가 아니라 '현지와 현지 인력을 위한 사업'이라는 명분을 분명하게 제시할 필요가 있다. 이런 의미에서 해외 진출 기업은 자사의 보편적인 가치와 문화를 문서화·명시화하여 전 세계의 현지법인과 공유할 필요가 있다.

현지법인들은 현지의 우수 인력이 보다 고부가가치 업무를 수행할 수 있도록 하는 방안을 강구해야 한다. 현지에서 우수 인재를 채용·확보하는 일도 중요하지만 더욱 중요한 것은 이들을 장기적으로 유지·육성하기 위한 경력개발계획(CDP, Career Development Program) 관리를 철저히 하는 일이다. '현지인 경영'의 성공사례를 배출하는 것도 효과적인 방법이 될 수 있다. 100% 현지 인력만으로 구성된 해외사무소, 해외법인의 성공적 경영 사례를 배출하고 이들의 성공 노하우를 본사 및 타 해외사무소와 법인으로 전파하는 것이다. 또한 성공적인 현지법인의 핵심인력이 법인 내의 조직원들에게 장기간 기업가치 공유 모델이 될 수 있도록 활용하는 방안도 중요하다.

경영 시스템적인 측면에서는 장기적으로 인력에 대한 평가 및 고과 요소의 글로벌 표준을 수립하는 일이 중요하다. 즉 세계적으로 단일한 평가 및 고과 요소를 시행하는 것이다. 이때 평가의 내용은 단기 업적은 물론 장기적, 글로벌적 관점에서의 공헌도, 기업의 가치, 철학의 실천 등이어야 한다. 또한 간부·임원 후보급에 해당하는 우수 인재 파일은 본사에서 일괄

관리하는 체계를 갖추어야 한다.

현지 우수 인재의 선발·육성을 주재원 및 본사 인사담당자의 실적으로 평가하는 것도 인력 현지화를 앞당기는 방안이다. 이 경우에는 양적인 기준을 제시하기보다는 입체적인 평가(다면평가 등)를 실시하여 질적인 측면을 보완하는 것이 중요하다. 또한 현지 인력 중에서 특별 인센티브를 받는 인재가 많이 나올 수 있도록 이에 관한 목표를 설정하고 관리하는 일도 중요하다.

지식 창조를 위한 조직 재설계

현대사회가 산업사회에서 지식정보사회로 변화해감에 따라 기업의 '지식 창조'를 강조하는 목소리가 높아지고 있다. '지식 창조(Knowledge Creation)', '창조경영(Creative Management)', '기업 창의성(Business Creativity)' 등의 용어가 이젠 낯설지 않게 느껴질 정도이다. 이와 함께, 기업이 단순히 상품과 서비스를 생산하는 일상적 활동에 머물러서는 성장 및 생존이 불가능하다는 인식이 일반화되고 있다.

기업은 자본주의가 형성된 이래 늘 혁신을 추구해왔다. 구태의연한 방식을 답습하는 기업은 경쟁에서 살아남을 수 없다는 것이 자본주의 철칙이다. 더욱이 한국 기업은 국가 경제 성장의 역동적 주체로서 역사를 창조해왔다고 해도 과언이 아니다. 그런데도 또다시 지식 창조가 논의되고 있는 것은 지식 창조의 개념이 단순히 과거의 혁신의 연장선에서는 이해할 수 없음을 의미한다. 지식 창조는 과거의 혁신과 어떻게 다른 것인가?

최근의 연구 동향에 따르면 지식 창조는 과거의 혁신과 몇 가지 측면에서 양적인 차이뿐 아니라 질적 특성의 차이를 보인다. 그것을 세 마디로 정리하면, '더 깊게, 더 빨리, 더 넓게'라고 말할 수 있다. 지식 창조 시대의 기업 변화의 특징은 과거의 혁신에 비해 변화 정도의 심화(깊이), 변화 주기의 단축(속도), 변화 대상의 확대(범위)라고 할 수 있다.

혁신 깊이 심화 : 과거 연장선상에서 벗어난 단절적 혁신 창조의 본질은 과거의 연장선상에서 이해할 수 없는 단절적 변화를 내포해야 한다. 기술사가(技術史家) 어셔(A. P. Usher)에 따르면 발명은 '학습된 행동'이 아니다.[16] 단순히 점진적으로 일어나는 변화, 양적인 효율 향상은 지식 창조라고 하기에는 부족하다.

슘페터도 이와 유사하게 '발명'과 '혁신'의 개념을 구분했다. 슘페터에 따르면, 발명은 과학적 지식 자체의 창조인 반면, 혁신은 이러한 지식을 활용하여 경제적 성과로 연결시키는 것이다.[17] 즉 발명은 과학기술의 영역이고 혁신은 경영의 영역이다. 따라서 슘페터는 기업은 발명보다 혁신에 주력해야 한다고 주장했다. 자본주의 초기에는 창업기업가(Entrepreneur)가 발명과 혁신을 동시에 담당하는 것이 일반적이었다. 그러나 자본주의가 발전하고 특허 시스템이 정비되면서 발명은 과학자나 발명가가 담당하고 기업은 특허료를 지불하고 이를 사용하는 분업체제가 발전하였다.[18] 그러나

---

[16] A. P. Usher(1954), *A History of Mechanical Inventions*, Dover Publications.
[17] Vernon W. Ruttan(1959), "Usher and Schumpeter on Invention, Innovation, and Technological Change", *Quarterly Journal of Economics*, Vol. 73, pp. 596~606.
[18] Carolyn Shaw Solo(1951), "Innovation in the Capitalist Process, *Quarterly Journal of Economics*, Vol. 65, pp. 417~428.

시간이 갈수록 핵심기술을 외부에서 매입하는 방식으로는 글로벌 시장에서 경쟁력을 가지기 어려우며, 핵심기술을 자체 보유하는 것이 급변하는 경영 환경에서 기업 생존과 성장의 필수요건이 되어가고 있다.[19] 일상적인 혁신만으로는 지속적인 성장과 생존을 유지하기 어려운 시대가 되어가고 있는 것이다.

혁신 주기 단축 : 혁신의 일상화   슘페터는 거대 규모의 혁신이 콘드라티에프(Kondratiev)라는 장기 경기순환을 초래한다고 보았다. 그는 대략 이 주기의 연도를 40~50년으로 보았다. 슘페터에게 혁신이란 정상적 경제활동이 아니라 일상적 활동의 궤를 벗어나는 비정상적 사건이었다. 이러한 사건이 결국 일상적 경제 운용에 변화를 가져오고 그 결과 경기순환의 리듬을 만들어낸다는 것이다. 슘페터는 콘드라티에프 호황의 사례로 산업혁명(1771년), 철도·증기기관(1829년), 철강·전기·중공업(1875년), 석유·자동차(1908년)를 들었다.

그러나 최근 들어 혁신 주기에 대한 관점이 변하고 있다. 즉 혁신은 정상적 경제흐름에 파문을 던지는 비정상적 사건이 아니라, 그 자체가 일상적 경제활동으로 이해된다. 실제로 과거 40~50년이 소요되던 장기적 경기순환 주기는 훨씬 더 빨라지는 경향을 보인다. 지식 창조의 시대는 혁신의 정도가 더욱 심화될 뿐만 아니라 그러한 변화의 주기가 보다 단축된다는 것을 의미한다. 이것은 과거 슘페터가 '발명'이라 지칭했던 지식 창조의 영

---

[19] 매출액 100억 원 이상 상장·등록·외감법인 제조업체 중 최근 3년간 매출액·영업이익 50% 이상 성장세를 보인 350개 기업 대상 설문조사에서 조사 기업의 38.3%가 고성장의 비결을 '핵심기술 보유'라고 답변했다. 대한상공회의소(2006), "성장제조기업의 경영 특징과 시사점".

역이 과학에서 경제로 옮겨왔기 때문일 것이다. 즉 이제는 발명 역시 기업 경쟁과 같은 경제 시스템의 압력을 받게 됨에 따라 변화 속도에 가속도가 붙게 되는 것이다. 그 결과 지식 창조는 단순히 보다 더 심도 있는 혁신 활동일 뿐 아니라 시간 제한에 쫓기는 경쟁적인 개념이 되었다. 누가 더 빠르게 핵심기술을 창조하고 신시장을 개척하느냐에 따라 성패가 갈리는 상황이 된 것이다.

혁신 범위 확대 : 혁신의 전면화　　지식 창조의 영역은 이제 더 이상 과학이나 기술 부문에만 국한되지 않으며, 혁신의 개념이 가치사슬, 즉 경영의 전 부문으로 확산되고 있다. 물론 슘페터의 혁신에도 생산방식의 변화나 새로운 프로세스의 도입 등의 내용이 포함되어 있다. 그러나 오늘날의 지식 창조 개념에는 기술적 영역 외에 소위 '관리혁신' 또는 '문화혁신'이라고 부르는 소프트 영역의 혁신 개념이 큰 비중을 차지하고 있다. 보이지 않는 자원의 중요성이 강조되면서 기술 부문 외의 영역에 대한 혁신의 중요성이 부각되고 있는 것이다.

특히 의사결정 부문의 창의성이 중요한 경쟁 원천으로 지적되고 있다.[20] 기업의 의사결정이 창의적이라는 것은 무엇을 뜻하는가? 그것은 단순히 주어진 대안 중의 선택이라는 '객관식' 시각에서 벗어나 경쟁자가 생각하지 못하는 대안을 창출해내는 '주관식'의 관점을 갖는 것을 의미한다. '전략적 창의성'은 매력적인 비전의 창출, 역발상을 통한 독창적인 대안의

---

[20] C. M. Ford and D. A. Gioia(2000), "Factors Influencing Creativity in the Domain of Managerial Decision Making", *Journal of Management*, Vol. 26, No. 4.

제시, 새로운 틈새시장 창출, 환경의 재해석 등의 다양한 활동을 통해 구현된다.[21]

이처럼 창의성은 연구개발 담당자만의 일이 아니라, 연구개발 결과를 실제 경영전략 및 성과로 연결시키는 전략 및 의사결정과도 깊게 연관되어 있다. 기술 부문 외의 다양한 관리혁신은 21세기 경영혁신에서 점점 더 중요한 비중을 가질 것으로 전망된다. 이것은 혁신의 전면화를 의미하며, 관리는 안정성과 항구성을, 기술은 혁신을 중시한다는 식의 이분법을 무색하게 한다.

결론적으로 지식 창조는 기존의 혁신 개념이 보다 깊게, 빠르게, 넓게 진화된 것이라고 볼 수 있다. 더욱 강도 높은 혁신이 더욱더 일상적으로 이루어지는 것이며, 이는 기업 조직의 근본적인 환골탈태를 요구한다. 과연 한국 기업은 이러한 변화에 대해 얼마나 준비되어 있는가?

지식 창조형 성장동력 구축 미흡 한국 기업이 그동안 다양한 변화와 혁신의 노력을 통해 괄목할 만한 위상 변화와 경쟁력 강화를 달성해왔음은 부인할 수 없는 사실이다. 그러나 한국 기업이 향후 20년간 한국 경제 성장을 견인할 동력으로서 과거와 같은 주도적 역할을 계속 수행할 수 있을 것인가에 대해서는 적지 않은 우려가 있다. 현재의 경쟁 원천이 그 효력을 상실해가고 있는 반면, 새로운 성장 원천은 가시화되지 않고 있다. 일본 등 선진국과의 기술 격차는 줄어들지 않는 반면, 중국 등 주변국 기업과의 기술

---

[21] H. Requelme(2000), "How to Develop more Creative Strategic Plans", *Creativity and Innovation Management*, Vol. 9, No. 1, pp. 14~20.

격차는 빠르게 줄어드는 샌드위치 효과가 감지되고 있다. 한국산업기술재단의 연구에 따르면 한국과 중국의 기술 격차는 현재 약 4~5년에서 점차 축소되어 2015년경에는 1~2년 이내로 줄어들 것이라고 한다.[22]

GE의 전 CEO 잭 웰치는 한국에서 개최된 한 토론회에서 "한국의 기업은 그동안 많은 발전을 했으면서도 창조적인 노력에는 소홀히 대처하고 있다"며 "리스크와 비용을 감수하면서 창조적인 노력에 매달리지 않는다. 그래서 한국 기업의 미래가 밝은 것만은 아니다"라고 지적한 바 있다.[23] 또한 인시아드의 피터 윌리엄슨 교수는 한국을 위시한 동아시아 기업들이 공장, 설비 등 제조 부문의 생산성은 세계적인 수준에 이르렀으나 화이트칼라 부문의 생산성은 전면적인 점검과 개선이 필요하다고 지적했다. 여기서 화이트칼라의 생산성이란 곧 '사고(Thinking)의 생산성'으로서 소프트웨어적인 경쟁 요소를 의미한다. 또한 윌리엄슨 교수는 아시아 기업들의 혁신이 근본적 혁신(Breakthrough Innovation)보다는 기존 기술의 연장적 혁신(Innovation by Extension)에 치중하고 있다고 지적한다.[24]

연구개발 분야에 있어서 한국 기업이 과거 20년간 이룩한 성과는 높게 평가되고 있다. 한국 기업은 일본, 대만과 함께 모방학습형(Imitative Learning Type) 전략을 채택하여 인도, 중국의 기술자립형(Technological Self-Reliance Type) 전략에 비해 월등한 성과를 거둔 것이 사실이다. 그러나 압축 성장을 위한 모방학습 전략을 택한 결과 〈그림 4-7〉에서 핵심기술을 자체 개발하

---

[22] 국민경제자문회의(2006. 12), "중국의 부상 및 동북아 분업구조변화에 따른 우리의 대응전략".
[23] 산업자원부(2006. 12. 15), "부품/소재 신뢰성 국제포럼", 화상강연 중.
[24] P. Williamson(2004), *Winning in Asia : Strategies for Competing in the New Millennium*, Harvard Business School Press.

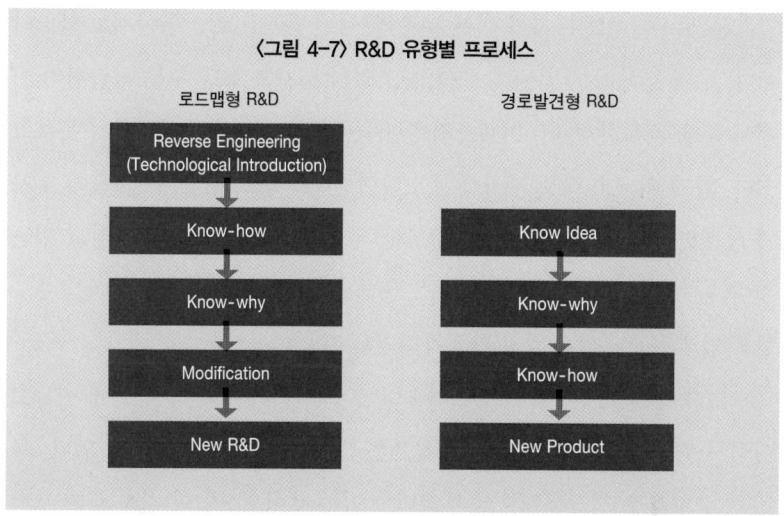

자료 : 김능진(2000), "한국 기업의 연구개발전략", 《경영경제연구》, 제2권, 제1호, 충남대학교 경영경제연구소.

는 경로발견형(Route-Finding Style) R&D보다는 로드맵형(Road-Map Style) R&D가 더 우세하게 되었다. 경로발견형 R&D가 더 큰 부가가치와 지속 가능한 경쟁력을 가져올 뿐만 아니라 기술 환경의 변화는 점점 더 로드맵형 R&D 전략의 채택을 곤란하게 만들고 있다.[25]

한국의 기업 R&D 투자 규모나 비중은 선진국 수준보다는 적더라도 상당한 수준인 것이 사실이다. 문제는 R&D 투자의 양이 아니라 그 성격과 질이다. 한국의 GDP 대비 R&D 투자 비중은 이미 오래전에 선진국 수준에 도달하였다(1인당 GDP 대비 투자 수준을 볼 때 한국은 OECD 국가 중 6위 수준이다).[26] 또한 외환위기 이후 상당히 위축되었던 기업 투자가 제조업을 중심으로 상당 수준 개선되었다.

----

25 김능진(2000).

문제는 이러한 투자가 어떤 부문에, 어떤 방식으로 이루어지고 있느냐이다. 투자 부문의 관점에서 보면, 제조업의 투자는 상당 부분 외환위기 이전 수준을 회복한 반면, 비제조업 투자는 정상 수준으로 회복되지 못하고 있다. 과거 비제조 부문 투자를 주도하던 전기, 가스, 수도, 통신 등의 투자가 감소한 반면 비제조 부문을 주도할 새로운 부문이 나타나지 않고 있는 것이다.[27] 다시 말해서 금융, 서비스, 콘텐츠 등 소위 지식 창조 시대를 주도할 사업 부문으로의 투자가 활성화되지 않고 있다.

또한 투자 방식 역시 기존 기술의 모방이나 복제 등의 수준에 머물고 있어서 핵심기술을 창출할 지식 창조형 투자가 이루어지지 않고 있다. 특히 현재 새로운 성장동력으로 부각되고 있는 바이오산업의 경우 과거 모방형 연구개발 방식은 적용할 수 없다. 지식 창조 시대를 준비하기 위해 투자의 올바른 방향과 올바른 방식을 정립할 필요가 시급한 상황이다.

압축 성장 시대의 패러다임 한국 기업의 지식 창조 역량을 평가하는 데 있어 또 한 가지 언급해야 할 것은 압축 성장 과정에서 형성된 신속한 모방학습 전략의 후유증이다. 이러한 모방학습 전략은 그에 걸맞은 조직 문화를 형성한다. 경영 및 기술환경의 변화로 인해 기술과 전략이 변화해도 한번 형성된 조직 문화는 쉽게 바뀌지 않는다. 기존에 확립된 기술을 도입하여 리버스 엔지니어링(Reverse Engineering)을 통해 노하우를 파악하고 최단 기간에 동일한 성능과 기술을 재현하기 위해 노력하는 로드맵형 연구개발

---

26 김태일·장덕희(2006), "우리나라와 다른 OECD 국가의 연구개발투자규모 비교", 정책분석평가학회보.
27 김준경·임경묵(2006), "기업 투자부진의 원인분석과 정책방향", KDI.

은 일단 불확실성이 낮고 시행착오형의 지식 탐색 활동이 최소화되며 창의성보다는 통제가 핵심적 성공요인이 된다.[28] 위험이 낮고 효율적인 연구개발 활동에 매진하는 과정에서 근면하고 성실히 일하는 기업 문화가 형성되며 동시에 일사불란하고 중앙집권적인 경영 스타일이 정착된다.

지식 창조에서 앞선 선진국의 경우 기술 발전은 대개 유동기, 과도기를 거쳐 경화기로 들어간다고 한다. 그런데 한국의 기술 발전은 주로 경화기에 들어선 안정적 기술을 차용하는 차용기(借用期), 이를 변형시키는 변형기, 그리고 다양한 모방학습을 통해 축적된 기술 역량을 바탕으로 나름대로의 독자 개발을 시도하는 생성기의 3단계를 거친다고 한다. 그런데 기술 차용기에 적합한 조직 형태는 높은 공식화와 집권화를 특징으로 하는 기계적 관료제 조직이다.[29] 그러나 기술개발 단계가 변형기를 지나 생성기로 진입하여 본격적인 창조적 혁신이 필요한 기업의 경우 이러한 조직 문화와 사고방식이 장애 요인으로 작용할 수 있다.

이런 의미에서 '열심히가 아니라 지혜롭게(Not Hard, But Smart)'라는 슬로건의 의미를 되새길 필요가 있다. 최고경영층을 중심으로 한 일사불란한 조직 운영, 밤낮을 가리지 않은 양적 성과 위주의 근무 풍토 등은 그동안 한국 기업의 경쟁력을 견인해온 원동력임을 부인할 수 없으나 지식 창조 시대에는 적합하지 않은 조직 문화라는 사실을 인식할 필요가 있다.

또한 업무 피로와 스트레스를 당연시하는 풍토 역시 창의적 조직의 구현에 장애 요인이 되고 있다. 산업 시대에 형성된 강력한 패러다임 중 하나

....
[28] 김능진(2000).
[29] 이홍(1999), "선진국의 지식경영이론은 한국 기업에 얼마나 유용한가?-노나카의 하이퍼텍스트 조직 이론을 중심으로", 지식경영학술심포지엄.

<표 4-2> 연간 근로시간의 국제 비교(2004년 기준)

(단위 : 시간)

한국	일본	미국	영국	프랑스	네덜란드
2,380	1,816	1,812	1,646	1,360	1,312

자료 : OECD(2005).

가 쉬지 않고 일한다는 맹목적인 성실성의 신화다. 중단 없는 야근과 휴일 근무가 당연시되고 철야 근무가 무용담처럼 회자된다. 물론 목표 달성을 위해 많은 근로시간을 소화하는 것은 선진 기업의 모습이기도 하다. 그러나 여기에는 일과 휴식, 일과 생활 간의 균형이 중시된다. 재충전 없는 만성적 잔업과 특근 문화는 피로를 만성화할 뿐, 결코 창의적인 발상이나 혁신을 가져오지는 않는다.

창의성은 어느 정도 여유와 여력이 존재할 때 가능한 것이다. 당면 과제, 단기 실적 압박에 쫓기는 직원들이 완전히 탈진·소진되어 있을 때는 주도적 업무 수행과 창의성 발휘를 기대하기 어렵다. 현재 한국의 근로시간은 과거에 비해 많이 감소되었고 주5일근무제 도입으로 이러한 경향이 한 단계 더 진전된 것은 사실이다. 실제 한국은 근로시간이 감소하는 속도 면에서는 세계 최고 수준이나, <표 4-2>와 같이 선진국 수준에 비해서는 여전히 근로시간이 길다.

아직도 선진 경쟁 기업을 따라잡기 위해서는 덜 자고 더 일해야 한다는 헝그리 정신이 강조되는 경우가 많다. 그러나 지식 창조 시대에는 이런 식의 성실성만으로는 한계가 있다. 양적 투입 사고, 물량 위주 사고를 버리고 자신만의 독창성을 발휘하기 위해 근본적인 조직의 패러다임을 점검하고 변화를 모색할 필요가 있다.

창의적 조직 시스템 모델의 방향   지식 창조에 적합한 조직을 설계하는 것은 일종의 모순 경영의 성격을 띠고 있다. 그것은 창조라는 행위 자체가 가지고 있는 내적 모순에서 비롯된다. 신의 창조를 포함하여 모든 창조는 하나의 '기적'이라고 할 수 있다. 창조는 다양성을 요구하는 반면, 다양한 인력 간에 공감대와 응집력을 요구한다.[30] 또한 기존의 틀을 벗어나려면 정신적·시간적 여유가 필요하다. 그리고 한계를 돌파하기 위해서는 개인의 사적 시간까지 헌납하는 절대적 몰입이 요구된다. 뿐만 아니라 기민한 의사결정 능력이 있어야 한다.[31] 또한 유연성이 필요한 반면, 급격한 환경 변화에서도 자기 신념을 지키는 고집이 필요하다. 과감한 위험 감수와 안정적인 성과 관리를 이루어내는 것도 필수적이다.

    이러한 모순적인 속성들은 지식 창조 기업을 위한 최적의 조건이 극단적인 값(Corner Solution)이 아니라 미묘한 균형을 통해 이루어짐을 의미한다. 이것은 일본의 명검을 연상시킨다. 일본도는 앞선 날에는 청검을 쓰고 후미 쪽은 묵철 계열을 사용하여 앞은 딱딱하지만 뒤는 부드러운 성질을 띤다. 부드러우면서 강하다는 두 가지 성질을 동시에 내포하고 있는 일본도는 창의적인 조직의 훌륭한 메타포다.

    이러한 점들을 염두에 두고 한국 기업의 조직을 창의적으로 만들려면 다음과 같은 상반된 특징이 조화를 이루어야 한다.

    우선, 다양성과 전략적 일관성의 조화가 필요하다. 다양성만 있으면

---

[30] 이춘근·김인수(2001), "효과적 지식창출을 위한 조직능력 요건-퀴놀론계 항생제 개발 과정에 대한 현상학적 연구", 《지식경영연구》, 제2권, 제1호, 한국지식경영학회.
[31] M. Sundgren & A. Styhre(2003), "Creativity-a Volatile Key of Success? Creativity in New Drug Development", *Creativity and Innovation Management*, Vol. 12, No. 3, pp. 145~161.

창의성이 구현된다고 생각한다면 오해다. 구슬이 서 말이라도 꿰어야 보배이듯이, 다양성은 일관된 전략적 의도에 따라 잘 정렬되어야 한다. 이를 위해서는 팀 구성원 간에 해석적 장벽(Interpretive Barrier)이 없어야 한다. 즉 공통의 언어가 없을 경우, 서로를 이해하는 데 너무 많은 노력이 소요되고 이는 집단 창조 활동을 저해한다. 방법론적으로는 서로 다른 경험이나 다른 지식, 기능을 가지고 있더라도 기본적 시각과 관점에서는 공통의 기반을 가져야 한다는 것이다.[32]

공통의 기반을 위해 가장 중요한 것은 비전의 공유다. 서로 다른 역량을 가신, 즉 다양성을 가진 구성원이 같은 곳을 지향하지 않는다면 다양성은 혼란을 초래할 것이다. 특히 실무 프로젝트 팀, 중간관리자, 최고경영층 간의 호흡이 맞아야 한다. 전문성을 지닌 프로젝트 팀과 큰 방향을 제시하는 경영층은 소통에 어려움을 겪게 된다. 경영진과 실무 팀의 원활한 소통을 위해서는 공통된 비전과 정체성, 그리고 정치적 요인보다는 실용주의를 우선하는 태도가 필요하다. 결국 경영자가 얼마나 비전을 구체적으로 제시하고 이에 대한 책임감과 실천의 자세를 보이느냐가 관건이다. 경영진이 실무 팀과 하나의 신념, 하나의 비전으로 연계되지 않을 경우 장기 프로젝트는 성공을 기대하기 힘들다.

'100년 혁신 기업'으로 인정받고 있는 3M은 '최상의 혁신 기업이면서도 고객에게 가장 선호되는 공급업체'가 된다는 비전을 고수한다. 이것은 단순히 액자에 넣어진 문구가 아니라 살아 있는 행동강령으로 작동하고 있다. 이 회사의 전설적 경영자 루 레어(Lew Lehr)는 간부 시절, 회사가 중지 명

....

[32] M. Sundgren and A. Styhre(2003).

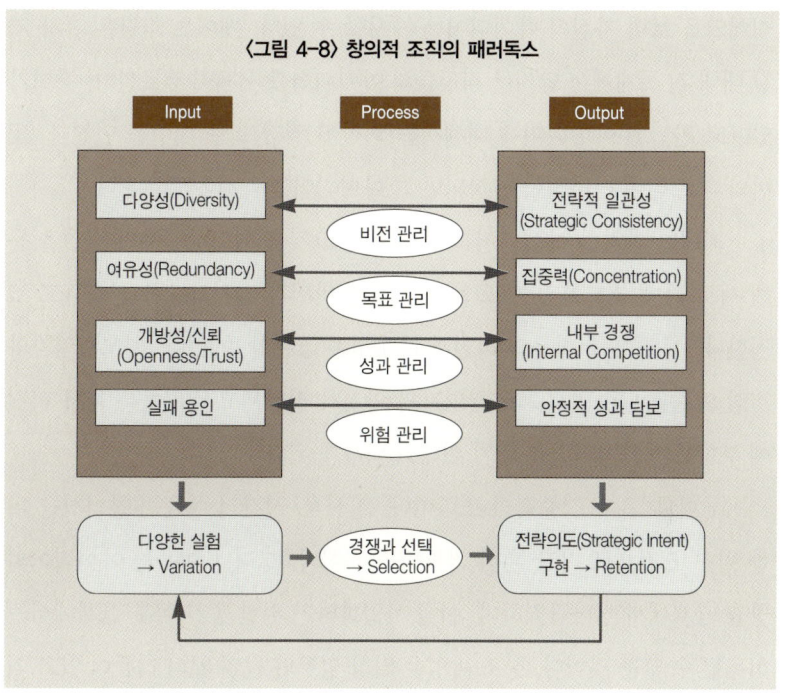

〈그림 4-8〉 창의적 조직의 패러독스

령을 내린 '수술포' 연구개발 작업을 은밀하게 진행하여 성공시켰다. 이 성공을 계기로 3M은 헬스케어 사업에 진출하여 대성공을 거두었다. 경영진의 명령을 어긴 레어는 견책당하기는커녕 승승장구하여 3M의 회장이 되었다.[33] 이러한 전설은 전 임직원의 행동 방향을 통일하고 회사를 혁신이라는 축으로 통일되도록 만든다.

마이크로소프트는 'Thinking Week'라는 제도를 운용한다. 빌 게이츠 회장의 한 주간의 휴가 동안, 마이크로소프트의 전 임직원은 회장에게 직접

---

[33] 한국쓰리엠 홈페이지.

이메일을 보내 자신의 아이디어를 제시할 수 있다. 게이츠 회장은 휴가 기간 내내 전 세계에서 답지한 직원들의 아이디어를 세세히 검토한다. 흥미가 있다고 판단된 아이디어에 대해서는 회장이 직접 질문 메일을 던진다. 몇 번의 검토 끝에 타당성이 인정되면 그 아이디어는 즉시 사업화된다.[34]

최대한 다양한 아이디어를 끌어내되, 그것을 최고경영자의 검열을 통해 서로 간에 코드를 맞추고 회사의 경영 비전과 일치하도록 선택하고 조정한다. 이를 통해 회사의 비전과 다양성은 공존할 수 있다. 최고경영자와 직접 의견을 나누면서 최고경영자의 의지가 전달되고 직원들은 회사 비전에 부합하는 아이디어를 내기 위해 노력하게 된다.

둘째, 여유와 집중력의 조화이다. 정신적·시간적 여유는 창의성을 위한 필수 요건으로 가장 흔히 거론되는 것이다. 그러나 여유는 아이디어의 창출 단계에서는 바람직하나, 이를 사업화하기 위한 중간 이후 단계에서는 허용될 수 없는 것이다. 창조 과업은 일상 업무와 달리 일의 리듬이 있고 기승전결의 호흡이 있다. 마치 유충에서부터 성충에 이르기까지 곤충이 변태 단계를 거치듯, 지식 창조 조직은 각 단계별로 서로 다른 조직처럼 움직여야 한다. 초기 단계일수록 여유와 민주성이 부각되는 반면, 마지막 단계로 갈수록 일사불란한 조직의 모습을 띤다. 경우에 따라서는 각 단계별로 분업이 이루어져 서로 다른 조직이 역할을 분담하기도 한다. 일례로 LG화학에서 퀴놀론계 항생제 개발 과정 가운데 물질 개발을 맡은 프로젝트 팀은 신물질의 임상실험 단계에서는 별도의 조직에게 임무를 위양하였다. 게다가 최종 미국식품의약국(FDA) 승인 단계에서는 영국 굴지의 제약회사인 SB

---

[34] *Wall Street Journal*(2005. 4), "In Secret Hideaway, Bill Gates Ponders Microsoft's Future".

와 전략적으로 제휴하였다.[35]

여유와 긴장을 병행하기 위해서는 목표 관리가 중요하다. 초기 단계에 주어지는 자유로운 발상과 여유는 최종적인 성과 목표 달성을 위한 것임을 분명히 해야 한다. 결과로 이어지지 않는 여유는 기업으로서는 감당하기 어려운 것이다. 창의적 조직의 대표적인 사례로 가장 많이 거론되는 것이 3M의 '15%룰'이다. 그러나 3M이 15%룰과 동시에 '30%룰'이라는 규칙을 가지고 목표 관리를 하고 있다는 사실은 잘 알려져 있지 않은 것 같다. 3M의 모든 사업부는 매출의 30%를 그해 개발된 신제품으로 올려야 한다는 불문율이 있다. 하나의 대박상품에 안주하려는 자세를 견제하고, 항상 새로운 제품을 개발하려는 혁신 노력을 멈춰서는 안 된다는 의미이다. 이러한 구체적인 목표 의식하에서 주어지는 여유이기에 임직원은 그 여유를 진지하고 책임감 있게 받아들인다.

셋째, 협력과 경쟁의 조화가 조직 창의성에서 차지하는 중요성을 간과해서는 안 된다. 집단 창조는 개인 창조와 달리 구성원 간의 신뢰와 개방적인 협력이 필수적이다. 가장 중요한 지식과 아이디어가 공유되지 않으면 집단의 창조성은 발휘되기 힘들다. 하지만 이 경우 누구의 공적과 기여가 가장 큰가라는 민감한 문제가 발생한다. 최초의 아이디어가 누구의 것이었으며, 한계에 부딪혔을 때 돌파구를 낸 사람이 누구인가에 대한 공정한 평가가 이루어지지 않으면, 집단의 창조성은 한계에 직면할 것이다. 서로의 업무 한계가 명확할 경우 개인별 성과 평가는 큰 문제가 없다. 그러나 고도의 창의적 조직은 각각의 역할이 모호하고 협력관계도 더욱 미묘하고 중층적

---

[35] 이춘근·김인수(2001).

이 된다. 이 상황에서 팀원의 기여도와 성과가 공정하게 평가되지 않을 경우, 창조적 과업이 요구하는 고도의 협력과 지적 시너지는 기대하기 힘들 것이다.

그렇다고 해서 전 프로젝트 팀에 대해 동등한 평가를 하고 내부 경쟁을 없애는 것도 올바른 방법은 아니다. 경쟁은 창의적 성과를 내는 데 커다란 동력이 되기도 한다. 과학이나 예술에 있어서도 그러한 사례가 많다. 다윈은 월리스가 자신과 거의 유사한 성과를 내려 한다는 소식을 들은 뒤 지지부진하던 저술 작업을 분발하여 끝낼 수 있었다. 최고의 천재들은 대부분 라이벌을 가지고 있으며 이는 강력한 추진 동기가 된다. 기업에서도 상당수의 창의적인 연구 프로젝트가 복수 팀에 의해 추진되며 이러한 상호경쟁이 기간을 단축시킨다는 보고가 있다.

내부 경쟁과 협력을 양립시키기 위해서는 그만큼 세심한 관리가 필요하다. 경쟁 모드와 협력 모드를 자유롭게 전환할 수 있으려면 정밀한 공정성 관리가 필요하다. 고도의 창의적 인재일수록 자기 업적에 대한 집착이 강하며, 부당한 대우에 대한 관대함이나 인내심이 부족한 경우가 많다. 정당한 평가와 인정을 받지 못한다고 생각한다면 집단적 창조 활동은 시작부터 암초에 부딪힐 것이다. 따라서 보다 정확하고 체계적인 성과 관리가 필요하다.

넷째, 실패로 대한 평가를 내릴 때 주의를 기울여야 한다. 창조적 프로젝트일수록 실패율이 높다. 이에 대해서는 톰 피터스의 경구를 상기할 필요가 있다. "평범한 성공에 대해 벌주고 멋진 실패에 대해 상을 줘라." 과감한 시도, 어려운 시도에 대해서는 비록 결과가 실패로 끝나더라고 참가자 개개인의 노력과 열의를 평가해줄 필요가 있다. 시도의 대담성, 노력과 열의의 진지성 등을 별도로 평가하여, 실패한 프로젝트에 참가한 사실이 씻을 수 없는 오명이나 낙인이 되는 조직 풍토를 개선해야 할 것이다. BMW에서는 매달 '이달의 가장 창의적인 실수상'을 시상하여, 비록 실패했으나 과감한 시도를 한 직원을 칭찬하고 있다.

다섯째, 과감한 위험 감수와 안정적 경영의 조화이다. 시도가 창의적일수록 더 큰 위험이 따른다. 그러나 이러한 위험 감수가 없으면 그에 상응한 고성과도 없다. 개별 프로젝트의 위험 감수를 촉진하면서도 전사적인 안정성을 기할 수 있는 것이 바로 전사적 위험 관리다. 전사적 위험 관리는 개별적인 위험 감수를 가능하게 한다. 개인이나 개별 팀은 각자의 행동이 조직 전체에 미치는 위험에 대해 정확한 판단을 하기 어렵다. 기업은 전체적인 관점에서 여러 프로젝트들을 종합하여 최적의 포트폴리오를 구축해야 하며 총위험을 일정 수준에서 유지하는 전사적 위험 관리 체제를 가동해야 한다.[36]

또한 회사 전체의 전략과 연계하여 위험에 대한 명확한 태도를 보여야 한다. 회사가 어떠한 위험도 감수하지 않겠다는 의사를 표명하면 구성원은 위험을 수반하는 어떠한 아이디어도 제안하려 하지 않을 것이다. 이런 면에서 3M의 사례는 매우 인상적이다. 회사 자체의 생존을 위해 과감한 도전이 필수적이라는 사실을 종업원에게 명확하게 인지시킨다. 회사 내에는 "허가를 요청하기보다는 용서를 구하는 것이 낫다(It's Better to Ask Forgiveness than Ask Permission)"라는 금언이 조직 내의 신조로 자리 잡고 있다. 윌리엄 맥나이트는 1948년에 "위험을 떠안는 것이 성장을 위한 필요 요소이고 따

---

36 김재문(2003), "전사적 위험관리의 허와 실", 《LG주간경제》, 제750호, LG경제연구소.

라서 실패는 처벌의 대상이라기보다는 학습 경험으로 간주되어야 마땅하다"라고 언명하였다. 이러한 위험에 대한 회사의 확고한 입장은 조직 구성원 개개인의 자세를 결정짓는다. 여기서 위험은 무모한 시도가 아니라 '계산된 위험'을 의미한다.

창의적 조직을 설계할 때 흔히 범하기 쉬운 오류는 개인 차원의 창의성 제고를 위해 조직을 이완시키는 것이다. 조직의 이완만으로는 성과가 발생하지 않는다. 개인의 창의성이 높아지더라도 이것이 성과로 연결되지 않으면 기업 창의성에는 아무런 도움이 되지 않는다. 조직의 창의성은 범상한 수준의 고성과가 아니라, 잭 웰치의 표현대로 '장외홈런(깜짝 놀랄 만한 성과)'으로 이어져야 한다. 웰치는 이러한 초고성과로 이어지지 않는 어떠한 이니셔티브도 인정하지 않았다.[37] 결론적으로 조직 창의성이란 조직 원리와 개인의 창조 원리가 상호 긴장과 조화를 이루는 교묘한 균형감각 위에서 구현된다고 말할 수 있다.

수준별·부문별로 차별적 접근   모든 조직이 창의적 조직으로 재편될 필요는 없으며 그래서도 안 된다. 오히려 창의적 조직 원리는 조직의 과업 특성에 따라서, 또 과업의 단계에 따라서 강화되기도 하고 약화되기도 하는 탄력성을 지녀야 한다. 만약 하나의 조직이 상반된 속성을 동시에 보유하기 어렵다면 이를 기능적으로 단위 조직 간에 분담할 필요도 있을 것이다.[38]

시장을 뒤바꿔놓을 혁신적 제품을 개발하는 연구개발 부서의 창의성과 이를 지원하는 본사 스탭 부서의 창의성은 용어는 같아도 그 의미하는

---

[37] 제프리 크레임스(2005), 《잭 웰치와 4E 리더십》, 한국맥그로힐.

바가 다를 수 있다. 최초의 아이디어 창출에서부터 이것의 구체화를 담당하는 조직은 개인 창의성을 극대화할 수 있는 형태로 설계하는 반면, 그 결과를 제품화하고 마케팅하는 최종 실행 부서는 보다 전통적 조직의 형태를 취할 수 있을 것이다.

실행 조직에서도 본사와 현장 간 구별이 필요하다. 현장 실무 부서가 일상적 업무 조직을 형성한다고 할 때, 본사 조직은 보다 창조적인 업무 지원 형태로 옮겨갈 필요가 있다. '지식 창조 본사'라고 표현되는 바와 같이 본사는 제로베이스에서 보다 창의적인 전략을 구사할 필요가 있다. 최근 일본 기업의 본사들이 좌석을 보다 자유롭게 배치하고 상호 간 커뮤니케이션을 강조하는 공간 형태로 재편되는 것도 이러한 추세를 반영하고 있다. 전략 기획 업무가 보다 창조적으로 바뀌어야 한다는 공감대가 형성되고 있는 것이다.[39]

또한 기업 자체의 특성을 생각해볼 수 있다. 기업이 현재 처한 상황과 자체 수준에 따른 맞춤형 창의성 전략이 필요하다. 다시 말해 기술력의 수준과 단계에 따라 창의성에 대한 초점과 전략이 차별화될 필요가 있는 것이다. 주로 외부 기술의 차용을 통해 제품을 개발하고 있는 조직은 다소 공식적 조직의 성격을 취하는 것이 더 적합하다. 반면 자체 기술을 개발하고

....

[38] 지식 창조 부문의 대가인 노나카 교수는 소위 '하이퍼텍스트 조직'이라는 개념을 통해 조직 창조 과정의 특성을 서로 다른 조직에 분담시키고자 하였다. 그의 하이퍼텍스트 조직은, 조직을 창의적인 부문과 공식적인 부문으로 나누어 창조 과정의 모순적 성격이 상쇄되지 않도록 설계한다는 사고에 입각하고 있다. 창의적 아이디어를 창출하는 것은 프로젝트 팀이 맡는 반면 일상적 관리 업무는 정규 조직이 담당한다는 것이다. 이질적인 부문들의 상호 연계는 '미들업다운'이라는 중간관리자의 역할에 의해 이루어진다. I. Nonaka(1994), "A Dynamic Theory of Organizational Knowledge Creation", *Organization Science*, Vol. 5, pp. 14~24.
[39] 《동양경제》(2004. 7. 17), "본사 이전으로 혁신 꿈꾸는 일본 기업".

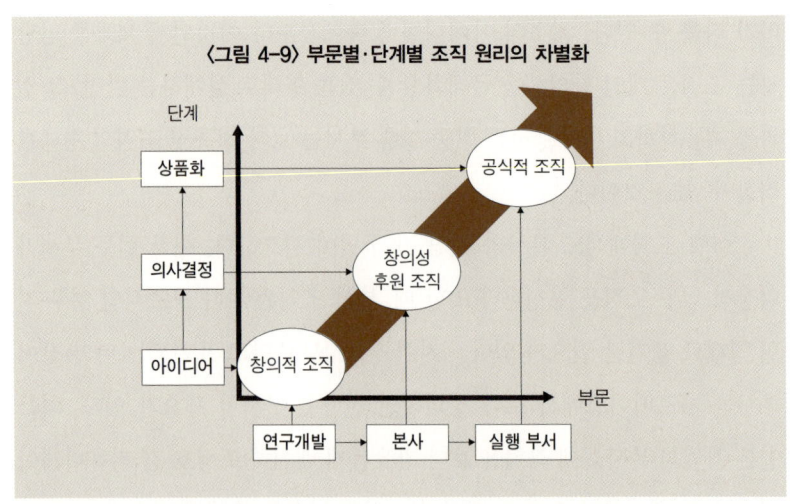

〈그림 4-9〉 부문별·단계별 조직 원리의 차별화

독자적 핵심기술 보유를 목표로 하는 기업이라면 전반적인 조직의 성격을 창의성을 지향하도록 무게중심을 이전할 필요가 있다.[40]

 이처럼 기업 자체의 특성에 따라 기업은 내부적으로 단위 조직의 특성에 맞춰 창의적 조직과 공식적 조직의 원리를 적절하게 조율할 필요가 있다. 모든 조직에 공통적인 해법은 없다. '창의적이냐 아니냐'가 문제가 아니라 '어느 정도 창의적이냐'가 성공과 실패를 좌우하는 요인이 될 것이다.

국가 전체 혁신 시스템과의 연계 한국 기업은 그동안 여러 가지 어려움을 이겨내며 그 시대에 적합한 혁신을 통해 국가 경제 발전을 견인해 왔다. 최근의 경영 및 기술 환경 변화는 한국 기업이 보다 창의적으로 될 것을 요구하고 있다. 모방 기술을 통한 압축 성장에 길들여진 한국 기업이 사

---
[40] 이홍(1999).

물을 근본적으로 보고, 이를 통해 과거의 틀을 벗어나는 돌파형 창의성을 발휘할 수 있을 것인가가 향후 한국 경제의 지속 성장을 좌우하는 요인의 하나가 될 가능성이 크다. 그런데 문제는 기업은 더 이상 단일 기업으로서 이러한 고도의 경쟁력을 갖추기가 어렵다는 것이다. 협력업체는 물론 경쟁업체까지 포함한 기업생태계 전체의 경쟁력이 높아져야 한다. 기업을 둘러싼 정부, 학계, 연구기관, 투자자, 고객을 포함한 일반 사회라는 전체 이해관계자의 역량과 협력 네트워크가 작동하지 않을 경우 지식 창조라는 거창한 목표를 달성하기가 힘들다.

최근 국가 혁신 시스템(NIS, National Innovation System)에 대한 논의가 활발하다. 여기서는 혁신이란 활동을 국가 단위로 보고, 기업은 국가 혁신을 수행하는 개별 주체의 하나로 본다. 그리고 혁신활동에 영향을 미치는 제반 사회적 요인들을 총체적으로 다루고 있다. 국가 혁신 시스템의 초점은 혁신을 둘러싼 국가 제도적 환경의 전면적 재조정이다. 제도란 크게 보아서는 문화, 가치, 규범에서 출발하여 정치 시스템, 국가의 역할, 법과 규제환경, 정책환경, 기타 경제주체들의 조직 및 상호관계 전체를 가리킨다. 이러한 모든 요소들이 기업의 혁신활동에 직·간접적으로 영향을 미친다는 것이다.[41]

최근 우수 인력의 이공계 기피나 기술직 기피와 같은 사회문화적 현상은 장기적으로 기업의 혁신활동에 심각한 영향을 준다. 이과 출신의 최우등생이 모두 의대, 한의대를 지망하는 현실은 기업의 창조활동에 어떤 형태로든 영향을 준다. 또한 정치 시스템에서도 정부의 정책 성향이 진보적

---

[41] J. Groenwegen and M. van der Steen(2006), "The Evolution of National Innovation System", *Journal of Economic Issues*, Vol. 40, No. 2.

이냐 보수적이냐에 따라서 기업의 혁신에 커다란 영향을 미친다.

　이처럼 국가 혁신 시스템적 관점은 기업의 지식 창조 활동을 더 이상 개별 기업에게 맡겨둔 채 자유방임적 입장을 취할 것이 아니라, 모든 이해관계자의 역할에 대한 재고찰, 그리고 사회 전체의 제도적 틀에 대한 재조정 논의가 필요하다는 것을 지적하고 있다. 시간이 갈수록 기업 경쟁력에 대한 기업 외부의 영향력이 커져가고 있다. 기업과 기업 간의 전략적 제휴는 물론, 기업과 학교, 기업과 사회 간의 창의적인 상생관계 수립이 갈수록 중요해진다. 특히 산업 클러스터라는 기업-대학-연구기관-지역사회 연계의 틀이 갖는 의미가 더욱 강조되고 있다. 과연 기업과 기업 이외 주체 간에 어떤 형태의 협력이 이루어져야 가장 큰 효과를 발휘할 것인가에 대한 다양한 시행착오를 거쳐 보다 적합한 협력 형태를 지속적으로 모색해야 할 것이다.

　지금껏 한국 경제가 보여준 성장에, 경제일선의 최선봉에서 헌신적인 노력을 기울여온 기업의 역할이 지대했다는 사실에 누구도 이의를 제기하지 않을 것이다. 하지만 한국 경제를 둘러싼 도전이 날로 거세지고 있으므로, 앞으로도 기업이 과거만큼의 기여와 성공을 지속할 수 있을지는 장담하기 힘들다. 그러나 한 가지 분명한 사실은, 현재 한국 기업이 직면하고 있는 도전이 그 어느 때보다 큰 것과 마찬가지로, 기업의 성공을 뒷받침할 한국 사회 전체의 협력의 필요성 또한 그 어느 때보다 크다는 것이다. 기업도 배전의 노력과 지혜를 총동원해야겠지만, 기업을 둘러싼 모든 경제 사회 주체들의 창의적인 협력이 우리 기업이 지식 창조 기업으로 거듭날 것이냐 아니냐를 판가름하게 될 것으로 보인다.

04 | 4부 • 새로운 10년, 한국 기업의 과제

시장의 선택과 기업의 사회적 책임

역동적 기업생태계 구축

원활한 퇴출 시스템 마련 : M&A 활성화, 회계 투명성 강화   외환위기 이후 고용의 불안정성이 높아지고 평생직장 개념이 사라진 상태에서 1999~2000년에 불어닥친 IT 버블은 창업을 폭발적으로 증가시켰다. 그러나 기술력이나 혁신적 비즈니스 모델 없이 급격히 증가한 창업은 소기업 간 경쟁 격화를 초래하였다. 연매출 50억 원 미만의 기업군에서는 외환위기 이후, 회복하기 힘들 정도로 수익성이 떨어지고 있는 현상이 나타나고 있다. 특이한 점은 이러한 기업의 수는 증가하고 있지만 부도율에는 큰 변화가 없다는 점이다. 결국 상당수의 기업들이 성장에 대한 희망이 없는 채로 기업생태계에 생존해 있는 것이다. 이런 현상이 나타나는 이유는 중소기업의 CEO가 자력으로 더 이상 사업을 진행시킬 수 없다고 판단하더라도 그동안의 투자와 노력의 대가를 시장에서 평가받고 사업을 정리할 방도가 없기 때문이다.

　이들의 인력·자금 등과 같은 생산 요소가 기업생태계에 보다 효율적으로 활용되지 못하는 것은 해당 기업만의 문제가 아니라 기업생태계 전반의 성장성을 떨어뜨린다는 데 더 큰 심각성이 있다. 이들이 살아남기 위해 시장에서 저가 경쟁을 유도하는 등의 폐해를 가져오면 결국 성장할 수 있는 기업의 발목을 잡는 결과로 이어지기 때문이다.

　최근 들어 생존 가능성이 희박한 한계 중소기업의 원활한 퇴출을 돕는 제도적 토양에 대한 기대가 커지고 있다. 가장 바람직한 방법은 이들 한계 중소기업의 자원이 사라지지 않고 성장 중인 기업에 흡수되는 것이다. 이는 곧 중소기업의 M&A가 활성화되어야 함을 의미한다. 한국의 중소기업 M&A 시장 규모는 IT 버블에 편승하여 2000년 당시 잠시 증가하였다가 2003년 이후 감소세가 뚜렷하다. 한국의 전체 M&A 시장 규모도 GDP 대비 2.08%로 일본 2.52%, 프랑스 6.98%, 미국 7.64%에 비해 저조한 편이다.[42]

　삼성경제연구소가 중소기업 CEO를 대상으로 중소기업의 M&A가 본격화되지 않는 이유를 물은 결과, '인수 대상 기업의 회계자료를 신뢰하지 못하기 때문'이라는 응답이 가장 많았다. 이 조사에 의하면, 중소기업인의 51.8%가 타 기업의 회계 자료를 신뢰하지 않는다고 응답하였고, 신뢰한다는 응답은 15.9%에 불과했다.[43] 이러한 결과는 중소기업의 회계 투명성에 대한 불신이 심각하다는 것을 말해주는 것으로, 인수 후보 기업의 기업가치를 정확히 평가할 수 있는 사회적 시스템이 부족하여 적정 인수 가격을

---

42 공정거래위원회(2005. 3. 25), 대한상공회의소(2005. 9. 7), 강원 외(2005) 연구에서 재인용.
43 강원·이성섭·이갑수(2005), "중소기업 성장과 M&A", 《CEO 인포메이션》, 제518호, 삼성경제연구소.

결정할 수 없고 이로 인해 M&A 시장이 활성화되지 못한다는 것이다. 이는 중소기업의 회계 투명성 강화가 기업생태계 역동성 향상에 시발점이 될 수도 있다는 것을 의미한다.

외환위기 이후 기업회계의 투명성을 높이기 위해 다각적인 노력을 기울인 결과 우리나라의 회계제도는 선진국 수준으로 정비되었다는 것이 일반적인 평가다.[44] 하지만 이는 대기업에만 해당되는 평가라 하겠다. 대기업의 경우 기업생태계 내에서 상대적으로 많은 정보가 노출되어 있거나 정보를 공개하지 않으면 안 되게끔 경제 환경이 조성되어가고 있지만, 중소기업의 현실은 그렇지 못하다. 이러한 문제를 원만하게 개선하기 위해서는 자발적으로 외부 공인회계사의 감사를 받는 중소기업에 대해서는 세제 혜택, 감사 비용 지원 등 각종 인센티브를 제공함으로써 중소기업의 회계 정보가 투명해질 수 있게끔 해야 한다. 또한 중소기업 CEO를 대상으로 한 재무·회계 관련 교육 프로그램 확충 및 이에 대한 정부의 지원을 확대하는 것도 적극 검토해볼 수 있다.

한국의 높은 창업 열기를 고려하면 기업생태계의 역동성 강화는 일단 시장 기능에 의한 효율적 퇴출 시스템 마련에 초점이 맞추어져야 할 것이다. 이에 따라 중소기업과 중소기업의 M&A, 중소기업과 대기업의 M&A 활성화를 통해 시장 기능에 의한 퇴출과 성장세에 있는 기업의 더욱 빠른 대형화를 도모함으로써 기업생태계 전반의 건강성을 향상시킬 수 있을 것이다.

....
[44] 2001년, 회계법인 설립을 인가제에서 등록제로 바꾸고, 공인회계사 선발 인원도 대폭 확충하여 경쟁을 촉진하는 기반을 조성하였고, 2003년에는 회계제도 선진화를 목표로 증권거래법, 주식회사의 외부감사에 관한 법률, 공인회계사법 등 회계 관련 법을 개정한 바 있다.

시장의 선별 기능 강화 : 자본시장의 역할 재정립 기업생태계에도 자연생태계와 마찬가지로, 선별 메커니즘이 원활하게 작동되기 위해서는 적자생존이 될 수 있는 환경이 조성되어야 한다. 달리 말하면, '패자'는 불필요하게 기업생태계에 오래 남아 있지 않고 '승자'는 그에 합당한 평가와 보상을 받을 수 있는 환경이 조성되어야 함을 의미한다.

선별 메커니즘이 원활하게 작동되는 환경을 구현하기 위해서는 기본적으로 자본시장(벤처캐피털, 바이아웃(Buyout) 펀드, 엔젤 등)의 역할이 재정립되어야 한다. 정부 주도로 이루어져왔던 중소기업 육성 정책의 폐해에서 벗어나, 능력 있는 중소·벤처기업들이 시장의 평가에 의하여 선택되고 투자를 받는 메커니즘이 확립되어야 한다.[45]

주지하다시피, 지금까지는 정부가 중소기업을 조속히 육성하기 위하여 직접 지원 대상 기업을 선별하고 자금 등을 지원하는 방식을 취하였다. 그 결과 중소기업생태계의 개체 수는 증가하였으나 성장과 수익 측면에서는 저조한 성과를 보였다. 따라서 건강한 중소기업생태계를 육성하기 위해서는 정부가 기업을 직접 지원하는 것이 아니라 기업이 성장할 수 있는 환경을 조성해야 한다. 이는 선택의 기능을 자본시장에게 넘겨주는 질적 전환이 필요함을 의미한다.

그러나 한국의 자본시장은 IT 벤처 버블 붕괴 이후 황폐화되어 2007년 현재까지 회복되지 못하고 있다. 그나마 살아남은 극소수의 벤처캐피털도 투자한 업체의 코스닥 상장으로 이익을 추구하고 있는 형편이다. 이처럼

---

[45] 이갑수·박용규·김정우(2003), "중소기업 활로 모색을 위한 긴급제언", 《CEO 인포메이션》, 제416호, 삼성경제연구소.

벤처캐피털의 수익 원천이 코스닥 상장에 국한되면 시장이 활성화되기는 어렵다. 기업공개 이전이라도 M&A를 통해 수익 실현이 가능하도록 시장 환경을 조성해야만 벤처캐피털 시장이 활성화될 수 있다. 미국의 경우에는 벤처캐피털의 투자자금 회수 방법 가운데 M&A가 차지하는 비중이 85%에 달하지만 한국의 경우는 10% 수준에 불과하다.[46] 지금까지 한국에서는 벤처기업의 정의 자체가 미국과 달리 정부의 정책적 판단에 따라 규정되어왔기 때문에, 진정한 의미의 벤처캐피털이 성장하고 발전할 수 있는 토양이 마련되기에는 한계가 있었다.

최근 들어 중소기업 및 자본시장을 바라보는 정부의 시각이나 관점이 많이 바뀌고 있지만, 자본시장의 본래 의미에 부합하는 사고방식(Mind Set)으로 보다 적극적으로 전환되어야 한다. 자본시장이 중소·벤처기업에 대한 적절한 평가와 보상 기능을 수행하는 역할을 담당하는 토양 마련이 시급하다.

중소·중견기업의 성장 경로 마련   중소기업들이 경쟁과 협력을 통해 스스로 생존하고 성장할 수 있는 토양을 조성하는 것이 매우 중요하다. 1960, 1970년대 정부 차원에서 소수의 대기업을 선별적으로 육성했던 것과 같은 방식으로 지원 대상 중소기업을 선별하고 육성하는 것은 효과가 없다는 사실이 그간의 중소기업 경영 성과에 잘 나타나고 있다. 다시 말해서 정부 차원에서 지원 대상 중소기업을 선별하고 육성하는 것은 오히려 시장의 자율적 경쟁을 저해하여 경쟁력 있는 중소기업이 중견기업, 대기업으로 성

---

[46] 구정한(2007), "벤처캐피털 시장의 발전과제", 《주간금융브리프》, 제16권, 제42호, 한국금융연구원.

장하는 역동성에 문제를 일으킨다.

　최근 들어 정부 역시, 그동안 성장 여건이 취약한 중소기업들에게 무비판적으로 지원해오던 정책 자금 등과 같은 직접적인 지원 방식에서 탈피하겠다는 의지를 피력하기 시작했다. 중소기업의 온실 역할을 하던 단체수의계약제도, 고유업종제도, 계열화제도 등이 폐지된 것은 의미 있는 변화이다. 그러나 다른 한편에서는 여전히 중소기업을 보호해야 할 약자로만 보는 사회적 시각을 등에 업고 중소기업의 생존 지원에 힘을 쏟고 있다. 중소기업의 경영 실적 악화를 대기업과의 규모 차이에 의한 결과로 보고, 강자로부터 약자를 보호한다는 시각으로는 중소기업의 문제를 결코 해결할 수 없다. 중소기업 내에서도 경영 성과의 편차가 심한 것은 기업의 수익성이 규모의 문제가 아닌 경쟁력의 문제임을 나타내는 것이다.

　왜 좀더 적극적으로 중소기업 정책을, 생명 연장 지원 방식에서 성장 토양 마련 방식으로 전환하지 못하는가? 가장 중요한 이유는 아이러니하게도 중소기업의 성장 토양이 만들어지지 않았기 때문이다. 성장 토양이 마련되지 않은 상태에서 생존 지원을 줄이면 부도기업 수만 늘어날 뿐 성장 목표는 달성하지 못할 가능성이 있다. 즉 경쟁력이 약한 중소기업이 시장에서 빠르게 사라지면 남은 기업들은 성장할 것이라는 가정을 할 수 없기 때문이다. 이는 결국 기존의 중소기업 생존 지원 방식을 유지한 상태에서 중소기업의 성장 경로를 추가로 마련하는 방식을 취해야 함을 의미한다.

　현재까지 한국 기업생태계에서 개발된 중소기업의 성장 경로는 크게 세 가지로 나눌 수 있다. 첫 번째로, 글로벌 경쟁력을 확보한 대기업에 주요 부품을 납품하는 경우이다. 반도체, 디스플레이, 휴대폰 등과 같은 산업에서 매출 1,000억 원 이상의 규모를 가진 수익성이 높은 대부분의 신생 중소기업이 여기에 속한다. 두 번째로, 기술력을 가지고 글로벌 틈새시장을 확보한 경우이다. 이들은 기술 우선주의로 남보다 한발 앞선 혁신 제품을 선보여 초기 고수익 시장을 확보하였다. 세 번째로, 내수시장에서 로컬업체의 장점을 바탕으로 시장을 선점하고 고객을 락인(Lock-in)하여 해외 기업도 넘볼 수 없는 뛰어난 경쟁력을 가지고 있는 경우이다. 이들은 주로 인터넷, 관광 등과 같은 서비스산업에 포진해 있다.

이러한 중소기업의 성장 경로가 지닌 문제점은 성장 이후의 제2차 성장에 있다. 특히 첫 번째와 두 번째 성장 경로는 급속도로 치고 올라오는 후발 중소기업의 추격으로 인해 점차 가격 경쟁 양상으로 전환되면서 수익성이 떨어지게 되는데 이를 극복하는 기업이 드물다. 실제로 1990년대 이후 새롭게 창업하여 매출 1조 원 이상의 규모를 가지고 글로벌 기업으로 뻗어가고 있는 사례를 찾아보기 어렵다. 그나마 1990년대 후반부터 새롭게 형성된 IT 시장에서 3~4개 기업이 선전하는 듯 보였으나, 글로벌 경쟁 강도가 거세지자 매출 5,000억 원 규모를 넘지 못하고 매출과 이익이 큰 폭으로 줄어들며 성장에 제동이 걸리고 말았다. 제2차 성장의 허들이 특히 높은 이유는 제1차 성장 이후 자금 조달, 인재 확보, 운영 시스템 등 경영 자원을 한 단계 업그레이드하여 글로벌 경쟁력을 높여야만 하기 때문이다.

단일 제품 또는 서비스로 제1차 성장을 한 중소기업이 제2차 성장에 실패하고, 그에 따라 다음 단계 성장은 시도조차 못하는 것은 신생 대기업의 부재로 이어진다. 즉 삼성전자, LG전자, 현대자동차 등 국산 글로벌 대기업이 탄생한 이후 이미 오랜 시간이 흘렀지만 아직까지 다음 세대 대기업이 등장하지 못하고 있는 것이다. 이를테면 미국《포천》선정 세계 500대 기업에 들어가는 한국 기업의 수는 지난 10년간 11~13개에서 변함이 없었다. 2003년부터 국민은행이 새롭게 추가된 것 이외에는 전반적으로 한국 기업의 순위에도 큰 변함이 없다. 중국 기업의 경우 1996년에는 세계 500대 기업에 속하는 기업 수가 3개에 불과했지만 2006년에는 무려 20개가 진입한 것과는 대조적이다.

중소기업의 제2차 성장 경로가 취약한 것은 한국 기업생태계에 있어 심각한 문제이다. 성장할 수 있는 기업이 자본시장에서 자금을 조달할 수 있고, M&A와 같은 폭발적 성장 방식이 원활히 시도될 수 있는 환경이 조속히 마련되어야 한다. 그리고 자본시장에서 자금의 선순환 구조를 정착시키기 위해서는 정부의 인위적인 개입을 최소화하고 경쟁의 원리에 기반한 시장 기능을 활성화시켜야 한다.

한국형 지배구조 모색

전문경영체제에 대한 경제·사회적인 안전망 구축   현재 한국 기업이 당면하고 있는 소유·지배구조 문제를 이해하기 위해서는 과거 한국 기업이 성장해온 과정을 이해하지 않으면 안 된다. 경제성장을 빠르게 실현하고자 했던 정부는 시장경제보다는 정부 주도의 경제 환경을 만들어냈다. 그런 환경하에서 한국 기업은 증자보다는 차입을 통해 자본을 조달하였고, 독립기업보다는 기업집단을 형성하였으며, 주주의 이익보다는 노동자와 채권단을 포함한 이해관계자의 수익을 극대화하였고, 지분을 갖지 않은 전문경영인보다는 비교적 지분을 많이 소유한 창업가족이 경영을 주도하였다. 이러한 기업의 형태는 정부가 유도한 경제 환경하에서 기업이 최적화하려던 노력의 산물이라 할 수 있다.

정부의 개발 정책과 그 환경에 잘 적응했던 기업들은 한국 경제를 세계에서 유례없는 놀라운 속도로 발전시켰다. 영미식 스탠더드와는 기업의 형태와 소유·지배구조가 다름에도 불구하고 이와 같은 성공을 이룩할 수 있었다는 사실은, 주어진 환경에 따라 소유·지배구조는 충분히 달라질 수 있음을 뜻한다. 기업의 목적은 성장과 이익의 극대화이며, 주어진 환경에서 이 목적을 이루기 위해 기업은 최적의 전략과 조직구조를 찾아가게 된다. 즉 기업집단 구조와 창업가족이 경영을 주도하는 방식은 과거 개발 경제 환경하에서 가장 최적이었다고 주장할 수 있는 것이다.

그러나 1987년 민주화와 1997년 외환위기를 거치면서 한국 경제는 새로운 전기를 맞이하였고 한국 기업은 새로운 경제 환경에 노출되었다. 또한 기업의 규모가 커짐에 따라 소유 분산이 일어나고 창업가족의 소유 지분이 줄어드는 내부 변화도 나타났다. 따라서 한국 기업은 새로운 환경과 내부 변화에 적응하기 위해 새로운 기업 형태와 소유·지배구조를 찾아야 하는 과제를 안게 되었다.

이러한 환경변화에 대응하여 국내 기업은 과거 20년 동안 소유경영자, 전문경영인, 시장감시자를 세 축으로 하는 지배권의 삼자구도를 발전시켜 왔다. 그러나 이러한 구조가 과연 최적의 형태인지 아니면 과도기적 형태인지는 아직 판단하기 어렵다. 게다가 정부와 일부 시민단체는 지금보다도 좀더 영미식 스탠더드에 가까운 소유·지배구조 형태로 전환하기를 요구하고 있다. 문제는, 앞으로도 국내 기업이 시간을 가지고 스스로 최적화해나갈 것인가, 아니면 개발 경제 시기처럼 또다시 정부의 주도와 규제를 통해 압축적으로 전환을 이끌어낼 것인가이다.

소유구조의 경우, 규제를 통한 강제적인 전환이 지배구조보다 더 힘들다. 왜냐하면 소유구조의 강제 전환은 곧 개인 재산권의 침해를 의미하며 이는 경제의 인센티브 시스템을 훼손할 수 있기 때문이다. 또한 순환출자 구조를 해소했을 경우 대기업집단이 과연 해외 자본에 의한 적대적 M&A의 위협을 견딜 수 있을지 판단하기 어렵다. 이 문제에 대해서는 먼저 국내 자본과 해외 자본을 차별하지 말아야 할지, 그리고 해외 자본의 경우 진입 목적에 상관없이 모두 국내 경영권 시장으로의 진입을 허용해야 하는지에 대한 합의부터 있어야 한다.

한발 더 나아가, 창업가족이 소유하고 있는 현재의 체제를 전문경영체제로 전환하려 한다면 그 이후 한국 기업의 글로벌 경쟁력이 어떻게 될지 점치기는 더욱 어렵다. 창업가족의 밀착 감시 기능이 없어도 한국 대기업집단은 전문경영인이 대리인 비용을 크게 발생시키지 않는 효율적인 조직이 될 수 있을까? 이러한 질문에 대해 현재로서는 확실한 답을 내리기 힘들다. 왜냐하면 아직 한국 경제는 전문경영체제를 충분히 경험하지 못했으며, 전문경영체제를 유지시킬 조직적·경제적·사회문화적 인프라가 갖춰져 있다고 장담하기 어렵기 때문이다.

전문경영체제로 전환하기 위해서는 먼저 전문경영인의 대리인 문제를 통제할 수 있는 시스템을 갖춰야 한다. 현재 국내 대기업의 경우 소유경영자의 대리인 문제가 많이 거론되고 있고 전문경영인이 대리인 문제를 발생시킨 사례는 별로 목격되지 않고 있다. 국내 대기업집단에서 전문경영인의 대리인 문제가 발견되지 않는 것은 소유경영자가 그만큼 이들을 밀착 감시하고 있기 때문일 것이다. 소유경영자는 기업의 주식을 소유하고 있으므로 자신 밑에서 일하고 있는 전문경영인을 철저하게 감시할 유인을 충분히 가지고 있으며, 또한 경영에 직접 관여하고 있기 때문에 전문경영인에 대한 감시가 외부인보다 훨씬 용이하다.

    그러나 전문경영체제로 바뀌어 전문경영인에 대한 감시의 역할을 사외이사와 소액주주가 맡게 된다면, 전문경영인의 대리인 문제는 심각해질 수 있다. 사외이사와 소액주주는 소유경영자만큼 철저한 감시를 하려는 금전적인 혹은 명성에 대한 유인을 가지고 있지 않으며 기업에 대한 애착도 덜하다. 또한 소유경영자만큼 내부 경영에 관여하지 못하기 때문에 감시가 소홀해질 수밖에 없다. 게다가 국내의 조직 문화를 고려해볼 때 전문경영인은 자신의 입지를 강화하기 위해 학연, 지연을 이용하거나 노조나 정부와의 담합을 꾀할 가능성이 높다. 이러한 대리인 문제에 대해 과연 사외이사나 대표소송제 등이 충분한 통제력을 발휘할 수 있는지 의문스럽다. 또한 전문경영자에 대한 감시체제가 성공적으로 갖추어진다 하더라도 개인 대주주가 없는 소유구조하에서 과연 지금과 같은 스피드 경영과 과감한 투자, 새로운 비전 제시가 가능한지도 따져봐야 한다.

영미식 지배구조의 급속한 도입을 피하고 시장 선택 존중   우리나라에서는 소유와 경영의 분리가 글로벌 스탠더드로 인식되고 있으나, 실제로는 이를 글로벌 스탠더드라고 보기 어렵다. 북미, 유럽, 일본 등 선진 10개국의 시가총액 20대 기업 중 지배권이 분산된 기업은 38%에 불과하며, 중견 20대 제조기업은 그 비율이 더욱 낮아 평균 16%에 지나지 않는다.[47]

---

[47] R. La Porta, F. Lopez-de-Silanes, and A. Shleifer(1999), "Corporate Ownership Around the World", *Journal of Finance*, Vol. 54, No. 2, pp. 471~518. 외국계, 금융, 에너지 부문의 기업을 제외한 수치.

<표 4-3> 국가별 법체계와 20대 기업의 소유·지배구조 분포

법체계	소속 국가	소유가 분산된 기업의 비중	개인이 지배하는 기업의 비중
영미법	캐나다	50%	35%
	영국	90%	5%
	미국	80%	20%
프랑스법	프랑스	30%	20%
	이탈리아	15%	20%
독일법	독일	35%	10%
	일본	50%	10%
북유럽법	네덜란드	30%	20%
	스웨덴	0%	55%
	노르웨이	5%	25%

주 1 : 소유 분산 - 직간접 지배 지분을 10% 이상 보유한 지배주주가 없는 기업.
　 2 : 개인 지배 - 10% 이상 지배권을 보유한 최대 지배주주가 개인인 기업.
자료 : LLSV(La Porta, Lopez-de-Silanes, Shleifer, Vishny), 1998, 1999년 자료 종합.

2003년 미국의 'S&P 500 기업' 중 35%가 가족기업이며 이들은 평균 18%의 지분을 보유하고 있는 것으로 보고되었다.[48] 우리나라에서도 소유와 경영이 분산된 기업은 거래소 상장사 중에서 25%가 안 된다. 2000년 말 비금융 상장사 574개 중 1대 주주의 지분이 10%를 넘는 회사의 비중은 77.4%였다. 또한 〈표 4-3〉과 같이 선진국에서 지배권이 집중된 20대 회사들 가운데 최대 지배주주가 약 24%의 소유권을 가지고 약 37%의 지배권을 행사하고 있다. 즉 괴리도가 약 13%다. 이러한 괴리도는 이들도 우리나라처럼 기업집단을 형성하기 때문에 발생하는 부분도 있지만, 우리나라에서는 도입하지 않

---

[48] R. Anderson and D. Reeb(2003), "Founding-Family Ownership and Firm Performance : Evidence from the S&P 500", *Journal of Finance*, Vol. 58, No. 3, pp. 1301~1328.

고 있는 차등의결권을 최대 주주가 보유하고 있기 때문이기도 하다.

한 가지 중요한 점은 선진 기업의 소유·지배구조는 지역마다 그 모습이 매우 상이한데, 이는 각 국가가 채택하고 있는 법체계가 상이하여 기업가에 대한 보상과 인센티브, 근로자 및 주주의 권익 보호 등에서 차이를 가져오기 때문이다. 영미권은 대기업의 70% 이상이 최대주주의 지배권이 10% 이하여서 지배권이 분산되어 있으나, 서유럽이나 북유럽은 분산 정도가 약하다. 한편 지배권이 집중된 대기업 중에서 개인이 최종 지배권을 가지고 있는 기업은 대략 20% 정도로 영미권과 유럽대륙이 비슷하다.[49] 이러한 현상은 중견기업에서도 비슷하게 나타난다. 또한 기업의 구조에서도 지역마다 차이를 보이고 있다. 지배권이 집중된 대기업 가운데 기업집단에 소속된 기업의 비중은 유럽대륙이 평균 35%가 넘으나 영미권은 10% 내외였다. 괴리도에서도 선진국은 지역적으로 상이한 모습을 보인다. 북유럽 국가는 지배주주가 자신이 소유한 지분보다 약 21%p 더 많은 지배권을 행사하고 있는 반면, 서유럽과 영미권은 각각 12%p, 9%p 정도의 괴리도를 보인다. 국가별로는 미국이 1%p로 괴리도가 가장 낮고 네덜란드가 37%p로 가장 높은 괴리도를 기록하고 있다.[50]

이러한 연구결과에 비추어볼 때 한국이 사회경제 체계를 바꾸지 않고 무작정 영미식 소유·지배구조를 도입할 경우 그 결과가 매우 불확실하다는 것을 예상할 수 있다. 즉 한국은 독일법체계를 따르고 있는데, 영미법체계에서 발달한 영미식 소유·지배구조를 가져와 한국 기업에게 강제적으로

---

[49] R. La Porta, F. Lopez-de-Silanes and A. Shleifer(1999).
[50] R. La Porta, F. Lopez-de-Silanes, A. Shleifer and R. Vishny(2002), "Investor Protection and Corporate Valuation", *Journal of Finance*, Vol. 58, pp. 1147~1170.

〈표 4-4〉 S&P 500 가족기업의 성과

구분	가족기업	비가족기업
토빈 Q	1.59	1.32
자산수익률	5.4%	4.1%
매출증가율	23.4%	10.8%
이익증가율	21.1%	12.6%

주 : 토빈Q = 기업의 시장가치 / 기업의 장부가치.
자료 : R. Anderson and D. Reeb(2003. 11. 10), 《비즈니스위크》.

적용하면 기업 경영에 상당한 부작용을 불러일으킬 소지가 많다는 것이다.

전문경영체제의 도입은 단지 법적인 규제를 통해 소유구조를 전환하는 것만을 뜻하지는 않는다. 전문경영체제로 전환했을 경우 지금보다 더 높은 경영 효율과 성과를 보여야 지속성을 가질 수 있다. 그러므로 소유구조의 변환이나 전문경영체제의 도입은 형식적인 당위성을 말하기 전에 먼저 기업의 경쟁력이라는 측면에서 그 타당성을 따져봐야 한다. 선진국에서는 〈표 4-4〉와 같이 오히려 가족기업에 대한 긍정적인 연구들도 나오고 있다. 최근 가족기업과 비가족기업의 성과를 비교한 일련의 연구들은 미국과 유럽에서 모두 가족기업이 우월한 성과를 기록했음을 보고하고 있다.[51]

가족기업이 우수한 성과를 낸 이유로는 가문의 명성에 대한 애착, 비전 제시, 전문경영인에 대한 철저한 감시 등이 손꼽혔다. 이는 전문경영체

---

[51] 2003년 Anderson와 Reeb은 S&P 500 기업을 대상으로 《비즈니스위크》와의 공동 연구에서 가족기업의 실적이 우월함을 보였다. 또한 같은 해 《뉴스위크》는 유럽 6개국의 가족경영기업지수와 비가족기업지수를 비교하여 가족기업이 우월한 성과를 기록했음을 보도하였다. 이들에 따르면 가족기업의 지수성장률과 비가족기업의 지수성장률은 각각 독일에서 206%와 47%를 기록하였고, 프랑스에서는 203%와 76%를 기록하였다. 한편 이에 반하는 연구도 있다. 2000년 Mock et al.의 연구에서는 실증분석 결과 미국의 가족기업은 성과가 나쁘다는 결론을 내렸다. 또한 이보다 앞선 1997년 Shleifer와 Vishny는 차등의결권 주식의 높은 프리미엄을 증거로 삼아 가족기업이 비효율적임을 주장하였다.

제가 발달한 미국 내에서도 창업가족이 주도하는 기업보다 전문경영기업이 더 우수하다고 말하기 어려움을 시사한다.

따라서 국내의 기업 형태 중 가장 높은 비중을 차지하고 있는 '집단형 개인소유기업'은 특정 기업에 국한된 현상이 아니고 한국 시장의 보편적인 기업 형태임을 인식해야 할 필요가 있다. 기업집단의 형성은 기업이 국내 시장의 한계를 극복하기 위해 일반적으로 택하는 전략으로 이해할 수 있다. 즉 중간재 시장이 빈약한 상황에서 부품과 재료를 안정적으로 확보하고 미성숙한 금융시장을 내부자금시장으로 보완하려는 기업의 노력으로 보아야 한다. 환경은 '집단형 개인소유기업'을 종용하는데, 제도는 '독립형 전문경영기업'을 유도한다면 국내 기업의 효율성이 하락할 수 있다는 점에 주의해야 할 것이다.

실제로 1990년대 초 정부는 '신경제 5개년 계획[52]을 발표하며 인위적으로 대기업집단에게 업종 전문화를 요구하고자 했다. 영미 경제에서는 하나의 업종을 전문적으로 영위하는 독립형 기업이 많으니 국내 기업도 업종 전문화를 해야 한다는 주장이 일면 타당해보일 수도 있었다. 그러나 당시 국내 금융권의 여신 관행, 부처 간 이해 상충, 국내 기업의 경영 여건 등 여러 이유로 제대로 실행되지 못했다. 오히려 이후 대기업집단이 승계와 맞물려 파생 그룹을 만들면서 업종 전문화는 자연스럽게 진척되었다. 또한 2000년대 초 적대적 M&A에 대한 방어책이 도입되지 않은 상태에서 적대적 M&A를 허락하자, 일부 기업에서는 경영권 방어가 최고경영자의 주관심사가 되면서 본

---

52 1993년 김영삼 정부가 출범한 직후 수립되었다. 이전의 경제개발계획의 내용과 성격을 달리한다는 점에서 신경제정책이라고 하였다. 재정·조세 부문 개혁, 금융 부문 개혁, 공기업의 민영화, 대기업의 업종 전문화, 노동 관련 부문 개선 등 5개 항목으로 이루어졌다.

업에 소홀하게 되고 투자에 대한 의욕을 상실하는 경우도 있었다.

　기업 소유·지배구조는 기업이 경영 환경에 최적의 대응을 하는 과정에서 나온 결과물임을 상기하고, 한국적 경영 환경에 영미식 지배구조를 무리하게 결합하려는 비경제적인 시도를 최소화하고, 시장 환경의 변화에 따라 기업이 자율적으로 변화의 방향과 속도를 조절하도록 시장 원칙을 준수하는 것이 중요하다. 장기적으로 국내 금융시장이 완전히 시장 논리를 따르고, 노동시장의 유연성이 확보되고, 시장의 자금조달·신용평가·견제 기능이 제고되고, 기업의 퇴출 장벽이 낮춰져야 영미식 지배구조의 도입이 가능할 것이다.

　현재로서는 기업의 소유·지배구조는 시장의 선택에 맡기고 정부와 사회는 기업이 투명 경영에서 벗어나지 않도록 감시하는 역할에 만족해야 한다. 기업의 경쟁력을 높이면서 대기업의 폐해를 막기 위해서는 소유·지배구조의 직접 규제 대신 경영 투명성 제고를 유도해야 하며, 공정한 M&A 시장의 활성화, 사외이사제도 등 투명 경영 제도의 일관성 있는 정책이 우선적으로 실행되어야 할 것이다.

소유경영자는 경영 참여 줄이고 경영 감시자 역할에 초점　기업의 소유·지배구조가 삼자구도의 형태를 취하고 있는 국내 대기업집단의 경우 내용 면에서 소유경영자, 전문경영인, 시장감시자 간의 권한이 균형을 이루고 있는 기업집단은 소수에 불과하다. 시가총액이 높고 글로벌 기업으로 성장한 기업집단은 균형 있는 삼자구도를 구현하고 있으나, 그 외의 대기업집단은 아직도 소유경영자의 권한이 과다하다고 볼 수 있다. 이들 대기업집단도 향후 글로벌 기업으로 성장하기 위해서는 지배권이 소유경영자와 전문경영인 간에 균형 있게 나누어져야 할 것이다. 이는 곧 기업의 핵심 역량이 소유경영자의 카리스마와 인맥에서 조직의 전문성과 시스템으로 바뀌는 것을 뜻한다.

글로벌 시장에서 경쟁력을 갖기 위해서는 기획·생산·판매 등 경영의 모든 부문에서 전문성이 바탕이 되어야 하며, 전문성을 바탕으로 복잡하게 얽힌 조직을 일사불란하게 움직일 수 있는 경영 시스템이 갖춰져야 한다. 세계시장이 점점 단일화되면서 글로벌 선도 기업의 규모는 더욱 거대해지고 이들은 세계시장에서 과점적 지위를 추구하고 있다. 또한 글로벌화된 자신의 조직을 효율적으로 만들기 위해 경영 시스템을 발전시켜나가고 있다. 거대화와 글로벌화의 과정을 거치면서 조직이 커지고 복잡해지면 상품과 서비스를 잘 만들어 파는 것 이외에도 조직을 잘 아우를 수 있는 조직관리력이 기업의 중요한 핵심역량으로 부상하기 때문이다. 이는 곧 경영 시스템의 효율성을 뜻한다. 특히 글로벌화가 단순 수출에서 현지 경영으로 바뀌어갈수록 경영 시스템의 중요성은 더욱 높아진다. 본사와 문화가 다른 현지에서 조직을 운영하고 각 지역에 퍼져 있는 현지 조직을 묶어 시너지를 발휘하기 위해서는 경영 시스템이 잘 갖춰져 있지 않으면 불가능하다.

경영 시스템 구축이 중요한 또 다른 이유는 승계 문제 때문이다. 전문경영인이나 창업가족 중 어느 누구에게 승계되든 간에 경영을 승계하는 자는 내부에서나 외부에서나 경영자로서의 능력과 전문성을 충분히 검증받은 사람이어야 한다. 따라서 승계자를 육성하고 그가 대외적으로 인정받기 위해서는 긴 과정이 필요하다. 그 과정이 투명하고 합리적일수록 승계 과정이 무난하고 승계의 순간에도 조직이 동요하지 않는다. 이러한 승계 과정이 경영 시스템의 한 부분에 포함되어 있어야 기업의 연속성을 보장받을 수 있다.

전문성이 발휘될 수 있는 경영 시스템이 갖춰져 있는 조직은 비록 가족기업의 형태를 취하고 있더라도 전문경영인이 많은 권한을 갖게 된다. 그리고 전문경영인이 각 사업 부문의 전략 수립과 실행의 역할을 맡게 될수록 소유경영자는 기업이 향후 추구해야 할 비전과 기업의 구성원이 따라야 할 사업철학을 제시하고 전문경영인을 감시하는 역할을 맡게 된다. 또한 조직이 커지고 글로벌화될수록 개인적인 네트워크가 아닌 시장을 통해 자금을 조달할 수 있게 된다. 이때 기업의 투명성은 중요한 이슈가 되고, 공정공시 등 투명성을 높이기 위한 제도가 정착되면 시장의 감시는 더욱 수월해질 수 있다. 즉 소유경영자, 전문경영인, 시장감시자 간에 역할 분담이 이루어지면 감시의 효율성을 떨어뜨리지 않으면서도 경영의 추진력을 높일 수 있고 투자 자금을 저렴하게 시장에서 조달할 수 있는 기업으로 한 단계 업그레이드될 수 있다.

대기업뿐만 아니라 일정 규모 이상의 중견기업의 소유경영자가 합리적인 경영 시스템을 만들어 일상적인 경영은 전문경영인에게 맡기고, 자신은 기업의 향후 비전을 고민할 때 국내 기업은 우리나라의 문화적인 장점과 영미식 지배구조의 장점을 복합한 모습으로 업그레이드될 수 있을 것이다.

M&A 시장을 조속히 정비 적대적 M&A 시장을 건전하게 발전시키기 위한 제반 제도를 정비하고 해외 자본의 적대적 M&A로부터 국내 주요 기업을 방어할 수 있는 방안을 조속히 도입해야 한다. 정부와 일부 시민단체의 노력으로 국내 대기업의 경영권 방어력이 매우 약화되었다. 한편 유럽, 일본, 심지어는 미국도 도입하고 있는 차등의결권 등 M&A 방어수단은 국

내 기업에게 허용되지 않고 있다. 경영권 시장에 있어서 현재 우리나라는 공격자에게는 충분한 무기를 제공하였으나 방어자는 충분한 방어수단을 가질 수 없어 역차별이 존재한다. 이러한 상황에서는 경영권 시장이 경영자원을 능력 있는 자에게 재분배하는 순효과보다는 경영권의 불확실성 때문에 경영 의욕이 하락하는 역효과가 더욱 클 수 있다. 경영권 시장이 총체적인 기업 효율성을 제고시키는 방향으로 작동되기 위해서는 공격자와 방어자가 동등한 위치에서 경쟁할 수 있는 환경을 조성해야 할 것이다.

또한 공격자가 해외 자본일 경우에는 단순히 시장논리만 내세우기도 힘들다. 신자유주의에 의해 세계시장이 점점 단일화되고 있으나, 동시에 각국은 주요 산업에서 자국의 기업을 글로벌 챔피언으로 키우기 위한 국가적인 노력을 암암리에 기울이고 있다. 이들 글로벌 선도 기업은 세계 각국의 주요 기업들을 인수하면서 세계시장에서 과점적인 지위를 키우려는 전략을 가지고 있다.

따라서 우리나라 주요 산업의 선두 기업들도 충분히 M&A 대상으로 지목될 수 있으며, 이미 몇몇 국내 기업에 대한 M&A 가능성이 시장에서 점쳐지고 있다. 미국과 유럽에서는 자국의 주요 기업이 외국 자본에게 넘어가는 것을 막기 위해 비시장적·정치적인 제도를 갖추고 있는 상황이다. 시장에서 해외 자본에 의한 적대적 M&A를 막지 못하는 경우 국회나 정부가 개입할 수 있게 한 미국의 엑슨-플로리오법이 대표적인 예이다. 우리나라도 해외 자본에 의한 M&A를 기업과 국가가 선별하여 받아들일 수 있는 제도적인 장치를 시급히 마련해야 할 것이다.

국내시장에서 M&A 시장을 효율적으로 운영하고 해외 자본에 의한 M&A를 순기능적인 방향으로 유도하는 것은 향후 한국 경제가 세계 경제와 융합하면서도 생산성과 효율성을 세계적인 수준으로 향상시키기 위해 반드시 필요한 조건이라 하겠다.

사회적 책임 강화

기업의 사회적 책임(CSR, Corporate Social Responsibility)[53]이 기업 경영에서 차지하는 비중이 점차 증가하여 매출, 호감도, 브랜드력, 명성 등 유·무형의 자산가치 증대에 미치는 영향력이 확대되고 있다. 《포천》이 매년 발표하는 '미국에서 가장 존경받는 기업' 선정의 8개 기준 중 하나가 '기업의 사회적 책임'일 정도로 CSR은 기업 이미지와 브랜드 가치를 제고하기 위한 필수적 요소로 부상하고 있다.[54]

특히 글로벌화의 진전 및 기업의 사회적 영향력이 점점 커지면서 CSR은 거부할 수 없는 물결로 인식되고 있다. NGO, 소비자단체 등도 기업들이 '삶의 질'과 '환경문제 개선' 등에 책임 있는 행동을 해줄 것을 지속적으로 요구한다. 뿐만 아니라 다양한 국제기구들과 글로벌 리더들은 환경경영, 인권 보호 등 기업의 사회적 책임을 강조하고 있다. 2000년 코피 아난 전 유엔사무총장은 저개발국의 사회문제 해결에 기업의 적극적인 참여를 요구하면서 'UNGC(UN Global Compact)'를 출범시켰고, 2007년 8월 31일 현재까

---

[53] 기업의 사회적 책임을 기업의 책임(CR, Corporate Responsibility), 사회적 책임(SR, Social Responsibility)이라고도 한다.
[54] 2007년 사회적 책임 부분에서 Top 10에 든 스타벅스와 UPS는 '가장 존경받는 기업' 전체 순위에서 각각 2위와 16위를 기록하였다.

지 세계 각국의 3,484개 기업이 이에 동참하고 나섰다.

통상 CSR은 '경제적·법적·윤리적·자선적 책임'을 수행하기 위한 활동으로 인식되나, 경제적 책임을 제외한 법적·윤리적·자선적 책임을 CSR의 3대 분야로 지칭하는 것이 일반적이다.[55] 경제적 책임은 기업 경영 본연에 해당하는 항목으로서 당연히 포함되는 것이며, 법적·윤리적·자선적 책임이 추가되는 추세이기 때문이다. 또한 법적·윤리적 책임은 환경경영과 정도경영을 통해 구현되고, 자선적 책임은 사회공헌으로 표출되고 있다. 따라서 CSR 활동 분야의 용어로는 투명경영, 윤리경영, 그린경영, 상생경영 등이 혼재되어 사용되고 있다.

정리하자면 주주 권한, 노사관계, 법령 준수 등과 더불어 일상적인 경영활동 및 임직원의 윤리성까지 포함하는 '정도경영', 환경 보호 및 관리 등의 차원을 넘어 지속가능한 발전(Sustainable Development)이란 개념으로 대표되는 '환경경영'[56], 자원봉사, 기부금 기탁 등 기존의 자선활동은 물론이고 기업의 경영전략과 연계해 시너지를 낼 수 있는 전략적 사회공헌활동까지 포함하는 '사회공헌'으로 요약할 수 있다.

윤리경영을 통한 기업가치 제고   CSR 중에서도 특히 윤리경영(정도경영)의 실천은 기업의 존폐를 좌우하는 요건으로 떠오르고 있다. 윤리경영은 재무 성과나 명성을 높이는 데도 크게 기여하지만, 이를 소홀히 할 경우 기

---

[55] A. B. Carroll(1999), "Corporate Social Responsibility : Evolution of a Definitional Construct", *Business & Society*, Vol. 38, No. 3.
[56] 1987년 '환경과 개발에 관한 세계위원회(WCED)'가 발표한 '우리의 미래(Our Common Future)'라는 보고서에서 공식화된 용어로서, 미래 세대의 발전 가능성을 위해 무분별한 자원 남용과 환경 파괴를 가능한 억제하는 동시에 현재 세대의 필요성을 충족시킬 수 있는 개발을 추구하자는 개념이다.

업의 존폐를 위협하는 단초로 작용한다. 엔론, 월드컴 등의 사례에서 보듯이 회계부정 등 위법 행위는 기업에 치명적인 영향을 준다. 2001년 12월 엔론의 파산으로 주주 630억 달러, 채권자 176억 달러, 파생상품 거래 파트너 40억 달러의 피해가 발생한 바 있다.[57] 뿐만 아니라 소비자의 건강이나 권익을 침해하는 경우에도 기업 이미지 및 성과에 치명적인 악영향을 끼치고 심지어 파산하는 경우도 발생한다. 머크(Merck)사는 2004년 관절염 치료제 바이옥스의 부작용에 대해 적기에 대응하지 못한 탓에 2004년 매출이 전년 대비 42%나 감소하였다.

일본 최대의 유제품 업체였던 유키지루시(雪印)사의 연이은 위기도 정도경영의 원칙을 망각한 데서 비롯되었다. 2000년 제조과정에서 오염된 우유를 마시고 14,789명의 식중독 환자가 발생하였으나 사건에 대해 미온적으로 대처하다가 위기를 자초한 것이다. 당시 잘못을 인정하기보다는 책임 회피로 일관하다가 사태가 악화되자 돌연 CEO가 사퇴하고 브랜드 이미지가 급락하는 위기를 겪었다. 이후 2001년 수입산 쇠고기에서 발생한 광우병 사태 시 유키지루시유업의 자회사인 유키지루시식품은 '수입쇠고기 국산 위장 사건'에 연루되면서 2002년 급기야 파산했다.

최근 정도경영과 재무 성과 간 긴밀한 연관성이 발견되고 있다. CSR을 잘하는 기업이 탁월한 재무 성과를 내고 있다는 사실이다. 《기업 윤리(Business Ethics)》가 선정한 '100대 Best Corporate Citizens(BCC)'의 경우 재무 성과와 명성이 전반적으로 우수한 특징을 보이고 있다.[58] S&P 500 기업과 비교한 결과, 77개 BCC 기업의 재무 성과 평균 순위가 나머지 372개 기업의 평균

---

[57] 《비즈니스위크》, 2001년 12월 10일자 기사에서 재인용.

순위보다 높게 나타났다.

그러나 한국 기업의 윤리 수준은 아직 미흡한 편이다. 윤리헌장 보유 기업이 급증하고 있으나 임직원의 윤리를 평가에 반영하는 기업은 그중 20% 정도에 불과하고, 구체적 실천 지침을 마련해놓고 있지 않은 기업이 다수이다. CEO 스스로도 국내 기업의 전반적인 윤리경영에 대해 63%가 불충분하다고 평가하고 있다.[59] 정도경영을 체화하기 위해서는 이를 기업가치 제고에 기여하도록 활용하는 지혜가 필요하다. 즉 이러한 개념 도입이 기업의 경영 성과와 연결된다는 점을 부각시킴으로써 구성원들의 협력을 이끌어내는 선순환을 구축해야 한다. 이를 위해서는 윤리경영을 인사, 감사, 재무 등 경영 과정과 연결시켜 임직원들의 직무 몰입도를 높이는 방안을 검토해볼 수 있다.

실제로 워커 인포메이션(Walker Information)사의 미국 기업을 대상으로 한 1999년 조사에 따르면, 임직원들의 윤리의식 수준이 높을수록 직무 만족도가 높고 이직률이 낮은 것으로 나타나고 있다. 이는 윤리경영이 인력 관리와 종업원 동기부여의 전략적인 수단으로 활용될 수 있음을 보여주는 것이다.

또한 거래 기업과 공동으로 윤리경영 평가 모델을 구축하고 이를 활용함으로써 거래 부정이나 돌발 사태 등에 대비하는 것도 윤리경영의 가치 창조 기능을 높이는 방안이 될 수 있다. 대부분의 기업들은 거래 기업의 재무적인 정보에만 관심을 집중하고 있으나, 실제로 큰 사고는 거래 상대자의 비윤리적 행위에 기인하는 경우가 많다. 이러한 의미에서 특정 기업의

---

[58] C. Verschoor and E. Murphy(2002), "The Financial Performance of Large US Firms and Those with Global Prominence : How do the Best Corporate Citizens Rate?", *Business and Society Review*, Vol. 107, No. 3.
[59] 전경련(2003), "국내 기업의 윤리경영 실태조사".

윤리적 태도에 대한 정보는 협력업체 선정이나 대형 거래에 따르는 법률 분쟁과 기회주의적 행위를 사전에 통제하는 수단이 될 수 있다. 이처럼 윤리경영의 가치 창출 기능을 최대한 활용하기 위해서는 윤리경영을 기존의 감사 기능이나 법무 기능 등과 연결시키거나 인사 및 재무 등 다양한 부서의 담당자들로 구성된 위원회를 운영하여 정보를 공유하고 성과를 점검하는 노력이 필요하다.

환경경영을 통한 지속 성장 환경경영, 정도경영, 사회공헌 등 CSR활동은 기업의 유·무형 성과에 긍정적으로 작용한다. 특히 환경경영은 친환경 제품을 통해 직접적으로 재무 성과에 기여하고, 친환경 기업 이미지를 구축해 장기적으로 기업 경쟁력을 제고할 수 있다.

향후 기업의 지속 성장은 매출 확대와 더불어 다양한 이해관계자의 요구를 충족시키는 노력에 달려 있다는 것이 중론이다. 1998년 나이키가 글로벌 전략 차원에서 인도네시아 도손사와의 위탁생산 계약을 해지하자, 6,800명 공장 근로자의 권한을 위임받은 NGO가 나이키를 상대로 생산 계약 해지 및 열악한 작업 환경 등에 대해 소송을 제기한 바 있다. 이해관계자의 CSR에 대한 요구도 기업 경영에 적지 않은 변화를 초래한다. 스타벅스가 성공적인 CSR 기업으로 자리매김하는 데는 스타벅스 불매운동을 주장했던 NGO인 글로벌 익스체인지(Global Exchange)와의 협력관계가 중요한 계기로 작용했다. 2000년 2월 스타벅스의 주주총회에서 글로벌 익스체인지는 스타벅스가 농부들에게 커피원두를 싼값에 구매하여 이익을 획득하고 있다고 주장하며 '공정한 거래'를 준수할 것을 촉구하였다.

이처럼 법적으로는 아무런 문제가 없는 경영활동이라 하더라도 이해관계자의 예기치 못한 반발에 부딪히는 경우가 종종 발생하고, 이러한 갈등 상황에서 기업의 대처 자세가 기업의 이미지에 결정적인 영향을 줄 수 있다. 하지만 환경경영을 실천하면 소비자와 투자자에게 '친환경기업'이란 이미지를 구축할 수 있고 이를 통해 기업의 신뢰감을 제고하고 나아가 기업가치를 제고할 수 있다.

특히 친환경 제품을 통한 차별화 전략은 소비자에게 좋은 브랜드 이미지를 각인시키고 매출 증대로 연결된다. 아메리칸 어패럴(American Apparel)의 유기농 면제품은 중국산보다 4배나 비싸지만 소비자에게 큰 호응을 거둬 2004년 매출이 2000년보다 9배 증가한 바 있다.[60] GE의 경우도 2001년 이멜트 회장 취임 후 '에코메지네이션(Ecomagination)' 전략을 실천하면서 탄산가스 배출 축소 등을 위해 환경 관련 R&D 투자에 2006년 9억 달러를 투자했고, 2010년에는 이를 15억 달러로 확대한다는 계획을 발표한 바 있다. 친환경 기업 이미지를 확고히 하는 게 특히 중요하다고 인식했기 때문이다.

그러나 한국의 경우 CSR활동에 대해 '기업이 자선단체인가'라는 회의론적 시각이 존재하고, CSR에 대한 평가도 저조한 실정이다. 2005년에 약 1조 4,000억 원을 사회공헌활동에 지출했으나 시민들은 기업의 사회공헌활동 점수를 100점 만점에 37.4로 평가한 바 있다.[61] 하지만 이미 CSR은 CEO가 수행해야 하는 중요한 업무로 부각했으며, 앞으로 후진국 및 후발 글로벌 기업에게 진입 장벽으로 작용할 가능성이 높다. 따라서 CSR활동을 사회에 대한 '무한책임'을 의미하는 것은 아니라 '기업 성과'와 '사회적 기여'

---

60 삼성지구환경연구소(2006), "브랜드 가치를 높이는 8가지 환경 커뮤니케이션 전략".
61 대한상공회의소(2007), "기업의 사회공헌활동 선진화를 위한 5대 실천과제".

의 조화로 인식할 필요가 있다. CSR활동은 기본적으로 기업 성과가 뒷받침되어야 가능하고, 동시에 기업도 지속 가능한 성장을 위해서는 사회적 투자가 필요하다. 실제로 1997~2000년 실적을 비교한 결과, 친환경기업의 주가 수익률은 그렇지 않은 기업에 비해 석유가스업은 12%, 철강업은 26% 우수한 것으로 조사되었다.[62] 좋은 성과를 거둔 기업이 많은 사회적 기여를 하고, 또다시 성과도 좋아지는 식으로 성과와 CSR 간 선순환 고리를 구축하는 것이 무엇보다 중요하겠다.

자발적 사회공헌활동 기업에 대한 소비자 감시가 갈수록 엄격해지고 기대 수준이 높아짐에 따라 최근 국내 기업들은 이미지 제고와 지속 가능한 발전을 위해 사회공헌활동을 능동적으로 전개하고 있다. 그러나 자발적 봉사활동에 대한 경험이 부족하고 사회공헌활동에 대한 사회적 인정이 미흡하여 다양한 활동이 정작 실효를 거두지 못하는 경우가 많다.

기업은 사회공헌활동을 사회적 투자 차원으로 인식해야 한다. 그동안 국내 기업의 자선활동은 사회적 투자이기보다는 기업 소유주의 시혜적 측면이 강했다. 그러나 기업 소유주의 이미지 제고 차원의 자선 행위는 그 결과가 기업 전체가 아닌 소유주 개인에게 돌아가기 쉽다. 이는 일시적으로 기업 소유주의 이미지를 좋게 만들 수 있을지 몰라도 기업이 얻을 수 있는 장기적인 이익에까지는 영향을 미치기 힘들다. 그보다는 사회를 구성하는 핵심 주체로서 사회 통합의 밑거름을 제공한다는 측면에서 사회에 투자한

---

62 M. Kiernan(2001), "Eco-value, Sustainability, and Shareholder Value : Driving Environmental Performance to the Bottom Line", *Environmental Quality Management*, Vol. 10, No. 4.

〈표 4-5〉 주요 국가와 기업의 지진해일 구호금 지원 약속 현황

국가 (억 달러)	호주	독일	일본	미국	노르웨이	프랑스	한국
	7.64	6.74	5.00	3.50	1.83	1.03	0.50
기업 (백만 달러)	코카콜라	화이자	아마존	스탠더드 차타드	엑슨모빌	애보트	삼성
	10.0	10.0	6.8	5.0	5.0	4.0	3.0

자료 : 주요 언론사 보도자료를 참고하여 작성(물자 지원 금액은 제외).

다는 인식을 확고히 해야 한다. 선진국 및 선진 기업일수록 사회공헌활동에 선도적인 것도 단지 경제적 여력이 있어서가 아니라 자국 및 자사에 대한 사회의 신뢰를 중요하게 인식하기 때문이다.

〈표 4-5〉는 2004년 말에 발생한 동·서남아시아 지진해일 피해에 대해 몇몇 국가와 기업이 지원을 약속한 구호금을 표시한 것이다. 표에서 알 수 있듯이 주요 부국은 물론, 유수 글로벌 기업들이 상당한 액수의 지원금을 약속하며 대형 재난의 피해를 수습하는 데 적극 동참하고 있다.

사회적 투자는 특히 투자의 목적과 대상이 명확해야 한다. 그렇지 않으면 밑 빠진 독에 물 붓기 식의 낭비로 흐르기 쉽다. 또한 기업의 사회적 책임 수행이라는 명분으로 행해지는 사회적 투자는 이윤 추구라는 기업의 본질적 속성과 분리되어 다루어져서는 안 된다. 그보다는 기업이 사회적 책임 완수에 적극적일 때 이윤의 극대화가 완성된다는 장기적 안목이 필요하다. 이러한 장기적 안목은 경제적 사회공헌활동을 위한 출발점이 된다.[63]

선진 기업은 지역사회 및 국제사회를 대상으로 사회공헌활동을 추진하여 기업 이미지를 제고하고 사회적 리더십을 다지고 있다. 마쓰시타의 나카

----
[63] 이상민·최인철(2002), "재인식되는 기업의 사회적 책임", 삼성경제연구소.

무라 구니오 사장은 "기업을 사회의 소유물로 명확하게 인식하고 행동하는 것이 사회적 책임 실천의 기본이다"라고 천명했다. 이는 사회 구성주체로서의 기업 본분에 대한 겸허한 인식을 대변하는 한편, 자사가 추진하는 사회공헌활동의 중요성을 부각시키는 역할을 한다. 도요타는 환경문제에 적극 대응하는 친환경 기업 이미지를 부각하기 위해 환경 관련 공익광고비로만 매년 10억 엔을 지출한다. 시스코의 경우 지역 저소득층과 학생을 대상으로 IT 교육 프로그램을 제공하여 취업에 도움을 주고 있다. IBM은 보유 기술을 이용하여 세계 문화재 복원, 각종 이벤트 등을 지원하는 'e-Culture 프로젝트'를 실시한다. 빈곤 퇴치를 위한 교육사업, 문화활동 등은 사회에 대한 지원과 동시에 각 분야에서 해당 기업을 아이콘화하고 핵심역량을 부각시키는 기능을 한다. 나이키가 초등학교 운동회를 지원하고, 지역 운동장 세트 설치, 어린이 체육교육 등에 참여하는 것도 비슷한 취지로 해석할 수 있다.

사회공헌을 위해서 지출되는 사회적 투자 비용 역시 다른 사업 분야와 마찬가지로 간주하여 예산을 효율적으로 집행해야 한다. 일부에서는 사회공헌활동의 순수성을 의식하여 비즈니스로의 인식 전환을 꺼리지만 감상적인 동기에서 출발하는 기업 자선활동은 기업의 소유주가 바뀌거나 불황기에는 지속되지 못하다는 점을 인식해야 한다.

대기업을 중심으로 최근 실행되고 있는 사회봉사 프로그램들을 보면 조직적으로 단련된 인적 자원인 임직원의 역량을 최대한 활용하고 기업의 특성을 반영한 고부가가치 프로그램이 매우 부족한 실정이다. 대체로 사회복지와 환경 부문에 집중된 아이템으로 프로그램 간에 차별성이 별로 없고 매번 유사한 내용이 주를 이루고 있다. 지속적인 프로그램보다 일회성 행사 수준에 머무를 경우 회사의 경영 실적에 영향을 받게 되는 문제가 있다.

IMF 외환위기 시 기업의 사회공헌활동 비용 지출이 대폭 감소했던 경험에 비추어볼 때, 단기 프로그램만으로 유지될 경우 사회봉사 영역 역시 기업의 경영 상태에 크게 영향을 받을 가능성이 높은 것이다.

따라서 보다 다양하고 창의적인 고부가가치 장기 프로그램을 실행하는 것이 시급하다. 기업의 사회봉사활동이 지속성을 유지하기 위해서는 기업별로 특성화되고 지속 가능한 봉사활동 프로그램을 만들어내야 한다. 예를 들어 CEO의 경영 강의 등 기업 고유의 영역인 경영 자체의 노하우를 활용할 수 있는 창의적인 봉사 프로그램을 개발하는 것도 바람직하다. 또한 임직원의 가족 및 지역주민과 함께하는 활동을 전개함으로써 프로그램의 실행 스피드를 제고할 수 있다. 주5일근무제가 시행됨에 따라 주말을 활용하여 동료 및 가족이 참여하는 프로그램을 개발해 기업 임직원의 새로운 여가 문화로 발전시키는 것도 가능하다. 기업의 사회봉사활동 프로그램의 문을 지역주민 또는 고객에게도 개방하여 기업의 사회봉사활동을 지역사회로 확산시킴으로써 기업에 대한 인지도를 높이고 이를 인정하는 사회적 분위기를 조성해야 할 것이다.

기업이 사회봉사활동을 추진하는 경우, 전사적 공감대 형성 및 사내 확산이 필수적이다. 봉사활동의 전사적인 확산은 CEO와 담당 부서의 노력만으로는 부족하므로 중간관리자를 포함한 기업 내부의 원활한 커뮤니케이션을 통해 공감대를 형성해갈 필요가 있다. 임직원이 자발적으로 참여하는 분위기가 조성되어야만 장기적인 실행이 가능하기 때문이다. 또한 사회봉사활동이 전사회적으로 확산되기 위해서는 현재의 대기업 중심에서 벗어나 중견기업 및 중소기업으로까지 파급되어야 할 것이다.

부록

1. 기업 경영 연표(1987~2006)

2. 한국 100대 기업의 경영 성과 추이

3. 한국의 100대 기업

부록 1 ● 기업 경영 연표(1987~2006)

연도	날짜	경영 환경 변화	기업 경영 변화
1987	상반기	• OPEC, 유가 공시제 도입(1987. 1. 1) • 경제기획원, 총자산 4,000억 원 이상 33대 그룹, 511개 계열사 간 상호출자 금지(1987. 4. 1) • 미국, 1987년도 한국에 대한 일반특혜관세(GSP) 대폭 축소(1987. 4. 2) • 33대 그룹, 계열사 간 상호출자 금지(1987. 4)	• 삼성 : 전자 사내 기술대학원 설립 / 신라호텔 서비스교육 센터 개원(1월) / 삼성항공우주연구소 설립(3월) / 삼성반도체통신 미국 실리콘밸리에 반도체 공장 준공(6월) • LG : 금성통신, 금성전기 TAD, C/T, L/F사업 일괄인수(1월) / 럭키금성상사 사시 제정(3월) / 금성중앙연구소 준공식(5월) • SK : 유공 미국 켈로그사와 기술도입계약 체결(1월) / 선경매그네틱 SMAT 업계 최초 KS마크(1월) / 선경건설 인도네시아 최초 진출(3월) / SKC 첨단기록매체 DAT 국내 최초 개발(3월) / 선경합섬 미국 이스트만 코닥사와 기술도입계약(3월) • 포항제철 : 광양제철소 1기(연산 270만 톤) 준공(5월) • 정부, 공기업 민영화 방안 확정, 국민은행 등 7개 기관 3년 내 민영화 • 한국전력 등 3개 기관의 주식 59%는 5년 내 매각
	하반기		• 대우자동차, 삼성중공업, 금성사 등 39개 업체 노사분규 발생 • 삼성 : 전자 영국현지 생산공장준공 / 삼성종합기술원 개원(10월) / 제2대 이건희 회장 취임(12월) • SK : (주)워커힐 뉴욕사무소 개설(7월) / 선경매그네틱 1천만불 수출의 탑 수상(11월)
1988	상반기	• 국민연금제도, 최저임금제 실시(1988. 1. 1) • 한미 통상회담, 한국 담배, 보험, 농산물시장 개방에 합의(1988. 1. 5) • 미국, 한국을 GSP 대상에서 제외(1988. 1. 27) • 상공부, 세탁기 등 51개 품목 4월부터 수입 완전 개방키로(1988. 3. 16) • 중국, 시장경제체제로 전환하는 경제계획 발표(1988. 4. 20) • 유가, 환율 연동제 실시(1988. 5. 27)	• 교통부, 금호그룹에 제2 민간항공 인가(2월) • SK : 세계 일류 이미지 확립 위한 CI 시스템 도입(2월) • 삼성 : 창립50주년 기념, 제2창업 다짐(3월) / 전자 미주생산법인 설립, 멕시코 컬러 TV공장 준공(3월) / 국내 최초 공산권 지점 부다페스트 지점 개설(5월) / 전자 중국현지공장 건설(6월) • 대우중공업 총파업(4월) • 한겨레신문 창간(5월) • 서울지하철공사 노조 파업, 90분 만에

부록 1 ● 기업 경영 연표(1987~2006)

연도	날짜	경영 환경 변화	기업 경영 변화
1988	상반기		• 정상 운행 재개(6월) • LG : 금성사 터키 현지 생산공장 준공식(6월)
1988	하반기	• 제 24회 서울 하계올림픽대회 개막(한국 종합4위)(1988. 9. 17) • 유고, 서울무역사무소 개설(1988. 10. 4) • 정부, 민간상사 북한과의 교역 허용 (1988. 10. 7) • 노동부, 근로복지 종합시책 발표 (1988. 11. 29) • 금리자유화 발표(1988. 12. 5)	• '부산일보'는 한국 언론사상 노조 주도로 첫 파업(7월) • 전국 철도파업(7월) • MBC는 방송사상 첫 파업, 공정방송의 제도적 보상 요구(8월) • SK : SKC 중앙연구소 신설(8월) • 삼성 : 전자 헝가리 오리온사와 합작으로 컬러TV 공장 건립(9월) / 제일제당 인도네시아 첫 해외생산기지 설립(10월) / 전자 멕시코 현지 생산공장 준공(10월) 삼성전자 삼성반도체통신 합병(11월) / 삼성 그룹 평생직장 위해 인사제도 개편(12월) • 현대종합상사 : 원산지가 북한으로 표시된 모시개각 40kg 첫 수입(11월)
1989	상반기	• 헝가리와 대사급 외교 관계 수립 (1989. 2. 1) • 국회 노동위, 주당 44시간 근무제 실시키로 확정(1989. 3. 4) • 외국인 투자 조세감면 폐지 (1989. 5. 29)	• 상공부, 현대종합상사의 점퍼와 북한의 수산물에 대한 남북구상무역 허가(1월) • 효성물산 : 북한산 무연탄 2만 톤을 직항로 교역으로 남포에서 인천항으로 도입(2월) • 서울지하철노조 총파업 돌입(3월) • SK : 유공, 국내 최초로 중국산 원유 도입(4월) • 삼성 : 중소기업 외주 확대 1차년도 계획 확정(2월) / 삼성물산 해외지역 본부제 도입 (북미, 구주, 일본 본부)(4월) / TPI운동 전개(4월)
1989	하반기	• 기업의 부동산 과다 보유 억제 대책 발표(1989. 8. 28) • 아태 경제협력기구(APEC) 출범 (1989. 11. 6)	• LG : 에스티엠 기술연구소 설립(7월) / 금성 소프트웨어 전산교육센터 설립(7월) / 금성사 영국 현지공장 준공식(9월) / 금성산전 동양 최대 엘리베이터 시험탑 준공(10월) • 동아건설 : 단일공사 세계 최대 규모인 53억 달러의 리비아 2차 대수로공사 수주(8월) • 삼양식품 : 공업용 쇠고기 기름을 사용해 라면 등을 만들어 시판하여 서울지검에 대표 등 구속(11월)

부록 1 ● 기업 경영 연표(1987~2006)

연도	날짜	경영 환경 변화	기업 경영 변화
1989	하반기		• 삼성 : 삼성물산 지역전문가 제도 도입 (11월) • SK : 선경매그네틱, 1억불 수출탑 수상(11월) / SUNKYONG U.S.A. Inc. 설립(12월)
1990	상반기	• 증시육성대책(증권주 신용융자 허용 등) (1990. 3. 2) • 경제활성화종합대책발표(금융실명제 유보)(1990. 4. 4) • 부동산투기억제대책(등기 의무화, 임야 매매증명제 도입 등)(1990. 4. 13) • 물가안정대책(사치성 건물 건축규제) (1990. 4. 20) • 대통령 긴급지시(증시활성화 비업무용 부동산 처분 등)(1990. 4. 30)	• 현대 : 국내 기업 최초로 소련에 지사 설치 승인받음(1월) • 정부는 한전통신공사, 외환은행, 국민은행, 기업은행 등 8개 공기업을 민영화하기로 발표(2월) • 평화방송(PBC) 설립(4월) / 불교방송(BBC) 개국(5월) • 삼성 : 삼성그룹 Apro-S 운동 전개(4월) / 첨단기술연구소 준공(4월) • LG : 구자경 회장, '21세기를 향한 경영구상' 대외 선포(2월) / 그룹공통행동규범 제정(4월) / 럭키개발 건설기술연구소 설립(5월) • SK : 유공 동경지사 설치(3월)
	하반기	• 세제개편안 발표(1990. 7. 16) • 국제현물시장의 원유가, 배럴당 40달러선 돌파(1990. 9. 25)	• SK : 선경인더스트리, 석유화학연구소 설립(8월) • 삼성 : 삼성전자 미국 실리콘밸리에 컴퓨터개발센터 설립(9월) / 삼성전관 말레이시아 현지 법인 SED(M) 설립, 컬러브라운관공장 건설(12월)
1991	상반기	• 걸프전 발발(1991. 1. 17) • 보사부, 생수의 내수판매 전면 허용 (1991. 3. 28)	• 두산전자 구미공장에서 나온 300여 톤의 페놀원액으로 낙동강 페놀 오염(1월) • LG : 금성사 독일 보름스시에 유럽연구소 설립(1월) / 금성사, 소련 컬러TV 플랜트 준공식(6월) • 삼성 : 삼성전자 소련 과학원과 기술연구소 공동 설립(2월) • SK : 국내 최초로 중국에 베이징사무소 개설(2월) / 선경인더스트리 은행잎 의약품 본산인 독일에 은행잎 엑기스 수출(2월) / 선경정보시스템 부설 정보통신연구소 설립(4월) / 선경텔레콤주식회사 설립(4월)

부록 1 ● 기업 경영 연표(1987~2006)

연도	날짜	경영 환경 변화	기업 경영 변화
1991	하반기	• 남북한 유엔 동시가입(1991. 9. 17) • EC와 EFTA를 통합하는 유럽경제지역(EEA) 창설 합의(1991. 10. 22) • 금리 자유화 실시(1991. 11. 21) • 미국 팬암항공 파산(1991. 12. 4) • 한국, 국제노동기구(ILO)의 151번째 회원국으로 가입(1991. 12. 9) • 고르바초프 사임, 소련 붕괴(1991. 12. 25)	• SK : 쉐라톤 워커힐, 김치 전문연구실 개설(8월) • 새민방 서울방송(SBS) 개국(11월)
1992	상반기	• 주식시장 개방(1992. 1. 2) • ASEAN 정상회담, UR협상의 조기 타결 촉구(1992. 1. 27) • 유럽공동체 12개국 유럽경제통화동맹(EMU) 창설 합의(1992. 2. 7) • 종합 유선방송법시행령 발표(1992. 3. 11) • 유엔환경관련회의 개막, 환경과 개발에 관한 리우선언 채택(1992. 6. 4) • 종합 유선방송법시행령 확정(1992. 6. 12)	• 정주영 전 현대그룹 명회회장 정계진출 선언(1월) • SK : SKM 쉐라톤 워커힐 호텔 내 면세점 개점(2월) / 선경인더스트리 생명과학연구소 신규항암제연구회 발족(2월) / 유공 유압유 국내 최초 개발 성공(5월) / 유공 울산 컴플렉스, 국내정유사 최초 종합폐수처리시설 완공(5월) • 삼성 : 삼성미술문화재단 호암갤러리 인수(1월) / 삼성전자 국내 최초 동남아 1차 순회서비스 실시(1월) / 제일기획 국내 광고업계 최초로 미국 현지법인(CCAI) 설립(5월)
1992	하반기	• 한국 최초 과학위성 '우리별 1호' 프랑스령 기아나의 쿠루 우주기지에서 성공적으로 발사(1992. 8. 11) • 한-중 수교(1992. 8. 24) • 미국, 캐나다, 멕시코, 북미자유무역협정(NAFTA)에 조인(1992. 12. 17) • 한국, 베트남과 대사급 외교관계 수립(1992. 12. 22) • 외국인 투자 허가제에서 신고제로 전환(1992. 12. 26)	• 이동통신 선정파문(8월) • LG : 금성사 아일랜드 현지 디자인 연구소 준공(9월) / 금성사, 중앙연구소내 주문형반도체 연구개발센터 설립(10월) • 삼성 : 삼성화재 업계 최초로 영국에 EC 현지법인 설립(9월) / 삼성전자 전자 관련 4개 부문 통합경영체제 구축(12월) • SK : 유공 국내 최초로 휘발유 자동판매기 설치(9월)
1993	상반기	• 세계은행, 한국의 1인당 GNP는 634달러(1991년)로 세계 30위 발표(1993. 1. 20) • GM, IBM, 보잉사 등 미국 대기업 대규모 적자 기록(1993. 2. 11)	• 삼성 : 삼성물산 제일모직, 제일합섬과 공동으로 패션연구소 설립(5월) / 신경영 선언(6월) / 계열사 대폭정리(제당, 모직 등 14개사 매각, 합병)(6월)

부록 1 ● 기업 경영 연표(1987~2006)

연도	날짜	경영 환경 변화	기업 경영 변화
1993	상반기	• '신한국창조' 기치 내건 김영삼 정부 출범(1993. 2. 25) • 클린턴, 미국 대통령 '무역상호주의' 천명(1993. 2. 26) • 미국무역대표부(USTR), 한국을 지적재산권 우선감시국으로 지정(1993. 4. 30) • 일본은 미국의 무역역조 해결 압박에 대비 보복관세 도입(1993. 5. 25) • 정부 슬롯머신업 전면 폐지(1993. 6. 3) • 중국 위안화 환율 폭등(달러당 10.28 위안)(1993. 6. 4)	• SK : 유공, 썩는 플라스틱 개발(2월) / 장학퀴즈 20주년 방송, 최장수 TV 프로로 한국기네스북에 기록(2월) / '선경40년사' 발간(6월)
	하반기	• 김영삼 대통령, '신경제5개년 계획 관련 대국민 특별담화' 발표(1993. 7. 2) • 한미 간 특허비밀보호협정 발효(1993. 7. 29) • 김영삼 대통령, 금융실명거래와 비밀보장 대통령긴급재정경제명령 발동(1993. 8. 12) • ASEAN, 역내 관세인하 등 자유시장 창설을 위한 경제통합에 합의(1993. 10. 10) • 클린턴 미 대통령, 환경대책 발표(1993. 10. 19) • 한국과 대만은 서울과 대만에 각각 민간 차원의 대표부 설치(1993. 11. 25) • EC 유럽경제지역 창출하는 협정비준(1993. 12. 13) • GATT, UR협상의 분야별 합의문을 취합한 최종의정서 승인(1993. 12. 14)	• 삼성 : 7·4제(조기출퇴근) 실시(7월) / 정신문화연구소 출범(7월) / 삼성지구환경연구소 개소(8월) / 전자 가전제품 전국 무료배달제 실시(10월) • SK : 유공 연료류 첨가제 국내 최초 개발(8월) / 선경인더스트리 백금착체 항암제, 뉴질랜드서 첫 특허 획득(8월) • LG : 불공정사례 신고센터 설치(11월) / 금성사 시리아에 컬러TV공장 준공(12월)
1994	상반기	• 북미자유무역협정(NAFTA) 공식 출범(1994. 1. 1) • 중국, 러시아 국경지역에 최초의 자유역지대 설치키로 합의(1994. 1. 4) • 업종 전문화시책에 따른 30대 그룹의 주력업종 및 주력기업 선정, 발표(1994. 1. 18)	• 정부 75개 공기업 민영화 확정(2월) • SK : 국내 최초로 중국 철도차량시장 진출(1월) / 리비아에서 석유 발견 성공(5월)

부록 1 ● 기업 경영 연표(1987~2006)

연도	날짜	경영 환경 변화	기업 경영 변화
1994	상반기	• 클린턴 미국 대통령 베트남 금수조치 공식 해제(상호연락사무소 설치)(1994. 2. 4) • G7 고용문제각료회의, 실업문제 대처를 위한 5개 원칙에 합의(1994. 3. 16) • UR무역협상위원회 125개국 대표, UR 타결과 WTO설립 최종의정서 서명(1994. 4. 15)	• 삼성 : 그룹 A/V 정보센터 개관, 삼성물산 국내 최초 국제화 전문연구기관 설립(2월) / 중앙일보 제2창간 선언(3월) / 품질혁신 및 인사제도 개혁방안 발표(6월) / 삼성소비자문화원 개원(6월) • LG : LG화재 질 위주 경영전략 선언(3월) / 럭키, '최고의 고객만족' 실천 결의대회(4월)
	하반기	• 미국 LA항을 자유항으로 활용키로 하고 관세면세 지역 지정(1994. 7. 20) • EU 영국을 배제시킨 가운데 '노동자 보호법안' 승인(1994. 9. 22) • 케이블TV 공동개발사업계획 확정 발표(1994. 10. 5) • 성수대교 붕괴(1994. 10. 21) • APEC 6차 각료회의 개막, 회원국 간 문호개방 및 인력, 정보교환 합의(1994. 11. 11) • 남북경협 활성화 조치에 따른 삼성, 럭키금성 등 6개 기업 방북 승인(1994. 12. 10) • 미주 34개국, FTAA 창설을 골자로 한 공동선언 채택(1994. 12. 11) • 국회, WTO 가입 비준동의안 통과(1994. 12. 16)	• SK : (주)워커힐, 온천 개발 성공(6월) / 선경인더스트리 생명과학연구소 AIDS 치료제 개발(8월) • 삼성 : 중앙일보, 중앙경제신문 중앙일보로 통합(7월) / 반도체 사상최대 호황(12월) / 삼성전자 영국 윈야드에 대규모 전자복합단지 기공(12월) • LG : 호남정유 국제신용평가서 최고 등급 획득(8월) / 충남 대덕에 대규모 기술연구원 설립(10월)
1995	상반기	• 세계무역기구(WTO) 창립총회(회원국 81개국)(1995. 1. 1) • 한국, OECD 금융시장위원회의 옵서버로 가입(1995. 1. 5) • IMF 멕시코에 77억 6000만 달러 차관 제공 승인(1995. 1. 26) • WTO 창립총회(회원국 81개국)(1995. 1. 31) • G7 대표단, 통신망개방 등 8개 원칙 채택(1995. 2. 25) • 영국 베어링은행 파산 충격으로 세계 주가 동반 폭락(1995. 2. 27)	• 삼풍백화점 붕괴(6월) • 삼성 : 미주, 구주, 중국본사 출범(1월) / 삼성전자 미국 IGT사 인수(1월) / 삼성그룹 열린 인사 개혁 발표(2월) / 디자인전문교육기관(SADI) 설립(2월) / 여사원 근무복장 완전 자율화(3월) / 중앙일보 조간으로 전환(4월) • SK : 한국이동통신 이동전화 가입자 100만 및 무선호출 가입자 400만 돌파(1월) / 유공 대덕기술원 준공식(5월) • LG : 고객감동서비스 선언(3월)

부록 1 ● 기업 경영 연표(1987~2006)

연도	날짜	경영 환경 변화	기업 경영 변화
1995	상반기	• 한미일 3국대표, 한반도에너지개발기구 설립협정 서명식(1995. 3. 9) • 한국은행, 한국의 총외채 573억 달러로 발표(1995. 4. 5) • 삼풍백화점 붕괴사고(1995. 6. 29)	
	하반기	• 부동산실명제 실시(1995. 7. 1) • WTO, 금융 분야의 시장개방 위한 협정을 승인(1995. 7. 28) • 미국, 통상법 수퍼 301조 발효기간 2000년 까지 연장(1995. 9. 13) • 세계 최초 CDMA 서비스 개시(1995. 10) • APEC 정상회의(일본), 역내 무역투자 자유화 선언 발표(1995. 11. 19) • 대법원, 쟁의기간 중에 무노동, 무임금 원칙 적용 판결(1995. 12. 21)	• LG : 임직원에 대한 획기적 복리후생제도 시행(7월) / 동남아 인도지역 진출전략 발표(9월) / LG전자 사내종합정보통신망 구축(11월) • 삼성 : 삼성디자인연구원 개원(9월) / 그룹 전자통합신분증 발행(10월) / 영국 윈야드 전자복합단지 준공(10월)
1996	상반기	• 재정경제원, 소비자보호법 4월부터 시행(1996. 1. 26) • 중소기업청 발족(1996. 2. 12) • 한러 경제협회, 양국 민간교류 확대 합의(1996. 2. 26) • 재경부, 외국인의 국내 주식투자환경 대폭 개선(1996. 3. 11) • 통일부, 삼성전자 등 3개 기업이 신청한 대북투자사업 승인(1996. 4. 27) • 한·EU, 정치협력선언 합의(1996. 6. 11)	• 한국 세계 5위 철강 생산국으로 부상(5월) • 서울은행, 부실여신 공동책임제 도입. 관치금융에서 독립 선언(5월) • 삼성 : 삼성전자 텍사스에 3개 반도체 공장 건설(1월) / 멕시코 전자 복합단지 준공(3월) / 삼성석유화학 국내 첫 공정안전관리 인증 획득(5월) / 녹색경영 선언(5월) • LG : 동남아 인도지역 진출전략 발표(2월) / 중소기업 경영기술지원단 발족(5월) • SK : 한국이동통신, 인천과 부천에 세계 최초 CDMA 상용서비스 개시(1월)
	하반기	• 건설교통부, 건설산업기본법 제정(1996. 7. 1) • 한국, OECD 회원국(29번째)으로 가입(1996. 7. 6) • 미, 통신장비 공급에서 한국을 우선협상대상국 지정(1996. 7. 26) • 한국, 유엔 경제사회이사회 이사국 피선(1996. 10. 31) • 한국노총, 노동법 개정 저지 위한 파업 결정(1996. 12. 13)	• 삼성 : 중국에 비메모리 전용 반도체 공장 완공(7월) / 중소기업 여의도 종합전시장 건립지원(8월) / 삼성전자 중국 쑤저우 백색가전 복합단지 준공(9월) • LG : LG산전, 산전분야 전문디자인연구소 개소(7월) / 사내 벤처제도 도입 시행(7월)

부록 1 ● 기업 경영 연표(1987~2006)

연도	날짜	경영 환경 변화	기업 경영 변화
1997	상반기	• 한국~일본~타이완 등 아시아 9개국 연결, 아태 해저 광케이블 개통 (1997. 2. 19) • 건설교통부, 공공임대주택 분양가 자율화(1997. 5. 1) • 대통령 차남 김현철 구속(1997. 5. 17)	• 한보그룹 부도(1월) • LG : 창립 50주년 기념 엠블렘, 슬로건 제정 발표(1월) • SK : 한국이동통신, 무궁화위성 이용 서비스 개시(1월) • 삼미 그룹 연쇄 부도(3월) • 진로그룹 첫 부도(4월) • 삼성 : 창립50주년기념, 제2창업 다짐(3월) / 미주생산법인설립, 멕시코 컬러TV공장준공(3월) / 국내 최초 공산권지점 부다페스트지점개설(5월) / 전자 중국 현지공장 건설(6월) • 대우중공업 총파업(4월)
	하반기	• 홍콩 155년 만에 중국 반환(1997. 7. 1) • 대한석유협회, 세계석유소비 순위로 한국이 세계 6위라고 발표(1997. 7. 6) • KEDO와 북한, 함남 신포 금호지구 대북경수로사업 착공식 거행(1997. 8. 19) • 북한 김정일체제 공식출범(1997. 10. 8) • 한국 외환위기, IMF 구제금융 충격 (1997. 11. 21) • 환율변동폭 완전 폐지(1997. 12. 15) • 환율 달러당 2,000원대 돌파 (1997. 12. 20) • IMF 100억 달러 조기지원 결정, 국내 주식 및 채권시장 완전개방(1997. 12. 25)	• 기아그룹 부도(7월) • 해태그룹 부도(11월) • 한라그룹 부도(12월) • 한국 대기업 연쇄부도로 실직 불안 확대(12월) • SK : SK텔레콤, IMT-2000 테스트베드 개발(9월) / 선경건설, 멕시코 국영석유공사로부터 25억 달러 규모 프로젝트 수주(11월)
1998	상반기	• 금모으기 운동 전국 확산(1998. 1. 7) • 노사정 위원회 출범(1998. 1. 15) • 외국인 투자에 관한 법률시행령 개정(적대적M&A 허용)(1998. 2. 24) • 김대중 대통령 취임식(1998. 2. 25) • 금융감독위원회 발족, 정부는 실업과의 전쟁 선포(1998. 4. 1) • 강경식 전 경제부총리와 김인호 청와대 전수석비서관 구속(1998. 5. 18)	• 재정경제원, 한화종합금융 등 10개 종합금융사 1차폐쇄 결정(1월) • (주)미도파가 최종부도(3월) • 5개은행 퇴출(대동, 동남, 동화, 경기, 충청) 금융개혁 시동(6월) • SK : SK텔레콤과 SK경제연구소 통폐합 리서치팀 신설(3월) • 삼성 : 삼성그룹, 과감한 경영혁신 단행(1월)

부록 1 ● 기업 경영 연표(1987~2006)

연도	날짜	경영 환경 변화	기업 경영 변화
1998	상반기	• 금융감독위원회, 55개 퇴출기업 명단 발표(1998. 6. 18) • 정부, 외국인에게 부동산시장 전면 개방 (1998. 6. 26)	
	하반기	• 독일 금융기관들, 한국에 14억 마르크 자금지원 합의(1998. 7. 7) • IMF, 러시아에 대한 111억 2,000만 달러 규모의 구제금융 승인(1998. 7. 20) • 러시아, 90일간 모라토리엄 선언 (1998. 8. 17) • 세계 경제위기 확산(1998. 9) • 고용보험 전 사업장으로 확대 실시 (1998. 10. 1) • 한국, 일본 대중문화 개방(1998. 11. 18) • 금강산 남한관광객 개방(1998. 11. 18) • 이동전화 가입자 1,000만 명 돌파 (1998. 12. 1)	• 상업은행, 한일은행 합병 선언(7월) • 현대, 기아자동차 인수(12월) • SK : 최종현 회장 타계(8월) • 삼성 : 실업난 타개를 위해 대규모 대졸 인턴사원 공채 실시(11월)
1999	상반기	• 유럽연합, 유로 출범(1999. 1. 1) • IMF후 금융구조조정에 공적자금 40조 9,000억 원 투입(1999. 1. 21) • Moody's사, 한국 국가신용등급을 투자 적격단계로 상향조정(1999. 2. 12) • 금감원, 퇴출 및 여신중단대상 80개 기업중 25개사 정리(1999. 3. 4) • 재정경제부, 기업지배구조개선위원회 출범(1999. 3. 18) • IMF, 러시아 추가 구제금융 지원 합의 (1999. 3. 29) • 정부, 1단계 외환거래 자유화 시행 (1999. 4. 1) • 한국선물거래소 개장(1999. 4. 23)	• 은행간 합병조치, 상업+한일=한빛, 국민+장기신용=국민, 하나+보람=하나(1월) • 삼성 : 밀레니엄 엠블럼과 슬로건 제정(1월) • SK : 한미 합작 가스전문회사 'SK엔론' 설립(1월) / SK주식회사, OK캐쉬백서비스 개시(3월) / SK건설은 국내 건설업체 최초로 인터넷 자재업체 발굴 시스템 가동(4월) • 옷로비 사건(12월)
	하반기	• 미국 연준(FRB) 연방기금금리 0.25% 인상(1999. 7. 1) • 다임러크라이슬러 린다 길버트, 성희롱 보상가 2,100만 달러 수령(1999. 7. 19)	• 대우채권단, 대우 6개사 워크아웃 확정(11월) • 영국《로이드》, 9월까지 세계 주요 조선 수주량에서 한국이 1위(12월)

부록 1 ● 기업 경영 연표(1987~2006)

연도	날짜	경영 환경 변화	기업 경영 변화
1999	하반기	• 세계인구 60억 돌파(1999. 10. 12) • 중국 WTO 가입(1999. 11. 15) • 국내 인터넷 이용자수 1,000만 명 돌파 (1999. 12. 1) • 마카오, 422년 만에 중국 반환 (1999. 12. 20) • 컴퓨터 대재앙, Y2K 비상(1999. 12. 31)	• SK : SK텔레콤, 신세대 맞춤 이동전화 서비스 'TTL' 탄생(7월) / SKC, 국내 최초 환경친화성 열수축 필름 양산 성공(7월) / SK텔레콤, 초고속 인터넷 서비스 개시(12월) / SK텔레콤, 고객 1,000만 명 돌파(12월)
2000	상반기	• 서울 강남구 테헤란로 일대 서울벤처밸리로 공식 명명(2000. 1. 1) • 경실련, 공천 반대인사 명단 작성 발표 (2000. 1. 20) • 정부, 2003년 전자상거래 선진국 진입 위한 중점시책 발표(2000. 2. 1) • 국제 유가, 30달러 돌파(2000. 2. 27)	• SK : 《텔레닷컴》, 아시아 대표 정보통신회사로 SK텔레콤 선정(6월) • 삼성 : 삼성SDS, 'e-Biz 전문가' 양성 본격 실시(6월)
2000	하반기	• 국민건강보험제도 시행(2000. 7. 1) • 기초생활보장제도 시행(2000. 10. 1) • 금고 등 소형 금융기관 156개사 소멸 (2000. 12. 1) • 재경부, 회사채 발행 원활화 방안 발표 (2000. 12. 26)	• SK : 초우량 마케팅 전문회사 'SK글로벌' 출범(7월) / 쉐라톤 워커힐, 면세점사업 진출(11월) / SK텔레콤, IMT-2000 핵심장비 개발 완료(11월) • 삼성 : 삼성전자, 중국에 통신기술연구소 설립(10월) • 대우차 부도, 352개 부실기업 퇴출(11월) • LG IBM PC 계열 편입(12월)
2001	상반기	• 한국부동산신탁 최종 부도(2001. 2. 2) • 노사정위, 복수노조 허용 5년간 유보 (2001. 2. 9) • 고려산업개발 부도(2001. 3. 5) • 현대그룹 창업주 정주영 명예회장 타계 (2001. 3. 21) • 인천 국제공항 개항(2001. 3. 29)	• 삼성자동차, 계열 분리(1월) • SK : SK텔레콤, 몽골 CDMA 서비스 개시(2월) / SK텔레콤, 세계 최초 이동전화 동영상 상용 서비스 개시(5월) / 쉐라톤 워커힐, 아태지역 호텔업계 최초로 CDW 구축(5월) / SK텔레콤, CDMA기술 중국 수출(6월) • 삼성 : 미국에서 '디지털 Frontier' 선언(1월) / 삼성화재 국내 보험사 최초 상해지점 오픈(4월) • LG : LG화학을 3개사(LGCI, LG화학, LG생활건강)로 분할(4월)

부록 1 ● 기업 경영 연표(1987~2006)

연도	날짜	경영 환경 변화	기업 경영 변화
2001	하반기	• 3년 8개월 만에 IMF 관리체제 졸업, 외환 보유 세계 5위 달성(2001. 8. 23) • 미국 세계무역센터 자살 테러 발생(2001. 9. 11) • 21세기 신자유무역 도하라운드 출범(2001. 11. 14)	• SK : SK텔레콤, 세계 최초로 CDMA 방식 로밍 서비스 제공(8월) / SK텔레콤, 베트남 이동전화사업 투자승인 획득(9월) / SK, 국내 기업 최초로 중국 현지서 공채 실시(9월) • 삼성 : 삼성SDI, 최첨단 종합연구소 기공식(7월)
2002	상반기	• 유로화 통용 : 다른 언어, 문화의 유럽 12개국에서 단일통화 도입(2002. 1. 1) • 전국 공무원 노동조합 발족(2002. 3. 2) • 한일월드컵 개막(2002. 5. 31)	• LG : LG애드 계열분리(1월) • SK : SK텔레콤, 미국과 중국, 일본에 자동로밍 서비스 개통(5월) / 경영경제연구소 구축(6월)
2002	하반기	• 칠레와 자유무역협정(FTA) 체결(2002. 10. 25) • 중국 공산당 총서기에 후진타오 선출(2002. 11. 15) • 제16대 대통령 선거에서 노무현 민주당 후보 당선(2002. 12. 19)	• KT민영화 완료(8월) • 담배인삼공사 민영화 완료(12월) • SK : SK C&C의 전자개표시스템을 제16대 대통령 선거에 활용(12월)
2003	상반기	• 북한, 핵확산금지조약 탈퇴 선언(2003. 1. 10) • 대구지하철 화재 발생, 192명 사망, 148명 부상(2003. 2. 18) • 전 세계에 사스(SARS) 발생(2003. 4) • 미국, 이라크전 종전 선언(2003. 5. 1)	• 삼성 : 삼성전기, 창립 30주년 기념 슬로건, 로고 발표(1월) • LG : 통합지주회사 ㈜LG 지주회사체제 공식 출범(3월) • SK : SK그룹 창립 50주년(4월) / 최태원 SK회장 구속(징역 3년 선언)(6월)
2003	하반기	• 현대아산 회장 정몽헌 회장 투신자살(2003. 8. 4) • 화물연대 총파업 돌입(2003. 8. 21) • 태풍 매미로 130여 명 사망 및 실종, 약 5조 원 재산 피해(2003. 9) • 정부, 부동산종합대책 발표(2003. 10. 29) • 10월 말 개인 신용불량자 360만 명으로 사상 최고치 기록(2003. 10) • 청년층 실업률 8.0% 집계, '이태백' 등 신조어 유행(2003. 11)	• 조흥은행, 신한지주에 매각(7월)

부록 1 ● 기업 경영 연표(1987~2006)

연도	날짜	경영 환경 변화	기업 경영 변화
2003	하반기	• 유동성 위기로 LG카드가 채권단 관리로 넘어가는 등 카드대란 발생(2003. 11)	
2004	상반기	• 한미 양국 용산기지 평택과 오산지역으로 이전 합의(2004. 1. 14) • 한국·칠레 자유무역협정 국회 비준(2004. 2. 16) • 대우건설 남상국 사장 자살(2004. 3. 11) • 국회, 헌정사상 최초로 대통령탄핵소추안 가결(2004. 3. 12) • 고속철도 KTX 개통(2004. 4. 1) • 17대 국회의원 선거, 열린우리당 과반수 의석 확보(2004. 4. 15) • 대통령탄핵소추안, 헌재에서 기각(2004. 5. 14) • 미국, 중국 등 9개국과 쌀협상 시작(2004. 5) • 외교통상부, 이라크 무장단체에 김선일씨 피살 사실 공식확인(2004. 6. 23) • 개성공단 시범단지 준공식(2004. 6. 30)	• LG : LG카드가 LG에서 계열분리(1월) • SK : SK주식회사, 중국 지주회사 설립(1월) • 삼성 : 삼성카드, 삼성캐피털 합병(2월)
	하반기	• 법정 주5일근무제 시행(2004. 7. 1) • 정부 신행정수도 이전 계획 발표(2004. 7. 5) • 연쇄 살인범 유영철 구속(2004. 7. 18) • 중국, 고구려사 왜곡 파문(2004. 8. 1) • 제28회 아테네올림픽 개막식 남북선수단 공동입장(2004. 8. 14) • 이마트, BC카드 사용 거부(2004. 9. 1) • 신행정수도 예정지로 충남 연기,공주 확정(2004. 9. 11) • 성매매 특별법 시행(2004. 9. 23) • 11개 품목 특소세법 개정안 국회 통과(2004. 9. 23) • 헌재, 신행정수도 건설 특별법 위헌 결정(2004. 10. 21) • 국제유가 배럴당 55.66달러로 사상 최고치 경신(2004. 10. 25)	• 경기 불황으로 외환위기 이후 창업이 가장 저조(7월) • LG : ㈜GS홀딩스 출범(7월) / LG칼텍스정유 노조파업(7월) • SK : SK자원봉사단 발족(7월) / 워커힐, W Seoul Walkerhill(253실) 개관(8월) • 현대 : 자동차 누계 수출 1,000만 대 돌파(7월) • 이마트 탄생 11년 만에 시장 규모 20조 원 대기록(10월)

부록 1 ● 기업 경영 연표(1987~2006)

연도	날짜	경영 환경 변화	기업 경영 변화
2004	하반기	• 미국 대통령선거에서 조지 W. 부시 재선(2004. 11. 2) • 한국과 싱가포르 자유무역협정 타결(2004. 11. 29)	
2005	상반기	• 연예인 X파일 인터넷에 확산(2005. 1. 18) • 국회, 호주제 폐지 골자로 하는 민법 개정안 통과(2005. 3. 2) • 일본 고위층의 잇단 망언으로 한일 간 독도 문제 증폭(2005. 3. 16) • 교황 바오로 2세 선종(2005. 4. 2) • 새 교황 베네딕토 16세 선출(2005. 4. 22) • 한국축구대표팀 6회연속 월드컵 진출(2005. 6. 9)	• 삼성 : 동서남아 지진해일 피해 300만 달러 지원(1월) / 《포천》 선정 존경받는 최상위 기업 글로벌 올스타 39위(2월) / The Asset, 삼성전자 경영투명성 최고 기업 선정(3월) / 세계 최대 82인치 TFT-LCD 개발(3월) / 어린이집 건립 확대(4월) / 미국 디자인 'IDEA상' 최다 수상(6월) • SK : 네이트온, 메신저 시장 1위 등극-세계 최초로 MSN 추월(3월) • LG : LG Way 선포(3월)
	하반기	• 아시아나항공 조종사노조 파업으로 국내외선 무더기 결항(2005. 7. 17) • 정부기관의 불법도청과 X파일 파문(2005. 7. 21) • 정부, 부동산종합대책 발표(2005. 8. 31) • 동남아에서 발생한 조류독감이 유럽, 중국, 중동까지 확산(2005. 9) • 부산에서 APEC 정상회의 개막(2005. 11. 12) • WTO 쌀협상 비준안 국회 통과(2005. 11. 23) • 서울대 조사위, '황우석팀 환자맞춤형 줄기세포 없음' 발표(2005. 12. 29)	• 삼성 : 삼성네트웍스, 국내 최초 인터넷전화 상용화 개시(8월) / 삼성SDS, 샐러리맨 논문이 세계 최고 권위 공학저널에 게재(8월) / 양방향 데이터 방송 지상파 DMB폰 세계 최초 개발(9월) / 삼성전자, 독일 최고 브랜드로 선정(11월) / APEC서 휴대폰형 와이브로 단말기 세계 최초 공개(11월) / 독일 iF디자인상 업계 최다 수상 신기록(11월)
2006	상반기	• 23년 만에 크기, 도안 바뀐 새 오천원권 유통(2006. 1. 2) • 신대구-부산고속도로 개통(2006. 1. 25) • 론스타 외환은행 헐값 매입 수사(2006. 3. 13) • 5·31지방선거 한나라당 압승(2006. 5. 31)	• 삼성 : 삼성SDI PMP용 연료전지 세계 최초 개발(1월) / 에버랜드, 미국 《포브스》 선정 세계 4대 테마파크 선정(6월) • LG : 휘센 에어컨 6년 연속 세계 판매 1위 달성(1월) / LG연암문화재단, 세계 최초 유비쿼터스 도서관 개관(4월)

부록 1 ● 기업 경영 연표(1987~2006)

연도	날짜	경영환경변화	기업 경영변화
2006	상반기		• SK : SK주식회사, 국내 최초 브라질 유전 개발 성공(6월)
	하반기	• 북한 핵실험 강행 파문(2006. 10. 9) • 반기문 전 외교통상부장관 유엔사무총장(2006. 10. 14)	• LG : 국내 최초 러시아 디지털가전 공장 준공(9월) / 업계 최초 PDP TV 판매량 100만 대 돌파(9월) • 삼성 : 세계 최초 1,000만 화소 카메라폰 출시(10월) • SK : SK 커뮤니케이션즈, 싸이월드 미국법인 설립(10월)

부록 2 ● 한국 100대 기업의 경영 성과 추이

(단위 : %)

연도	매출증가율	영업이익률	부채비율
1987	14.4	9.7	266.2
1988	13.9	9.0	252.8
1989	11.6	8.4	224.0
1990	21.3	8.3	248.2
1991	21.7	8.3	248.2
1992	14.8	9.4	283.7
1993	18.0	10.4	231.5
1994	18.6	10.8	238.7
1995	27.7	11.3	223.0
1996	12.1	8.5	257.6
1997	14.5	10.4	347.1
1998	3.8	7.8	229.6
1999	8.3	7.8	154.3
2000	17.8	9.2	180.9
2001	4.8	6.9	146.2
2002	8.0	7.7	115.3
2003	5.6	9.0	101.8
2004	14.9	10.9	96.5
2005	5.3	8.5	86.6
2006	7.8	7.1	84.7

주 : 금융 및 유통업 제외.
자료 : 한국신용평가정보, KISValue DB.

부록 3 ● 한국의 100대 기업

1987년 매출 100대 기업

순위	기업명	업종	매출(조 원)	순위	기업명	업종	매출(조 원)
1	삼성물산	도매 및 소매업	4.3	26	기아산업	제조업	0.6
2	대우	도매 및 소매업	4.2	27	제일은행	금융 및 보험업	0.6
3	현대종합상사	도매 및 소매업	3.8	28	한국상업은행	금융 및 보험업	0.6
4	동방생명보험	금융 및 보험업	2.5	29	한일은행	금융 및 보험업	0.6
5	유공	제조업	2.5	30	제일제당	제조업	0.5
6	포항종합제철	제조업	2.2	31	대우전자	제조업	0.5
7	호남정유	제조업	2.0	32	현대정공	제조업	0.5
8	삼성전자	제조업	2.0	33	조흥은행	금융 및 보험업	0.5
9	럭키금성상사	도매 및 소매업	1.9	34	쌍용양회	제조업	0.5
10	현대자동차	제조업	1.9	35	경인에너지	제조업	0.5
11	대한교육보험	금융 및 보험업	1.9	36	서울신탁은행	금융 및 보험업	0.5
12	현대건설	건설업	1.8	37	코오롱상사	도매 및 소매업	0.5
13	선경	제조업	1.7	38	한일합섬	제조업	0.5
14	금성사	사업 서비스업	1.5	39	한국수출입은행	금융 및 보험업	0.5
15	대한항공	운수업	1.3	40	제일생명보험	금융 및 보험업	0.4
16	현대중공업	제조업	1.2	41	대우중공업	제조업	0.4
17	한국외환은행	금융 및 보험업	1.2	42	동아생명보험	금융 및 보험업	0.4
18	쌍용	도매 및 소매업	0.9	43	한양	건설업	0.4
19	대한생명보험	금융 및 보험업	0.9	44	국제상사	도매 및 소매업	0.4
20	효성물산	금융 및 보험업	0.8	45	삼성중공업	제조업	0.4
21	럭키	제조업	0.7	46	대우자동차	제조업	0.4
22	동아건설	건설업	0.7	47	흥국상사	도매 및 소매업	0.4
23	쌍용정유	제조업	0.7	48	삼성종합건설	건설업	0.4
24	대우조선	제조업	0.7	49	흥국생명보험	금융 및 보험업	0.4
25	대림산업	건설업	0.7	50	연합철강	제조업	0.4

부록 3 ● 한국의 100대 기업

순위	기업명	업종	매출 (조 원)	순위	기업명	업종	매출 (조 원)
51	삼성반도체통신	제조업	0.4	76	럭키개발	건설업	0.3
52	현대상선	운수업	0.4	77	아세아자동차	제조업	0.3
53	한국중공업	제조업	0.4	78	삼성전관	제조업	0.3
54	호남에틸렌	제조업	0.4	79	태광산업	제조업	0.3
55	금성전선	제조업	0.4	80	여수에너지	제조업	0.3
56	삼미	제조업	0.4	81	충남방직	제조업	0.3
57	강원산업	건설업	0.4	82	세방석유	제조업	0.3
58	금호	건설업	0.3	83	제일합섬	제조업	0.2
59	한일개발	건설업	0.3	84	한국타이어	건설업	0.2
60	삼양사	제조업	0.3	85	대한전선	제조업	0.2
61	풍산금속공업	제조업	0.3	86	경남기업	건설업	0.2
62	동국제강	제조업	0.3	87	고려합섬	제조업	0.2
63	인천제철	제조업	0.3	88	두산산업	건설업	0.2
64	범양상선	제조업	0.3	89	오리온에레트릭(코리아)	제조업	0.2
65	코오롱	제조업	0.3	90	현대자동차써비스	사업 서비스업	0.2
66	현대미포조선소	제조업	0.3	91	삼환기업	건설업	0.2
67	동국무역	도매 및 소매업	0.3	92	태평양화학	제조업	0.2
68	동양나이론	제조업	0.3	93	한국자동차보험	금융 및 보험업	0.2
69	삼미종합특수강	제조업	0.3	94	삼양식품	제조업	0.2
70	화승	제조업	0.3	95	삼성전기	제조업	0.2
71	동부제강	제조업	0.3	96	롯데제과	제조업	0.2
72	한국광업제련	제조업	0.3	97	효성중공업	제조업	0.2
73	한양화학	제조업	0.3	98	대성산업	제조업	0.2
74	대한조선공사	제조업	0.3	99	대농	제조업	0.2
75	남해화학	제조업	0.3	100	농심	제조업	0.2

자료 : 한국능률협회, 《한국의 2000대 기업 87년》.

부록 3 ● 한국의 100대 기업

1995년 매출 100대 기업

순위	기업명	업종	매출 (조 원)	순위	기업명	업종	매출 (조 원)
1	삼성물산	도매 및 소매업	19.3	26	포스틸	도매 및 소매업	3.4
2	현대종합상사	도매 및 소매업	16.7	27	대한항공	운수업	3.4
3	삼성전자	제조업	16.2	28	엘지화학	제조업	3.3
4	대우	도매 및 소매업	15.0	29	대우전자	제조업	3.1
5	LG상사	도매 및 소매업	10.4	30	삼성중공업	제조업	3.0
6	현대자동차	제조업	10.3	31	효성물산	도매 및 소매업	2.5
7	한국전력공사	전기, 가스, 수도업	10.0	32	엘지반도체	제조업	2.5
8	삼성생명보험	금융 및 보험업	10.0	33	한국주택은행	금융 및 보험업	2.4
9	포항종합제철	제조업	8.2	34	우리자동차판매	사업 서비스업	2.4
10	유공	제조업	6.6	35	한국외환은행	금융 및 보험업	2.3
11	LG전자	사업 서비스업	6.6	36	제일은행	금융 및 보험업	2.3
12	한국전기통신공사	통신업	6.4	37	국민은행	금융 및 보험업	2.3
13	기아자동차	제조업	5.7	38	대림산업	건설업	2.2
14	교보생명보험	금융 및 보험업	5.4	39	동아건설산업	건설업	2.2
15	현대자동차써비스	도매 및 소매업	5.3	40	한국중공업	제조업	2.2
16	쌍용	도매 및 소매업	5.2	41	조흥은행	금융 및 보험업	2.2
17	대한생명보험	금융 및 보험업	5.1	42	중소기업은행	금융 및 보험업	2.1
18	호남정유	제조업	4.5	43	한일은행	금융 및 보험업	2.0
19	선경	도매 및 소매업	4.0	44	현대정공	제조업	2.0
20	대우중공업	제조업	4.0	45	한보	건설업	2.0
21	현대중공업	제조업	3.9	46	한국상업은행	금융 및 보험업	2.0
22	현대전자산업	제조업	3.9	47	삼성전관	제조업	1.9
23	현대건설	건설업	3.8	48	한진해운	운수업	1.9
24	쌍용정유	제조업	3.5	49	한화에너지	제조업	1.9
25	대우자동차	제조업	3.5	50	서울은행	금융 및 보험업	1.8

부록 3 ● 한국의 100대 기업

순위	기업명	업종	매출 (조 원)	순위	기업명	업종	매출 (조 원)
51	제일생명보험	금융 및 보험업	1.8	76	삼성화재해상보험	금융 및 보험업	1.2
52	흥국생명보험	금융 및 보험업	1.7	77	쌍용건설	건설업	1.2
53	한국장기신용은행	금융 및 보험업	1.6	78	삼성항공산업	제조업	1.2
54	신한은행	금융 및 보험업	1.6	79	만도기계	제조업	1.2
55	현대상선	운수업	1.6	80	현대정유	제조업	1.1
56	세방석유	도매 및 소매업	1.6	81	엘지산전	제조업	1.1
57	아시아자동차공업	제조업	1.6	82	삼양사	제조업	1.1
58	제일제당	제조업	1.6	83	신세계백화점	도매 및 소매업	1.1
59	코오롱상사	도매 및 소매업	1.6	84	대한전선	제조업	1.1
60	현대산업개발	건설업	1.5	85	금호타이어	제조업	1.1
61	한화종합화학	제조업	1.5	86	아시아나항공	운수업	1.1
62	엘지건설	건설업	1.5	87	태광산업	제조업	1.0
63	흥국상사	도매 및 소매업	1.5	88	동부화재해상보험	금융 및 보험업	1.0
64	인천제철	제조업	1.4	89	포스코개발	건설업	1.0
65	롯데쇼핑	도매 및 소매업	1.4	90	금호건설	건설업	1.0
66	호유판매	도매 및 소매업	1.4	91	동국제강	제조업	1.0
67	엘지금속	제조업	1.4	92	삼미종합특수강	제조업	1.0
68	삼성전기	제조업	1.3	93	현대해상화재보험	금융 및 보험업	1.0
69	한국이동통신	통신업	1.3	94	쌍용자동차	제조업	1.0
70	엘지전선	제조업	1.3	95	동양나이론	제조업	1.0
71	동아생명보험	금융 및 보험업	1.3	96	아남산업	제조업	1.0
72	쌍용양회공업	제조업	1.3	97	동부제강	제조업	0.9
73	한화	제조업	1.3	98	코오롱	제조업	0.9
74	범아석유	제조업	1.3	99	고합	제조업	0.9
75	선경건설	건설업	1.2	100	제일모직	제조업	0.9

자료 : 매일경제신문사, 《1995년 회사연감》.

부록 3 • 한국의 100대 기업

2000년 매출 100대 기업

순위	기업명	업종	매출 (조 원)	순위	기업명	업종	매출 (조 원)
1	현대종합상사	도매 및 소매업	40.8	26	한국가스공사	전기, 가스, 수도업	6.1
2	삼성물산	도매 및 소매업	40.6	27	한국주택은행	금융 및 보험업	6.0
3	삼성전자	제조업	34.3	28	에스케이텔레콤	통신업	5.8
4	농업협동조합중앙회	금융 및 보험업	22.4	29	대한항공	운수업	5.6
5	삼성생명보험	금융 및 보험업	20.6	30	엘지화학	제조업	5.4
6	엘지상사	도매 및 소매업	19.8	31	조흥은행	금융 및 보험업	5.2
7	한국전력공사	전기, 가스, 수도업	18.3	32	현대상선	운수업	5.2
8	현대자동차	제조업	18.2	33	한국외환은행	금융 및 보험업	4.8
9	엘지전자	제조업	14.8	34	롯데쇼핑	도매 및 소매업	4.6
10	에스케이	제조업	14.0	35	삼성화재해상보험	금융 및 보험업	4.5
11	에스케이글로벌	도매 및 소매업	14.0	36	중소기업은행	금융 및 보험업	4.4
12	교보생명보험	금융 및 보험업	12.7	37	신한은행	금융 및 보험업	4.3
13	포항종합제철	제조업	11.7	38	한진해운	운수업	4.3
14	기아자동차	제조업	10.8	39	삼성전기	제조업	4.2
15	엘지칼텍스정유	제조업	10.4	40	삼성에스디아이	제조업	4.2
16	대우도매 및	소매업	10.3	41	삼보컴퓨터	제조업	4.0
17	한국전기통신공사	전기, 가스, 수도업	10.3	42	대우자동차판매	사업 서비스업	3.9
18	현대전자산업	제조업	8.9	43	효성	제조업	3.9
19	국민은행	금융 및 보험업	8.9	44	인천정유	제조업	3.9
20	대한생명보험	금융 및 보험업	8.5	45	하나은행	금융 및 보험업	3.6
21	에쓰오일	제조업	8.1	46	삼성중공업	제조업	3.6
22	한빛은행	금융 및 보험업	7.4	47	신세계	도매 및 소매업	3.5
23	현대정유	제조업	7.2	48	한국토지공사	부동산 및 임대업	3.4
24	현대중공업	제조업	6.6	49	한화	제조업	3.2
25	현대건설	건설업	6.4	50	대우전자	제조업	3.2

부록 3 • 한국의 100대 기업

순위	기업명	업종	매출(조 원)	순위	기업명	업종	매출(조 원)
51	대한주택공사	부동산 및 임대업	3.2	76	현대모비스	제조업	2.0
52	한국통신프리텔	통신업	2.8	77	한국도로공사	건설업	1.9
53	노키아티엠씨	제조업	2.7	78	한진중공업	제조업	1.9
54	엘지건설	건설업	2.7	79	엘지전선	제조업	1.9
55	한미은행	금융 및 보험업	2.7	80	현대산업개발	건설업	1.9
56	인천제철	제조업	2.6	81	삼성카드	금융 및 보험업	1.9
57	금호산업	건설업	2.5	82	엘지텔레콤	통신업	1.9
58	쌍용	도매 및 소매업	2.5	83	흥국생명보험	금융 및 보험업	1.8
59	대림산업	건설업	2.5	84	알리안츠제일생명보험	금융 및 보험업	1.8
60	동부화재해상보험	금융 및 보험업	2.4	85	한화석유화학	제조업	1.8
61	동양화재해상보험	금융 및 보험업	2.4	86	삼성종합화학	제조업	1.8
62	현대해상화재보험	금융 및 보험업	2.4	87	쌍용자동차	제조업	1.8
63	두산중공업	제조업	2.4	88	에스케이가스	도매 및 소매업	1.8
64	엘지필립스엘시디	제조업	2.4	89	엘지투자증권	금융 및 보험업	1.8
65	엘지캐피털	금융 및 보험업	2.4	90	한국담배인삼공사	제조업	1.7
66	제일은행	금융 및 보험업	2.3	91	엘지칼텍스가스	제조업	1.7
67	현대증권	금융 및 보험업	2.3	92	두산	제조업	1.7
68	현대석유화학	제조업	2.2	93	현대백화점	도매 및 소매업	1.7
69	엘지화재해상보험	금융 및 보험업	2.2	94	제일모직	제조업	1.7
70	제일제당	제조업	2.2	95	대우증권	금융 및 보험업	1.6
71	아시아나	항공운수업	2.1	96	대우통신	제조업	1.6
72	포스틸	도매 및 소매업	2.1	97	삼성증권	금융 및 보험업	1.6
73	에스케이건설	건설업	2.1	98	한국통신엠닷컴	통신업	1.6
74	신세기통신	통신업	2.1	99	동국제강	제조업	1.5
75	서울은행	금융 및 보험업	2.0	100	한국휴렛팩커드	도매 및 소매업	1.5

자료 : 매일경제신문사, 《2000년 회사연감》.

부록 3 ● 한국의 100대 기업

2006년 매출 100대 기업

순위	기업명	업종	매출 (조 원)	순위	기업명	업종	매출 (조 원)
1	삼성전자	제조업	59.0	26	롯데쇼핑	도매 및 소매업	9.1
2	현대자동차	제조업	27.3	27	삼성화재해상보험	금융 및 보험업	8.3
3	한국전력공사	전기, 가스, 수도업	27.0	28	현대모비스	제조업	8.2
4	SK	제조업	23.7	29	신세계	도매 및 소매업	8.1
5	삼성생명보험	금융 및 보험업	23.3	30	대한항공	운수업	8.1
6	LG전자	제조업	23.2	31	한국SC제일은행	금융 및 보험업	7.9
7	포스코	제조업	20.0	32	중소기업은행	금융 및 보험업	7.9
8	국민은행	금융 및 보험업	19.3	33	하나은행	금융 및 보험업	7.6
9	GS칼텍스	제조업	19.1	34	하이닉스반도체	제조업	7.6
10	기아자동차	제조업	17.4	35	한국외환은행	금융 및 보험업	7.3
11	SK네트웍스	도매 및 소매업	15.8	36	한국씨티은행	금융 및 보험업	7.2
12	S-OIL	제조업	14.6	37	KTF	통신업	6.5
13	우리은행	금융 및 보험업	14.3	38	대우인터내셔널	도매 및 소매업	6.4
14	신한은행	금융 및 보험업	12.9	39	삼성중공업	제조업	6.4
15	한국가스공사	전기, 가스, 수도업	12.9	40	한진해운	운수업	6.1
16	현대중공업	제조업	12.6	41	GS건설	건설업	5.7
17	교보생명보험	금융 및 보험업	11.9	42	대우건설	건설업	5.7
18	케이티	통신업	11.8	43	LG상사	도매 및 소매업	5.6
19	대한생명보험	금융 및 보험업	11.0	44	한국수력원자력	전기, 가스, 수도업	5.6
20	SK텔레콤	통신업	10.7	45	현대제철	제조업	5.5
21	LG필립스엘시디	제조업	10.2	46	대우조선해양	제조업	5.4
22	삼성물산	도매 및 소매업	9.7	47	현대건설	건설업	5.1
23	지엠대우오토앤테크놀로지	제조업	9.6	48	삼성SDI	제조업	4.9
24	LG화학	제조업	9.3	49	효성	제조업	4.8
25	현대오일뱅크	제조업	9.2	50	현대상선	운수업	4.7

부록 3 • 한국의 100대 기업

순위	기업명	업종	매출(조 원)	순위	기업명	업종	매출(조 원)
51	엘에스니꼬동제련	제조업	4.7	76	제일모직	제조업	2.8
52	대림산업	건설업	4.3	77	에스티엑스팬오션	운수업	2.8
53	현대해상화재보험	금융 및 보험업	4.2	78	노키아티엠씨	제조업	2.7
54	SK인천정유	제조업	4.1	79	LG카드	금융 및 보험업	2.7
55	LIG손해보험	금융 및 보험업	4.0	80	CJ	제조업	2.7
56	LG텔레콤	통신업	3.9	81	한진중공업	제조업	2.6
57	에스엘시디	제조업	3.9	82	위아	제조업	2.6
58	동부화재해상보험	금융 및 보험업	3.8	83	르노삼성자동차	제조업	2.6
59	포스코건설	건설업	3.7	84	한국동서발전	전기, 가스, 수도업	2.6
60	코리안리재보험	금융 및 보험업	3.7	85	GS리테일	도매 및 소매업	2.5
61	두산중공업	제조업	3.5	86	SK가스	도매 및 소매업	2.5
62	여천엔씨씨	제조업	3.5	87	한국중부발전	전기, 가스, 수도업	2.5
63	아시아나항공	운수업	3.5	88	현대산업개발	건설업	2.5
64	삼성토탈	제조업	3.3	89	한국서부발전	전기, 가스, 수도업	2.4
65	한국남부발전	전기, 가스, 수도업	3.3	90	삼성전기	제조업	2.4
66	두산인프라코어	제조업	3.3	91	현대미포조선	제조업	2.3
67	롯데건설	건설업	3.2	92	한화	제조업	2.3
68	SK건설	건설업	3.1	93	케이티앤지	제조업	2.3
69	현대하이스코	제조업	3.1	94	알리안츠생명보험	금융 및 보험업	2.3
70	동국제강	제조업	3.0	95	대한전선	제조업	2.2
71	쌍용자동차	제조업	3.0	96	현대삼호중공업	제조업	2.2
72	LS전선	제조업	2.9	97	한화석유화학	제조업	2.2
73	아이엔지생명보험	금융 및 보험업	2.9	98	메리츠화재해상보험	금융 및 보험업	2.2
74	삼성테크윈	제조업	2.9	99	현대캐피탈	금융 및 보험업	2.2
75	대우자동차판매	도매 및 소매업	2.9	100	삼성카드	금융 및 보험업	2.2

주 : 2003년부터 도소매업의 매출이 총액 기준에서 수수료 기준으로 변경.
자료 : 한국신용평가정보, KISValue DB.

참고 문헌

국내 문헌

- 21C근로복지연구회(2003), "선택적 근로자복지제도의 이해 : 21C 근로복지의 방향".
- SERI China Review(2006. 8. 14), "다국적기업의 사회적 책임 현황 및 시사점".
- 《Strategybusiness》(2006), "효과적인 R&D 네트워크 구축에 필요한 것", 여름호.
- 강순희(1998), "한국의 노동운동-1987년 이후 10년간의 변화", 한국노동연구원.
- 강원·신현한(2006), "국내 비금융 상장사의 소유유형별 성과와 가치", 《금융학회지》.
- 강원·이성섭·이갑수(2005), "중소기업의 성장과 M&A", 《CEO 인포메이션》, 제518호, 삼성경제연구소.
- 강원·한창수·이원재(2006), "한국 경영 20년 회고", 《CEO 인포메이션》, 제561호, 삼성경제연구소.
- 고려대 노동문제연구소(2004), 《한국노동운동사》, 지식마당.
- 공정거래위원회(2005. 9), "기업, 시장 투명성 및 공정성 측정".
- _____(2005. 11), 《공정거래백서》.
- _____, "기업집단별 영위업종 증감 현황", 각 연호.
- _____, "대규모 기업집단 지정현황", 각 연호.
- 구정한(2007), "벤처캐피털 시장의 발전과제", 《주간금융브리프》, 제16권, 제42호, 한국금융연구원.
- 구해근(2002), 《한국 노동계급의 형성》, 창작과 비평사.

- 국민경제자문회의(2006), "중국의 부상 및 동북아 분업구조변화에 따른 우리의 대응전략".
- 권기덕(2007), "웹2.0이 주도하는 사회와 기업의 변화", 《CEO 인포메이션》, 제588호, 삼성경제연구소.
- 금융감독원(2007. 10), 《금융통계월보》.
- _____, 《외국인 투자 동향》, 각 연호.
- 김경원·권순우(2003), 《외환위기 5년, 한국경제 어떻게 변했나》, 삼성경제연구소.
- 김금수(1995), 《한국노동운동의 현황과 과제》, 과학과 사상.
- 김능진(2000), "한국 기업의 연구개발전략", 《경영경제연구》, 제23권, 제1호, 충남대학교 경영경제연구소.
- 김동배 외(2004), 《고용유연화와 인적자원관리 과제》, 한국노동연구원.
- 김두진(2006), "공정거래법상 상호출자금지제도 및 출자총액제한제도에 관한 고찰", 《경쟁법연구》, 제14권, 한국경쟁법학회.
- 김석현·조성표 외(2006), 《기업 연구개발투자와 성과 2006》, 과학기술정책연구원.
- 김완표(2000), "디지털 혁명의 충격과 대응", 《CEO 인포메이션》, 제229호, 삼성경제연구소.
- 김인재(1998), "사회법제의 변천-그 평가와 전망", 《법제연구》, 제115호, 한국법제연구원.
- 김재구(1999), "구조조정기의 기업 인사·조직 혁신 연구", 한국노동연구원.
- 김재문(2003), "전사적 위험관리의 허와 실", 《LG주간경제》, 제750호, LG경제연구소.

- 김재윤·임영모(2001), "CDMA 성공신화의 시사점", 《CEO 인포메이션》, 제326호, 삼성경제연구소.
- 김재칠 외(1998), "경제위기의 원인분석과 향후 정책방향", 한국금융연구원 세미나 자료.
- 김정한 외(2001), 《한국의 노사관계 연구》, 한국노동연구원.
- 김종년 외(2005), "한국 기업 성장 50년의 재조명", 《CEO 인포메이션》, 제500호 기념 특집, 삼성경제연구소.
- 김종년 외(2007), "한국 기업경쟁력의 재점검", 《CEO 인포메이션》, 제611호, 삼성경제연구소.
- 김준경·임경묵(2006), "기업 투자부진의 원인분석과 정책방향", 한국개발연구원.
- 김태일·장덕희(2006), "우리나라와 다른 OECD 국가의 연구개발투자규모 비교", 정책분석평가학회보.
- 김현욱(2004), "중소기업 정책금융 지원효과에 관한 연구", 한국개발연구원.
- 김형배(2006), 《노동법》, 박영사.
- 김형수, "벤처캐피탈 최근 동향 및 현안과제", 한국벤처캐피탈협회.
- 김희경(2004), "외환위기 이후 국내 기업의 자금조달 변화에 관한 연구", 《산업과학연구》, 제1515호.
- 남구현(2001), 《노동자운동과 사회정책》, 도서출판 현장에서 미래를.
- 남성일(2006), "경제학적 관점에서 본 노사관계의 선진화".
- 노동부, "노사분규 사업장 및 근로손실 일수", 각 연도.
- _____, "연봉제·성과배분제 실태조사", 각 연도.
- 대외경제정책연구원(2004), "국내 유통서비스 시장 개방의 경제적 효과와

적응 지원정책".
- 대한상공회의소(2005), "글로벌 100대 브랜드 변화와 시사점".
- _____(2006), "산업인력 고령화에 대한 기업의 대응실태".
- _____(2006), "성장제조기업의 경영 특징과 시사점".
- _____(2007), "국내 기업의 해외 생산거점 운영 실태와 향후계획".
- _____(2007. 1), "기업의 사회공헌활동 선진화를 위한 5대 실천과제".
- 《동아일보》(2002. 7. 29), "인사제도 관련 설문조사".
- 《동양경제》(2004. 7. 17), "본사이전으로 혁신 꿈꾸는 일본 기업".
- 류상영(2000), "해외 공기업의 민영화 사례와 교훈", 《CEO 인포메이션》, 제276호, 삼성경제연구소.
- 마이클 포터 외(2006), '제7회 세계지식포럼' 발표 자료.
- 문지원(2007), "2007년 글로벌 기업 동향", 《CEO 인포메이션》, 제587호, 삼성경제연구소.
- 박상수(2001), "외환위기 이후 대기업집단의 10가지 경영행태 변화", 《LG주간경제》, 제623호, LG경제연구원.
- 박우성·노용진(2000), "벤처기업의 인적자원관리", 한국노동연구원 12주년 기념토론회 발표 자료.
- 박태주(2004), "한국노동시장의 현황과 과제 : 일자리 창출과 유연안정화를 중심으로", 산업연구원.
- 박현수(2004), "외국인 주식투자가 국내 기업의 성장에 미치는 영향", 이슈페이퍼, 삼성경제연구소.
- 복득규(2002), "산업클러스터 발전전략", 삼성경제연구소.
- 산업자원부(2005), "2005년 이러닝 산업 실태조사".

- _____(2006), "부품/소재 신뢰성 국제포럼", 화상강연.
- 삼성경제연구소 인사조직실(2002), "인사제도 설문조사", 삼성경제연구소.
- 삼성경제연구소(1996), "유통시장 전면 개방의 평가",《CEO 인포메이션》, 제26호, 삼성경제연구소.
- 삼성지구환경연구소(2006), "브랜드 가치를 높이는 8가지 환경 커뮤니케이션 전략".
- 송광선(1999), "한국 기업의 연봉제 도입 현황과 특성 및 이의 평가",《인적자원개발연구》, 제1권, 제2호, 한국인적자원개발학회.
- 송위진(2005),《한국의 이동통신, 추격에서 선도의 시대로》, SERI 연구에세이 033, 삼성경제연구소.
- 신인석(1999), "위기예측기의 자본이동 : 한국의 경우", 한국개발연구원.
- 신희권(1993. 12), "相互出資規制와 財閥의 戰略的 對應",《한국 사회와 행정연구 韓와 行》, 제4호, 서울행정학회.
- 양혁승 외(2005),《파지티브-섬 패러다임에 부합한 한국형 인사시스템에 관한 연구》, 한국노동연구원.
- 앨빈 토플러·하이디 토플러(2006),《부의 미래(Revolutionary Wealth)》, 청림출판.
- 오문완(2001), "노동유연성을 살리는 노동법제도의 모색",《노동법학》제11호, 한국노동법학회.
- 오정일(2005), "우리나라 기업의 임금구조", 산업연구원.
- 왕세종(1997),《건설업 부도 실패 연구》, 한국건설산업연구원.
- 유호현(2004), "한국 기업, 모방을 버려라",《LG주간경제》, 제809호, LG경제연구원.

- 이갑수·박용규·김정우(2003), "중소기업 활로 모색을 위한 긴급제언", 《CEO 인포메이션》, 제416호, 삼성경제연구소.
- 이기영(1996), 《업종 전문화 정책의 현황, 평가 및 향후 금융지원 정책의 방향》, 한국조세연구원.
- 이남순(2003), 《한국노총 50년사》, 한국노동조합 총연맹.
- 이민훈(2003), "기술과 감성의 융합 시대", 《CEO 인포메이션》, 제417호, 삼성경제연구소.
- 이범일 외(1997), "소프트경쟁력-21세기 생존을 위한 한국 기업의 과제", 삼성경제연구소.
- 이병주(2004), "한국적 경영혁신의 특징과 한계", 《LG주간경제》, 제807호, LG경제연구원.
- 이상민·최인철(2002), "재인식되는 기업의 사회적 책임", 삼성경제연구소.
- 이안재(2005), "굿 디자인의 조건과 기업의 대응", 《CEO 인포메이션》, 제514호, 삼성경제연구소.
- _____(2006), "디자인경영의 최근 동향과 시사점", SERI 경제포커스, 제125호, 삼성경제연구소.
- 이원보(2004), 《한국노동운동의 발자취》, 삼성경제연구소 강의안.
- _____(2005), 《한국의 노동운동사》, 한국노동사회연구소.
- 이장원(2005), "한국의 파업구조와 특징", 한국노동연구원.
- 이정일·태원유·김태정·김경회 외(2007), "새로운 10년을 위한 인사·노사 7대 과제", 《CEO 인포메이션》, 제591호, 삼성경제연구소.
- 이종하(1991), "한국노동입법의 파행성", 노동문제연구소.
- 이주희(2002), 《21세기 한국노동운동의 현실과 전망》, 한울아카데미.

- 이춘근·김인수(2001), "효과적 지식창출을 위한 조직능력 요건-퀴놀론계 항생제 개발 과정에 대한 현상학적 연구",《지식경영연구》, 제2권, 제1호, 한국지식경영학회.
- 이홍(1999), "선진국의 지식경영이론은 한국 기업에 얼마나 유용한가?-노나카의 하이퍼 텍스트 조직 이론을 중심으로", 지식경영학술심포지엄.
- 인크루트(2005), "2005년 채용-결산 조사".
- 임성학(2004), "IMF위기 전후 한국 금융개혁의 정치경제",《한국정치외교사논총》, 제25권, 제2호, 한국정치외교사학회.
- 임영모·복득규(2006), "개방형 기술혁신의 확산과 시사점",《CEO 인포메이션》, 제575호, 삼성경제연구소.
- 임혁백(1998), "한국 자본주의의 개혁방향—재벌 정책을 중심으로",《한국정치 특별학술회의2 논문집》, 한국정치학회.
- 장세진(2003),《외환위기와 한국 기업집단의 변화 : 재벌의 홍망》, 박영사.
- 장하준·신장섭·조성욱·조동철(2003), "한국 금융위기 이후 기업구조조정에 대한 비판적 평가",《한국경제의 분석》, 제9권, 제3호, 한국금융연구원.
- 재정경제부(2000. 9),《공적자금백서》.
- 전경련(2003), "국내 기업의 윤리경영 실태조사".
- _____(2006),《2005 기업 및 기업재단 사회공헌백서》.
- 전병유(2005), "노동시장 양극화 해결을 위한 고용전략의 모색", 한국노동연구원, 고위지도자 과정 강의안.
- 정구현(1987),《한국 기업의 성장전략과 경영구조》, 대한상공회의소.
- _____(1990), "한국 기업의 국제화",《마케팅 연구》, 제5권, 제1호, 한국마케팅학회.

- _____(1997), "글로벌경영전문인력 양성 : 세계화 시대의 국제경영전문인력 양성", 《경영교육연구》, 제1권, 제2호, 한국경영학회.
- _____(2006), "변모하는 한국의 기업생태계 : 창업가, 중소기업, 글로벌, 대기업", 《글로벌 시대의 한국 기업과 경영》, 김영래 교수 회갑기념 논집.
- 정구현·김동재(2004), "동아시아 기업의 글로벌화 발전과정", 《연세경영연구》, 제41권, 제2호.
- 정구현·홍덕표·김창도(2001), "21세기 한국 기업의 디지털경영 : 동아시아 기업의 글로벌 경쟁력 분석", 2001년도 한국경영학회 경영 관련학회 통합학술대회, 한국경영학회.
- 정동섭(2006), "조직환경, 경쟁전략과 인적자원시스템이 기업성과에 미치는 영향".
- 정만국·김지은·박지연(2005), "연도별 경영혁신 기법 변천사", 《Chief Executive》, 제36권, 제2호, 한국능률협회.
- 정세열(2005), "상호출자금지 및 출자총액제한제의 실효성 검토", 《산업조직연구》, 제13권, 제2호, 한국산업조직학회.
- 정형권·강종구(2006), "은행 대형화 및 시장집중도 상승이 은행 효율성에 미친 영향", 《금융경제연구》, 제274호, 한국은행 금융경제연구원.
- 정형민(2006), "투자 부진 탈출의 활로-서비스산업", 《CEO 인포메이션》, 제544호, 삼성경제연구소.
- 제프리 크레임스(2005), 《잭 웰치와 4E 리더십》, 한국맥그로힐.
- 조덕희(2002), "벤처산업의 성과와 과제", 연구보고서, 제464호, 산업연구원.
- 《조선일보》(2004. 10. 18), "삼성전자의 미래를 디자인한다".
- 증권선물거래소(2005. 6), "2000년 이후 상장법인의 합병 및 분할 현황".

- _____(2006, 11), "상장법인 분할·합병 공시 현황 및 추이".
- _____, "상장법인 사외이사 및 감사위원 현황 분석", 2001, 2005 각 연호.
- 최경수(2001), "노동시장 유연화의 고용효과분석 : 고용보호 규제완화를 중심으로", 한국개발연구원.
- 최영기 외(2000), "한국의 노동법 개정과 노사관계", 한국노동연구원.
- 최영기 외(2001), "1987년 이후 한국의 노동운동", 한국노동연구원.
- 최영기(2005), "노사관계 선진화의 정책방향", 2005년 노사관계 고위지도자 과정 특강 자료.
- 최인철(2000), "IMF 3년, 기업 경영의 변화와 과제",《CEO 인포메이션》, 제272호, 삼성경제연구소.
- 최호상(2006), "기업자금조달의 구조 변화와 시사점", SERI 경제포커스, 제112호, 삼성경제연구소.
- 톰 피터스(2005),《미래를 경영하라(Re-imagine!)》, 21세기북스.
- 통상산업부(1995),《통상산업백서》.
- 한경비즈니스(2005. 4. 24), "원더풀! 디자인코리아, 경쟁력 분석".
- 한국경영자총협회(1989. 8), "사업보고서".
- _____(1999), "한국 기업의 퇴직관리 실태".
- _____(2004), "비정규직 관련 입법의 문제점 및 경영계 입장".
- 한국노동연구원(1991), "노사분규연구".
- _____(1997),《KLI 노동통계》.
- _____(2000), "경제위기 이후 인적자원관리 및 노사관계 변화에 관한 서베이".
- _____(2004), "기업복지의 실태와 정책과제".

- _____(2005), "전국노동조합 조직현황".
- _____(2006),《KLI 노동통계》.
- 한국무역협회, "수출산업실태조사", 1996~2007년 각호.
- 한국은행(2006. 7), "2005년 제조업 현금흐름분석".
- _____(2006. 2. 24), "외환위기 이후 기업구조조정이 투자 및 고용에 미친 영향".
- _____(2006. 11), "한미일 기업 경영성과 분석".
- _____,《기업경영분석》, 각 연호.
- 《한국일보》(2005. 6. 13), "이노디자인 김영세 사장, 디자인계 미다스의 손".
- 한국자동차공업협회(2006), "한국의 자동차 산업".
- 해리 벡위드(2006),《보이지 않는 것을 팔아라(Selling the Invisible)》, 더난 출판사.
- 홍순영·황인성 외(2005),《SERI 전망 2006》, 삼성경제연구소.
- 홍정우(2003), "한국사회의 가치관 급변과 혼돈",《CEO 인포메이션》, 제397호, 삼성경제연구소.
- 황인성 외(2007), "외환위기 10년의 평가와 과제",《CEO 인포메이션》, 제629호, 삼성경제연구소.

해외 문헌

- Adelman, Iman(1999. 12), "Reforms Aimed at Reducing the Probaility and Amplitude of Financial Crisis", 'IMF 2년 한국의 경제위기와 구조개혁 평가를 위한 국제포럼', 한국개발연구원.
- Anderson, R. and Reeb, D.(2003), "Founding-Family Ownership and Firm

Performance : Evidence from the S&P 500", *Businessweek*, Vol. 58, No. 3.
- Bartett, C. and Ghoshal, S.(1995), *Transnational Management : Text, Cases, and Reading in Cross-Border Management*, Paperback.
- Bavelas(1951), "Communication Patterns in Task-oriented Groups" in Policy Sciences, ed. D. Lerner & H. D. Lasswell. Stanford University Press.
- *Businessweek*(2006. 7. 27), "The 100 Top Brands 2006".
- Carroll, A. B.(1999), "Corporate Social Responsibility : Evolution of a Definitional Construct", *Business & Society*, Vol. 38, No. 3.
- Csikszentmihalyi, M.(1988), "The Domain of Creativity in Theories of Creativity", Newbury park, CA : Sage Publication.
- Dataquest(2001. 1), "Worldwide Semiconductor Capital Spending : Top 20 Spenders, Comparisons of 1999 and 2000".
- *Financial Times*(2005. 9. 27), "Korean Carmaker Celebrates Coming of Age".
- Ford, C. M. and Gioia, D. A.(2000), "Factors Influencing Creativity in the Domain of Managerial Decision Making", *Journal of Management*, Vol. 26, No. 4.
- Groenwegen, J. and M. van der Steen(2006), "The Evolution of National Innovation System", *Journal of Economic Issues*, Vol. 40, No. 2.
- Huston, Larry and Sakkab, Nabil(2006), "Connect and Development", *Harvard Business Review*, Vol. 84, No. 3.
- IMD(2006), *World Competitiveness Yearbook*.
- Interbrand & *Businessweek*, "Best Global Brands", 각 연호.

- Johnston, B.(1998), "Sequencing Capital Account Liberalization and Financial Sector Reform", PPAA/98/8, IMF.
- Khanna, Tarun and Rivkin, Jan W.(2001), "Estimating the Performance Effects of Business Groups in Emerging Markets", *Strategic Management Journal*, Vol. 22.
- Kiernan, M.(2001), "Eco-value, Sustainability, and Shareholder Value : Driving Environmental Performance to the Bottom Line", *Environmental Quality Management*, Vol. 10, No. 4.
- La Porta, R., Lopez-de-Silanes, F., Shleifer, A. and Vishny, R.(2002), "Investor Protection and Corporate Valuation", *Journal of Finance*, Vol. 58.
- La Porta, R., Lopez-de-Silanes, F. and Shleifer, A.(1998), "Law and Finance", *Journal of Political Economy*, Vol. 106.
- _____(1999), "Corporate Ownership Around the World", *Journal of Finance*, Vol. 54, No. 2.
- Nonaka, I.(1994), "A Dynamic Theory of Organizational Knowledge Creation", *Organization Science*, Vol. 5.
- Requelme, H.(2000), "How to Develop more Creative Strategic Plans", *Creativity and Innovation Management*, Vol. 9, No. 1.
- Rosenberg, N.(1982), *Inside the Black Box : Technology and Economics*, Cambridge University Press.
- Ruttan, Vernon W.(1959), "Usher and Schumpeter on Invention, Innovation, and Technological Change", *Quarterly Journal of Economics*, Vol. 73.

- Shaw, M. E.(1954), "Some Effects of Problem Complexity upon Problem Solution Efficiency in Various Communication Nets", *Journal of Experimental Psychology*, Vol. 48.
- Solo, Carolyn Shaw(1951), "Innovation in the Capitalist Process", *Quarterly Journal of Economics*, Vol. 65.
- Sundgren, M. and Styhre, A.(2003), "Creativity-a Volatile Key of Success? Creativity in New Drug Development", *Creativity and Innovation Management*, Vol. 12, No. 3.
- UNCTAD(1997), *World Investment Report*.
- Usher, A. P.(1954), *A History of Mechanical Inventions*, Dover Publications.
- Verschoor, C. and Murphy E.(2002), "The Financial Performance of Large US Firms and Those with Global Prominence : How Do the Best Corporate Citizens Rate?", *Business and Society Review*, Vol. 107, No. 3.
- *Wall Street Journal*(2005. 4), "In Secret Hideaway, Bill Gates Ponders Microsoft's Future".
- Weisman, Robert(2004), "Leading Figures Shared Key Trait : Trend Spotting", *Boston Globe*.
- Williamson, P.(2004), *Winning in Asia : Strategies for Competing in the New Millennium*, Harvard Business School Press.
- Wise, R. and Baumgartner, P.(1999), "Go Downstream : The New Profit Imperative in Manufacturing", *Harvard Business Review*, Vol. 77, No. 3.
- Woodman, R. W. et al.(1993), "Toward a Theory of Organizational Creativity", *Academy of Management Review*, Vol. 18.

경영경제정보 DB

- OECD

- Thomson, 《Datastream》, DB.

- 중소기업청.

- 중소기업통계, 중소기업 조사통계 시스템.

- 증권선물거래소.

- 코스닥 시장본부.

- 통계청, KOSIS DB.

- 한국노동연구원, 노사분규 DB.

- 한국무역협회, KOTIS DB.

- 한국수출입은행.

- 한국신용평가정보, KISValue DB.

- 한국은행, 경제통계시스템(ECOS).

- 한국정보통신산업협회, 정보통신부.